Nadine Wenger
Natürliche Wege zum BABYGLÜCK

Nadine Wenger

NATÜRLICHE WEGE ZUM
BABYGLÜCK

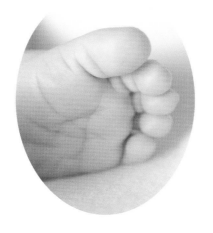

Hinweis des Verlags

Die Autorin hat beim Erstellen dieses Buches alle Informationen und Ratschläge sorgfältig recherchiert und geprüft. Dennoch erfolgen alle Angaben ohne Gewähr. Der Verlag und die Autorin können keinerlei Haftung für etwaige Schäden oder Nachteile übernehmen, die sich aus der praktischen Umsetzung der im Buch dargstellten Inhalte ergeben.

Bücher haben feste Preise.
1. Auflage 2013

Nadine Wenger
Natürliche Wege zum BABYGLÜCK

© Nadine Wenger/Neue Erde GmbH 2012
Alle Rechte vorbehalten.

Umschlag:
Fotos Titelseite: Gladskikh Tatiana, Aleph Studio, Elena Stepanova,
Natalia Dexbakh – alle shutterstock.com
Foto Rückseite: Miramiska/shutterstock.com
Gestaltung: Dragon Design, GB

Satz und Gestaltung:
Dragon Design, GB
Gesetzt aus der Times und der Souvenir

Gesamtherstellung: Appel & Klinger, Schneckenlohe

Printed in Germany

ISBN 978-3-89060-611-8

Neue Erde GmbH
Cecilienstr. 29 · 66111 Saarbrücken · Deutschland · Planet Erde
www.neue-erde.de

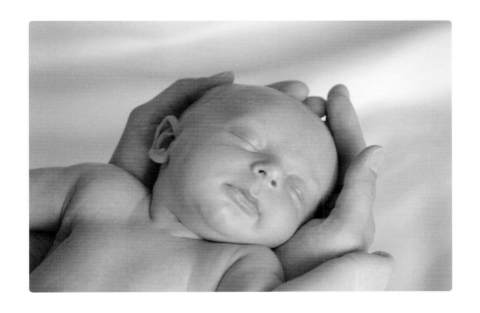

Im Geleit von Licht und Liebe,
Feuer, Wasser, Erde, Wind
kam auf Engelsschwingen träumend
aus weiter Ferne ein kleines Kind.

Für Patrick

Durch gegenseitige Liebe entstanden das Glück und der Segen unserer Kinder. Der gemeinsame Weg verläuft nicht immer eben; vielmehr ist er verwinkelt, Hindernisse sind zu überwinden und manchmal nimmt er unerwartete Wendungen. Danke, daß wir immer wieder zueinanderfinden, einander die Hände reichen und uns gegenseitig Halt geben, um diesen Weg gemeinsam zu gehen.

Ich danke dir aus ganzem Herzen für deine Offenheit, deine immerwährende Bereitschaft, Hingabe und Liebe zu mir und unseren Kindern.

Es ist dieses gemeinsame Band der Liebe, welches im rauschenden Ozean des Lebens die Klarheit eines Diamanten bewahrt und sie in allen Facetten in die Welt hinausstrahlt.

Für Leonie

Geliebtes Kind – ich hatte kein wahrhaftiges Bild vor mir und davon, was es heißt, Mutter zu sein. Alle Vorstellungen, anerzogenen Muster, durch Medien und Umwelt implizierten Bilder und Gedanken hast du mit deiner Kraft der Liebe hinweggefegt.

Als erstgeborene Tochter hast du die Aufgabe auf dich genommen, durch deinen ungebrochenen Willen, dein wahres Wesen zum Ausdruck zu bringen und mich dahin geführt, mit Hingabe deine wirklichen Bedürfnisse zu ergründen.

Nie hätte ich erahnen können, wohin dieser Weg mich führt. Nie hätte ich mir vorstellen können, in welcher Weise du mir den Weg zu dir zeigen wirst. Dafür danke ich dir aus ganzem Herzen!

Für Elyah und Anael

Geliebte Kinder – ihr zeigt mir täglich die unerschütterliche, kindliche Freude und Heiterkeit des ewigen Seins. Ihr bringt mir neue Impulse und laßt mit eurem Lachen die ganze Welt erklingen.

Dafür danke ich euch aus ganzem Herzen!

Wir alle sind klare Lichtfunken des Universums, die danach streben, mit all unserem inneren Glanz der Liebe zur Urquelle zurückzukehren.

Inhalt

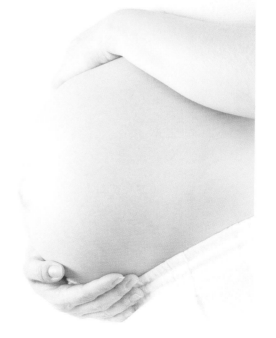

Vorwort

Dies ist mein ganz persönlicher Weg hin zu meinen Kindern. Dabei darfst du mich ein Stück begleiten. Ich möchte dir neue Impulse geben, damit du deinen eigenen Weg entdecken kannst. Ich biete dir Markierungssteine an, Schilder und Hinweise auf unbekanntem Terrain, auf einem Weg hin zu deinem eigenen Kind.

Du wirst dabei vielem Neuen begegnen. Manchmal ist dieses Neue nur Nuancen von deiner jetzigen Realität entfernt, manchmal führe ich dich in eine ganz andere Richtung, denn ich möchte dir gerne andere Gedanken, Blickwinkel und Handlungen näherbringen. Dabei ist der Weg selbst bereits das Ziel. Denn wenn du auf diesem Weg wandelst, spürst du mehr und mehr die Nähe zu deinem Baby, zu deinem Kind. Es wird euch zusammenführen, damit ihr den Weg gemeinsam geht, Hand in Hand.

Welchen energetischen Fußabdruck wirst du hier auf Erden hinterlassen? Welche Erkenntnisse und Erfahrungen läßt du eines Tages auf diesem Planeten zurück? Was wird in deinen Kindern weiterleben und den kommenden Generationen weitergegeben? – Der Impuls, hier auf Erden etwas Wundervolles zu erschaffen, neue Wege zu finden und diese als Familie zu gehen, erblüht in deinem Herzen. Indem du einen Schritt wagst, ergibt sich daraus der nächste. Die Motivation, einen Schritt außerhalb von allgemeinen Normen und Richtlinien zu gehen, erwacht im täglichen Zusammenleben und bringt dich dazu, die wahre Natur deines Kindes und seiner Bedürfnisse zu erforschen.

Es ist nicht immer leicht, im Neuen und Unbekannten einen Weg zu finden, deshalb biete ich hier meine Hand an, damit du mich auf meinem Weg begleitest und teilnimmst an meinen Erfahrungen und denen all der wunderbaren Menschen, die dieses Buch mit bereichern.

Ich danke all diesen Menschen von ganzem Herzen, daß sie ihre Lebensgeschichten, Erkenntnisse und Erfahrungen in diesem Buch schildern und ihre Botschaften weitergeben!

Ich möchte dir dafür danken, daß du dir die Mühe machst, deinen inneren Impulsen zu folgen und den Weg zu deinem eigenen Kind zu finden. Du wirst erleben, daß aus der daraus stetig wachsende Nähe Liebe und Verständnis hervorgehen wird.

Es ist, wie ein gemeinsames Atmen, ein Leben im Gleichklang. Genau da liegen das Glück eures Kindes und euer Glück als Familie verborgen.

Wandelt in Liebe und Freude auf eurem Weg!

Nadine

Schwangerschaft

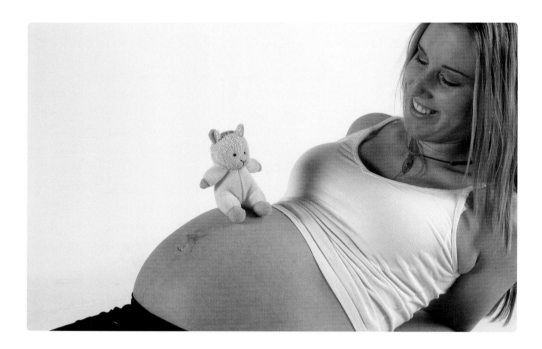

Die Zeit der Schwangerschaft ist einzigartig. Zu keinem anderen Zeitpunkt erlebt dein Körper so viele Veränderungen, so unterschiedliche Höhen und manchmal auch Tiefen. Es ist eine Zeit des Wandels und der Transformation. In diesem Strudel der Hormone und Gefühle wächst im Zentrum deines Körpers das kleine Wesen heran. Sicher und geborgen lebt es in seiner eigenen Wasserwelt, umgeben von blubbernden Geräuschen und dem pulsierenden Herzschlag seiner Mutter.

Es ist sich allem bewußt und nimmt wahr, was rundherum geschieht, auch deine Gefühle, deine Worte und insbesondere deine Stimme. Bei diesem intrauterinen (in der Gebärmutter) Hören kommt es weniger auf den Inhalt, sondern vielmehr auf die Tonlage, die Klangfarbe, den Sprechrhythmus und dein seelisches und emotionelles Befinden an. Es ist aus diesem Grund nicht nur für dich, sondern auch für dein Baby wichtig, bereits während der Schwangerschaft für ein ausgeglichenes Wohlbefinden und ein harmonisches Umfeld zu sorgen.

Die Schwangerschaft soll noch einmal eine Zeit der Ruhe, der Entspannung und des Krafttankens sein, bevor die turbulente und anspruchsvolle Babyzeit beginnt. Nimm dir deshalb so viel Zeit wie möglich für dich selber: zum Schlafen, Spazierengehen, Entspannen, Meditieren und Ruhen. Verbringe energiereiche Stunden draußen in der Natur und lade dich mit der Energie des Kosmos auf. Atme die frische Luft des Waldes ein, lausche den Gesängen der Vögel, genieße den Anblick eines ruhigen Sees.

Entdecke die vielen Möglichkeiten, dich selber in deine Mitte zu bringen. Auf körperlicher Ebene ist es der Ort, wo das kleine Kind sich entwickelt und gedeiht. Schaffe für dich Orte der Ruhe, wo du ganz bewußt mit deinem Kind in Verbindung treten kannst. Dies kann bei dir zu Hause sein, in der Natur oder in einem von dir gewählten Rahmen wie z. B. einem Yogakurs. Gerade wenn du bereits ältere Kinder hast, wird es schön sein, in diesen Momenten ganz für euer kommendes Kind da zu sein.

Genieße die Schwangerschaft und lasse es dir und dem Baby gutgehen!

Empfängnis

Nun, da du diese Zeilen liest, bist du vermutlich bereits schwanger. Da der Schwangerschaft jedoch die Empfängnis vorausgeht, möchte ich zuerst diese genauer betrachten. Dazu berichte ich vom Entdecken meiner vierten Schwangerschaft in Form eines Tagebucheintrages.

Unser viertes Baby kündigt sich an – 16. Juli 2012

Die letzten Monate habe ich oft mit Patrick und den Kindern über ein viertes Kind gesprochen. Leonie fragte mich immer wieder, wann es denn endlich soweit sei und ich wieder schwanger werde. Sie konnte es kaum erwarten und malte immer wieder Zeichnungen mit dem Geschwisterchen und nannte es liebevoll »Selina«. Auch Elyah gab mir schon Küßchen auf den Bauch, wo noch kein Baby drin war, und freute sich auf den künftigen Bewohner. Patrick und ich hatten beide mehrere Träume unseres zukünftigen Babys und sahen beide ein kleines Mädchen, welches zu uns kommen wollte. Ob dies auch zutreffen wird, weiß ich zum jetzigen Zeitpunkt noch nicht. Ich verband mich gedanklich bereits oft mit der Seele und lud sie ein, Teil unserer Familie zu werden. Wenn Patrick und ich uns körperlich verbanden, taten wir dies bewußt in Liebe und mit freudigen Gedanken an das Kind. Wir waren uns dieser zielgerichteten Schöpfung gewahr. So hoffte ich natürlich die letzen Monate immer wieder auf ein positives Zeichen einer Schwangerschaft, mußte mich jedoch etwas in Geduld üben.

Schließlich benötigte diese Seele wohl eine ganz besondere Schwingung, damit sie gezeugt werden konnte, denn ich habe sie empfangen, als wir auf einer Reise im hohen Schottland waren, an einem ganz friedvollen besonderen Ort.

Wir befanden uns zu diesem Zeitpunkt bei der Findhorn-Community, einer seit Jahrzehnten bestehenden großen Gemeinschaft, welche ein ökologisch nachhaltiges, spirituelles und sehr kreatives Leben führt. Die positiven Schwingungen da waren wohl so einladend für die kommende Seele, daß wir ein Baby erschaffen konnten. Ich erinnere mich daran, daß ich einen besonders schönen Regenbogen sah, als wir in Findhorn ankamen. Manchmal bedarf es es zu einer Empfängnis neben der Liebe auch eines geeigneten Ortes, weshalb eine Reise oder ein Umzug sehr förderlich sein kann. Bei uns war dies noch die letzte fehlende Komponente im schöpferischen Prozeß. Wie freuen wir uns nun um so mehr, daß wir erneut ein Kind empfangen durften und dieses wundervolle Baby unsere Familie bereichert. Danke, für dieses einzigartige Geschenk!

Wenn sich ein Paar körperlich verbindet, dann geschieht dies höchst selten in der Absicht, ein Kind zu zeugen, außer es ist ein Paar, welches sich sehnlichst ein Kind wünscht. Ein Baby entsteht somit oft als »Produkt« der Lust und nicht als schöpferischer Akt zweier Menschen. Das soll nicht heißen, daß Lust unerwünscht wäre. Es soll vielmehr bedeuten, daß manchmal ganz einfach die gegnseitige seelische Liebe fehlt, aber genau in ihr liegt das Potential!

Mit einer bewußten Zeugung in gegenseitigem Einverständnis und in Wellen der Liebe erheben wir uns selber in eine Position des wahrhaftig Schöpferischen und ermöglichen es der zu uns kommenden Seele auf diesen Liebesschwingungen in die Materie einzutauchen. Euer Kind ist damit kein Zufallsprodukt mehr, sondern es entspringt reiner Liebe.

Hierin liegt auch der Schlüssel für Paare, die sich ein Kind wünschen. Natürlich gibt es organisch bedingte Hemmnisse, die einen Kinderwunsch erschweren können. In erster Linie geht es jedoch darum zu klären, ob der Wunsch wirklich dem Herzen entspringt, und dann eine Seele bewußt anzuziehen, ein Kind »einzuladen«. Das heißt, innerhalb der Beziehung ein harmonisches Umfeld zu schaffen, aber auch ganz konkret ein Zuhause, ein »Nest« vorzubereiten.

Bevor ihr mit der bewußten Einladung an euer Kind beginnt, stellt sich eine sehr wichtige Frage. Wen wollt ihr zu euch einladen? Ihr habt die Wahl, was für eine Seele zu euch kommen soll! Den wenigsten ist dies bekannt.

Alles sucht man sich aus, vom Haus über das Auto bis hin zur Kleidung. Warum also nicht eine bewußte Wahl für eine sich inkarnierende Seele? Heute entstehen die meisten Familien anhand karmischer Verbindungen, Verstrickungen oder aufgrund ähnlicher Schwingungsfelder in der gemeinsamen vorgeburtlicher Planung. Das Prinzip Gleiches zieht Gleiches an kommt zum Zuge. Doch wir stehen an der Schwelle zu einem neuen Zeitalter, wo karmische Muster der Vergangenheit angehören sollen. Wir sind frei und dürfen uns als schöpferische Wesen unser Leben und unsere Familie aufgrund von Schwingungen der Liebe neu schaffen. Hier liegt ein neuer Schlüssel verborgen, der uns als werdende Eltern in die Hand gelegt wird:

Die bewußte Wahl unserer Kinder!

Was für eine Seele möchtet ihr in euer Leben einladen? – Ich spreche hier nicht von äußeren Merkmalen wie Geschlecht oder Augenfarbe. Die Frage ist vielmehr, was für eine Art von Seele ihr wählen möchtet. Ist es eine Seele aus euerer Blutslinie? Ist es eine Seele aus euerer spirituellen Verwandtschaft? Ist es eine Seele von eurem Heimatplaneten? Oder möchtet ihr einer Seele, die aus ganz anderen Sphären stammt und noch ohne Erderfahrung ist, hier eine Erfahrungsmöglichkeit geben? – Gerade sie können mit ihrer Liebe neue Energien auf unserem Planeten verankern. Dazu gehört das Bewußtsein, daß diese Seelen als Kinder kaum in unser herkömmliches System passen. Sie sind da, um dieses aufzubrechen und uns an eine ganzheitliche Lebensweise heranzuführen. Insbesondere mit festgefahrenen, starren Strukturen und Schulsystemen kommen sie nur schwer klar. Deshalb ist es für diese Kinder sehr wichtig, ihnen eine Alternative anzubieten oder, noch besser, gemeinsam ganz neue Wege zu beschreiten. Laßt euch von euren Kindern leiten, sie sind noch ganz klar und haben eine starke Verbindung zur inneren Führung der Quelle.

Wenn dies geklärt ist, ist der nächste Schritt die »Einladung an euer Kind«:

Übung: Einladung der Seele

Macht es euch bequem und setzt euch gegenüber. Wenn ihr möchtet, gebt euch die Hände. Ihr könnt euch dabei ansehen. Augen nennt man auch das Tor zur Seele. Wenn ihr euch gegenseitig in die Augen seht, wird eure Liebe durch diese hindurchfließen und euch verbinden. Ihr könnt sie aber auch geschlossen halten und euch ganz auf die Atmung konzentrieren.

Atmet beide langsam und tief in den Bauchraum hinein. Tiefenatmung bringt euch in eure Mitte und in Einklang mit dem Schöpfer, mit der reinen Quelle. Nun verbindet euch gedanklich mit eurem zukünftigen Kind. Vielleicht nehmt ihr zu Beginn mehrere Wesen wahr, oder könnt die verschiedenen Energien nicht genau auseinanderhalten.

Das liegt daran, daß im sogenannten »Geburtstunnel« – einem Portal, in welchem die Seelen darauf warten, erneut inkarnieren zu können – ein dichtes Gedränge herrscht und jeder auf eine Chance wartet, wieder auf die Erde zu kommen. Manche Seelen haben sich auf diese Aufgabe lange vorbereitet und sind sich ihres Weges vollkommen bewußt, Andere, die noch nicht wirklich erwacht sind, werden durch die Materie erneut angezogen.

Das heißt, daß ihr euch sanft auf eine Seele einstimmen könnt. Fühlt, was es alles im Geburtsportal zu fühlen gibt. Versucht, die Schwingungen intuitiv zu erfassen. Dabei atmet ihr weiterhin langsam und tief in euren Bauchraum. Laßt die Liebe fließen und tastet euch gedanklich und mit all eueren liebevollen Empfindungen ganz vorsichtig an euer kommendes Baby heran. Je klarer und fokussierter ihr dabei seid, desto klarer werdet ihr alles wahrnehmen können.

Vielleicht ist es von Beginn der Übung an eindeutig, und nur eine Seele ist da und mit euch in Kontakt. Vielleicht bedarf es auch mehrerer Male, bis ihr die Verbindung zu eurer gewählten Seele spüren werdet.

Atmet gemeinsam, verbindet euch, fließt in Liebe zusammen. Heißt euer Baby willkommen! Ladet es ein, Teil euerer Familie zu werden.

Stellt euch vor, wie ihr euch mit dieser Seele verbindet, tanzt mit ihr, lacht mit ihr, freut euch des Lebens und freut euch auf das gemeinsame Wiedersehen und Kennenlernen! Wiederholt dies so oft wie möglich, dadurch erschafft ihr ein starkes Familienband aus Liebe.

Es hat durchaus Sinn, mit dieser Übung bereits vor der Schwangerschaft zu beginnen, denn die kosmische Vereinigung und schöpferische Zeugung findet bereits etwa drei Monate vor der physischen Zeugung statt. Somit habt ihr vorher Zeit, euch für eine Seele zu entscheiden und mit ihr durch das gemeinsame Atmen in Verbindung zu treten. Natürlich ist dies auch möglich, wenn nur ein Elternteil es tut, doch am effektivsten ist die gemeinsame Übung, denn ihr erschafft als Schöpfer eure künftige Familie zusammen.

Wann immer ihr euch physisch vereinigt und den Wunsch hegt, ein Kind zu zeugen, dann verbindet euch in Liebe, hegt liebevolle Gedanken und erschafft ganz bewußt euer gemeinsames Kind.

Wenn du bereits schwanger bist, dann festigt ihr damit die Verbindung zu eurem Baby. Die Gefahr, daß eine andere Seele den Körper übernimmt oder die einer Fehlgeburt wird geringer. Denn mit der Kraft eurer Gefühle wird durch die wiederholte gemeinsame Atmung das Band der Liebe zwischen euch und eurem Baby gestärkt und gefestigt. Eure Schwingungen und die des Babys werden sich immer mehr angleichen, dadurch verlaufen Schwangerschaft und Geburt einfacher und harmonischer.

Ihr könnt diese Übungen alleine für euch machen oder zusammen mit einer Adoula (nicht zu verwechseln mit der Doula), einer spirituellen Geburtsbegleiterin, die euch während Schwangerschaft, Geburt und Wochenbettzeit begleiten kann. Sie wird sich auf das Geburtsportal einstimmen und euch helfen, die Verbindung zum Baby herzustellen und zu stärken.

> **Durch die bewußte Wahl der Seele und die Zeugung in Liebe ändert sich der Lebensbeginn eines Menschen. Der erste Imprint oder Grundstein einer Seele wird auf Liebe beruhen. So wird sich nach und nach die ganze Menschheit verändern.**
>
> **Der Wunsch nach Liebe und Harmonie wird in diesen ersten Anfängen angelegt und steht in Resonanz zur allumfassenden Schöpfung.**
>
> **Ihr, als werdende Eltern, habt die Möglichkeit, eurem Kind diese Basis der Liebe mitzugeben.**

Heidi Stäheli ist eine der Hebammen, die ihre Berufung wahrhaftig lebt und Eltern mit ihrem Baby in Würde und Respekt liebevoll begleitet. Sie hat selber ein wundervolles Buch geschrieben und war auch die betreuende Hebamme bei Meruana Fischers Geburt in der Natur, von der ich später berichte. Heidi vereint die natürliche Geburtsarbeit mit dem spirituellen Geburtsprozeß, deshalb freue ich mich, gerade sie zum Thema Schwangerschaft und Geburt interviewen zu dürfen:

Interview zur Schwangerschafts- und Geburtsbegleitung
mit Heidi Stäheli, Schweiz
Hebamme, spirituelle Geburtsbegleiterin (Adoula), Autorin

Wie begleitest du Paare während der Schwangerschaft?

Das hängt davon ab, was für Bedürfnisse die Frauen bzw. die Paare haben und in was für einem Bewußtsein sie sich bewegen. Es gibt natürlich Vorgaben für die Vorsorgeuntersuchungen während der Schwangerschaft wie das Hören der Herztöne, den Höhenstand der Gebärmutter tasten, den Blutdruck messen und anderes mehr; ansonsten ist die Begleitung sehr individuell. Die Frauen oder werdenden Eltern haben unterschiedliche Fragen und Themen.

Wie wichtig ist dabei die Kontaktaufnahme zum Baby?

Die Verbindung der Mutter bzw. der Eltern zu dem werdenden Kind, zu dem hereinkommenden Wesen ist für dieses essentiell. Sein Bewußtsein befindet sich noch in einer anderen Dimension und ist daran, sich in die Physis hinein zu verdichten. Auf unserer Dimensionsebene sind es die Eltern, vor allem die Frau, die für das Bewußtsein des werdenden Kindes der Anker sind. Niemand anderer kann der Anker sein, auch Engel nicht; Engel befinden sich in einer anderen Dimension. Sie können ihren Segen senden, aber nicht ein Anker in dieser Dimensionsebene sein.

Es gibt die »himmlische Gebärmutter« – eine Sphäre, ein Portal, wo sich die Wesen aufhalten, die sich im Geburtsprozeß befinden. In dieser Sphäre herrscht zur Zeit ein ziemliches Chaos und Gedränge: Manchmal gibt es ein regelrechtes Gerangel um einen Platz zum Inkarnieren. Je stärker die energetische Verbindung der Eltern zum hereinkommenden Wesen ist, desto weniger wird es in seinem Geburtsprozeß durch andere Wesen in der himmlischen Gebärmutter gestört. Es kann sich frei und klar in die Physis hinein verdichten. Entsprechend ungestört und natürlich verlaufen Schwangerschaft, Geburt und nachgeburtliche Zeit.

Zur Zeit ist noch ein weiteres, neues Portal aktiviert. Es wird vor allem von Wesen benutzt, die noch nie auf der Erde inkarniert waren und die sich intensiv auf ihre Inkarnation vorbereiteten. Dieses Portal hat ein klares Bewußtsein und trägt ebenfalls die Weisheit von Wesen, die ihre Erdenzyklen abgeschlossen hatten, aber jetzt noch einmal inkarnieren, um in dieser Zeit des Erwachens auf der Erde zu sein. Es gibt viele Eltern, die sich intuitiv zu diesem Portal hingezogen fühlen. Beide »himmlischen Gebärmütter« sind untereinander verbunden, so daß das klare Bewußtsein des neuen Portals das alte beeinflußt und auch dort etwas in Bewegung bringt.

Es ist übrigens sprachlich nicht so einfach, vom Geburtsprozeß zu sprechen, davon, was er wirklich ist. Wenn ich zum Beispiel von der Verbindung zum Baby oder Kind spreche, meine ich damit nicht einfach seine sich in der Gebärmutter bildende Biologie, sondern vor allem die Verbindung zu dem Teil, das sich in der »himmlischen Gebärmutter« befindet, zu seinem Bewußtsein; es ist eine multidimensionale Verbindung. Erst mit seinem ersten Atemzug bei der physischen Geburt verankert es sich in seinem biologischen Körper. Das heißt, wenn ich von der Verbindung zum Kind spreche, meine ich alles, was es bereits ist.

Wie stellst du die Verbindung zwischen dem Baby und den Eltern her?

Viele Frauen, die ich begleite, haben bereits eine Verbindung zu einem bestimmten Wesen. Wunderbar ist, wenn Eltern schon vor der Empfängnis hineinfühlen, was für ein

Wesen sie einladen möchten und bewußt empfangen, respektive zeugen.

Die wichtigsten Werkzeuge für die Verbindung mit einem hereinkommenden Wesen sind: eine bewußte Wahl treffen; in sich selbst einen sicheren Raum schaffen; mit einem bewußten Atmen ein energetisches Erkennungsmuster für das Kind schaffen; das Einladen einer balancierenden, nährenden, kosmischen Geburtsenergie, die für alle da ist, die sie empfangen wollen.

Was ich mache: Ich helfe, durch ein gemeinsames Atmen mit den Eltern die energetische Verbindung zum Kind herzustellen und/oder zu vertiefen. Durch einen freien, klaren Geburtsprozeß kann das hereinkommende Wesen seine Potentiale ohne störende Überlagerungen mit auf die Erde bringen. Es ist etwas vom Erfüllendsten und Glücklichsten, wenn ich wahrnehme, daß ein neugeborenes Kind weiß, woher es kommt und was es mit sich bringt; wenn es weiß, daß ich das wahrnehmen kann und mir mit einem Lächeln antwortet.

Wir leben in einer wundersamen Zeit des Erwachens. Wir erkennen, wer wir wirklich sind; der Schleier zwischen den Dimensionen wird dünner und in Synchronizität dazu kommen immer mehr Kinder, die nicht vergessen, woher sie kommen. Es ist jedoch immer noch nicht so einfach, geboren zu werden; mit einem bewußten täglichen Atmen und Verbinden mit der Seele des Kindes in diese »himmlische Gebärmutter« hinein erleichtern die werdenden Müttern und Vätern dem Kind den Weg in diese Dimension hinein ungemein.

Wie wird der Vater mit einbezogen?

Es ist für das heranwachsende Kind wunderbar balancierend und vor allem sehr unterstützend für die werdende Mutter, wenn auch der Vater mit seinem ganzen Herzen und Sein in Verbindung mit seinem Kind ist. Ich finde, daß es für die meisten Männer heute eine ziemliche Herausforderung ist, Vater zu werden und dann zu sein. Ihre Berufswelt spielt sich meistens in einer eher harschen Energie ab, und wenn sie dann nach Hause kommen, sollten sie einfach in ein anderes Bewußtsein umschalten können – ein ziemlicher Spagat. Nicht alle schaffen das so leicht. Da kann das gemeinsame Atmen und Verbinden mit dem Kind für zehn bis fünfzehn Minuten pro Tag helfen. Sich eine Nische schaffen, die Zeit der Schwangerschaft bewußt gestalten, sich während dieser Zeit selbst verwöhnen, all diese Dinge sind sehr geeignet für die Väter, um an dem Wunder des werdenden Lebens ihres Kindes teilzunehmen.

Was ist der Unterschied zur Schwangerschaftsbegleitung durch eine Frauenärztin?

Das kann ich nicht verallgemeinernd beantworten. Jede/r Frauenärztin/-arzt hat eine eigene Persönlichkeit und Energie, in der sie sich bewegen. Von unserem Gesundheitssystem her, von unserer Ausbildung und von unserer selbstgeschaffenen beruflichen Erwartung her haben wir Hebammen mehr Zugang zu den Themen, die die schwangeren Frauen beschäftigen, und mehr Empathie dafür, was während einer Schwangerschaft oder während einer Geburt passiert. Wir nehmen uns mehr Zeit für die Begleitung.

Wie vereinst du dein Fachwissen als Hebamme mit der spirituellen Geburtsbegleitung?

Ich kann natürlich mein Wesen nicht verstecken, was ich auch tue. Es gibt jedoch Begleitungen, wo ich einfach Hebamme bin und das tue, was halt eine Hebamme macht, ohne andere Bewußtseinsebenen zu erwähnen. Die Energie ist trotzdem da, halt unausgesprochen. Aber es macht mir viel mehr Spaß, wenn ich mit den Frauen bzw. Eltern im Gespräch oder im zusammen Atmen ein gemeinsames Bewußtseinsfeld mit dem Kind aufbauen und erfahren kann. Es liegt an mir, meine Begleitung klar zu gestalten und zu kommunizieren, am Ende auch bezüglich der Bezahlung meiner Arbeit.

Ich spreche übrigens lieber von Bewußtsein als von Spiritualität. Das Wort Spiritualität impliziert meiner Meinung nach oft, daß wir eine bestimmte Aktivität ausüben müssen, um etwas zu erreichen, wie zum Beispiel beten, chanten, Kristalle auflegen, uns mit Hilfe von Ritualen zu reinigen oder in eine bestimmte Energie hineinzukommen usw. Diese Dinge schaffen eher eine Distanz zu dem, was wir wirklich sind. Wir sind es schon; es geht darum, uns durch eine bewußte Wahl von den begrenzenden energetischen Überlagerungen und Programmierungen unseres Bewußtseins zu befreien; es geht um Integration und Erlösung unserer Aspekte; dann erkennen und erfahren wir uns mit der Zeit in unserem grossartigen ICH BIN.

Kannst du auch für Paare mit unerfülltem Kinderwunsch Möglichkeiten aufzeigen?

Ja. Die Grundfrage ist: Möchten sie wirklich ein Kind? – Denn offensichtlich gibt es etwas in ihrem System, das nicht bereit dazu ist, ein Kind zu empfangen oder zu zeugen. Vielleicht braucht es etwas Mut, sich den tieferen Fragen zu stellen. Und doch kristallisiert sich damit heraus, woher der Kinderwunsch kommt. Ist es wirklich ein tiefer Herzenswunsch der Seele, oder ist es eine äußere Energie, die beeinflußt und es als ein Wunsch erscheinen läßt?

Die nächste Frage ist, was hat das Paar bereits gemacht an Bewußtseinsarbeit oder medizinischen, energetischen Abklärungen. Vielleicht gäbe es da noch etwas zu tun.

Ein absolut wichtiger Aspekt ist es, die Wahl für ein Kind ganz bewußt zu treffen und bereits vor der Empfängnis einen Kontakt herzustellen zu einem hereinkommenden Wesen. Das bewußte Atmen und das Einladen der »kosmischen« Geburtsenergie spielen eine große Rolle dabei. Mit dem Aufschlüsseln des Kinderwunsches und mit der Einstimmung ohne Erwartung an die zeitliche Erfüllung des Wunsches können sich mit der Zeit die Körper, die Systeme des Paares klären, dann sind sie wirklich bereit dazu, ein Kind zu empfangen.

Wie begleitest und betreust du Paare während der Geburt?

Die Geburt eines Kindes ist ein ganz besonderer Moment. Was bei Hausgeburten wunderbar ist, ist die Ruhe und Ungestörtheit, mit der eine Frau ihr Kind gebären kann. Wenn ich bei einer gebärenden Frau und ihrem Mann/Partner ankomme, gibt es nichts mehr zu besprechen, zu organisieren. Alles ist vorbereitet. Wir müssen nur noch die wenigen Dinge, die für eine Geburt erforderlich sind, bereitlegen. Danach bin ich zu hundert Prozent präsent und für den Prozeß der Geburt da. Ich fühle, nehme wahr, höre immer wieder die Herztöne des Kindes, begleite mit tönen, manchmal singen, manchmal mit massieren.

Wichtig ist es, daß alle ihren Platz finden, auch der Mann – wie und wo sein Platz dann auch immer sein mag; unter Umständen nicht im Geburtsraum. Auch mein Platz ist nicht immer im Raum, wo sich die Frau oder das Paar aufhalten. Manchmal sind die Momente des Alleinseins für die Frau oder das Paar entscheidend für das Fließen, das Hineinsinken in den Prozeß der Geburt. Es sind die Frau und das Kind, die über den Geburtsprozeß und über die Geburtsposition entscheiden. Ich bin bei einer Geburt die Begleiterin, manchmal Mutmacherin, manchmal die Fragende, für was sich die Frau entscheiden will. Ich erinnere die Frau daran, sich mit dem Kind zu verbinden.

Wenn das Kind geboren und alles gut ist, ziehe ich mich zusammen mit der zweiten Hebamme, die zur Geburt gekommen ist, aus dem Geburtsraum zurück, damit die Eltern mit ihrem Kind einen Augenblick ganz für sich alleine sein können – ein heiliger Moment auch für uns Hebammen.

Was ist anders, wenn sich die Eltern für eine Hausgeburt entscheiden?

Sie übernehmen Verantwortung und gestalten die Geburt. In einer Klinik ist vieles vorgegeben, es ist selten möglich, in einer Klinik eine Vision für die Geburt wahr werden zu lassen.

Bist du auch nach der Geburt und in der Wochenbettzeit Ansprechpartnerin für die Eltern und das Baby?

Ja. Die Wochenbettzeit bedeutet für die Frau und ihre Familie eine Zeit des Integrierens, der Umstellung, der Neufindung. Im allgemeinen gesellschaftlichen Bewußtsein ist diese Zeit kaum präsent. Es besteht diesbezüglich ein großer Aufklärungsbedarf. Diese Zeit sollte sorgfältig vorbereitet werden: Die neugewordene Mutter muß freigestellt sein von jeglichen Aufgaben im Haushalt, meiner Meinung nach mindestens für sieben bis zehn Tage. Auch für den frischgebackenen Vater ist es bedeutungsvoll, Zeit zu haben, sich in der neuen Rolle zurechtzufinden. Je nach Situation ist eine Hilfe im Haushalt empfehlenswert.

Mein Beitrag im Wochenbett ist es, die Familie mit meinem fachlichen Wissen, meiner Intuition, meiner Liebe zu begleiten, damit die Prozesse der Umstellung, des Integrierens möglichst sanft und in Frieden geschehen. Die Wochenbettzeit sollte eine Zeit der Liebe sein, eine Zeit der Ankunft, eine Zeit freigestellt von irgendwelchen anderen Verpflichtungen.

Das Wochenbett wird in zwei aufeinanderfolgende Phasen eingeteilt. Das Frühwochenbett beginnt gleich nach der Geburt bis etwa zum elften Tag danach. Es ist die Zeit, in der Geburtswunden verheilen, die Milchbildung in Gang kommt und Mutter und Kind eine besonders intensive und innige Verbindung leben. Darauf folgt das Spätwochenbett, welches nach etwa 6 - 8 Wochen endet. Die Zeit, bis die Frau die Geburtsenergie, die sie während neun Monaten in ihrem Körper aufgebaut hat, wieder entlassen hat, dauert nach der Geburt wieder neun Monate.

Für das Baby ist es sehr hilfreich, wenn sich die Eltern nach der Geburt weiter Zeit nehmen für das gemeinsame Atmen. Je nach Bedarf komme ich, um alle paar Wochen mit den Eltern und dem Baby zusammen zu atmen. Es hilft dem Kind bei der allmählichen Inkarnation seiner Seele.

Was möchtest du werdenden Eltern mit auf den Weg geben?

Was mir am Herzen liegt: daß Paare, die sich ein Kind wünschen, sich klar werden darüber, ob sie wirklich aus einem tiefen Herzenswunsch heraus Kinder haben möchten, daß sie Empfängnis, Schwangerschaft, Geburt und die nachgeburtliche Zeit bewußt gestalten in eigener Autorität und Souveränität. Dazu gehört auch eine bewußte Wahl der professionellen Begleitpersonen und des Geburtsortes.

Vorsorgeuntersuchungen und Hebammenbetreuung

Mit dem Entdecken der Schwangerschaft beginnen meist auch die Besuche als Patientin beim Frauenarzt. Minutiös wird Blut genommen, Urin untersucht, Gewicht und Blutdruck gemessen und das Baby mit Ultraschall bestrahlt.

Mutter wie Baby werden mit großer Selbstverständlichkeit regelmäßig kontrolliert und überwacht, damit bei geringsten Abweichungen von Normtabellen noch zusätzliche Tests und Eingriffe durchgeführt werden können. Aber wozu das ganze? Schwangerschaft ist keine Krankheit, sondern der Beginn eines neuen Lebens.

In erster Linie soll es darum gehen, eine Schwangerschaft zu begleiten und die Eltern auf ihre neue Rolle vorzubereiten. Die Entscheidung, wer dich in welchem Maße betreut, liegt allein bei dir! Werde dir darüber klar, welche Bedürfnisse du hast. Was ist dir wichtig? Was möchtest du wissen? Welche Untersuchungen möchtest du und welche nicht?

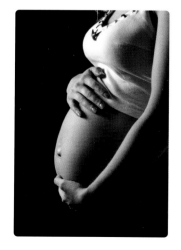

Dabei mußt du nicht zwangsläufig zum Arzt gehen. Du kannst dich während der ganzen Schwangerschaft auch durch eine Hebamme begleiten lassen, denn dies ist ihr Spezialgebiet. Sie kann alle nötigen, von dir gewünschten Vorsorgeuntersuchungen durchführen. Suche dir eine Hebamme, bei der du dich geborgen und wohl fühlst, wo du mit all deinen Fragen, Freuden und Sorgen hingehen kannst und deine Bedürfnisse verstanden werden. Es ist für dich und auch für den werdenden Vater wichtig, daß eure Fragen ehrlich beantwortet werden und ihr mit Verständnis und Anteilnahme an ein natürliches Elternsein herangeführt werdet.

Es lohnt sich also für die Zeit der Schwangerschaft und insbesondere für die Geburt eine Hebamme, Ärztin oder Doula sorgfältig auszuwählen. Manchmal wird auch erst nach einigen Terminen klar, ob eine herzliche Verbindung da ist und die Wahl richtig war oder ob du dich aus irgendeinem Grund nicht wohlfühlst. Es ist ganz wichtig, daß du auch da auf dein Bauchgefühl hörst und falls nötig die betreuende Person wechselst.

Wenn du dich auf eine Hausgeburt vorbereitest, dann könnt ihr euch während der Termine näher kennenlernen und so eine Vertrauensbasis schaffen, die sehr wichtig ist für die Geburt selber. Falls du im Krankenhaus gebären möchtest, dann kann sie dich auch dort bei der Geburt und im anschließenden Wochenbett begleiten. Es lohnt sich wirklich, wenn du dich während Schwangerschaft, Geburt und Wochenbett von einer Hebamme begleiten läßt, welche dich und deine Bedürfnisse kennt und der auch ganz klar ist, welche Vorstellungen du während der Geburt hast. Somit kann sie sich dafür einsetzen, daß die Geburt möglichst so verläuft, wie du es dir wünschst. Zur weiteren Unterstützung kannst du natürlich auch eine Doula oder Adoula (siehe Seite 127) hinzunehmen.

Auch als Erstgebärende möchte ich dich dazu ermuntern, eine Hausgeburt in Betracht zu ziehen, die Wahrscheinlichkeit einer schönen, natürlichen Geburt ist damit am höchsten!

Ich habe es mich bei meinem ersten Kind noch nicht getraut. Einerseits bereue ich das, andererseits habe ich dadurch wichtige Erfahrungen gemacht und den Grundstein für die Alleingeburt gelegt. Auch wußte ich nicht, daß ich für die Schwangerschaftsvorsorge zu einer Hebamme hätte gehen können. Nur die letzten Untersuchungen fanden beim ersten Kind im Geburtshaus statt wie auch die Geburt.

Die Hebammen in diesem Geburtshaus waren sehr liebevoll und nahmen sich viel Zeit. Auch da gibt es sehr große Unterschiede! Eine der Hebammen hatte ein ganz besonderes Gespür für mich und den Umgang mit mir und unserem Baby. Ihre Art und Weise, wie sie mit dem Kind Kontakt aufnahm, war sehr faszinierend und einzigartig. Sie hatte eine Ausbildung in Haptonomie (besondere Kontaktaufnahme zum Kind über Gefühle und Berührung), und ich dachte, das sei vielleicht der Grund für ihren besonderen Draht zu mir und dem Baby. Ich fühlte mich dabei ganz angenommen und wohlbehütet.

Später wurde mir klar, daß es mehr vom Menschen selber als von seinen Ausbildungen abhängt, ob ich mich wohlfühle. Ich war bei dieser Hebamme einfach überwältigt von der Feinfühligkeit und liebevollen Art. Im Gegensatz dazu hatten wir bei einer anderen Hebamme eine Schnupperstunde im Haptonomie-Kurs und waren davon gar nicht begeistert. Es hat einfach nicht harmoniert. Ich hatte das Gefühl, es würde dabei in meine Intimsphäre eingegriffen, und ich fühlte mich sehr unwohl. So beließen wir es auch bei dieser einen Stunde und besuchten stattdessen den Hypnobirthing-Kurs (siehe Seite 80).

Schlußendlich geht es nicht so sehr um Techniken oder Ausbildungen, als vielmehr um den Menschen, um die Person selber, die euch betreuen wird. Sei wachsam und höre auf deine Intuition. Laß dich und euer Baby von einer Person begleiten, bei der du dich auch während der Geburt gehenlassen und darauf vertrauen kannst, daß sie dich in optimaler Weise mit Respekt und Achtung bei allem unterstützt.

Es gibt viele Menschen, seien sie Hebamme oder Arzt, die haben einen Beruf, und es gibt Menschen die leben eine Berufung: Ihr ganzes Sein strebt danach, den Kindern einen harmonischen, natürlichen Start ins Leben zu ermöglichen und euer Band der Liebe als Familie zu bestärken. Suche dir einen solchen Menschen, du bist es wert und dein Kind ist es wert nur in solcher Weise begleitet zu werden.

Auch möchte ich hier die weibliche Kraft betonen, die jeder Frau innewohnt, welche bereits einmal geboren hat. Sie weiß, was du fühlst, welche Fragen und Gedanken dich beschäftigen.

Sie weiß um die Urkraft während der Geburt. Du kannst auch viel von anderen Frauen lernen, sei es deine Mutter, Großmutter oder eine Freundin. Laß dich dabei jedoch nicht von Schauergeschichten beeinflussen, derer gibt es genug, sondern lausche den schönen Geburten, welche dich selber innerlich bestärken und dir immer wieder vor Augen führen:

Ja, ich bin dafür geboren, mein Kind einfach, in Würde, voller Freude und Liebe zur Welt zu bringen!

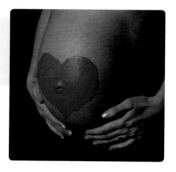

Um dir selber als Schwangere darüber klarzuwerden, was du selber an Betreuung benötigst, können für dich folgende Fragen hilfreich sein:

Fragen

Von wem möchte ich mich während der Schwangerschaft betreuen lassen?

Was genau möchte ich untersuchen oder kontrollieren lassen? Was nicht?

Wie oft möchte ich zur Kontrolle?

Will ich mein Baby mit Ultraschall bestrahlen lassen?
→ Eine Hebamme kann die Herztöne auch mit einem Holzhörrohr abhören.

Sind Vitaminpräparate, Eisenzufuhr oder Medikamente für mich und mein Baby nötig?
→ Sei vorsichtig und bedacht bei der Einnahme von Vitaminpräparaten oder Medikamenten, selbst wenn sie vom Arzt verschrieben wurden. Nicht immer sind diese hilfreich, manchmal auch unnütz oder sogar schädlich für dich oder dein Baby.

Sehr häufig wird den Schwangeren Eisen verordnet, welches kritiklos als Nahrungsergänzung geschluckt wird. Abgesehen vom echten Eisenmangel behindert ein Zuviel jedoch den Körper nur unnötig und muß wieder abgebaut werden. Eine Nebenwirkung sind Magen-Darm-Beschwerden und Verstopfung.

Dr. Friedrich Graf kritisiert in seinem Buch ganz offen Routineverordnungen und erklärt, warum Arzneien und Zusätze oft unnötig oder gar schädlich sind. Interessanterweise geht ein vertretbarer Bluteisenmangel mit erhöhter Widerstandsfähigkeit einher! Das heißt, Frauen sind *nach* der Periode infektresistenter und widerstandsfähiger als davor. Auch der in normalem Maße einhergehende Blutverlust mit der Geburt fördert einen gewissen Infektschutz für das anschließende Wochenbett.

In der Homöopathie kennt man Eisen als das Gegensätzliche von Kupfer. Ein Zuviel an Eisen, welches dem Himmelskörper Mars zugeordnet wird, steht für Kampf, Blut, Heftigkeit, Streit, Ängstlichkeit und Gewalt. Diese Themen sind für Schwangerschaft

und Geburt nicht erstrebenswert. Kupfer hingegen wird mit dem Planeten Venus in Verbindung gebracht und steht im gesunden Zustand für Entspannung, Wärme, ruhiges Atmen und die Liebe. Steigen die Eisenwerte, fallen die Kupferwerte und umgekehrt. Die Natur hat es nicht umsonst so eingerichtet, daß geringere Eisenwerte gerade während der Schwangerschaft förderlich sind, um in der Entspannung, in der Ruhe und in der Liebe zu verweilen.

Hinterfrage deshalb immer alle Zusätze und Medikamente, bevor du diese bedenkenlos einnimmst. Vielleicht ist ja eine Zweitmeinung eines anderen Arztes, Homöopathen oder der Hebamme hilfreich für dich.

Soll mich mein Partner oder sonst eine nahestehende Person dabei begleiten?

→ Bei der ersten Schwangerschaft mit Leonie hatte ich, wie allgemein üblich, alle Untersuchungen bei meinem Frauenarzt durchführen lassen, ohne diese zu hinterfragen oder mir darüber Gedanken zu machen. So wurden bei Leonie mehrere Ultraschalls gemacht, und ich war stets entzückt über die kleinen schwarz-weißen Bildchen, auf der unser winziges Baby zu sehen war. Warum auch nicht? Das ist doch toll, dachte ich damals.

Mit der Geburt von Leonie begann eine anstrengende erste Zeit, in der ich viele Illusionen des von Medien und Erziehung künstlich geschaffenen Babybildes hinter mir ließ und auf dem harten Boden der Realität landete. Kein Stein blieb auf dem anderen, und ich mußte mir den Weg zurück zur Natur und zu meinem Kind Stück für Stück erarbeiten.

Es hat sich gelohnt und mich in Bezug auf die folgenden Schwangerschaften vollständig verändert. Ich war kritisch geworden, vertraute nicht blindlings, sondern nahm alles doppelt und dreifach unter die Lupe. Denn keine wissenschaftliche Theorie und kein psychologisch noch so ausgeklügeltes System erfassen das wahre Wesen eines Babys im Alltag.

Babys und Kinder zeigen uns ehrlich und schonungslos, wann wir auf dem Holzweg sind. Mir wurde klar, daß ich nur in Kooperation mit der Natur meines Babys den Weg weitergehen werde.

So sah ich auch keinen Sinn mehr darin, alle paar Wochen zum Arzt zu rennen, um zu pinkeln, Blut zu nehmen, mein Gewicht kommentieren zu lassen oder mein Baby zu beschallen. Ich war selbst*bewußt* in dem Sinne, daß ich mich selber, meinen Körper und mein Baby spürte. Es ging mir gut. Ich war schwanger und nicht krank, deshalb wollte ich die Würde und die natürliche weibliche Macht der Schwangerschaft nicht im nächsten Wartezimmer eines Arztes abgeben und in die Rolle der Patientin schlüpfen.

Bei der zweiten Schwangerschaft besuchte ich lediglich zweimal eine Hebamme zum Gespräch. Die Herztöne hörte sie mit dem Holzrohr ab, und sie ertastete meinen Bauch. Das war's, jegliche weitere Untersuchung lehnte ich dankend ab. Die Wahl dieser Hebamme war für diese beiden Besuche in Ordnung, doch ich hätte sie nicht bei der Geburt dabeihaben wollen. Für mich war klar, daß ich unser Baby alleine zur Welt bringe, deshalb war mir diesmal die Wahl nicht wirklich wichtig. Natürlich wäre es schöner gewesen, Gespräche mit einer Hebamme zu führen, welche meine Absichten verstanden und mich entsprechend unterstützt hätte, doch zu diesem Zeitpunkt hatte ich noch keine passende Hebamme im näheren Umfeld gefunden. Die Schwangerschaft verlief natürlich, einfach und ungestört.

Bei der dritten Schwangerschaft mit Anael verzichtete ich gänzlich auf Besuche bei Hebamme oder Arzt. Ich war gesund und hatte bei kleineren Wehwehchen, die mich in der Schwangerschaft begleitet haben, zu natürlichen Mitteln gegriffen, und ich hörte auf meinen Körper.

Jede Frau ist anders, jede Schwangerschaft ist wieder etwas Neues, und du wirst für dich selber ganz sicher wissen, welche Art von Begleitung du benötigst. Es können dich auch mehrere Personen begleiten, angefangen von der Hebamme oder Frauenärztin über Adoula oder Doula bis hin zur Schwangerschafts-Yogalehrerin oder Begleitung mit Methoden wie Hypnobirthing oder Sanfte Geburt. Darauf werde ich im nächsten Kapitel näher eingehen. Du entscheidest selber, ob du Betreuung benötigst und in welchem Rahmen sie stattfinden soll. Es ist nichts vorgeschrieben, nichts festgelegt, die Wahl liegt auch hier ganz bei dir und deinem Partner.

Höre auch bewußt auf deinen Körper. Er wird sich dir ebenfalls sehr genau mitteilen, wann etwas nicht in Ordnung ist, wann er mehr Ruhezeit benötigt und du vielleicht einen Gang zurückschalten solltest. Nimm deinen Körper wahr, nimm dein Baby wahr und achte auf die feinen Signale, bevor sie unüberhörbar werden.

Ultraschall

Der intensive Einsatz der Ultraschalldiagnostik in Bild und Ton zeigt die Entwicklung von der natürlichen Geburt und Hebammenkunst zu einer technisierten Geburtsmedizin. Ursprünglich wurde die Technik des Ultraschalls im zweiten Weltkrieg entwickelt, um feindliche Unterseeboote aufzuspüren. In den 1970er Jahren gelangte sie in die Geburtshilfe, damals noch berechtigt bei Hochrisikoschwangerschaften. Heutzutage wird Ultraschall routinemäßig durch drei verschiedene Geräte während Schwangerschaft und Geburt angewandt.

- CTG (Cardiotokograf)
- Dopton
- Ultraschallgerät für die Bilddiagnostik

Die Dauerüberwachung der Herztöne des Babys während der Geburt ist eine unnötige und sehr starke Belastung für dein Kind, stört den Geburtsverlauf und führt zu einer hohen Kaiserschnittrate aufgrund falscher Diagnosen.

Bei der Ultraschalluntersuchung (Sonographie) werden reflektierte Schallwellen in elektrische Impulse umgewandelt, durch das Ultraschallgerät verstärkt und auf dem Bildschirm dargestellt. So entstehen zweidimensionale oder sogar dreidimensionale Bilder, die noch strahlungsintensiver sind.

Ein besonderes Risiko ist die Dopplersonographie, Vaginalultraschall und Ultraschalluntersuchungen in einem sehr frühen Stadium der Embryonalentwicklung zur Feststellung der Schwangerschaft.

Unterschiedliche Studien weisen bereits seit Jahren auf die Gefährlichkeit der Beschallung hin. Folgende Schädigungen können durch die Beschallung auftreten:

- Veränderung der Erbsubstanz
- Zellschädigungen
- Gehirnstörungen
- Erhöhtes Früh- oder Todgeburtrisiko
- Wachstumsstörungen
- Störung in der Sprachentwicklung

Die Folgen sind noch lange nicht ausreichend erforscht. Es ist fraglich, ob der Nutzen die vielen sinnlosen Beschallungen rechtfertigt.

Beim ersten Kind habe ich mir keine Gedanken darüber gemacht, es wurde leider mehrmals beschallt, einmal sogar vaginal, da ich einen Unfall hatte und mir massive Kreuzschmerzen zuzog. Glücklicherweise konnte ich bis heute keine Auswirkungen feststellen, oder ich kenne zumindest keinen Zusammenhang. Nichtsdestotrotz habe ich bei den folgenden Schwangerschaften auf jeglichen Ultraschall bewußt verzichtet und würde es auch wieder so machen.

Ultraschall wie auch das CTG sind häufig eher ein Glücksspiel; es ist schwierig, korrekte Aussagen zu machen, und die Wahrscheinlichkeit fehlerhafter Interpretationen ist hoch. Daraus resultierende weitere Untersuchungen wie Fruchtwasserpunktion (Amniozentese) oder weitere geburtsmedizinische Eingriffe während der Geburt stellen nur zusätzliche Gefahren für Mutter und Baby dar.

Bringt es überhaupt etwas, zu wissen, falls das Kind sich nicht nach »Norm« entwickelt und vielleicht Behinderungen hätte? Käme eine bewußte Tötung durch Abtreibung überhaupt in Frage?

Wenn du diese Fragen für dich beantwortet hast, dann kläre für dich, ob Ultraschall wirklich nötig und erwünscht ist.

Möchtest du darauf verzichten, ist es am einfachsten, dich während der Schwangerschaft durch eine Hebamme begleiten zu lassen, da diese einerseits Ultraschall gar nicht durchführt und andererseits die Kunst beherrscht, deinen Bauch abzutasten, beispielsweise, um den Sitz der Plazenta festzustellen.

Kontaktaufnahme zum Kind

Viel wichtiger, als ein ständiges Überwachen der Schwangerschaft ist die Kontaktaufnahme zu eurem Kind.

Das Band zwischen euch als Eltern und der kommenden Seele ist noch ganz zart. Die Seele ist noch nicht gänzlich mit seinem kleinen Körper verbunden. Es ist ein sanftes, gegenseitiges Annähern, ein Herantasten an einen gemeinsamen Lebensweg, indem ihr euch immer wieder bewußt eurem Baby zuwendet. Dazu gibt es viele Möglichkeiten:

- ❖ Sendet eurem Kind Liebe und freudigen Gefühle.
- ❖ Atmet ganz bewußt zusammen und nehmt dabei über die Gefühle und Gedanken Kontakt zum Baby auf, wie bereits in der Übung »Einladung an euer Kind«.
- ❖ Lege dich abends im Bett in Ruhe hin und deine Hände auf den Bauch. Sprich laut oder in Gedanken mit deinem Baby und teile ihm deine Freude und Liebe mit. Heiße es willkommen.
- ❖ Sanfte Berührung, Händeauflegen oder Massage des Bauches sind schöne Formen, hier kann auch der Papa mit seinen Händen Kontakt aufnehmen. Ist das Baby bereits größer, kann es mit seinem Strampeln darauf antworten.
- ❖ Während Meditation, Schwangerschaftsyoga oder Energieübungen wie Reiki findest du Ruhe, um dich in Gedanken mit deinem Kind zu verbinden.
- ❖ Sprich oft tagsüber laut oder gedanklich mit deinem Baby.
- ❖ Singe deinem Baby Lieder vor, es erkennt bereits im Bauch deine Stimme.
- ❖ Schreibe einen Brief an dein Baby.
- ❖ Fertigt selber etwas für euer Baby an, etwa ein Mobile, eine Rassel, Spielzeug, ein Bild, ein Schmuckstück, eine Bernsteinkette, ein Kleidungsstück oder einen Gegenstand zur Begleitung für die Geburt…
- ❖ Höre zusammen mit deinem Baby entspannende Musik und lasse innerlich Bilder voller Freude entstehen; beispielsweise von einer wundervollen Geburt, eurer ersten Begegnung danach, vom Stillen, Kuscheln, Lachen…
- ❖ Schließe die Augen und atme tief in deinen Bauchraum. Anstatt dein Kind zu kontaktieren und ihm deine Gedanken zu senden, stelle dich um auf Empfang. Gib ihm Raum, mit dir Verbindung aufzunehmen. Öffne dich für die Botschaften deines Babys, in welcher Form sie auch immer zu dir finden.

Schwangerschaftsbeschwerden

Dein Körper stellt sich während der Schwangerschaft auf das neue Leben ein. Er arbeitet auf Hochtouren, damit sich das winzige Wesen optimal entwickeln kann. Die Schwangerschaft macht sich nicht nur mit einem stetig wachsenden Bauch, sondern auch mit Unannehmlichkeiten bemerkbar. Wenn du Schwangerschaftsbeschwerden hast, kannst du deinen Körper mit folgenden natürlichen Mitteln und Möglichkeiten unterstützen:

Morgenübelkeit

Die Übelkeit beginnt oft in der 5. Schwangerschaftswoche und verschwindet häufig in der 15./16. Woche wieder.

Einige Wissenschaftler sind der Ansicht, daß die Morgenübelkeit ein Schutzmechanismus für den Embryo im Frühstadium ist und die Mutter davon abhält, sich Lebensmittel oder Substanzen zuzuführen, die sich ungünstig auf das Ungeborene auswirken.

Am häufigsten zeigen Mütter im 1. Schwangerschaftsdrittel eine Abneigung gegen Fleisch, Geflügel, Fisch, koffeinhaltige Getränke und einige Gemüse. Achte auf deinen Körper und führe ihm viel frische biologische Kost zu. Wenn du einen Garten besitzt, dann begebe dich öfters dorthin und genieße Beeren und Früchte direkt aus der Natur.

Was hilft?
- Verzehr von Trockenobst
- Hinlegen und Ausruhen
- Viel Wasser trinken
- An die frische Luft gehen und in der Natur spazierengehen
- Kräuter: Pfefferminz-, Kamillen- und Zimttee
- Ätherische Öle (Badezusatz, Raumduft): Bergamotte, Mandarine, Neroli, Pfefferminze, Zitrone
- Akupressur: Massieren des Akupressurpunktes Pericardum 6 (pe 6)
  Dieser Punkt befindet sich 2 Finger von der Handgelenksbeugefalte entfernt in der Mitte des inneren Unterarms.

Sodbrennen

Was hilft?
- Über den ganzen Tag verteilt kleinere Portionen essen
- Reduzieren von fettigen und öligen Speisen
- Fencheltee nach dem Essen trinken
- Alfalfa (Luzerne) als Sprosse, Tee oder Tablette

Blähungen

Was hilft?
- Kardamom, Zimt und Lorbeer zum Würzen verwenden
- Fenchel-, Kümmeltee trinken

Verstopfung

Was hilft?

- Viel Wasser und Säfte trinken
- Regelmäßig Körperübungen, z. B. Schwangerschafts-Yoga
- Viel frisches Obst, Salate und Gemüse essen
- Alfalfasprossen, Backpflaumen, Rosinen essen

Hämorrhoiden

Was hilft?

- Ausreichend trinken
- Regelmäßig Körperübungen, z. B. Schwangerschafts-Yoga, Beckenbodenübungen
- Schwangerschaftsteemischungen oder Brennesseltee trinken
- Nicht zu lange am Stück sitzen
- Kühles Sitzbad mit Eichenrinde
- Ätherische Öle: Myrte, Schafgarbe, Zypresse
  1 - 2 Tropfen Öl mit Meersalz mischen, in kühlem Sitzbad auflösen
- Bei akuten Schmerzen: Mullwindelkompresse auflegen
  1 Eiswürfel, Prise Salz, Tropfen Öl (s. oben) in Mullwindel einwickeln, auf Hämor-rhoiden legen

Verstopfte Nase

Was hilft?

- Ausreichend trinken
- Viel frische Luft
- Luftbefeuchter
- Nasendusche (Nasenhöhlen mit warmem Salzwasser befeuchten)

Wadenkrämpfe

Was hilft?

- Beine hochlegen
- Regelmäßig Körperübungen, z. B. Schwangerschafts-Yoga
- Genügende Kalziumzufuhr: dunkles Blattgemüse, Algen, Sojamilch, Nüsse, Früchte
- Genügende Magnesiumzufuhr: Nüsse, Mandeln, Hülsenfrüchte, Vollkornprodukte, dunkelgrünes Gemüse
- Himbeer- oder Brennesseltee
- Vitamin E: Weizenkeime, Spinat, Trockenfrüchte
- Akute Schmerzen: Wadenmuskeln strecken, Drehbewegungen mit Fußknöchel

Rückenschmerzen

Was hilft?

- Regelmäßig Körperübungen, z. B. Schwangerschafts-Yoga
- Keine schweren Gegenstände tragen
- Beim Aufheben von Gegenständen in die Knie gehen
- Aromabäder z. B. mit Lavendel
- Massage
- Beim Schlafen Kissen unter die Knie legen, in Seitenlage Rücken und Babybauch mit Kissen stützen, z. B. Stillkissen

Geschwollene Knöchel, Füße und Hände

Was hilft?

- Beine hochlegen
- Regelmäßig Körperübungen, z. B. Schwangerschafts-Yoga
- Nicht zu lange am Stück sitzen
- Massage von Füßen, Beinen, Armen und Händen
- Fußbad
- Weniger salzreiche Nahrungsmittel
- Mehr Ruhe

Harnwegsinfektionen

Was hilft?

- Viel trinken
- Preiselbeersaft
- Regelmäßig zur Toilette gehen, damit die Bakterien ausgespült werden
- Unterwäsche aus Baumwolle benützen, oft wechseln
- Wasser zur Reinigung, evtl. wenig seifenfreie Waschlotion verwenden
- Blasentee: Mischung aus Bärentraubenblätter, Birkenblätter, Goldrute, Hauhechel, Kammillenblüten, Löwenzahnwurzel (mind. 3 Tassen täglich)
- Ätherische Öle: für warme Sitzbäder das Wasser mit Essenzen von Bergamotte, Lavendel, Rose, Schafgarbe, Zeder und etwas Meersalz mischen
- Bei anhaltenden oder starken Schmerzen den Arzt aufsuchen!

Stimmungsschwankungen

Was hilft?

- Regelmäßig Körperübungen, z. B. Schwangerschafts-Yoga
- Viel schlafen, auch zwischendurch
- Regelmäßig ausruhen, meditieren
- Tagebuch führen

- Mit Partner, Familie, Freunde, Hebamme sprechen
- Aufbauende Bücher und Berichte lesen
- Wohltuende Musik hören
- Viel trinken
- Ausreichend frisches Ost, Gemüse, Trockenobst über den Tag verteilt essen

Homöopathie in der Schwangerschaft

Gerade während der Schwangerschaft und Stillzeit bietet die Homöopathie eine Alternative zu Medikamenten, die durch ihre Substanzen auf den Körper einwirken. Anders funktioniert die Homöopathie. Das homöopathische Mittel löst im Körper einen Reiz aus, womit er einen Anstoß bekommt, sich selber zu regulieren und die Funktionen der Organe günstig zu beeinflussen. Man spricht von Regulationstherapie. Es ist ein Impuls zur Selbsthilfe des eigenen Körpers, basierend auf der aktuellen seelischen und körperlichen Verfassung.

Wichtig dabei ist, daß dein gegenwärtiger Zustand sich mit der Beschreibung des homöopathischen Mittels deckt, dann kannst du nichts »falsch« machen, wenn du sie in den beschriebenen Potenzen und Dosierungen anwendest. Selbstverständlich ist es auch sinnvoll, dich bei Bedarf zur Beratung an einen ausgebildeten Homöopathen zu wenden.

Die anfängliche Gabe entspricht für eine erwachsene Person fünf Streukügelchen (Globuli). Bei einer Besserung wird die Dosierung jeweils reduziert.

Allgemeinzustand

Schlaflosigkeit und Übererregung des Nervensystems

Zustand/Gemüt: Du bist vor lauter Freude über deine Schwangerschaft ganz aus dem Häuschen, sehr aufgedreht und findest durch ununterbrochene Gedankenketten keinen ruhigen Schlaf. Obwohl du übermüdet bist, wälzt du dich unruhig im Bett hin und her.

Verbesserung/ Dein Zustand verbessert sich mit Hinlegen und bei Wärme und ver-
Verschlechterung schlechtert sich mit weiterer Aufregung.

Homöop. Mittel: **Coffea** (Kaffeebohne)

Dosierung: D12, zweimal täglich eine Gabe

Erschöpfung und Sorgen

Zustand/Gemüt: Du bist erschöpft, deprimiert und voller Sorgen, ob alles gutgeht. Du bist sehr empfindsam, malst dir die Zukunft schwarz aus und bist voller düsterer Vorahnungen. Die Sorgen sind ein andauernder

Zustand, ein permanenter Teil deines Lebens und wollen gar nicht weichen. Du brauchst ein Mittel, welches dein Herz und deine innere Sonne wieder zum Strahlen bringt.

Verbesserung/ Verschlechterung	Dein Zustand verschlechtert sich frühmorgens und bei jeglicher Erregung und verbessert sich draußen in der Natur.
Homöop. Mittel:	**Ambra** (Ausscheidung des Pottwals)
Dosierung:	D6, dreimal täglich eine Gabe

Erschöpfung und Überarbeitung

Zustand/Gemüt:	Du bist körperlich wie auch seelisch ausgelaugt und überarbeitet. Tagsüber möchtest du öfters ein Nickerchen machen und kannst nachts nicht schlafen. Auch Problemschwangerschaften und Kopfschmerzen gehören in diese Kategorie.
Verbesserung/ Verschlechterung	Dein Zustand verschlechtert sich mit Kälte, Lärm und Anstrengung und verbessert sich mit Wärme und Schlaf.
Homöop. Mittel:	**Acidum phosphoricum** (Phosphorsäure)
Dosierung:	D12, zweimal täglich eine Gabe

Magen / Darm

Anhaltende Übelkeit

Zustand/Gemüt:	Du bist launisch und reizbar. Jegliche Essensgerüche oder das Zubereiten von Speisen lösen anhaltende Übelkeit oder Ekel aus. Du hast ein Leeregefühl im Magen und vielleicht auch Abneigung gegen Fleisch und Milch. Verzichte auf Lebensmittel, gegen die sich dein Körper sträubt.

Verbesserung/ Verschlechterung	Dein Zustand verschlechtert sich mit den verschiedenen Essensgerüchen und verbessert sich mit Bewegung und an der frischen Luft.
Homöop. Mittel:	**Sepia officinalis** (Tintenfisch)
Dosierung:	D12, zweimal täglich eine Gabe

Akute, starke Übelkeit

Zustand/Gemüt: Du fühlst dich elend, eine starke Übelkeit schlägt dir auf den Magen und den Kreislauf. Alles dreht sich, und du hast Schweißausbrüche. Du verträgst keinen Tabakrauch und hast Brechreizung.

Verbesserung/ Verschlechterung Dein Zustand verschlechtert sich mit Tabakrauch und verbessert sich mit Ruhe und an der frischen Luft.

Homöop. Mittel: **Tabacum** (Tabak)

Dosierung: D6, dreimal täglich eine Gabe

Sodbrennen

Zustand/Gemüt: Magensäure wird nicht im Magen zurückgehalten, sondern gelangt in die Speiseröhre. Du mußt sauer aufstoßen oder erbrechen. Meist ist dies in der späteren Schwangerschaft der Fall, wenn das Baby seinen Platz im Bauchraum einnimmt und die inneren Organe etwas verdrängt. Häufig legt sich Sodbrennen in der Zeit vor der Geburt wieder, wenn sich das Baby gesenkt hat.

Verbesserung/ Verschlechterung Dein Zustand verbessert sich mit Essen und verschlechtert sich bei fetten Speisen.

Homöop. Mittel: **Robinia pseudacacia** (Falsche Akazie)

Dosierung: D6, dreimal täglich eine Gabe

Verstopfung und leichte Hämorrhoiden

Zustand/Gemüt: Du hast unregelmäßigen Stuhlgang, Verstopfung oder leicht blutende Hämorrhoiden mit Brennschmerz am After. Die Ursache liegt in der Venenbelastung, weil das Baby die Blutgefäße nach unten und zur Seite preßt und das Blut nicht richtig abfließen kann. Es kommt zum Rückstau in den Venen im Dickdarmbereich und es bilden sich Hämorrhoiden.

Verbesserung/ Verschlechterung Dein Zustand verschlechtert sich bei Aufregung und Kälte und verbessert sich mit warmen Anwendungen.

Homöop. Mittel: **Collinsonia Canadensis** (Grießwurzel)

Dosierung: D6, dreimal täglich eine Gabe

Kreuzschmerzen

Kreuzschmerzen und Venenstau

Zustand/Gemüt: Du hast einen venösen Rückstau von der Leber über den Unterleib bis hin zu den Beinen. Dies äußert sich in tiefsitzenden Rückenschmerzen, geschwollenen Beinen, Krampfadern, Hämorrhoiden und vielleicht auch Verstopfung. Es fällt dir schwer, lange zu stehen.

Verbesserung/ Verschlechterung: Dein Zustand verschlechtert sich bei Wärme, Stuhlgang und nach dem Essen und verbessert sich bei Kälte und frischer Luft.

Homöop. Mittel: **Aesculus hippocastanum** (Roßkastanie)

Dosierung: D6, dreimal täglich eine Gabe

Kreuzschmerzen und Ischiasbeschwerden

Zustand/Gemüt: Du bist bereits in der Spätschwangerschaft und hast Kreuzschmerzen, da du dich vielleicht etwas überanstrengt hast. Es fühlt sich an wie ein »Hexenschuß« oder eine Sportverletzung.

Verbesserung/ Verschlechterung: Dein Zustand verschlechtert sich bei Ruhe, feuchtkaltem Wetter oder zu Beginn von Bewegung und verbessert sich mit anhaltender Bewegung und Wärme.

Homöop. Mittel: **Rhus toxicodendron** (Giftsumach)

Dosierung: D12, zweimal täglich eine Gabe

Bindegewebe und Zähne

Bindegewebe und empfindliche Zähne

Zustand/Gemüt: Durch die hormonelle Umstellung in der Schwangerschaft lockert sich dein Bindegewebe. Gerade in den letzten Wochen kann es leichter zu Wassereinlagerungen oder Schwangerschaftsstreifen kommen. Du spürst auch im Mundbereich die Empfindlichkeit des Zahnfleisches und der Zahnhälse.

Verbesserung/ Verschlechterung: Dein Zustand verbessert sich bei Wärme und verschlechtert sich bei Kälte.

Homöop. Mittel: **Silicea terra** (Kieselsäure)

Dosierung: D12, zweimal täglich eine Gabe

Berechnung des Geburtstermins

Sicher möchtest du wissen, wann denn euer Baby zur Welt kommen wird. Natürlich gibt es dafür im Internet oder in Büchern Geburtsterminrechner, und die Frauenärztin oder Hebamme wird dies ebenfalls sagen können. Trotzdem ist es schön, wenn du den Zeitpunkt auch selber berechnen kannst; wobei zu sagen ist, daß sich der Geburtstermin auf eine ganze Zeitspanne bezieht. Es ist lediglich ein Anhaltspunkt. Dein Baby kann ganz gut um die zwei Wochen vor oder nach dem errechneten Geburtstermin zur Welt kommen. Am einfachsten nimmst du für die Berechnung die Naegele-Regel:

Es wird dabei mit 266 Tagen Schwangerschaft gerechnet, wenn der Tag der Befruchtung bekannt ist. Ansonsten sind es 280 Tage, vom ersten Tag der letzten Periodenblutung ausgehend:

- erster Tag der letzten Regel
- + 7 Tage
- - 3 Monate
- + 1 Jahr

Als Beispiel nehme ich hier meine dritte Schwangerschaft mit Anael:

- Erster Tag der letzten Regel: 26. August 2009
- + 7 Tage: 02. September 2009
- - 3 Monate: 02. Juni 2009
- + 1 Jahr = voraussichtlicher Termin 02. Juni 2010

Diese Berechnung könnte man noch verfeinern, indem man auf unterschiedliche Zykluslängen eingeht. Doch es soll hier nicht um genaue Berechnungen gehen, sondern darum, eine Idee zu haben, wie du den ungefähren Geburtszeitraum bestimmen kannst.

Babys kommen sehr selten an dem errechneten Tag zur Welt. Elyah, unser zweites Kind, kam eigentlich vier Wochen »zu spät« zur Welt. Doch dies lag an der falschen Berechnung seitens der Hebamme. Das heißt, es ist manchmal aufgrund von anfänglichen Blutungen in der Schwangerschaft (z. B. bei der Einnistung des Eies) nicht immer ganz klar, ab wann gerechnet werden kann.

Elyah gebar ich schlußendlich wie geplant zu Hause, und er hatte überhaupt keine Anzeichen einer Übertragung. Er kam also doch »termingerecht«. Ich war froh, daß ich mich damals gegen ärztliche Untersuchungen entschieden habe und darauf vertraute, daß das Baby zum rechten Zeitpunkt zur Welt kommen würde.

Bei unserem zweiten Sohn Anael stimmte der Termin ziemlich genau, da diesmal auch die letzte Periode eindeutig klar war. Ein Auszug meines Eintrags im Tagebuch kurz vor der Geburt:

Babybauch und Warten – 04. Juni 2010

Die Berechnung des Geburtstermins ergibt den 02. Juni 2010. Zahlen hin oder her, ich kugele jedenfalls mit fast 20 kg mehr noch munter vor mich hin, und dem Kleinen scheint es offenbar in meinem Bauch zu gefallen.

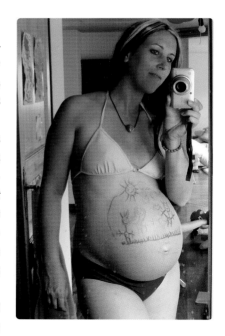

Im Gegensatz zu der Schwangerschaft mit Elyah verspüre ich gar keine Vorwehen; oder nehme ich diese einfach nicht wahr? Das einzige, was mir auffällt, ist ein Druckgefühl nach unten, sonst nicht viel. Vor etwa 2 - 3 Wochen hatte ich einmal eine Nacht etwas Senkwehen, worauf sich der Bauch wirklich merklich gesenkt hatte. Das heißt, ich konnte wieder besser atmen, und das lästige Sodbrennen habe ich kaum noch.

Ehrlich gesagt, rechne ich erst gegen 10./11. Juni 2010 mit der Geburt. Dann ist Neumond, dies würde ja den Prozeß des Loslassens unterstützen. Wir werden sehen. Leonie hat meinen Bauch schon mal mit einer ihrer fröhlichen Zeichnungen verziert, unsere Familie auf dem Gras in der Sonne.

Meine Wassereinlagerungen, insbesondere in den Füßen und Beinen, sind wesentlich besser geworden. Die Heilschwingungen der Sanjeevini-Karten scheinen ihre Wirkung zu zeigen. Dazu habe ich einfach Tee mit den entsprechenden Heilkarten energetisiert und regelmäßig getrunken. Ich bin wirklich sehr positiv überrascht, wie hilfreich und einfach das ist.

Dazu trinke ich den entwässernden und harntreibenden Schwangerschaftstee. Liegen und Ruhen unterstützt und hilft, während langes Sitzen am PC wieder geschwollene Füße verursacht. Ich versuche deshalb, nur das Nötigste am PC zu erledigen und die Beine möglichst oft hochzulagern.

Ansonsten geht es mir sehr gut, ich freue mich einfach riesig auf diese Geburt und kann es kaum erwarten. Es ist eigentlich eine Mischung aus Vorfreude einerseits, und andererseits wollte ich noch dies und das erledigen vor der Geburt, weshalb ich auch froh bin, wenn unser Sonnenschein noch ein paar Tage wartet.

Die letzte Nacht spürte ich teilweise ein ganz sanftes Ziehen, ich denke, es wird sich wohl doch langsam auf den Weg machen. Dabei konnte ich gar nicht schlafen, ich wurde aufgeregt vor Neugier und Vorfreude, wann es denn wirklich losgeht. Irgendwann bin ich doch wieder eingeschlafen und konnte mal ohne häufige nächtliche Toilettengänge lange Zeit am Stück durchschlafen. Deshalb war ich bereits morgens um 07.00 Uhr topfit und ausgeruht.

Anael kam schließlich am 07. Juni 2010 zu Hause im Pool zur Welt. Wiederum eine wundervolle, selbstbestimmte Alleingeburt, von der ich später im Buch ausführlich berichte.

Zum Thema Geburtstermin möchte ich hier gerne Silke Schäfer zu Wort kommen lassen. Als eine Mutter mit einer Hausgeburt beleuchtet sie die Wichtigkeit des Geburtszeitpunktes aber auch die Schwangerschaft selber aus ihrer langjährigen Erfahrung als Astrologin.

Interview
Schwangerschaft und Geburt aus astrologischer Sicht
mit Silke Schäfer (49), Schweiz
Astrologin, Autorin und Mutter von Jette (6)

Steht bereits die Schwangerschaft unter dem Einfluß der Sterne? Wenn ja, wie wirkt sich dies aus?

Wenn wir den Blick zu den Sternen wenden, erheben wir uns über die Perspektive der Erde hinaus auf eine andere Ebene, eine Art Meta-Ebene, von der viele Menschen denken, daß sie Einfluß auf uns ausübt. Es ist aber nicht so, daß die Sterne auf uns Einfluß ausüben und uns so zu willenlosen Marionetten machen würden. Die Sterne »machen« nichts mit uns. Das GPS im Auto oder auf unserem Handy macht ja auch nichts mit uns, sondern es zeigt uns nur den Weg und die Gelegenheiten. Wenn wir also die Sprache des GPS verstehen oder die Sprache der Sterne lesen können, können wir aufgrund der Position in Raum und Zeit erkennen, welche Gelegenheiten sich jetzt bieten oder nicht bieten, welche Möglichkeiten noch kommen können und welche vorbei sind. So betrachtet ist in bestimmten Sternenkonstellationen auch eine mögliche Schwangerschaft auf unserer Lebensreise erkennbar. Sie steht aber nicht unter dem Einfluß der Sterne, denn es liegt immer an uns, ob wir die Gelegenheit, die sich bietet, annehmen oder nicht.

Es gibt verschiedene Auffassungen über den Zeitpunkt der Entstehung eines neuen Lebens. Vom Zeitpunkt der Geburt, der Zeugung oder schon im gedanklich vereinten Wunsch eines Paares. Welcher Zeitpunkt ist für dich aus astrologischer Sicht maßgebend?

Aus astrologischer Sicht ist der Moment des ersten Atemzuges in dieser unserer Welt der Moment, an dem das Leben auf der Erde beginnt. Es ist so, wie wenn wir Ferien buchen. Gedanklich können wir uns zwar schnell nach Hawaii versetzen, aber erst wenn wir den Fuß dort auf den Boden setzen, sind wir wirklich angekommen.

Inwiefern setzt dieser Zeitpunkt seinen Impuls für das Baby auf dessen späteres Leben?

Der Zeitpunkt der Geburt ist der Übertritt des Kindes vom inneren Milieu des Mutterbauches ins äußere Milieu unserer irdischen Welt. Dieser Übertritt ist immer der Beginn eines neuen Zyklus bzw. des neuen Lebens. Und da im Beginn bereits wie in einem Samenkorn alles enthalten ist, ist im Geburtshoroskop erkennbar, welche universellen Kräfte zu diesem einzigartigen Zeitpunkt wirken. Das Kind wird sozusagen zu einem Repräsentanten der Zeitqualität und kann im Laufe des Lebens – seiner Bewußtseins- und Evolutionsstufe entsprechend – die Qualitäten verwirklichen.

Ich muß aber auch hinzufügen, daß der Zeitpunkt in beide Richtungen wirkt. Die kosmischen Energien prägen das Baby bei dessen Geburt. Aber auch das Baby prägt die kosmischen Energien durch seine Anwesenheit hier auf der Erde. Es ist wie in einem Symphonie-Orchester, wenn immer mehr Instrumente anstimmen und das Konzert vervollständigen.

Du erlebtest selber eine wunderschöne natürliche Geburt eurer Tochter zu Hause. Hatte dies auch einen astrologischen Hintergrund?

Nein. Es war keine Berechnung, sondern reine Liebe und tiefes Urvertrauen in das Baby und in eine Instanz, die größer ist als wir.

Gibt es einen Unterschied zwischen natürlichen Geburten, eingeleiteten Geburten bzw. geplanten Kaiserschnitten in Bezug auf den Zeitpunkt der Geburt?

Die innere Qualität des Zeitpunktes ist bei allen Geburtsarten gleich. Das heißt, ich kann in einem Horoskop nicht sehen, ob es eine Hausgeburt oder ein Wunsch-Kaiserschnitt oder eine andere Art der Geburt war.

Die äußere Form, wie das Kind auf die Welt kommt, ist aber unterschiedlich und setzt eine Primärprägung des Kindes in Bezug auf Übergangsriten und Gehaltensein in der Welt. War das Kind willkommen? Dann fühlt es sich später im Leben bei allen Übergängen auch willkommen (Schulwechsel, Berufswechsel, Länderwechsel usw.). Wurde über das Kind bestimmt, indem die Eltern oder Ärzte sagen: »Wir holen dich jetzt, auch wenn du noch nicht willst«, nimmt es dies als Prägung mit in sein Leben bis zu dem Moment, wo es sich dessen bewußt wird und diese Art der Fremdbestimmung aus eigener Kraft überwinden kann. Das kann früh im Leben sein, später im Leben oder gar nicht…

Gibt es denn einen »richtigen« oder optimalen Geburtszeitpunkt?

Es ist *immer* der richtige Zeitpunkt.

Sind bereits bei Babys gewisse Neigungen oder Wesenszüge gemäß seines astrologischen Geburtshoroskopes erkennbar oder zeigen sich diese erst später in der Kindheit?

Ja. Der Wunsch nach Ausdruck oder Befriedigung der Grundbedürfnisse ist natürlich von Anbeginn erkennbar, wie z. B. Nahrung, Wärme, Liebe, Bewegungsbedürfnis,

Neugier, Mitteilungsbedürfnis. Mit zunehmender Bewußtheit und Reife kommen dann immer mehr die Charakterzüge in den Vordergrund.

Was ist das Besondere an Zwillingen?

Zwillinge zeichnen sich durch ihre besondere emotionale und spirituelle Verbundenheit aus. Da sie als Paar auf die Welt kommen und nahezu ein identisches Horoskop haben, teilen sie sich meistens die Lebensaufgaben, d. h. das eine Kind übernimmt mehr die extrovertierten und das andere Kind mehr die introvertierten Themen, und so fühlen sie sich ganz. Bei Drillingen ist es auch so, wobei zwei ein Paar bilden und das dritte Kind eine Jokerfunktion übernimmt.

Was für Kräfte wirken bei Vollmond oder Neumond. Weshalb erblicken gerade dann viele Babys das Licht der Welt? Oder ist dies nur ein Mythos?

Bei Vollmond stehen sich Sonne und Mond in einer Spannung gegenüber. Der Mond im Horoskop repräsentiert das Kind selbst, die Sonne steht im klassischen Sinn für den Vater. Mond steht auch für das Unbewußte und Sonne für das Bewußte. Scheinbar bieten Vollmonde besondere Gelegenheiten, von der Unbewußtheit in die Bewußtheit zu kommen oder ein besonders intensives Verhältnis mit dem Vater zu erfahren. Tatsächlich kommen an Vollmond mehr Kinder auf die Welt als sonst. Sehr oft kommen die Kinder auch am Geburtstag der Mutter oder des Vaters zur Welt.

Gibt es etwas, daß du werdenden Eltern gerne mit auf den Weg geben möchtest?

Während der Zeit der Schwangerschaft werden wir mit allen archaisch in uns angelegten Gefühlen konfrontiert: Höchste Freude, Ungewißheit der Zukunft, oftmals auch Angst. Versuche, immer in der verstehenden Liebe zu bleiben. Wenn du von Anbeginn dir selbst, deiner Hebamme und vor allem deinem werdenden Kind vertraust, egal wie es wächst, und nicht unnötig viele Tests machst (»Ich vertraue dir nicht«), dann legst du damit die beste Grundlage nicht nur für dein Kind, sondern für eine gesunde Gesellschaft und damit für die Evolution. Ein älterer Herr brachte es damals auf den Punkt, als er mich hochschwanger sah: »Sie sind gesegnet. Sie tragen eine wertvolle Frucht.«

Ein Wunder wächst heran

Wie entwickelt sich das Baby in deinem Bauch? Der kleine Körper formt sich schon in den ersten Wochen der Schwangerschaft zu einer Komplexität, welche die perfekte Strukturierung der Natur erahnen läßt. Nichts geschieht zufällig, alles ereignet sich genau in der richtigen Reihenfolge und zum richtigen Zeitpunkt. Und so einzigartig, wie auch du bist, so einzigartig entwickelt sich dein Baby in genau seinem eigenen perfekt angelegten »Bauplan«. Folgende Übersicht soll dir lediglich Anhaltspunkte geben.

Der Körper eures Kindes wird sich in seinem Tempo gemäß seinem eigenen Plan so entwickeln, wie es von der Natur aus vorgesehen ist, damit diese Seele den größtmöglichen Nutzen aus dieser Inkarnation ziehen kann. Der Körper muß auch nicht zwangsläufig aus unserer beschränkten menschlichen Sicht gesehen »perfekt« sein. Vielmehr soll der Körper die beste Chance bieten, daß die Seele ihre selbstgewählten Aufgaben erfüllen kann und sich in geistiger Sicht weiterentwickelt.

Dazu gehören manchmal auch »Mißbildungen« oder »Behinderungen«. Ich nenne sie viel lieber Variationen der Natur! Wir wissen nicht, was die Hintergründe dieser Variationen sind, wozu sie gedacht sind und weshalb sie so gewählt wurden. Das mag für dich vielleicht sonderbar klingen, aber ja, auch der Körper wird ganz bewußt von der kommenden Seele für sein Leben hier auf Erden vorbereitet, wie es seinem Wachstum am besten entspricht.

Auch können wir uns gar nicht vorstellen, was ein behinderter Körper für eine Seele bedeutet. Möglicherweise bedeutet eine körperliche Einschränkung eine außergewöhnliche Öffnung auf ganz anderer Ebene. Andere Sinne, die nicht beeinträchtigt sind, können möglicherweise dafür um so mehr entwickelt und intensiver genutzt werden. Gerade eine »Behinderung« oder eben Variation kann einen Menschen dazu führen, Außergewöhnliches in seinem Leben zu vollbringen.

Die Seelen geistig behinderter Menschen sind oftmals hohe Lichtwesen, die ganz unauffällig hier auf Erden dazu da sind, sehr reine Liebesschwingungen zu halten und auf der Erde zu verankern. Sie sind nicht hier, um zu *tun*, was in unserer Gesellschaft meist als so wichtig angesehen wird. Vielmehr sind diese Seelen hier, um zu *sein* und ihre hohe Energie hier auf Erden zu verankern. Es ist wichtig, daß wir dies erkennen und lernen, diese Menschen als solche Wesen wertzuschätzen.

Manchmal hat ein Baby auch eine ganz besondere Aufgabe und bleibt nur für kurze Zeit in seinem kleinen Körper. Es kann sein, daß es bereits durch diese kurze Lebensdauer seine gewünschten Erfahrungen machen konnte. Es kann auch sein, daß dein Baby diese Aufgabe aus Liebe zu dir und deiner Familie auf sich genommen hat, um euch etwas zu zeigen und euch in eurem geistigen Wachstum zu unterstützen. Es brachte die Liebe in eure Herzen. Wie schmerzlich eine solche Erfahrung auch ist, ein solches Baby berührt die Herzen aller, denen es in irgendeiner Form begegnet ist. Auch dies ist ein Geschenk der unendlichen Quelle. Nimm dieses Geschenk in Dankbarkeit an, diese Zeit, die euch mit eurem Kind gegeben wurde.

Als werdende Mutter tust du alles, damit der kleine Körper möglichst gesund heranwachsen kann. Aber es gibt Dinge und Gegebenheiten außerhalb unserer

Möglichkeiten oder der von Ärzten, die wir einfach nur annehmen und akzeptieren können. Variationen des Körpers, die nicht unserem selbstgebauten Idealbild entsprechen, sind genauso ein Teil dieses einzigartigen Kindes, welches da in deinem Bauch heranwächst, und sie gehören einfach dazu.

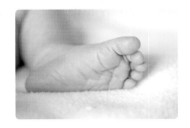

Laß einfach jegliche begrenzenden Vorstellungen und Richtlinien los und gib dich ganz deinem Kind, diesem Wunder der Natur hin.

Freue dich auf dein Kind! Freue dich über seine Entwicklung und genieße ganz besonders die ersten zarten Fußtrittchen, mit denen es sich bei dir bemerkbar macht!

Um so mehr darfst du auch dankbar sein für ein Baby, welches sich gesund entwickelt und gesund zur Welt kommt. Es ist ein unfaßbar großes Geschenk des Himmels!

An dieser Stelle möchte ich Karin zu Wort kommen lassen. Ihre Schwangerschaft verlief ganz anders als erwartet. Es ist die Botschaft einer Mutter und eines Babys, die ein kurzes Stück des Lebensweges gemeinsam gegangen sind und für immer in Liebe verbunden bleiben. Ihre Geschichte hat mich selber sehr berührt, und ich danke ihr, daß sie diese Erfahrung teilt und von Liam berichtet.

Interview – Besondere Schwangerschaft
Der gemeinsame Weg mit Liam
mit Karin Patton (36), Schweiz
Anästhesiepflegefachfrau, Regionalleitung Zwergensprache,
Mutter von Elijah (4), Liam (♥) und Caelan (8 Monate)

Wann hast du erfahren, daß Liam ein besonderes Kind sein wird?

In der 19. Schwangerschaftswoche, am 9.Juni 2009. Wir hatten am Sonntag davor beide ein ganz komisches Gefühl, daß etwas mit unserem Kind nicht stimmen könnte. Am Montag rief ich meinen Gynäkologen an und machte einen Termin ab. Wir konnten dann am Dienstag zu ihm, und er machte sofort einen Ultraschall. Er schaute kurz auf den Bildschirm und meinte: Dieses Kind ist tot. Wir waren geschockt.

Dann entdeckte er aber doch noch einen Herzschlag, aber er konnte keine Organe richtig erkennen.

Beim Spezialisten wurde der erste Verdacht noch verschlimmert. Mit dem Körperstamm unseres Kindes stimmte so ziemlich gar nichts. Wir haben dann eine Fruchtwasserpunktion machen lassen, damit wir eine genetische Ursache ausschließen konnten. Die Punktion war das Schlimmste überhaupt. Ich hatte so Angst, daß meinem Kind durch die Punktion Schaden zugefügt werden könnte und es dadurch sterben könnte. Die Hebamme war auch nicht sehr hilfreich. Sie meinte: »Sie müssen dieses Kind trotzdem lieben und das Positive an der Situation sehen.« Ich war wütend. Natürlich liebe ich mein Kind, sonst wäre es ja nicht so schwer gewesen.

Bei der Punktion kam heraus, daß unser Kind keine Gendefekte hatte, sondern daß wahrscheinlich einfach bei der ganz frühen embrionalen Entwicklung etwas schiefgelaufen war. Nun wußten wir auch, daß wir einen Jungen erwarteten, und ab da hatte er einen Namen: Liam.

Wie seid ihr als Eltern mit dieser Nachricht umgegangen?

Zuerst waren wir einfach nur geschockt und haben geweint. Unser älterer Sohn, damals 18 Monate alt, war bei der ersten Untersuchung dabei und ist von einem zum anderen gegangen und hat uns umarmt und getröstet. Wir haben dann via Internet versucht, alles über die eventuelle Krankheit unseres Babys herauszufinden und haben vor allem die positiven Berichte nur so verschlungen.

Nachdem uns die Fachärztin in St. Gallen jegliche Hoffnung auf ein Überleben unseres Babys genommen hatte, haben wir sehr viel geweint. Wir waren aber auch wütend und haderten mit Gott und der Welt. Vorherrschend war jedoch die Trauer.

Wir gingen immer sehr offen mit der Situation um und haben Familie, Freunde und Nachbarn über Liams Schicksal aufgeklärt. So durften wir sehr viel Solidarität und Unterstützung erfahren.

Welches Vorgehen haben euch die Ärzte vorgeschlagen?

Die Ärzte haben uns in keiner Weise beeinflußt. Wir haben aber auch von Anfang an ganz klar gesagt, daß für uns eine Abtreibung nicht in Frage kommen würde, außer mein Leben wäre in akuter Gefahr.

Wie und warum habt ihr euch für das Baby entschieden?

Wir haben uns bei der Zeugung bewußt für ein Kind entschieden. Daß dieses Kind nun nicht so war, wie wir es uns vorgestellt hatten, spielte für unsere Entscheidung keine Rolle. Für uns war klar, daß wir nicht den Todestag eines unserer Kinder bestimmen können. Der Weg war schwer genug, ich könnte nicht mit dem Verlust von Liam und den Schuldgefühlen einer Abtreibung leben. Wir wollten es Liam überlassen, wann er sterben möchte. Er würde so wenig in seinem Leben selber bestimmen können, da wollten wir ihn wenigstens in Würde und nach seinem Willen gehen lassen.

Außerdem sagte ich immer wieder: Man muß Gott auch eine Chance geben, ein Wunder zu tun!

Es war dann auch ein Wunder, daß Liam so lange in meinem Bauch geblieben ist, die Ärzte gaben ihm bei der Diagnose noch höchstens drei Wochen, er blieb aber noch 15 Wochen bei mir.

Wie war eure Beziehung zu Liam während der Schwangerschaft?

Sehr eng. Ich habe bewußt viel mit ihm geredet, ihn durch den Bauch gestreichelt. Seine aktive Zeit war von 22 bis 1 Uhr. Ich lag dann oft wach im Bett und habe seinen Kicks nachgefühlt. Seinem Vater hat er immer einen »Gute-Nacht-Kick« gegeben, und auf Bauchküsse seines Bruders hat er mit wahren Begeisterungsstürmen reagiert.

Wie hast du dich auf seine Geburt vorbereitet?

Ich wurde von einer auf Trauerbegleitung spezialisierten Hebamme betreut und von einer Oberärztin des Spitals.

Wie kam Liam zur Welt? Wie war eure erste Begegnung?

Wir hatten einen Termin beim Spezialisten am Donnerstag, wo wir das Datum für den Kaiserschnitt von Liam festlegen sollten. Wir hatten Horror vor diesem Tag, weil wir nicht selber entscheiden wollten, wann unser Kind sterben soll. Wegen seiner Behinderung war aber ein Kaiserschnitt unumgänglich, sonst wären wir beide gestorben.

Ich wachte am Mittwoch um 3 Uhr auf, weil mir Liam immer wieder auf die Blase drückte. Ich sagte ihm, er solle von der Blase runter und mich schlafen lassen. Während des Morgens wurden die Schmerzen immer stärker, und ich nahm ein Bad. Danach rief ich im Spital an, und erst da wurde mir bewußt, daß ich Wehen hatte. Ich hatte in dieser Schwangerschaft mit vielem gerechnet, nur nicht mit Wehen. Im Spital wurde dies vom CTG bestätigt, die Wehen waren aber ineffektiv, und so gingen wir, ausgerüstet mit Schmerzmittel und krampflösendem Zäpfchen nach Hause. Dort bestellten wir Pizza. Bei uns ist es Tradition, vor einer Geburt Pizza zu essen, und da es, falls ich am nächsten Tag immer noch Wehen hätte, zum Kaiserschnitt kommen würde, fanden wir Pizza passend. Als der Pizzabote klingelte, ging bei mir das Fruchtwasser ab.

Danach ging alles sehr schnell. Ab ins Spital, dort in den OP, wo glücklicherweise der Chefarzt und die Anästhesieärztin, welche das Aufklärungsgespräch gemacht hatte, Dienst hatten. Die Operation war schwierig, und wir beide, Liam und ich, verloren viel Blut. Dies wäre für ein gesundes Kind schon gefährlich gewesen, für Liam war es zuviel. Wir durften noch einen kleinen, sanften Ton hören, dann war es still, und Liam war gestorben. Als er endlich bei mir war, sah er noch so lebendig aus, war jedoch bereits hinübergegangen.

Wie hat der ältere Bruder auf Liam reagiert?

Sein großer Bruder war sein größter Fan. Jeden Tag am Telefon fragte er nach dem Baby. Wenn er ins Spitalzimmer kam, war sein erster Satz: »Wo Baby, wo?« Wir haben ein sehr schönes Bild unserer beiden Söhne, wo er vor seinem kleinen Bruder sitzt und das Babyzeichen für »ich liebe dich« macht.

Er spricht auch heute noch, zwei Jahre später, viel von seinem Bruder im Himmel und wie er im Körbchen gelegen ist. Immer, wenn jemand stirbt, sagt er, daß diese Person oder dieses Tier nun im Himmel bei Liam sei.

Wie konntet ihr euch als Familie von Liam verabschieden?

Wir durften Liam drei Tage bei uns im Zimmer haben, und mein Mann schlief auch bei mir im Spital. Da dann Wochenende war, wurde er noch zwei Tage im Kühlfach aufbewahrt, wo wir ihn immer besuchen konnten. Unsere Familie hat ihn gesehen sowie unsere engsten Freunde. Beerdigt haben wir Liam bei uns zu Hause im Garten. Mein Cousin und seine Frau sind beide Pfarrer und haben einen wunderschönen Gottesdienst bei uns im Wintergarten gehalten, mit viel Musik, schönen Texten und zwei Tauben, welche neben dem Grab aufstiegen.

Was hat euch Liam in dieser kurzen Lebensdauer gegeben?

Viel mehr, als wir uns jemals hätten denken können. Er hat uns alle verändert, hat uns stärker gemacht und uns zusammengeschweißt. Ich würde mich wieder für ihn entscheiden. Er hat mich mehr über die Liebe gelehrt, als ich sonst in meinem ganzen Leben hätte lernen können.

Dafür bin ich ihm so dankbar!

Was möchtest du anderen Eltern mit auf den Weg geben, die in einer ähnlichen Situation sind?

Es ist eine schwierige Situation, und jeder Weg – das Kind behalten wie auch eine Abtreibung – ist eine schwere Entscheidung. Ich sage immer: Es ist so oder so hart. Eine Abtreibung ist aber nur auf den ersten Blick der einfachere Weg. Man nimmt sich mehr mit einer Abtreibung, als daß man »gewinnt«.

Weil wir uns für Liam entschieden, haben wir nun ganz offiziell ein zweites Kind, wir haben über hundert Fotos von Liam, wir haben ein Grab und viele Erinnerungen.

Wir müssen uns nie fragen: Was wäre wenn? Was, wenn die Ärzte eine Fehldiagnose gestellt hätten?

Er ist immer bei uns, in unseren Herzen, und wird immer Teil unserer Familie sein. Wir haben nun drei Söhne, und auch unser Jüngster wird von Liam erfahren, seinem zweiten großen Bruder. Obwohl, unser Großer meinte letzthin: »Weißt du Mami, Caelan hat Liam schon im Himmel gekannt.«

Wir haben Liam alles gegeben, was wir konnten, haben ihm jede Chance ermöglicht und ihn bis zum Ende geliebt, bedingungslos.

Pro Leben
(Abtreibung)

>**»Ich bin JETZT bereits Mutter meines ungeborenen Kindes.**
>
>**Nicht mit der Geburt schenke ich Leben, sondern mit der Zeugung habe ich dies bereits getan. Ich habe meinem ungeborenen Baby das Leben bereits gegeben.**
>
>**Es liegt sicher und geborgen, liebevoll eingebettet in meinem Bauch und ist mit mir körperlich und seelisch verbunden. In seiner ganzen Bewußtheit, nimmt es mich wahr und sendet mir seine Liebe.«**

Deshalb soll es auch weiterleben…

Das Wunder eines Kindes ist **immer ein Geschenk des Lebens** an uns selber, unabhängig davon, welches Umfeld es gewählt hat. Wie wir damit umgehen, ist lediglich eine Frage des Blickwinkels.

Es kann sein, daß die Lebensumstände, in denen du gerade bist, dieses Geschenk nicht als solches erkennen lassen, und dennoch ist es das: ein winziger Same des Lebens, voller Liebe und Potential, bereit, sich auf euch als Eltern, auf die Erde als Lebensort und auf die Umstände, in denen ihr gerade lebt, einzulassen. Es hat sich dafür bewußt entschieden. Es hat sich für dich als Mutter entschieden!

Pflanzen suchen sich immer den Lebensraum, der ihrer Natur am besten entspricht. Was als widrige Lebensbedingung erscheinen kann, ist jedoch genau die Voraussetzung, die es braucht, um gedeihen zu können. Die Rose von Jericho ist ein wunderschönes Beispiel dafür. Ihr Lebensraum ist die trockene Wüste. Wie durch ein Wunder erblüht sie dort in ihrer Pracht. Aus einer trockenen Wurzelknolle entfaltet sich neues Leben. Sie gilt sogar als Glückssymbol für ein langes Leben und wird bei einsetzenden Wehen bewässert. Dieser alte Brauch soll die Geburt erleichtern, und es heißt, beim Erblühen der Pflanze werde das Kind geboren. Nach der Geburt wird die Rose dem Baby geschenkt.

Was definiert einen Lebensraum oder Lebensumstand als »gut« oder »schlecht«? Es sind unsere Vorstellungen. Das Baby hat sich bereits für dich als Mutter mit allem, was dazugehört, entschieden. Es existiert bereits in deinem Körper und nimmt alles bewußt wahr. Sollten die Bedingungen nicht optimal sein oder ist seine Lebensaufgabe nach kurzer Zeit erfüllt, wird es sich selber verabschieden. Dies kann bereits in der Schwangerschaft erfolgen oder aber auch später zu jedem Zeitpunkt.

Leben ist Schöpfung, ein Pulsieren, welches geht und kommt. Der Impuls dafür kommt immer vom Leben selbst.

Was geschieht, wenn ich dieses Leben in mir beende?

Erst einmal muß ich mir bewußt werden, daß dieses winzige Leben bereits jetzt in einer einzigartigen Vollkommenheit in meinem Bauch heranwächst und die wichtigsten Organe und alles, was einen menschlichen Körper ausmacht, bereits mit der achten Schwangerschaftswoche komplett angelegt sind und der Fötus lediglich wachsen muß. Dies wurde mir selber in einem besonderen Erlebnis anhand von kleinen Mäuseföten klar vor Augen geführt.

Eines Tages entdeckte ich bei uns in der Scheune am Boden drei sich noch in der Fruchthülle befindliche Föten einer Maus. Eine unserer Katzen muß leider eine schwangere Maus erwischt haben. Die drei Föten waren bereits nicht mehr am Leben, doch ich nahm sie behutsam auf und sah sie mir ganz genau an. Zwei davon befreite ich aus den Eihäuten, um sie noch genauer anschauen zu können. Auch Leonie und Elyah zeigte ich sie und erklärte ihnen den Hergang. Aufmerksam schauten sie sich die winzigen Körper an, welche gerade einmal etwa ein bis zwei Zentimeter lang waren. Wir staunten alle zusammen über ihre absolute Vollkommenheit, obwohl sie noch nicht ausgereift waren. Alles war schon da, die Gliedmaßen, Augen, Ohren, Schwänzchen, winzige Blutgefäße, ja wir konnten sogar die Wirbelsäule sehen und die kaum millimetergroßen Krallen an den Pfötchen. Bei dem Mäusebaby, welches noch in der Fruchthülle lag, konnte man auch die Plazenta sehen. Einfach perfekt, nichts, was gefehlt hätte, alles da, ein vollkommener Ausdruck des schöpferischen, göttlichen Bauplanes. Ehrfurcht überkam mich. Ehrfurcht vor dem Leben.

Wir haben die Mäusebabys danach in unserem Garten in der Mitte der Kräuterspirale zusammen mit Kristallen vergraben. Ich war dankbar, daß uns auf diese besondere Weise ein Einblick in das Entstehen von Leben gewährt wurde.

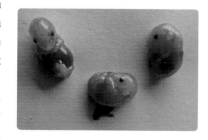

Was würde nun ein ebenso winziges menschliches Wesen erleben, wenn sein Leben bewußt beendet würde? – Dein Kind würde die Erfahrung von Ablehnung, Zurückweisung und Tod erleben. Dies wäre eine Möglichkeit, eine Entscheidung. Als Mutter würdest du die Erfahrung von Verlust erleben, was andere Gefühle wie Schuld, Hilflosigkeit, Verzweiflung mit sich bringen kann. Vielleicht würdest du genau aus dieser bitteren Erfahrung heraus innerlich wachsen, fühlen, was es heißt, ein Kind zu verlieren, vielleicht andere Frauen ermutigen, ihr Kind gedeihen zu lassen.

Um es über die Gefühlsebene besser ausdrücken zu können, habe ich meine Gedanken dazu in Gedichtform gefaßt:

Eine Träne

Eine Träne
für alle Kinder, die qualvollen Schmerz erfahren mußten, bis in den Tod.
Eine Träne
für alle Kinder, denen das Recht auf ihr Leben genommen wurde.
Eine Träne
für jedes Kind, daß die Liebe zu seiner Mutter nicht ins Leben tragen durfte.
Eine Träne
für alle Kinder, die unsere Welt mit all ihren Wundern nicht entdecken konnten.
Eine Träne
für alle Mütter, deren Augen blind waren für das Geschenk des Lebens.
Eine Träne
für jede Mutter, deren Herz sich dem eigenen Kind verschloß.
Eine Träne
für das Band der Liebe zwischen Mütter und ihren Kindern,
welches nicht im Glanz erstrahlte, sondern zu Asche zerfiel.
Eine Träne
dafür, daß irgendwann der Schmerz vergeht und tiefe Wunden heilen;
damit Verzeihung, Mitgefühl und Heilung ein neues Band dieser Liebe schmieden
und zwei Seelen erneut zueinander finden.

Seid geliebt ihr Seelen, für immer und ewig.

Die andere Möglichkeit liegt einfach darin, das Leben zu bejahen, das bereits *jetzt* da ist: dein Kind und dich als Mutter!

Was geschieht, wenn du dieses Geschenk des Lebens annimmst?
Es wird ganz viel geschehen: Dein Kind erfährt, daß es geliebt wird, es nimmt wahr, daß du sein Leben respektierst und achtest. Du gibst ihm damit die Möglichkeit:

- ❖ zu wachsen
- ❖ die Lebenserfahrung »Mensch« zu machen
- ❖ unsere Mutter Erde kennenzulernen
- ❖ Teil eurer Familie zu werden
- ❖ zu lernen
- ❖ zu entdecken
- ❖ sein Bewußtsein zu erweitern
- ❖ zu lieben und geliebt zu werden
- ❖ dein Kind zu sein

Wie beeinflußt ein Baby dein Leben?

Als Mutter wirst du mit allen Facetten des Lebens beschenkt. Durch die Schwangerschaft, die Geburt und das Zusammenleben mit deinem Kind erhältst du Erfahrungen und eine Gefühlstiefe in absolut konzentrierter und reiner Form. Daraus entwickelst du dich selber als Mensch in großem Maße weiter.

In meinen Augen ist es die intensivste und schönste Lebensschule zugleich. Nirgends sonst in meinem Leben durfte ich solche Freude, solche Herausforderung und solch tiefe Liebe empfinden.

Es ist das größte Geschenk der Schöpfung. Es ist die Ausdehnung des unendlichen Lebensimpulses, um durch die Erfahrung »Mensch sein« zu wachsen und die Liebe auszusäen.

»Ich bin meiner Mutter unendlich dankbar für das Leben, daß sie mir geschenkt hat, als sie mit 14 Jahren schwanger wurde.«

PATRICK, VATER VON LEONIE,
ELYAH UND ANAEL

Nimm dein Kind an, gib ihm die Möglichkeit, dich zu lieben und geliebt zu werden.

Erinnere dich täglich immer wieder an folgendes:

Vielleicht sehe ich im Moment nicht hinter das Mysterium meines vorsichtig gewebten Lebensmusters, aber ich habe die Gewißheit und das Vertrauen, daß immer alles genau zum richtigen Zeitpunkt, am richtigen Ort, in richtiger Weise geschieht.

Ich vertraue mir selber, meinem Kind und dem Fluß des Lebens.

Die Entwicklung des Ungeborenen

1. - 2. Woche   Die Berechnung der Schwangerschaft beginnt mit dem ersten Tag deiner letzten Menstruation, also bereits vor der Befruchtung. Am Ende der zweiten Woche, während des Eisprungs und der körperlichen Vereinigung, wird die Eizelle von einem der etwa 200 Millionen Spermien befruchtet.

3. Woche   Nun teilt sich die befruchtete Eizelle mehrmals und wandert währenddessen durch den Eileiter in Richtung Gebärmutter. Dort nistet sie sich in der Gebärmutterschleimhaut ein.

4. Woche   Die Zellen entwickeln sich nun in zwei Gruppen. Während aus der inneren Zellmasse der Embryo entsteht, euer Baby, bildet die äußere Zellmasse die Quelle für die Membranen der Plazenta, des Mutterkuchens.

Die Plazenta versorgt dein Ungeborenes mit einem stetigen Fluß aus Nahrung und Sauerstoff und transportiert ab, was der Stoffwechsel des Kindes nicht brauchen kann. Sie kann jedoch nicht alle Substanzen, welche du einnimmst, herausfiltern. Es gelangt demnach alles, das heißt auch Giftstoffe wie z. B. Nikotin, Bestandteile von Medikamenten oder Drogen trotz des getrennten Blutkreislaufes von dir und dem Kind in den Körper des Ungeborenen. Deswegen ist es für dich genauso wie für dein Kind wichtig, dich mit ausreichend gesunder Kost zu ernähren. Frische biologische Früchte und Gemüse liefern dafür eine Menge an benötigten Nährstoffen.

Während der Schwangerschaft und in den ersten neun Monaten Stillzeit empfehle ich, ganz auf Fleisch zu verzichten. Die konzentrierten Schadstoffe und Angsthormone der Tiere, die darin enthalten sind, wären für dein Baby eine Belastung. Wenn du dennoch nicht ganz darauf verzichten möchtest, versuche es mit gekochtem Fisch aus biologischer, einheimischer Zucht. Ansonsten beglücke dich mit viel Rohkost. Gerade im Sommer bringt uns die Natur eine Vielfalt an leckeren Beeren und Früchten.

6. Woche	In dieser Woche vollzieht sich ein großer Wachstumsschub. Der Embryo ist erst etwa so groß wie eine Linse, doch das Herz schlägt bereits!

Die wichtigsten Organe, wie zum Beispiel die Nieren und die Leber, beginnen jetzt zu wachsen. Die Nervenröhre, die das Gehirn mit dem Rückenmark verbindet, schließt sich in dieser Woche. Die oberen und unteren Gliedmaßen des Embryos beginnen zu wachsen. Aus diesen zunächst kleinen Knospen entstehen die Arme und Beine des Babys.

Zu diesem Zeitpunkt kann ein Schwangerschaftstest in der Regel ein positives Ergebnis anzeigen.

8. Woche	Nun wird nicht mehr von einem Embryo gesprochen, das Ungeborene wird Fötus genannt, was auf Lateinisch »Junges« bedeutet. Von jetzt an kommen keine neuen Veranlagungen mehr dazu, das heißt, alles was körperlich einen Menschen ausmacht, hat sich bereits entwickelt! Es beginnt die Zeit des Wachstums und der Vervollkommnung.
10. Woche	Augen, Ohren, Finger und Zehen sind nun deutlich erkennbar. Die Gehirnentwicklung macht enorme Fortschritte. In nur zwei Tagen vergrößert es sich um 25%. Durchschnittlich werden pro Minute 250.000 Nervenzellen (Neuronen) gebildet.
12. Woche	Das Gesicht zeigt sich ganz menschlich, auch Näschen und Kinn haben sich entwickelt. Euer Baby hat schon eine Länge von etwa 8 cm und kann seine Finger biegen und strecken.
14. Woche	Tast-, Gleichgewichts- und Geschmackssinn sind schon gut entwickelt. Neben dem Hand-Greif-Reflex funktioniert nun auch der Saugreflex. Somit beschäftigt es sich öfters mit Daumenlutschen.
16. Woche	Seine Knochen werden dichter und härter, und die Muskeln entwickeln sich. Feine Härchen, die sogenannten Lanugohaare, bedecken den Körper und sind dazu da, die vor dem Fruchtwasser schützende Käseschmiere auf der Haut festzuhalten.

Haare, Wimpern und Augenbrauen beginnen zu wachsen. Es spielt oft mit seiner Nabelschnur.

18. Woche Dein Baby ist nun etwa 18 cm groß und macht sich mit den ersten spürbaren Kindsbewegungen bemerkbar. Ein wundervoller Moment! Behalte diese Augenblicke in deinem Herzen.

20. Woche Winzige Finger- und Zehennägel bilden sich heraus. Indem das Baby täglich etwa 400 ml Fruchtwasser trinkt und über die Harnwege ausscheidet, trainiert es bereits den Schluckvorgang und die Nieren. Möglicherweise gelingt es dem Papa oder den Geschwistern bereits, mit aufliegender Hand zarte Tritte wahrzunehmen.

24. Woche Es wiegt nun etwa 500 g und hat eine Länge von etwa 30 cm. Mit einem Stethoskop kann man die Herztöne deutlich hören. Dies kann auch dem Vater gelingen, wenn er sein Ohr an die entsprechende Stelle auf den Bauch legt. Wenn ihr euch von einer Hebamme während der Schwangerschaft begleiten laßt, kann sie euch sicher zeigen, wir ihr auch mit einem Hörrohr die Herztöne abhören könnt. Es ist nicht ganz so einfach.

Ich habe mir selber ein Hörrohr gekauft. Zur Übung hörte ich die Herztöne bei den älteren Kindern, Leonie und Elyah ab, dies gelang ganz gut. Meine Schwester und mein Mann versuchten, auch die des Babys im Bauch zu finden. Dies war doch eher schwierig. Eure Hebamme kann euch sicher den einen oder anderen Tip geben und euch dabei begleiten.

Gerade auch Geschwister kannst du damit sehr schön in die Schwangerschaft mit einbeziehen. Leonie und Elyah wollten öfters mit dem Hörrohr ihr kleines Geschwisterchen abhören und fanden das alles sehr spannend. Ihre eigenen Herztöne konnten sie nach einiger Zeit gegenseitig mühelos abhören.

28. Woche Die Lunge des Babys ist noch nicht ganz ausgereift, aber schon so weit entwickelt, daß es bei einer Frühgeburt überleben könnte. Seine Augenlider kann es nun öffnen und schließen. Die dünne Schicht aus Lanugohaaren verschwindet langsam.

Es wiegt etwa 1000 g und ist etwa 38 cm groß. Viel Platz, um sich zu bewegen, bleibt nicht mehr. Vielleicht liegt dein Baby bereits mit dem Köpfchen nach unten. Dies kann deine Hebamme ertasten.

32. Woche Das Nervensystem reift weiter heran, und der Körper kann seine Temperatur regulieren. Bei manchen Babys ist das Kopfhaar bereits ganz dicht. Durch das Ansammeln von Körperfett ist die Haut glatt und gut gepolstert.

36. Woche Inzwischen legt euer Kind kräftig an Gewicht zu, bis zu 500 g pro Woche. Es wiegt zwischen 2500 g und 3000 g und mißt etwa 40 - 50 cm. Ab der vollendeten 37. Schwangerschaftswoche wird eine Geburt als termingerecht angesehen und nicht mehr als Frühgeburt. Die Schwangerschaft neigt sich nun dem Ende zu.

38. - 40. Woche Euer Kind ist nun voll entwickelt und fähig, das Licht der Welt zu erblicken. Es ist die Zeit, in der du dich nochmals ganz intensiv auf die bevorstehende Geburt vorbereiten kannst.

Freue dich auf die Geburt und die einzigartigen Augenblicke der ersten Begegnung!

Indische Brücke

Die meisten Babys liegen nun mit dem Köpfchen nach unten. Sollte es sich noch nicht gedreht haben, gibt es Möglichkeiten, es entsprechend zu stimulieren z. B. durch die sogenannte »indische Brücke«.

Auch Moxen, Licht-/Musiktherapie oder Akupunktur können helfen. Verbinde dich gedanklich mit deinem Kind und ermuntere es, sich zu drehen. Sollte es sich bis zur Geburt nicht gedreht haben, dann sieh die Steißlage (Beckenendlage) als eine Laune der Natur. Auch in dieser Lage kannst du dein Kind ganz natürlich zur Welt bringen. Wichtig dabei ist, daß du dein Kind in Ruhe, möglichst ohne Interventionen und körperliche Eingriffe zur Welt bringst. Die beste Voraussetzung ist eine erfahrene Hebamme, die dich in deiner Absicht stärkt und unterstützt.

Du findest auch im Buchanhang dazu Tips zu wunderschönen Geburtsberichten und Geburtsvideos.

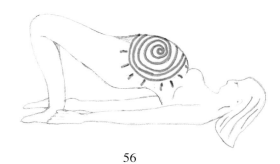

Einen seltenen Geburtsbericht einer schönen natürlichen Geburt in Beckenendlage möchte ich dir bereits hier vorstellen. Jasmin hat vor 2 ½ Wochen ihr drittes Baby zu Hause im Geburtspool zur Welt gebracht. Hier erzählt sie jedoch nochmals von ihrer zweiten Geburt in Steißlage im Krankenhaus:

Interview natürliche Geburt in Beckenendlage (BEL)
mit Jasmin Salazar Velez (35), Deutschland
Hypnobirthing®-Kursleiterin, kaufm. Angstellte,
Mutter von Joshua (5), Jeremy (3) und Joya (2 ½ Wochen)

Hattest du eine Hausgeburt geplant?

Ja.

Wie hast du dich auf die Geburt vorbereitet?

Da es die zweite Schwangerschaft war, kein normaler Geburtsvorbereitungskurs mehr, dafür Kundalini-Yoga für Schwangere. Zu Hause habe ich zuerst Bücher von Michel Odent, Leboyer und anderen gelesen, um mich zu beruhigen. Dann bin ich über viele Geburtsvideos auf Hypnobirthing® gestoßen. Dieses Buch hat mich komplett überzeugt und mir fast zu 100% Gelassenheit gegeben. Da ich erst so spät darauf gestoßen bin, blieben mir nur etwa zwei Wochen, die im Buch beschriebenen Affirmationen, Atem- und Entspannungsübungen zu trainieren. Eine Woche vor der Geburt bestellte ich mir die dazugehörige Regenbogen-Entspannungs-CD und hörte sie jeden Abend in der Badewanne und konnte dabei schön entspannen und dieses Entspannen und Mich-Öffnen verankern.

Was hat es in dir ausgelöst, als du wußtest, daß euer Baby sich Ende Schwangerschaft noch nicht in Kopflage gedreht hat?

Dies war ein Prozeß, der mich zu Ho'oponopono geführt hat: »Womit habe ich mir diese Situation erschaffen?« Das wiederum brachte mir folgende Selbsterkenntnisse:

Aufmerksamkeit: »Oh, ich genieße die Aufmerksamkeit meiner Umwelt.« und

Loslassen: »Wenn mein Baby so (z. B. durch Kaiserschnitt) auf die Welt kommen möchte, akzeptiere ich es.«

Hast du etwas unternommen, damit es sich doch noch dreht?

Ja, einiges: Moxen, Indische Brücke, mit der Taschenlampe den Weg leuchten, mit dem Baby sprechen, Massagen, Wendungsversuch in der Klinik.

Wurde dir aufgrund der Beckenendlage ein Kaiserschnitt vorgeschlagen?

Ja, nach der mißglückten Wendung empfahlen sie mir aufgrund des größeren Kopfumfanges (im Verhältnis zum Bauch) einen Kaiserschnitt.

Wann und weshalb hast du dich trotzdem für eine vaginale Geburt entschieden?

Als die Wellen zwölf Tage vor dem Geburtstermin begannen, sind wir in die Klinik gefahren. Dort wurde nochmals untersucht und die Kaiserschnitt-Empfehlung bestätigt. Der diensthabende Oberarzt sah jedoch, wie ich die Wellen veratmete (Hypnobirthing®-Atmung), der Muttermund war 5 cm geöffnet, und er fragte mich, was ich erwartete. Er könne einen Kaiserschnitt vornehmen, oder wir könnten es auf natürlichem Wege versuchen. Ich war verunsichert, doch wollte ich es selbstverständlich »natürlich« versuchen.

Wer hat dich bei dieser Entscheidung unterstützt?

Der Arzt! Er meinte, wenn ich den Muttermund weiter so aufatme, würde das wunderbar funktionieren. Ich erzählte ihm von der geplanten Hausgeburt, aber daß ich mich mit einem Kaiserschnitt auch schon abgefunden hätte. Ich fragte ihn, ob es denn nicht zu gefährlich sei, ob das Baby nicht steckenbleiben würde usw. Er lächelte und gab mir zu verstehen, daß er guter Dinge sei. Wenn etwas nicht voranginge, könne er immer noch einen Kaiserschnitt vornehmen. Ich war erfreut, perplex und verunsichert zugleich. Er berührte mich am Arm und sagte: »Komm, wir versuchen das.«

Wie verlief die Geburt?

(Ausführlicher Bericht siehe Internet: www.hypnobirthingbaby.com)

Ich war in einer aufrechten Position, mit dem Oberkörper nach vorn gebeugt, mit beiden Händen am Bauch, bei jeder Welle (Wehe) hat mein Mann mir Druck ins Kreuzbein gegeben. Ich habe die langsame Atmung (Bauch aufblasen) angewendet und mich bewußt entspannt, vor allem im Beckenbereich locker gelassen, mich geöffnet und mich der Geburt hingegeben, bis fast zum Schluß das Baby sanft hinuntergeatmet, bis auf die letzten vier Wellen.

Der Arzt bat mich, da der Körper schon fast da war, in der (halb)-liegenden Positionen zu bleiben und bei der nächsten Welle mitzupressen. Obwohl ich keinen Preßdrang hatte, tat ich das, was der Arzt von mir verlangte. (Damals weil ich so dankbar war, daß er eine natürliche Geburt ermöglichte, heute würde ich das nicht mehr tun, sondern – sofern es mir und meinem Baby gutgeht – auf meinen Körper und mein Gefühl hören.) Nach vier Wellen war mein Sohn geboren und ich die glücklichste Frau der Welt.

Brauchtest du während der Geburt Medikamente, Schmerzmittel oder Anästhesie?
Nein.

Was hat dir während der Geburt geholfen, dein Kind zur Welt zu bringen?

Langsame Atmung (Bauch aufblasen), sanfte Geburtsatmung, Entspannung, meine Hände am Bauch, Druck von meinem Mann auf das Kreuzbein, meine Position, gutes Zureden von allen Anwesenden (vor allem von meinem Mann und meiner Doula), Streicheln zur Entspannung, Beckenkreisen.

Wie waren dein Befinden, die des Babys und deine Gefühle nach der Geburt?

Mein Befinden: Ich war von Liebe und Energie überflutet, hätte die ganze Welt umarmen und Bäume ausreißen können.

Mein Baby: Sehr entspannt, friedlich, nach wenigen Minuten an der Brust gesaugt.

Meine Gefühle: Ich war »high«, bestimmt zwei Monate lang nach der Geburt.

Würdest du wieder ein Baby in Beckenendlage auf natürlich Weise gebären?

Ja!!! – Meine Doula hat erzählt, eine Frau, die fünf Kinder bekam, eines davon in BEL, sagte, die BEL-Geburt sei die »sanfteste« gewesen. Das hörte ich immer öfter. Anscheinend soll es sanfter sein, wenn der Po anstatt des Köpfchens den Geburtsweg hinabsteigt.

Was möchtest du Frauen mit Babys In BEL-Lage mit auf den Weg geben?

Auf ihr Gefühl zu hören.

Wenn sich das Baby nicht zum Drehen überreden läßt, ihr Vertrauen stärken, Ängste auflösen, daß das Baby auch in dieser Position geboren werden kann. Sich eine unterstützende Hebamme suchen, eine Klinik, die Erfahrung mit solchen Geburten hat. Viel Entspannen, damit der Bauch entspannt ist und das Baby bis zum Schluß Platz hat, sich zu drehen. Falls die Ängste zu groß sind, können die Elemente von Hypnobirthing® auch zu einer guten Kaiserschnitt-Erfahrung beitragen.

Anmerkung: Jetzt, nach meiner dritten Geburt, kann ich sagen, daß die BEL-Geburt tatsächlich sanfter war, so wie mir schon mehrfach berichtet wurde. Meine Hebamme bestätigte mir dies nochmals (der Po braucht weniger Platz als der Kopf).

Musik, Klang, Sprache und Worte

Klänge und Töne begleiten uns vom ersten Moment an durch das ganze weitere Leben. Klang *ist* das reine Leben; eine vibrierende Schwingung, welche das Universum und alle Lebewesen durchdringt. Töne sind Schallwellen, die unsere Empfindungen, Wahrnehmungen und Gefühle beeinflussen und an unserer körperlichen und geistigen Entwicklung maßgeblich beteiligt sind.

Der Wissenschaftler Dr. Alfred Tomatis, französischer Hals-Nasen-Ohren-Arzt und Sohn eines Opernsängers, ist während seiner 45-jährige Forschungstätigkeit zu erstaunlichen Ergebnissen gekommen und hat eine eigene Methode entwickelt, mittels Klangtherapien auf die frühe fötale Prägung zurückzugreifen und korrigierende Änderungen vorzunehmen, welche zur Heilung des gesamten Menschen auf seelischer, geistiger und körperlicher Ebene beitragen.

Aufgrund seiner Beobachtungen berichtete er als erster, daß der Fötus bereits mit viereinhalb Monaten hört und daß in der vorgeburtlichen Zeit die Entwicklung des Ohres und des Hörens angelegt werden, was sich wiederum auf die spätere Kommunikationsfähigkeit und Sprache auswirkt. Tomatis spricht sogar davon, daß das Organ bereits früher seine Funktion aufnimmt und einen entscheidenden Einfluß auf den Aufbau hat. Kurz gesagt: Am Anfang steht das Horchen!

Dabei geht es nicht allein um die körperliche Fähigkeit des Hörens, sondern vielmehr ist mit Horchen das bewußte Zuhören und Lauschen gemeint, bei welchem der Fötus aus dem gesamten Durcheinander von uterinen Geräuschen die Töne selektiv aufnimmt, welche für ihn bestimmt sind, also die, welche er auch wahrnehmen und aufschlüsseln kann. Während das Fruchtwasser nur die tiefen Töne durchläßt, konzentriert sich das Kind auf die hohen Frequenzen. Alle lebenswichtigen Informationen liegen somit in den Hochfrequenzen verborgen, womit das Baby die Fähigkeit entwickeln muß, diese aus allen übrigen Störgeräuschen herauszuhören. Dies ist sein erster bewußter Akt des Wahrnehmens.

Die menschliche Gabe des Horchens und damit das Charakteristische des Ohres ist nicht, alles zu hören, sondern zu wissen, was man hören muß, darauf gründet die Physiologie des Hörens. Dazu gehört insbesondere die Wahrnehmung der Mutterstimme, welche sich im Gegensatz zur Stimme des Vaters in diesem Hochfrequenzbereich befindet und durch die Vibration des Kehlkopfes über die Wirbelsäule und das Becken zum Ohr des Kindes gelangt.

Im Innenohr sind gleich zwei Sinne vereint: der Hörsinn in der Cochlea (Hörschnecke) und der Gleichgewichtssinn im Vestibulum. Das Gleichgewichtsorgan kontrolliert jeden Muskel des Körpers. Über das Ohr wird somit das gesamte Körpergefühl gesteuert, es beinhaltet unsere Bewegung, Haltung und Spannung sowie Grob- und Feinmotorik.

Die Hauptfunktion des Ohres liegt gemäß Tomatis neben der Funktion des Hörens und der Gleichgewichtsregulation in einer dritten Funktion, die vor den beiden anderen bereits vor der 20. Schwangerschaftswoche ausgereift ist: **die Funktion der energetischen Aufladung unserer Großhirnrinde!**

Eine durch Töne und Klänge aufgeladene Hirnrinde zeigt sich durch geistige Wachheit, Vitalität, Denkfähigkeit, Bewußtheit und Kreativität. Unser Gehirn braucht, um seine Funktion erfüllen zu können, entsprechende Stimulation, welche aus allen Sinnesorganen als Fortleitung elektrischer Potentiale zu ihm gelangen.

Das Ohr ist dabei das wichtigste Sinnesorgan, welches bis zu 90 % an der Energiezufuhr des Gehirns beteiligt ist, und dies fast ausschließlich durch den Empfang von hochfrequenten Tönen!

Das Hören von obertonreicher Musik (z. B. Mozartmusik) stimuliert somit das Gehirn in seiner Funktion und Entwicklung in hohem Maße! Eine noch stärkere Wirkung erzielt die eigene Mutterstimme.

Wenn du nun während der Schwangerschaft und danach beispielsweise klassische Musik hörst, insbesondere Mozart oder auch Streichinstrumente, da diese am obertonreichsten sind, förderst du damit die kindliche Entwicklung in hohem Maße. Wir Menschen sind meist auf das Visuelle ausgerichtet und merken nicht, welche große Bedeutung eigentlich dem Ohr zukommt.

Vor einigen Wochen begegnete mir eine hochschwangere Frau mit ihrem dreieinhalbjährigen Sohn. Wir unterhielten uns und kamen darauf zu sprechen, daß ihr Sohn noch kein Wort spricht, obwohl er offensichtlich alles versteht und auch ganz normale Reaktionen zeigt. Im Laufe des Gesprächs erwähnte sie nebenbei, daß sie zu Hause vorwiegend Heavy Metal hören würden. Da war mir der Zusammenhang sofort klar. Der Junge verschloß sich offenbar dem, was er sich anhören mußte, nämlich der Musik, die seine Eltern hörten. Seine sprachliche Entwicklung lag markant zurück und brachte auch mit Logopädie keine Erfolge. Der Schlüssel liegt im Hören!

Einerseits könnte die Entwicklung mit der Tomatis-Methode korrigiert werden, was sich insgesamt auf seine Persönlichkeit und körperliche Entwicklung positiv auswirken würde. Andererseits wäre bereits mit dem Verzicht auf diese Art von Musik und ein Ersetzen durch Mozart oder andere obertonreiche Musik ein großer Fortschritt erreicht.

Leonie und Elyah haben von sich aus eine Vorliebe für Streichmusik gezeigt. Leonie wollte bereits mit vier unbedingt Violine spielen. Von mir kam diese Idee nicht, denn ich habe früher Klavier gespielt und kannte andere Instrumente nicht wirklich. Auch Elyah möchte nun mit vier Jahren unbedingt Cello spielen. Jetzt, da mir bewußt ist, daß es gerade die Streichinstrumente sind, welche die höchsten Obertöne aufweisen, ist mir auch klar, daß die Kinder dadurch ihr Gehirn direkt mit »Klang-Nahrung«, also Stimulation und Energie durch die hohen Frequenzen versorgen.

Jonathan Goldman ist ein bedeutender Lehrer in der westlichen Klangheilung, er hat bei Klangmeistern aus wissenschaftlichen und spirituellen Tradition studiert und altes Wissen mit fortgeschrittener Technologie verbunden. Er entwickelte Techniken zum Erlernen des Obertongesanges und gibt diese in seinen Büchern und Seminaren weiter. Wenn es dich anspricht und du Freude an der Musik und am Singen hast, dann beschäftige dich mit dem Obertongesang. Dein Baby kann sogar nach der Geburt Melodien erkennen, die du während der Schwangerschaft geübt hast.

Dasselbe geschieht bei der Sprache. Jede Sprache bewegt sich in einem bestimmten Frequenzspektrum. Einige sind sehr ähnlich, andere haben überhaupt nichts miteinander gemeinsam. Dein Baby gewöhnt sich bereits im Bauch an seine Muttersprache oder andere Sprachen, die du während der Schwangerschaft sprichst, weil es den Rhythmus, die Sprachmelodie und die Intonation der jeweiligen Sprache wahrnimmt. In den ersten Jahren sind Kinder besonders empfänglich für Sprachen. Sie nehmen diese von ihrer Familie und im Umfeld sehr schnell auf. Dies geschieht ganz natürlich und spielerisch im Alltag. Das Gehör ist noch offen für neue Frequenzbereiche anderer Sprachen.

Der Klang und die Intonation der Sprache nimmt dein Baby bereits im Mutterleib auf. Ebenfalls die Worte, allerdings nicht über die Verstandesebene, sondern intuitiv. Worte sind keine leeren Silben, sondern machtvolle Werkzeuge. Worte der Liebe und Freude erzeugen eine ganz andere Energie als Worte der Angst und Wut. Im Kapitel Ernährung zeigen die Wasserkristalle des japanischen Wissenschaftlers Emoto bildlich den Einfluß von Worten. Dieses Thema ist jedoch bereits jetzt in deiner Schwangerschaft wichtig.

Alles, was du deinem Baby erzählst, und die Gedanken, mit denen du dich befaßt, senden die entsprechende Energie zu ihm, insbesondere die direkt an dein Kind gerichteten Worte.

Dies bedeutet ganz einfach, daß du ihm nicht deine Sorgen, deinen Ärger oder deine Wut übergeben solltest, indem du ihm tagtäglich davon erzählst. Dies betrifft auch alle Verneinungen, die vielleicht auch Verwandte gedankenlos von sich geben, wenn sie mit dem Baby im Bauch oder nach der Geburt sprechen. Das können ganz einfache Sätze sein wie etwa: »Deinetwegen ist mir immer schlecht…«, »Eigentlich will ich dich gar nicht…«, »Ach, du armes Baby… mußtest bei der Geburt XY erleben«, »Gell, mein Schatz, mußt immer so weinen, hast solche schlimmen Bauchkrämpfe…«, »Na, du Kleines, machst Mama so viel Arbeit und läßt sie nie schlafen…«

Die Liste könnte ellenlang fortgesetzt werden, denn oft sprechen Menschen Dinge aus, deren Wirkung ihnen gar nicht bewußt ist. Sei du dir bewußt, was du deinem Kind mitteilen möchtest und schirme es ab von solchen Worten anderer Personen. **Sprich liebevoll mit ihm, erzähle ihm schöne Dinge, die du gerade erlebst und empfindest.**

An dieser Stelle möchte ich nur kurz darauf zu sprechen kommen, daß nicht nur im Babyalter, sondern gerade im Kleinkind- und Kindesalter eine Menge negativer Einflüsse auf dein Kind einzuwirken versuchen. Das gehört zur Zeit noch zu dieser

Welt, denn sie beruht zumindest jetzt noch auf der Polarität. Dies beginnt bereits bei ganz kleinen Kindern mit Märchen, die vor Gewalt nur so strotzen, und hört bei Kriegsspielzeugen und Computerspielen zum Töten nicht auf. Ist dir schon einmal bewußt geworden, wie viel Gewalt in Grimms Märchen stecken (Schneewittchen, Hänsel und Gretel, Die sieben Geißlein, Rotkäppchen…)?! Märchen sind aus pädagogischer Sicht sehr wichtig für Kinder, deshalb schaue ich bei unseren Kindern immer darauf, daß wir solche zum Vorlesen, Hören, Erzählen und Selberlesen finden, die inhaltlich wertvoll sind, ohne Gewalt oder unterschwellige Manipulationsversuche. Das ist manchmal gar nicht so einfach, aber auch hier gilt: Wer sucht, der findet.

Auch in sehr vielen Kinderfilmen geht es um Gewalt, Machtspiele und negative Weltbilder. Ich bin da immer sehr kritisch, und Leonie und Elyah sind bereits so sensibilisiert, daß sie dies auch wahrnehmen und bei einem Fehlkauf einer Hörkassette oder einer DVD diese beiseitelegen.

Es liegt an dir, dein Kind vor negativen Einflüssen zu schützen, soweit es möglich ist, und Alternativen anzubieten. Diese verantwortungsvolle Aufgabe beginnt bereits jetzt in der Schwangerschaft.

Spielen ist Lernen pur für Kinder. Mit was sie sich demnach oft befassen, prägt ihr Verhalten für die Zukunft. Laß es so oft es geht in der Natur krabbeln, spielen, erfahren und entdecken.

Die Natur ist der beste Lehrer. Ihr Aufbau ist pure Perfektion, Spielzeug oft der Versuch einer schlechten Kopie.

Babys und Kinder lernen, die Natur zu beobachten, mit ihr zu interagieren und Zusammenhänge zu erkennen.

Ihr Denken ist unglaublich schnell. Allgemein wird angenommen, ein Baby entwickle Intelligenz und ein Bewußtsein stetig bis ins Erwachsenenalter. Das Gegenteil ist der Fall, Babys verfügen bereits ab Geburt über eine unglaubliche Anzahl an Hirnverbindungen, die nicht verkümmern sollen.

Biete deinem Baby eine anregende, positive Umgebung. Fröhliche Farben im Kinderzimmer und Kleidung, sinnvolles Spielzeug angefangen bei den Bauklötzen über Bücher bis hin zur Musik. Nimm dein Baby oft nach draußen, lasse es die frische Luft atmen, die Sonne spüren, den Frühlingsduft der Blumen riechen, im Wasser planschen, mit Tieren spielen und in der Erde graben.

Die Bedeutung des Ohres und seine Funktion für die Entwicklung deines Babys habe ich bereits aufgezeigt. Hier habe ich nochmals kurz zusammengefaßt, wie du dies konkret im Alltag umsetzen kannst:

Über den Hörsinn

- Dein Baby erhält wichtige Impulse für seine Entwicklung durch das Hören von obertonreicher Musik mit Hochfrequenzen und harmonischen Klängen wie z. B. Mozart, Obertonmusik, Naturgeräusche, Delphin- und Walgesänge, Herzschlag, Didgeridoo, Hemisync usw. Lausche zusammen mit deinem Kind immer wieder solcher Musik während der Schwangerschaft und auch danach.
- Singe oft während und auch nach der Schwangerschaft.
- Sprich in liebevoller Weise zu deinem Baby und teile ihm deine freudigen Gefühle mit. Die Mutterstimme ist der wichtigste Impuls überhaupt in der Entwicklung der Fähigkeit des Horchens und somit des Babys.
- Wenn du ein Instrument spielst, tu dies auch oft während der Schwangerschaft und danach. Später kannst du deinem Kind, wenn es Interesse daran zeigt, das Erlernen eines Instrumentes ermöglichen.

Über den Gleichgewichtssinn

- Mit Schwangerschaftsyoga stimulierst du den Gleichgewichtssinn, und dein Baby profitiert von der tiefen Atmung und dem erhöhten Energiefluß.
- Tanze während der Schwangerschaft und bewege oft deinen Körper. Tanze nach der Geburt mit deinem Baby im Arm. Laß die Kinder später selber oft tanzen und biete ihnen dazu fröhliche Musik an. Als Gegenpol zur Entspannungsmusik ist es für Kinder wichtig, auch anregende, fröhliche Musik zu hören (Kinderlieder, Volksmusik usw.), die gleichfalls hohe Frequenzen aufweist.
- Trage dein Baby ab Geburt bis ins Kleinkindalter so oft es geht im Tragetuch, in einer geeigneten Tragehilfe oder im Arm.
- Schläft dein Baby während des Tages nicht bei dir, kannst du es anstelle des Bettes für einen kurzen Schlaf in eine Babyhängematte (z. B. Dondolo) legen. So genießt es auch da die Schaukelbewegung.
- Während der Schwangerschaft und mit dem kleinen Baby kannst du selber viel schaukeln, sei es in einem Hängestuhl, Hängematte oder auf einer Schaukel. Sobald es sitzen kann, wird es dies selber ebenfalls gerne tun.

Tanzen, Yoga und Entspannung

Tanz war schon immer ein Ausdrucksmittel für Körper, Stimmungen und Gefühle. Mit dem Tanzen bringst du dich und deinen Körper wieder in Fluß. Wenn du während der Schwangerschaft eine ungesunde Haltung im Hohlkreuz angenommen hast, dich mit Rückenschmerzen, Darmträgheit, Wasseransammlungen oder Venenleiden herumschlägst, bringt dich die Bewegung des Tanzes wieder in Schwung.

Beim freien Tanzen bewegst du deinen Körper zur Musik, wie es deiner Stimmung und deinen Gefühlen entspricht. Benütze den ganzen dir zur Verfügung stehenden Raum. Geh hinaus in die Natur und such dir ein schönes Plätzchen, um zu tanzen. Dehne dich weit aus, laß die Energien sprudeln, wirble umher, ganz wie es dir gefällt. Dein Baby nimmt alle diese Bewegungen durch seine eigene gedämpfte Wasserwelt hindurch wahr. Schon da wird sein Gleichgewichtssinn über das Ohr stimuliert. Die Bewegungen geben ihm wichtige Impulse für seine körperliche und geistige Entwicklung.

Der 4-Elemente-Tanz

Durch den Tanz werden deine Emotionen beruhigt, überschüssige Energien abgegeben und neue Energie getankt. Unterschiedliche Bewegungen und Muster erinnern in ihrem Ausdruck an die Elemente in der Natur. Folgende Anregungen und Ideen sollen dich selber zu eigenen Kreationen und Tänzen inspirieren. Folge einfach deiner kindlichen Neugierde und probier es aus:

ERDE

Mit diesem Element verbindest du dich zugleich mit Gaia, mit Mutter Erde. Am intensivsten fühlst du diese Verbindung, wenn du dabei barfuß in der Natur tanzt. Spüre unter deinen Füßen das Gras, die Erde, Steinchen, Holz, Blätter. Stampfe auf den Boden, mal kraftvoll, mal etwas sanfter.

Tanze rhythmische, sich immer wiederholende Muster auf den Boden. Wenn du draußen tanzt, kannst du anstelle von Musik deinen Tanz auch mit einer Trommel, mit Gesang oder Rufen begleiten. Fühle dich geborgen, angenommen und beschützt durch die Natur.

Lasse alle überschüssigen Energien, Sorgen und Ängste hinunter durch deine Zehen in die Erde fließen. Verbinde dich mit Mutter Erde.

FEUER

Zünde eine Kerze an oder tanze draußen vor einem Lagerfeuer.

Feuer hat eine reinigende Wirkung. Es können scharfe, kantige, impulsive Bewegungen sein, die mit zunehmendem Tanzen in eine ruhigere, sanfte Bewegung übergehen. Auch im Feuer kannst du dich gedanklich reinigen und all deine inneren Schichten von unnötigem Ballast befreien.

Stell dir vor, wie Sorgen oder Emotionen wie Wut und Ärger von der Kraft der violetten Flamme gereinigt werden. Die Flamme verzehrt alles, was dich belastet und nährt dich mit einem stärkenden goldenen Licht des Schöpfers.

WASSER

Wasser ist ein wundervolles Element für die Schwangerschaft und die Geburt. Wähle Musik von Meeresrauschen, Delphinklängen, Klangschalen oder sanften Wellen und Geplätscher und stimme dich damit auf dieses Element ein.

Wunderschön ist es, wenn du dich im Wasser selbst bewegst. Bei knöcheltiefem Wasser geht das Tanzen besonders gut. Wenn du im Wasser schwimmst, schaukle dich sanft hin und her. Gerade in der Spätschwangerschaft, fühlst es sich wunderbar an, wenn dich das Wasser trägt und dir etwas von deinem Gewicht abnimmt. Ich ging selber während den Schwangerschaften oft baden und schwimmen und genoß immer wieder diese Leichtigkeit.

Wenn du im Wasser tanzt oder dich zu der Musik von Meer, See oder Bach bewegst, dann denke an die weiche, fließende Eigenschaft des Wassers. Deine Arme und deine Hüften zeichnen weiche Kurven und Kreise, langsam fließende Bewegungsabläufe.

Stell dir vor, wie das Wasser dich umspült und alles wegwäscht, was du in diesem Augenblick oder für die kommende Geburt nicht mehr benötigst. Du fühlst dich gereinigt, leicht und wie neu geboren.

Verbinde dich gedanklich mit den Delphinen. Fühle ihre Energie, ihren Schutz und ihre spielerische Freude.

LUFT

Für das Element Luft wird mit leichten, schwebenden Bewegungen getanzt. Dabei kannst du auch Bänder oder Chiffontücher verwenden. Um dir des Elements Luft bewußter zu werden, kannst du auch räuchern oder einfach nach draußen gehen und die frische Luft einatmen.

Gegen Ende jeder Schwangerschaft fühlte ich mich durch das Gewicht eher wie eine Hummel als ein elfenhaft dahinschwebendes Wesen. Aber überlege dir: Auch die Hummel kann fliegen, und wie! Egal wie groß dein Kugelbauch bereits gewachsen ist, laß dich in der Natur vom Wind mittragen und ihn durch deine Haare wehen. Wirble selber wie ein Blatt durch die Luft.

Höre dir Musik an, welche dich an luftige, engelhafte Sphären erinnert. Fühle dich leicht und beschwingt. Drehe dich sanft zur Musik im Kreis. Stelle dir vor, wie du zusammen mit deinem Kind von sanften Böen getragen wirst. Laufe wie auf Wolken und laß warme Sonnenstrahlen dein Inneres und Äußeres erwärmen.

Tip: Beendigung des Tanzes

Beende den 4-Elemente Tanz immer mit den Elementen Wasser oder Luft, also mit sanften, weichen Bewegungen und entsprechender Musik. Somit findest du immer zurück in deine Mitte, zur Ruhe und Entspannung.

Abschluß, Dehnung, Entspannung

Dehne nach dem Tanzen deinen Körper, da deine Muskeln nun schön warm geworden sind. Dazu eignen sich besonders Yoga-Übungen, Cantienica für Schwangere (Methode für Körperform und Haltung) oder Pilates (systematisches Ganzkörpertraining zur Kräftigung, Dehnung). Durch das Tanzen und Dehnen wird dein Körper kräftig und elastisch für die Geburt. Dies wird dir bei der Geburtsarbeit helfen, dein Kind zur Welt zu bringen.

Schließe die Dehnübungen mit einer kurzen oder auch längeren Entspannungsübung oder Meditation ab. Du kannst dich auch einfach hinlegen und der Entspannungsmusik lauschen.

Genau jetzt ist ein wunderbarer Moment, ganz bewußt mit deinem Kind Kontakt aufzunehmen. Lege deine Hände auf den Bauch. Vielleicht spürst du ja bereits die sanften Trittchen deines Babys. Atme tief und langsam in deinen Bauchraum ein. Atme tief und langsam wieder aus. Fühle dein Kind. Sprich mit ihm; ganz leise oder in Gedanken. Du kannst ihm gedanklich ein goldenes Licht senden, einen Regenbogen, ein Herz, gefüllt mit deiner Liebe. Sei im Augenblick gegenwärtig. Vielleicht bekommst du eine Nachricht zurück, ein Hinweis auf das Befinden des Kindes, auf die Geburt, seinen Namen oder sonst eine Mitteilung. Fühle die Liebe, die vom Baby zu dir zurückströmt. Möglicherweise hast du noch andere Wahrnehmungen, seien dies Farben, Gerüche, Klänge oder Empfindungen. Öffne alle Sinne und horche hinein in diesen Moment.

Kreis- und Spiraltänze

Kreis- und Spiraltänze sind eine uralte Form des Tanzens und wurden rund um den Erdball in verschiedensten Kulturen, Zeremonien, Formationen und Variationen zu Musik und Gesang getanzt. Durch das Muster des Kreises oder der Spirale entstehen Urrhythmen, welche die Tänzer mit der Natur und dem Kosmos rückverbinden. Es entsteht ein »heiliger Raum«, welcher eine ganz besondere meditativ wirkende Atmosphäre erzeugt.

Kreis- und Spiraltänze sind nicht nur für die Schwangerschaft geeignet, sondern auch für die Geburt selbst. Du lenkst damit dein Bewußtsein auf etwas Einfaches, wodurch Gedankenströme zur Ruhe kommen. Die Bewegung lockert dein Becken und hilft zu entspannen, und dein Muttermund wird sich leichter öffnen. Kreisende Bewegungen helfen deinem Kind, seinen Weg zu bahnen. Während der Schwangerschaft kannst du gut mit verschiedenen Musikstücken experimentieren. Für die Geburt sind sanfte, langsame Stücke geeignet, da sie nicht anregend, sondern tief entspannend wirken und dir so das Loslassen, tiefe Atmen und Gebären leichterfallen wird.

KREIS

Der Kreis steht für das Ganze, den Lebenszyklus, das Eine. Es gibt kein Vor- oder Hintereinander, kein Anfang oder Ende, der Kreis ist die harmonische Einheit.

Für Kreistänze gibt es ganz unterschiedliche Musik. Je nach Stimmung bieten sich fröhliche, urige, langsame oder gar melancholische Stücke an. Meist sind das traditionelle, volkstümliche Musikstücke aus verschiedenen Kulturkreisen und Ländern. Israelische Tänze sind sehr beliebt, aber auch orientalische Musik oder afrikanische Rhythmen ergeben ganz spannende Choreographien. Am meisten Spaß bereitet das Tanzen mit mehreren zusammen. Erkundige dich dazu in deiner Region nach Kursen in Kreistanz. Oder triff dich mit anderen schwangeren Frauen zu einem fröhlichen Tanzabend unter Gleichgesinnten und laßt eure Kreativität walten. Es gibt auch Musik (siehe Anhang) mit dazu passenden Kreistänzen und Anleitungen für solche, die sich bereits im Tanzbereich auskennen.

SPIRALE

Die Spirale ist auch im Tanz ein Symbol für Bewegung und Dynamik, für Entwicklung, für den Lebensweg, für Geburt und Tod und für schöpferische Evolution.

Stelle dir gedanklich eine Spirale vor und tanze oder gehe diesen Weg entlang. Wenn du in der Natur bist, kannst du den Weg mit Kreide auf den Boden malen oder mit Naturmaterialien der Umgebung (Holz, Steine, Moos, Nüsse usw.) legen.

Wie beim Labyrinth der Weg hinein in die Mitte und wieder heraus führt, so begibst du dich auch bei der Spirale kreisförmig in die Mitte und tanzt deinen Weg wieder hinaus. Der Weg in die Mitte wird mit der Geburt gleichgesetzt. Die Mitte ist das Zentrum, der Augenblick, wo dein Kind in unsere Welt übertritt und du es das erste Mal in den Armen hältst. Der Weg nach außen symbolisiert die Zeit nach der Geburt, in der du dich in deine neue Mutterrolle einfindest. Dein Baby wird während der Geburt mehrere Drehbewegungen ausführen und sich in einer Spirale den Weg nach außen bahnen.

Wenn ihr mehrere Tänzerinnen seid, haltet euch an den Händen und folgt gemeinsam dem Weg der Spirale.

LIEGENDE ACHT

Die liegende Acht wird auch tibetische Acht genannt und symbolisiert die Unend-lichkeit. Wir finden sie in der Grundstruktur unserer Gene (Doppelhelix) und in der Zellteilung nach der Befruchtung. Sie zeigt die Polarität und ist gleichzeitig ein Symbol für das Absolute.

Es gibt verschiedene Varianten, in der Bewegung und im Tanz dieses Symbol zu verwenden:

- Stelle dir eine große am Boden vor dir liegende Acht vor und tanze oder laufe entlang der Linien. Naturmaterialien wie Steine, Kristalle, Blätter, Hölzer, Muscheln usw. dienen zur Darstellung, wenn du diese als eine Acht hinlegst. Beginne in der Mitte und laufe oder tanze zuerst nach vorne/oben und gelange via rechte oder linke Seite nach unten und wieder zurück in die Mitte.

- Deine Arme streckst du waagrecht aus und zeichnest mit den Händen eine vor dir liegende Acht in die Luft. Beginne auch bei dieser Variante in der Mitte und gehe erst nach oben, zur Seite, nach unten und zurück in die Mitte. In dieser Vorgehensweise wirst du mit Energie aufgeladen. Gerade auch in Begleitung von Musik hat diese Übung eine sehr entspannende Wirkung. Sie integriert dein rechtes und linkes Gesichtsfeld und somit beide Hemisphären deines Gehirns. Du verbesserst damit deine Koordination, dein Gleichgewicht und findest zur inneren Harmonie.
- Eine etwas anspruchsvollere Art: Wie beim orientalischen Tanz benutzt du dein Becken, um die Bewegung der liegenden Acht zu »zeichnen«. Damit du in den Hüften und im Beckenbereich ganz locker wirst, mußt du dafür die Knie etwas beugen. Der Rücken bleibt gerade in aufrechter Position. Zur Vorbereitung kannst du dein Becken erstmal kreisen lassen, nach links und nach rechts. Danach bewegst du das Becken auf einer gedanklich unter dir liegenden Acht. Beginne in der Mitte, Becken nach vorne kippen, dann zur Seite, nach hinten und wieder zurück in die Mitte.

Line Dance, Orientalischer Bauchtanz

Tanzen ist die ganze Schwangerschaft hindurch möglich, solange du dich dabei wohlfühlst. Höre immer auf die Signale deines Körpers. Du kannst zu Hause für dich oder in der Gruppe tanzen oder auch einen Kurs besuchen. Bei Tanzkursen fallen die körperlichen Anforderungen doch recht unterschiedlich aus. Zum Beispiel ist irischer Stepptanz mit permanenten Sprüngen überhaupt nicht geeignet für die Schwangerschaft. Line Dance hingegen ist eine eher ruhigere Form des Tanzes, mit einfachen Choreographien und Bewegungen, welche gute Stimmung verbreitet. Neben den genannten Volkstänzen (Kreistänzen) ist auch der orientalische Bauchtanz eine wunderbare Begleitung während der Schwangerschaft. Dieser Tanz fördert besonders das Entspannen und Loslassen im Beckenbereich, was für die Geburt wichtig ist.

In der dritten Schwangerschaft war ich gerade in einer Musicalausbildung und habe während der ersten Hälfte verschiedene Unterrichtsstunden in Jazz- und Musicaldance und Ballett besucht. Natürlich konnte ich nicht alle Übungen machen und habe bewußt vieles weggelassen. Sprünge oder körperlich zu anstrengende Tänze waren für mich tabu. Ich mußte dabei sehr genau auf meinen Körper hören und mit dem eigenen Tanzunterricht, den ich zusätzlich gegeben hatte, aufgrund von leichten Blutungen schon zu Beginn der Schwangerschaft aufhören.

Die Angst, mein Baby zu verlieren, ließ mich pausieren und körperlich kürzer treten. Ich nahm auch gedanklich oft Kontakt mit dem kleinen Wesen auf. Ich versicherte ihm, daß es willkommen und erwünscht sei, daß ich mich so sehr auf seine Ankunft freue und daß ich es liebe. So verlief auch die restliche Zeit der Schwangerschaft gut, und unser Baby kam gesund und munter zur Welt.

Solange du gesund und körperlich fit bist und Freude am Tanzen hast, möchte ich dich gerne dazu ermuntern, zu tanzen. Deine Stimmungen aufgrund der Hormonschwankungen werden sich dadurch harmonisieren und dein Körper wird für die Geburt gestärkt.

Schwangerschafts-Yoga, Tai Chi und Qi Gong

Schwangerschafts-Yoga verbindet Körper und Geist und führt auf sanfte Weise zu mehr Elastizität und Kräftigung deines ganzen Körpers. Spannungen werden abgebaut, und du gewinnst ein umfassenderes Gefühl für den eigenen Körper und das ungeborene Leben in deinem Bauch. Während der langsamen und ruhigen Übungen kannst du sehr gut Kontakt mit deinem Baby aufnehmen und bereits vor der Geburt das Bonding (die Bindung) zwischen euch verstärken. Dein Kind wird die harmonischen Körperbewegungen wahrnehmen und positiv auf die ausgleichenden Yogastellungen reagieren. Du wirst die Tiefenatmung erlernen, damit du dich effektiv auch zu Hause auf die Geburt vorbereiten kannst.

Während der zweiten Schwangerschaft hatte ich die Möglichkeit, einen Schwangerschafts-Yoga-Kurs zu besuchen. Da ich tagsüber meist mit unserer Tochter Leonie beschäftigt war, konnte ich mir so in diesen Stunden wirklich Zeit für das Baby nehmen und ganz bewußt Kontakt aufnehmen. Ich war einfach mal nur für das ungeborene Baby da und schätzte diese intensiven gemeinsamen Momente sehr. Die Atemübungen waren eine wundervolle Vorbereitung auf die Geburt. Es fiel mir im gemeinsamen Atmen sehr leicht, die tiefe Bauchatmung umzusetzen. Es war so schön, einmal in der Woche mir selber Zeit und Muße zu geben, mich zu entspannen, die Schwangerschaft zu genießen und mich mit dem Baby zu verbinden.

Wenn du bereits Erfahrung in Tai Chi oder Qi Gong hast, kannst du auch damit so lange es dir dabei gutgeht weitermachen. Die Übungen können für die Schwangerschaft entsprechend etwas abgeändert werden. Frag einfach deinen Lehrer. Beide Bewegungsformen unterstützen dich, immer wieder die Körpermitte und das Gleichgewicht für eine optimale Körperhaltung zu finden. Somit beugst du Rükken- und Kreuzschmerzen vor. Auch bei diesen Techniken, insbesondere dem Qi Gong, trainierst du das Atmen für die Geburtsarbeit. Dein Baby wird durch die langsamen schaukelnden Bewegungen stimuliert und durch die verstärkte Atmung und den Chi-Fluß zusätzlich mit Energie versorgt.

Kreatives

Schreiben

Das Schreiben ist ein wunderbares Instrument, um all deinen Gedanken, Gefühlen und Erfahrungen Raum zu geben. Mit der Zeit verblassen Erinnerungen, manche mehr, manche weniger. Damit du diese besonderen Erinnerungen von Schwangerschaft, Geburt und Babyzeit behältst, empfehle ich dir, sie aufzuschreiben. Egal, ob es nur kurze Zeilen sind oder die Notizen ganze Hefte füllen, schreibe regelmäßig nieder, was dich beschäftigt, was du erlebst und wie es dir geht.

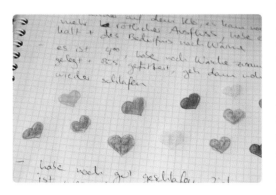

Ich habe in den letzten Jahren mit den drei Kindern sehr viel für mich geschrieben. Als ich diese Tagebücher für das Erarbeiten dieses Buches hervorholte, waren plötzlich wieder Erinnerungen da und Kleinigkeiten gegenwärtig, die ich schon längst vergessen hatte. So unterschiedlich die Kinder auch sind, solche Notizen über die älteren Kinder helfen auch wieder im Umgang mit dem jüngsten Baby: »Wie war das nochmals mit Windelfrei bei Elyah, welche Zeichen hat er gegeben, welche Situationen waren herausfordernd, lustig oder voller Freude? Wie verlief die Geburt, was habe ich gemacht für die Vorbereitung?« usw.

Schön ist es, wenn du mit dem Schreiben bereits während der Schwangerschaft beginnst. Dies kann in ganz unterschiedlicher Form sein. Vielleicht besorgst du dir dafür ein spezielles Tagebuch, oder du schreibst etwas auf dem Computer oder in einen Blog.

Wie wäre es, wenn du Briefe schreiben würdest, an dich selber oder an dein Baby gerichtet? Du kannst in diesen Briefen all deine Gefühle und Gedanken einbringen. Vielleicht gibst du diese Briefe später einmal an dein Kind weiter oder behältst sie als Erinnerung bei dir.

Die Geburt ist ein solch einmaliges Ereignis, welches du immer in deinem Herzen behalten solltest. Schreibe bereits zu Beginn des Geburtsprozesses noch die letzten Zeilen und Gedanken nieder und ergänze diese durch deinen Geburtsbericht gleich in den ersten Tagen nach der Geburt. Die Eindrücke und Erfahrungen sind dann noch ganz frisch und werden auch nach Jahren wieder in allen Einzelheiten in Erinnerung gerufen.

Gedichte, Zeichnungen oder Photos können diesen schriftlichen »Schatz« ergänzen. Oder klebe kleine Dinge, welche in dir freudige Gefühle auslösen und dich an schöne Momente erinnern, in ein Buch, beispielsweise einen besonderen Stein, den du gefunden hast, während du schwanger warst, ein paar Härchen deines Babys, eine getrocknete Blume, welche du zur Geburt bekommen hast…

Malen und Gestalten

Im gestalterischen Bereich stehen dir grenzenlose Möglichkeiten offen, etwas Besonderes für dein Baby oder für die Geburt anzufertigen:

- Bilder malen
- Plakat, Collage mit positiven Affirmationen
- Fensterbilder mit Fensterfarben (Windowcolor)
- Geburtskerze ziehen oder gestalten
- Amulette, Kette, Schmuckstücke, Ritualgegenstände
- Geburtsdecke, Babydecke oder Kleider nähen, stricken
- Öle, Düfte, Essenzen selber mischen
- Klangspiel, Mobile, Rassel für das Baby anfertigen
- Geburtsengel, Feen, Zwerge aus Stoff, Naturwolle basteln
- Gipsabdruck vom Babybauch herstellen
- Babybauchpainting mit Henna malen
- Schwangerschafts-Photoshooting

Materialien:
Stoff, Wolle, Filz, Perlen, Muscheln, Nüsse, Kristalle, Steine, Holz, Zweige, Farben, Fimo, Lehm…

Bei allen drei Schwangerschaften entstanden unterschiedliche kreative Werke von meiner Seite oder von der Familie und Freunden. Solche kreativen Werke, einzigartig und mit Liebe hergestellt, bereiten viel mehr Freude, als irgendein unpersönlicher käuflicher Gegenstand. Es ist demnach nicht nur erfüllend, selber etwas zu schaffen,

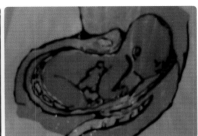

Geburtsamulett   *Indianische Geburts-Schildkröte*   *Fensterbild*

sondern auch wunderschön, in dieser Art von Familie, Paten und Freunden beschenkt zu werden.

Steinset Geburt & Stillzeit

Schwangerschafts-amulett

Photoshooting

Eine ganz besondere Erinnerung ist der Gipsabdruck vom Babybauch. Ich hatte bei den ersten Schwangerschaften gedacht, dies wäre doch eher ein unnützer Staubfänger. Doch bei der dritten Schwangerschaft hat mir meine Schwester einen schönen Bauchabdruck gemacht. Diesen ließ ich bei Stefanie vom Atelier Stolzenburg (www.belly deluxe.de), einer besonderen Künstlerin wunderschön bemalen. Das Resultat ist einmalig und versetzt mich immer wieder in Freude und Staunen.

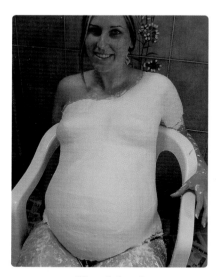

Gipsabdruck

Fertiges Kunstwerk

Geburtsvorbereitung

Neun Monate lang habt ihr als werdende Eltern Zeit, euch intensiv mit der Ankunft des Babys und der Geburt auseinanderzusetzen. Neben den klassischen Geburtsvorbereitungskursen gibt es verschiedene Arten, dich ganz auf das winzige Wesen in deinem Bauch einzulassen und dich selber als Mutter auf physischer und mentaler Ebene mit dem Wunder Geburt vertraut zu machen. Deiner eigenen Kreativität sind dabei keine Grenzen gesetzt. Allein das positive gedankliche Beschäftigen mit dem Baby bejaht die Schwangerschaft und verbindet dich mit dem Ungeborenen. Dies wirkt sich nicht nur auf die Geburt aus, sondern auch auf die Zeit des Wochenbettes. Besteht schon vor der Geburt eine starke Verbindung zum Kind, gestaltet sich auch die Phase nach der Geburt wesentlich leichter.

Bei mir war es so, daß ich mich mit jeder Geburt während der Schwangerschaft immer intensiver mit dem Baby und mit der Geburt beschäftigt habe. Für mich war eine gute Vorbereitung bereits die halbe Geburtsarbeit. Dies mag sich vielleicht anstrengend anhören. Wenn ich im Nachhinein jedoch meine Geburten betrachte, muß ich sagen, es hat sich tausendfach gelohnt! Deshalb gebe ich dir gerne einige Ideen und Anregungen.

Bäder, Tee, Massage, Akupunktur, Homöopathie

Himbeerblättertee

Der Himbeerblättertee lockert die Muskulatur des kleinen Beckens auf. Er hat außerdem eine entschlackende und entgiftende Wirkung. Da er die Darmperistaltik anregt, wird ihm auch eine wehenfördernde Wirkung zugeschrieben.

Wann?   Ab vollendeter 34. Schwangerschaftswoche

Wie oft?   Regelmäßig 2 - 3 Tassen pro Tag

Kombination   Wenn du bereits regelmäßig Schwangerschaftstee getrunken hast, kannst du nun einen halben Teelöffel von der Mischung mit einem halben Teelöffel Himbeerblätter pro Tasse aufgießen.

Leinsamen

Leinsamen wirken sich positiv auf die Schleimhäute aus. Am bekanntesten ist die stuhlregulierende Reaktion auf die Darmschleimhaut. Ein möglichst leerer Darm läßt dem Baby genügend Platz während der Geburtsarbeit.

Wann?   Ab vollendeter 34. Schwangerschaftswoche

Wie oft?   täglich 1 Eßlöffel geschrotete Leinsamen

Wichtig: **genügend Flüssigkeitszufuhr**, 1 großes Glas pro EL!
               (Ansonsten bewirkt es das Gegenteil: Verstopfung)

Dammmassage

Die Dammmassage bewirkt, daß der Damm weich und dehnfähig wird, damit das Köpfchen des Babys durchgleiten kann, ohne daß du durch einen Dammriß oder Dammschnitt verletzt wirst. Kleine Risse im Damm lassen sich nicht immer vermeiden, diese heilen aber viel schneller und problemloser ab als ein Dammschnitt.

Wann?   Ab etwa 34. Schwangerschaftswoche

Wie oft?   Täglich, es lohnt sich!

Welches Öl?   Es eignen sich naturbelassene (keine synthetischen) Öle wie Mandelöl, Johanniskrautöl und Weizenkeimöl.

               Es gibt auch fertige Mischungen z. B. von Ingeborg Stadelmann, Farfalla, Weleda usw.

Wie?   Als Vorbereitung eignet sich ein warmes Bad, oder ein Heublumendampfsitzbad, welches das Gewebe auflockert und entspannt.

               Das Öl wird mit leichtem Druck in Richtung Damm (zwischen Vagina und After) einmassiert. Bei einer täglichen Massage von etwa fünf Minuten wird der Damm weich, geschmeidig und dehnbar.

               Es lohnt sich dabei, auch die Schamlippen regelmäßig einzuölen und leicht zu massieren, um Verletzungen vorzubeugen.

               Die Dammmassage ist auch eine gute Vorbereitung jeweils vor den Übungen mit dem Epi-No (siehe nachfolgenden Abschnitt).

Bei allen Vaginalinfektionen wie beispielsweise Herpes ist auf die Massage zu verzichten.

Heublumendampfsitzbäder / Heublumenbäder

Wann? Ab etwa 38. Schwangerschaftswoche

Wie oft? Einmal wöchentlich

Wer? Die Bäder eignen sich insbesondere für Erstgebärende und Mehrgebärende mit großen Dammverletzungen zur Lockerung des Gewebes.

Wie? In einem Gefäß wird kochendes Wasser auf die Heublumen oder das Heublumenextrakt gegossen und die Schüssel in die Toilette gestellt.

    Danach setzt du dich darauf, solange die Dampfwirkung anhält.

    Es gibt auch Heublumenbäder als Zusatz für Sitz- oder Vollbäder, die du verwenden kannst.

Nicht zu empfehlen sind diese Dampfbäder, wenn du unter Krampfadern im Intimbereich leidest.

Akupunktur

Wann? Ab etwa 37. Schwangerschaftswoche

Wie oft? Einmal die Woche. Ungefähr drei Sitzungen vor der Geburt reichen bereits aus.

Wer? Eine in dieser Technik ausgebildete Hebamme oder ein Akupunkteur mit Erfahrung in Schwangerschaftsbegleitung kann die Akupunktur zur körperlichen Vorbereitung auf die Geburt durchführen.

Wie? Mit sehr dünnen Nadeln werden ganz bestimmte Punkte deines Körpers stimuliert, um in erster Linie die Reifung des Muttermundes zu fördern.

Homöopathie

Wann? Homöopathische Mittel sind *nicht* zur Geburtsvorbereitung geeignet!

Weshalb? Es gibt Empfehlungen für Schwangere, beispielsweise Pulsatilla oder Caulophyllum als Vorbereitung einzunehmen, um die Geburt zu erleichtern. Benötigt eine Schwangere jedoch nicht zufälligerweise gerade diese Mittel, wirken sie nachteilig und können zu Komplikationen während der Geburt führen. Homöopathie kann nie prophylaktisch angewandt werden. Das passende Arzneimittel muß anhand eindeutiger Symptome gezielt ausgesucht und eingesetzt werden.

Epi-No

Mit dem Epi-No kann der Damm gezielt vorbereitet werden, damit er während der Geburt intakt bleibt. Verletzungen und Dammschnitte werden somit effektiv vorgebeugt. Die Beckenbodenmuskulatur und der Damm werden während der Übungen durch das Aufpumpen des Ballons sanft gedehnt.

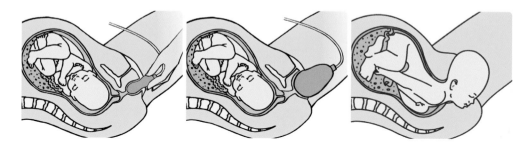

Entscheidend ist die Schlußphase der Übung:

Der aufgepumpte Ballon gleitet langsam aus der Scheide. Dabei kannst du mit deinen Händen einen Gegendruck geben als Dammschutz. So bekommst du ein Gefühl für das Gebären des Babyköpfchens.

Dies ist ein bewußtes Loslassen, ohne Pressen. Zur Unterstützung atmest du dabei langsam und lange aus. Genauso wird dein Baby während der Geburt sanft »heruntergeatmet«, und du kannst es selber mit deinen Händen in Empfang nehmen, wenn du das möchtest.

Welche werdende Mutter denkt darüber nach, das Baby selber als erstes in Empfang zu nehmen? Wohl bei der ersten Geburt nur ganz wenige. Genauso machte ich mir darüber auch gar keine Gedanken. Es war für mich klar, daß die Hebamme für den Dammschutz zuständig ist und somit das Baby in ihre Hände geboren wird.

Bei der zweiten und dritten Geburt allerdings war es anders. Ich wollte das Baby selber empfangen und als Mutter mein Kind als erste begrüßen. Ich wollte spüren, wie es ist, wenn ich diesen kleinen Körper in meine Hände gebäre. Dies durfte ich bei den zwei folgenden Geburten erleben. Wie anders war dies doch gegenüber der ersten Geburt! Es war einfach ein wunderschönes Gefühl, so ganz selbstbestimmt.

Epi-No vor der Übung   *Epi-No während der Übung*

Bei der dritten Geburt war ich so glücklich und überwältigt als sich der Kopf langsam herausschob, daß ich nur noch laut herauslachen konnte. Dabei befand ich mich im Badezimmer zu Hause, kniend im gefüllten Geburtspool. Im schummrigen Kerzenlicht konnte ich im Wasser nichts erkennen, deshalb tastete ich vorsichtig mit den Fingern das Köpfchen ab. Wie weich es doch war, feine Härchen konnte ich spüren und zwei winzige Ohren. Dann kam mit der nächsten Wehe auch der ganze Körper nach. Sofort hob ich unser Baby zu mir hoch. Was für ein Augenblick! – Ich werde ihn für immer im Herzen tragen.

Was hat nun dies mit dem Epi-No zu tun? Nun, ganz einfach: Es dient nicht nur zur Dehnung des Dammes und Vermeiden eines Dammschnittes. Es ist die beste Möglichkeit, ein Gefühl dafür zu bekommen, wie es ist, wenn ein Baby auf natürliche Weise geboren wird. Ganz konkret kann man dabei das langsame, tiefe Atmen üben, den Dammschutz machen, einfach seinen Körper spüren und sehen, zu was er fähig ist. Bei jedem Kind habe ich dies oft »geübt«. Ich wurde selbstsicher und konnte mich sehr gut auf diesen wichtigen letzten Teil des Geburtsvorganges vorbereiten.

Auf körperlicher Ebene hat mir das Epi-No ebenfalls sehr geholfen, denn bei allen drei Geburten ist alles intakt geblieben. Kein Schnitt, kein Riß, keine Verletzungen. Als ich in der Wochenbettzeit anfangs noch mit Nachwehen zu tun hatte, war ich darüber sehr froh, und fühlte mich körperlich und seelisch wunderbar.

Epi-No Übung

- Du beginnst mit den Epi-No-Übungen: etwa 4 Wochen vor dem errechneten Geburtstermin
- Vorbereitung: Am angenehmsten sind die Übungen nach einem Heublumen-Sitzbad oder einer Dammmassage mit Dammöl.
- Atme während der Übung immer sehr langsam und tief in den unteren Bauchraum. Langes, intensives Ausatmen ist dabei besonders wichtig. Während der Geburt wird das Baby mit diesem Ausatmen sanft durch den Geburtskanal hinausgeschoben.
- Wiederhole die Übung mehrmals.
- Es reicht, wenn du die Übung etwa zweimal in der Woche durchführst.

Tip: Verbinde diese Übung mit Hilfsmitteln wie z. B. Düften, Ölen oder Musik. Die sich wiederholende Handlung, die immer gleiche Musik, derselbe Duft dienen während der Übung und der Geburt gleichermaßen als Anker, wodurch dein Körper in den erwünschten Entspannungszustand fällt.

Atemübungen während des Trainings und ein bewußtes Visualisieren deiner Wunschgeburt tragen dazu bei, eine leichte und sanfte Geburt Wirklichkeit werden zu lassen.

Hypnobirthing®

Hypnobirthing® ist eine Methode nach Marie Mongan, welche dich mit Hilfe von positiven Affirmationen, Visualisierungen, Atemübungen und Entspannungstechniken auf eine sanfte und natürliche Geburt vorbereitet.

Mittels Selbsthypnose lernst du, deine Ängste loszulassen und dich ganz dem Geburtsgeschehen hinzugeben. Durch dieses Fallenlassen in einen Zustand der Ruhe und Entspannung kannst du dein Kind in angenehmer, harmonischer und effektiver Weise gebären. Schmerzen werden weniger stark, gar nicht oder eher als Urkraft empfunden, und du erlebst eine friedvolle Geburt.

Mit den Übungen von Hypnobirthing® stärkst du dein Selbstvertrauen und kannst bestehende Ängste loslassen, um dich mental auf das Geburtsgeschehen vorzubereiten. Dein Partner wird ebenfalls mit einbezogen, indem er genauso wie du die Techniken der Tiefenentspannung erlernt und dich bei den Übungen unterstützt. Es ist demnach eine gemeinsame Vorbereitung auf die Ankunft eures Babys und hilft euch, bereits vor der Geburt die Verbindung zwischen euch und dem Baby zu festigen.

Da ich die erste Geburt als schön aber mit starken Schmerzen verbunden erlebt hatte, wollte ich mich in der zweiten Schwangerschaft körperlich wie auch mental gut vorbereiten. Diesmal hatte ich auch Ängste vor der Geburt, welche ich beim ersten Mal nicht hatte, und wollte diese auflösen, um frei zu sein für eine angenehme Geburt. Ich habe zusammen mit meinem Mann einen Hypnobirthing® Kurs besucht und die Selbsthypnosetechniken erlernt. Zu Hause habe ich diese Übungen fleißig trainiert, insbesondere auf die Geburt hin.

Der Erfolg war wirklich überwältigend! – Bei der zweiten Geburt habe ich unseren Sohn Elyah ganz alleine zu Hause im Geburtspool zur Welt gebracht. Die Schmerzen waren im Vergleich zur ersten Geburt gering, es waren eher kraftvolle Wellen, die durch meinen Körper flossen. Die Geburt war so anders als die erste. Ich war stets ruhig, habe tief geatmet und konnte mich ganz gehenlassen.

Während der Geburt habe ich immer die englische Version der Hypnobirthing®-CD gehört. Dies hatte eine ungeheuer entspannende Wirkung, da ich sie bereits von den Übungen her kannte. Mein Körper war in totaler Entspannung, und ich war mental ganz anwesend, ganz bewußt bei unserem Baby. Ich konnte es kaum glauben, als ich das erste Mal sein Köpfchen fühlte, daß die Geburt schon fast vollbracht war. Ich war in so einer Entspannung, daß ich annahm, es würde noch mehrere Stunden dauern. Elyah gebar ich dann selber im Geburtspool ins warme Wasser. Eine unglaublich schöne Erfahrung!

Bei unserem dritten Kind habe ich mich wieder mit Hypnobirthing® vorbereitet. Auch dieses Mal hörte ich die CD während der Geburt zu Hause im Geburtspool. Wir wohnten in einem anderen Haus, ganz abgeschieden und idyllisch auf unserer kleinen »Alp«. Ich konnte es mir besonders gemütlich einrichten, da wir im Badezimmer genügend Platz hatten. Das Fenster stand während der Geburt etwas offen. So hörte ich die Grillen zirpen und die Kuhglocken und sah der Sonne zu, wie sie langsam entschwand und die Abenddämmerung hereinbrach. Anael gebar ich ebenfalls alleine in nur 1 ½ Stunden. Seine Energie war ganz anders. Bei Elyah war alles von Ruhe und Muße erfüllt. Bei Anael konnte ich ebenfalls optimal entspannen, doch seine Energie war in einer Art drängend. Ich wollte ihn schnell gebären. Weshalb, kann ich nicht sagen, es war einfach ein Gefühl. So wurde er auch schnell geboren. Als sein Köpfchen durchtrat, mußte ich mich Schütteln vor Lachen. Ich war so euphorisch, entspannt und hatte wirklich einen Lachanfall vor Freude.

Heute sehe ich die unterschiedlichen Geburtsenergien auch im Verhalten der beiden Jungen. Elyah ist der absolute Genießer und hat überhaupt nie Eile. Anael hingegen ist ein aktives Lebensbündel und meist auf Trab.

Der Erfolg meiner beiden absolut einzigartigen und wundervollen Geburten der beiden Jungen hing vor allem von drei wichtigen Komponenten ab:

Alleingeburt
Ohne Zuschauer konnte ich in kurzer Zeit loslassen, mich entspannen und gebären.

Geburtsvorbereitung/Hypnobirthing®
Mein Körper reagierte auf die Selbsthypnose-Techniken mit sofortiger Entspannung. Die Atmung war optimal: ruhig, langsam und tief.

Wassergeburt (Geburtspool)
Das warme Wasser half mir sehr zu entspannen und linderte den Druck im Rückenbereich.

> **Diese drei Punkte sind für mich selber die besten Voraussetzungen und mein ganz persönliches Erfolgsrezept für eine einfache, schöne Geburt.**

Es war tatsächlich der Hypnobirthing®-Kurs, bei dem wir Phoeby und Kanuka vor einigen Jahren kennengelernt hatten. Mittlerweile sind sie ganz enge Freunde geworden, und Phoeby hat die Ausbildung als Kursleiterin in Hypnobirthing® gemacht. Keine Frage, daß ich deshalb beide zu diesem Thema interviewt habe.

Interview Geburtsvorbereitung Hypnobirthing®
mit Phoeby (31) und Kanuka (37) Simpson, Neuseeland
Geburtsvorbereiterin und Künstler,
Eltern von Lukas Amaro (4), Aidyn (2) und Zerynah (2 Monate)

Ph = Phoeby K = Kanuka

Was war eure Motivation für Hypnobirthing®?

Ph: Ich hatte einfach Angst vor den schrecklichen Schmerzen und wollte sie vermeiden.

K: Ich wollte schon seit ich von Hypnobirthing® erfahren habe, daß meine Frau die Geburt mit HB erlebt. Ich möchte in meinem Leben alles so natürlich wie möglich gestalten.

Bestanden Ängste vor der Geburt?

Ph: Ja auf jeden Fall. Angst vor den Geburtsschmerzen.

K: Nein. Ich hatte immer Zuversicht, daß alles gutgehen würde.

Konnten die Ängste aufgelöst werden?

Ph: Ja, nach dem Kurs war ich sehr enthusiastisch und zuversichtlich, daß alles gutgehen wird und ich ausreichend vorbereitet war.

Wie habt ihr Hypnobirthing® gelernt?

K: Wir haben in Urdorf den Kurs bei Sydney Sobotka besucht.

Wie wurdest du als werdender Vater dabei mit einbezogen?

K: Sehr wenig. Beim Kurs habe ich ein paar Übungen ausgeführt und gelernt, unter anderem, wie ich sie massieren kann, aber es gab wenig zu tun, da wir nicht im Spital gebären wollten und ich mich nicht für unsere Wünsche einsetzen mußte.

Konntest du die gelernten Techniken des Hypnobirthings® während der Geburt des ersten Kindes umsetzen?

Ph: Ja, ich habe sogar zwischen den Wellen (Wehen) geschlafen.

Wie verlief die Geburt?

Ph: Die Geburt fing gleich mit sanften Wellen an, die drei Minuten auseinander waren, und nach vier Stunden war der Muttermund sechs Zentimeter offen. Es dauerte zwölf Stunden, aber ich würde sagen, wenn ich im Krankenhaus gewesen wäre, hätte man wohl gesagt, ich habe ungefähr vier Stunden »aktive Geburtswehen« gehabt. Dabei hatte ich zu keiner Zeit das Bedürfnis, Medikamente oder Schmerzmittel zu nehmen.

K: Sehr gut. Ich habe Kontakt aufgenommen mit dem Kind und wurde dadurch ruhig. – Ich wußte, daß alles in Ordnung ist. Ich habe sehr lange meine Frau an der unteren Rückenpartie massiert, und als das Baby kam, habe ich es empfangen und den Kopf heraus begleitet. Darüber war ich sehr stolz und froh, direkt mit unserem Baby Kontakt gehabt zu haben.

Wie habt Ihr euer Baby nach der Geburt wahrgenommen?

Ph: Das erste Baby war ganz ruhig, ausgeglichen und zufrieden. Er schlief viel und schrie so gut wie nie, machte sich nur bemerkbar, wenn er Hunger hatte oder ausscheiden mußte.

K: Beim ersten Kind, konnte ich es kaum fassen, daß ich endlich Vater war.

Hast du weitere Kinder mit Hypnobirthing® geboren?

Ph: Ich habe alle unsere drei Kinder mit Hypnobirthing zur Welt gebracht.

Gab es da Unterschiede oder Parallelen in der Anwendung von Hypnobirthing?

Ph: Die zweite Geburt hatte einen Fehlalarm, weil ich regelmäßig Wellen hatte, die wieder aufhörten, denn ich habe ja keine Schmerzen gehabt. Allerdings, beim zweiten Mal hörten die Wellen nicht auf und wurden intensiver. Ich habe die HB-Atemmethode angewandt, und die Geburt dauerte von den ersten Anzeichen der Wellen bis zur eigentlichen Geburt des Kindes ziemlich genau vier Stunden.

Beim dritten Kind gab es mehrere Fehlanläufe, und die Geburt war recht anders. Mit leichten Wellen alle 15 Minuten fing es an, was vier Stunden ging, dann plötzlich war ich fast schon in der Übergangsphase, und es dauerte von da nur noch eineinhalb Stunden. Die Fruchtblase platzte sechs Minuten vor der Geburt des Kindes.

Würdest du dich auf weitere Geburten wieder mit Hypnobirthing® vorbereiten?

Ph: Ja, auf jeden Fall.

Gibt es andere Bereiche im Leben, wo Ihr Hypnobirthing® einsetzt?

Ph: Ich nutze nicht unbedingt Hypnobirthing® als solches, aber die Methode der Selbsthypnose und Visualisierung, um mich zu entspannen, oder auf langen Reisen, um mein Zeitempfinden zu verkürzen oder um mich dem Leben gegenüber positiv einzustellen und somit positive Erlebnisse zu schaffen.

K: Nein.

Was möchtet ihr anderen werdenden Eltern als Tip mit auf den Weg geben?

Ph: Ob es um Geburt, die Gesundheit oder andere aktuelle Themen geht, ist es wichtig, sich so umfassend wie möglich zu informieren, damit man den Dingen ohne Angst gegenüberstehen kann. Außerdem ist es immer gut, vorbereitet zu sein, damit man so viel wie möglich selber bestimmen kann, was man möchte und was nicht, sonst überläßt man »Fachleuten« sein Schicksal, was ziemlich danebengehen kann. Das sieht man täglich in den Krankenhäusern gerade bei Geburten, die verheerend ablaufen, eben weil Fachleute meinen, unbedingt intervenieren zu müssen.

K: Habt keine Angst, der Frauenkörper ist dafür gemacht, Kinder zu bekommen.

Gedankenkraft und Visualisierung

Deine Gedanken und Erwartungen erschaffen die Realität deines eigenen Lebens. Je öfter du dir ein positives Geburtserlebnis vorstellst und visualisierst, desto stärker wird die Energie dieser positiven Gedanken, die sich dann schlußendlich manifestieren können. Ein Unterbewußtsein ist wie ein Chip, den du täglich bewußt und unbewußt mit allen möglichen Informationen fütterst und programmierst. Vieles nimmst du auch durch Medien wie Fernsehen, Radio oder Zeitungen auf. Deshalb ist es entscheidend, mit welchen Gedanken du dich tagtäglich befaßt.

Du bildest gedankliche Strukturen, die immer deutlichere Formen annehmen und kraftvoller werden, je öfter du dich mit ihnen beschäftigst. Durch Gefühle der Freude und Liebe werden diese positiven Gedankenformen in ihrer Wirkung verstärkt.

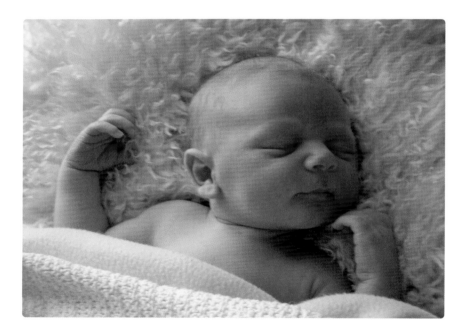

Indem du dir täglich eine schöne, natürliche Geburt ganz bewußt vorstellst und dich auf dieses Ziel konzentrierst, gewinnt eine solche Gedankenstruktur immer mehr an Kraft. Es wird immer wahrscheinlicher, daß diese Wunschvorstellung Wirklichkeit wird.

Nicht nur deine Gedanken erschaffen Realität. Auch Gedankenmuster anderer Menschen wirken je nach Intensität der Energie auf dich ein!

Wo viele Menschen sind, sind auch viele Einflüsse durch fremde Gedankenmuster und Emotionen. Ein Krankenhaus ist geradezu überfüllt mit Sorgen, Krankheit, Leid und

Ängsten. Es heißt dementsprechend auch *Kranken*haus. Erwartungen, Zweifel, Ängste oder Streß von Ärzten und Hebammen gehen auch nicht spurlos an dir vorbei, sondern beeinflussen ebenfalls den Geburtsvorgang. Dies nimmst du vielleicht nur unbewußt wahr, doch dein Körper reagiert darauf. Die Wehentätigkeit läßt nach, der ganze Geburtsvorgang kann sich enorm verzögern oder zum Stillstand kommen. Instinktiv reagiert dein Körper auf störende äußere Einflüsse.

Eine Geburt kann nur dann in optimaler Weise funktionieren, wenn sie in einem störungsfreien geschützten Raum stattfindet. Mit Raum ist die schützende Atmosphäre gemeint, nicht die räumliche Begrenzung eines Zimmers. Wenn du im Krankenhaus gebären möchtest, dann erstelle für dich und dein Kind einen mentalen Schutzraum, wie es im Kapitel »Geburt« näher beschrieben wird.

Ein Geburtshaus hat den Vorteil, daß dies ein geschützter Ort mit wenigen Menschen ist, welche sich vorwiegend mit Schwangerschaft und Geburt befassen. Dort sind nicht Krankheit, Verletzung und Tod Themen, sondern in erster Linie Schwangerschaft und Geburt. Es gibt keine Patienten, sondern schwangere Frauen, die in einer intimen Atmosphäre betreut werden. Alles dreht sich um das Vorbereiten auf die Ankunft deines Babys, deshalb nennt es sich auch *Geburts*haus.

Bei einer Hausgeburt sind die Voraussetzungen noch einmal anders. Du hast da kaum Fremdeinflüsse, welche die Geburtsarbeit behindern, sondern einen ganz nach deinen Wünschen gestalteten geschützten Raum. Hast du eine Hebamme gefunden, die dich in liebevoller Weise begleitet und dir vertraut, dann nimmst du während der Geburt ihre positiven, stärkenden Gedanken auf.

Bei einer Alleingeburt ändert sich die Situation abermals. Du hast da überhaupt keine fremden Einflüsse von außen, sondern bist ganz in deiner eigenen Welt. Dies erfordert entsprechend auch eine mentale Stärke, damit du dein Vertrauen in die Geburt, in dich selber und das Baby während der Geburt beibehältst. Gerade in diesem Fall ist eine intensive mentale Vorbereitung auf die Geburt eine starke Stütze.

Jede werdende Mutter ist anders. Einige verfügen bereits bei der ersten Geburt über dieses unerschütterliche Urvertrauen, andere erarbeiten es sich mit mehreren Geburtserfahrungen. Für mich war die erste Geburt im Geburtshaus die nötige Grundlage, um dieses Vertrauen vollständig zu verinnerlichen. Ich wußte nun, was mich erwartete und daß ich mich bei einer Alleingeburt dem natürlichen Geburtsverlauf hingeben kann.

Unabhängig davon, wo und in welcher Begleitung du dein Baby zur Welt bringen möchtest, wird dich die mentale Geburtsvorbereitung innerlich stärken und dir das nötige Vertrauen geben.

Sie ist dein Anker, an dem du dich festhalten kannst, wenn die Wellen der Geburts-Urkraft durch deinen Körper fließen.

Sanfte Geburt®

Urs Camenzind und Heidi Heintz haben ihre ganz eigene Methode entwickelt, sich auf die Geburt ganzheitlich vorzubereiten und mit ihrem neuen Konzept, SanfteGeburt® erfolgreich Hunderte von Paaren begleitet. Aufgrund der zahlreichen positiven Berichte der Eltern und den eigenen Gesprächen mit Urs möchte ich ihn und Heidi gleich selber zu Wort kommen lassen.

Interview Geburtsvorbereitung SanfteGeburt®
mit Urs Camenzind (48) und Heidi Heintz (47), Schweiz
Geburtstrainer SanfteGeburt® und Eltern von Felix (5), Mutter von Jenny (27)

H = Heidi U = Urs

Was ist einzigartig am Geburtsvorbereitungskonzept *SanfteGeburt®*?

H/U: SanfteGeburt® ist ein ganzheitliches Konzept für eine natürliche, leichte und schöne Geburt. Es zeigt den werdenden Eltern den Weg, ihre Kinder angstfrei und voller Vertrauen zu gebären.

Verstehen, Vertrauen und Freiheit von Angst sind wesentliche Faktoren jeder leichten Geburt.

Die SanfteGeburt®-Vorbereitung fördert all diese Aspekte in optimaler Form. Der werdende Vater spielt eine zentrale Rolle, erhält klare Aufgaben und ist zu 100% integriert. Dadurch wird das Paar zum »perfekten Team« für das unvergeßlich schöne Geburtserlebnis. Werdende Eltern werden sich bewußt, wie wichtig und prägend bereits in der Schwangerschaft der Kontakt zu ihrem Kind ist.

Das SanfteGeburt®-Konzept baut eine klare, positive Haltung auf, die befähigt, durch die eigene innere Einstellung die Dinge selbstverantwortlich anzugehen und dadurch aktiv, bewußt und positiv statt passiv den Prozeß der Menschwerdung zu begleiten.

Letztendlich versteht die werdende Mutter, wie eine natürliche Geburt funktioniert, welche Faktoren die Geburt erleichtern und wie sie selbst aktiv und bewußt zur Gestalterin ihres Geburtserlebens wird.

»Verändern wir unsere Einstellungen und Überzeugungen über die Schwangerschaft und Geburt – dann verändert sich auch das Geburtserlebnis!« Urs Camenzind

Was war eure Motivation, dieses Konzept zu entwickeln?

H: Nach einer sehr traumatischen ersten Geburt wollte ich die zweite Schwangerschaft und Geburt völlig anders erleben. Während der Schwangerschaftszeit wendeten wir die verschiedensten Techniken und Methoden an, um uns bewußt, zuversichtlich und ganzheitlich auf eine schöne, selbstbestimmte, natürliche Geburt vorzubereiten. Auf unserer »Forschungsreise« durch die weltweite Geburtshilfe sammelten wir die hilfreichsten Informationen und wirkungsvollsten Techniken und entwarfen dadurch unser Sanfte-Geburt®-Konzept.

Die wunderbare Erfahrung meiner zweiten Schwangerschaft und Geburt hat uns dazu berufen, unser Wissen unbedingt weiterzugeben.

U: Ich selber habe erlebt, wie wichtig es ist, sich als Paar wirklich bestmöglich vorzubereiten. Und wie viele wunderbare Techniken es gibt, die es Schwangeren so sehr viel leichter machen können.

Dann aber auch, weil es einfach an der Zeit ist, werdende Eltern über die wahren Zusammenhänge von Schwangerschaft und Geburt genauer aufzuklären und zu informieren.

Beides kann man nämlich bewußt und aktiv zu einem wundervollen Erlebnis mitgestalten – wenn man gut vorbereitet ist.

Welche Eltern möchtet ihr damit ansprechen?

H/U: Eltern,
- die sich selber und ihrem Kind eine schöne Geburt ermöglichen wollen;
- die angstfrei, selbstbestimmt und natürlich gebären möchten;
- die sich bewußt und ganzheitlich vorbereiten wollen;
- die Selbstverantwortung übernehmen wollen und dadurch möglichst leicht und schmerzarm gebären;
- welche die Zusammenhänge von Körper und Geist während der Schwangerschaft und Geburt verstehen und anwenden wollen.

Was wird den Eltern vermittelt?

H/U: Das SanfteGeburt®-Konzept vermittelt werdenden Eltern,
- wie sie eine eindeutige Schmerzreduktion während der Wehen erfahren können,
- die Schwangerschaft und Geburt bewußt positiv zu beeinflussen,
- Gedanken- und Vorstellungskraft zielgenau einzusetzen,
- Geburtsängste komplett aufzulösen,
- Selbstvertrauen und Selbstsicherheit für eine natürliche Geburt zu erlangen,
- bewußt den Mutter-Kind-Kontakt zu vertiefen,
- eine erhebliche Verkürzung der Geburt zu erreichen,
- körperliche und mentale Entspannung während der Geburt zu erleben,
- einen Dammschnitt zu verhindern,
- geringere oder sogar keine Einnahme von Schmerzmedikamenten zu benötigen,
- nach der Geburt schnell wieder fit und erholt zu sein,
- und vieles mehr…

Können allenfalls vorhandene Ängste vor der Geburt aufgelöst werden?

H/U: Frei zu werden von Geburtsängsten ist ein zentrales Thema, das praktisch alle Schwangeren beschäftigt. Die einen Frauen verdrängen dieses Thema meist nur etwas länger als die anderen. Wir wissen ja, daß Angst im Körper immer Verspannung produziert – und diese wiederum führt zu unnötig starken Schmerzen. Angst und Streß während der Schwangerschaft und der Geburt sind somit die größten Feinde einer schönen Geburt.

Durch die Techniken der SanfteGeburt®-Methode können sämtliche Geburtsängste aufgelöst werden; seien es welche bezüglich einer vorhergehenden Geburt oder einer Erstgeburt.

Die Teilnehmerinnen können sich durch die erlernten Selbsthypnose-Techniken und Mental-Übungen sogar jederzeit selber in einen Zustand voller Vertrauen, Zuversicht und innerer Stärke hineinführen.

In welcher Form findet die Geburtsvorbereitung statt?

H/U: Unsere Geburtsvorbereitung kann man in Form eines Wochenendkurses oder als Einzelcoaching besuchen. Die Teilnehmerzahl des Wochenendkurses beschränkt sich auf höchstens acht Paare. Dadurch entsteht eine lebendige Gruppendynamik, und die Teilnehmer erfreuen sich an einem angeregt positiven Austausch. Das Einzelcoaching eignet sich optimal für Einzelpersonen oder Paare, die lieber eine ganz persönliche Geburtsvorbereitung bevorzugen.

Wie viele Paare durftet ihr bereits mit dieser Methode auf die Geburt ihres Babys vorbereiten?

H/U: Das SanfteGeburt®-Konzept gibt es seit 2006. Bis heute (Januar 2012) haben wir in Kursen und Einzelcoachings über 1200 Paare vorbereitet, unterstützt und begleitet.

Wie verliefen die Geburten?

H/U: Annähernd 90% der Geburten verliefen einfach, schön und auf natürlichem Weg. Hunderte von glücklichen Müttern berichten auf unserer Website www.SanfteGeburt.ch über ihre positiven Geburtserfahrungen.

Hier die meistgenannten Vorteile:
- eindeutige Schmerzreduktion während der Wehen;
- erheblich kürzere, schnellere Geburten;
- Dammrisse sind Seltenheit;
- geringere oder sogar keine Einnahme von Schmerzmedikamenten;
- extrem schnelle Erholungszeit nach der Geburt;
- Paare erleben die Geburt entspannt, selbstsicher und angstfrei;
- Hebammen und Ärzte sind vielfach erstaunt über den einfachen Geburtsverlauf.

Mütter, welche schließlich doch einen medizinischen Eingriff benötigten, berichten rückblickend trotzdem von einer für sie schönen Geburtserfahrung. Sie konnten dank der mentalen Vorbereitung sehr gut mit der neuen Situation umgehen und sich dadurch psychisch stabil und gelassen den Umständen anpassen.

Gab es auffällige Gemeinsamkeiten zwischen den Babys, die mittels SanfteGeburt® zur Welt gekommen sind?

H/U: Jede Geburt hinterläßt einschneidende Prägungen beim Kind. Je einfacher, entspannter und harmonischer ein Geburtsverlauf gestaltet werden kann, desto besser ist es natürlich für das Kind.

SanfteGeburt®-Mütter berichten uns immer wieder, daß

- ihre Babys tagsüber meist ruhig und zufrieden sind;
- sogenannte Schreibabys eher selten sind;
- ihre Babys nachts in der Regel einen ruhigen, friedlichen Schlaf haben;
- sie meist nach dem Stillen gleich wieder einschlafen;
- ihre Babys in einem gesunden, zufriedenen, ausgeglichenen Zustand sind;
- ihre älteren Kinder ein selbstbewußtes, waches Auftreten haben.

Was waren die schönsten Rückmeldungen der betreuten Paare?

H/U: Das beginnt bei stolzen Erstgebärenden, die es selbst nach der Geburt kaum glauben können, daß sie ihr Babychen so leicht, schnell und schön zur Welt bringen konnten. Dann erzählen uns überglückliche Mütter, welche eine vorhergehende Geburt als traumatisch, äußerst schmerzhaft und unschön erfahren haben, wie komplett anders sie die Geburt mit Hilfe der SanfteGeburt®-Methode erleben durften.

Sehr berührend sind natürlich Geburten, wo wir selber anwesend sind. Bei einer entspannten, harmonisch und doch kraftvoll verlaufenden Geburt dabeizusein, ist schon etwas sehr ergreifendes.

Konntet ihr selber die Techniken, die ihr weitergebt, bei der Geburt eures Sohnes einsetzen?

H: Ja klar – und zwar eins zu eins!

Mein erster Gedanke war: »Das muß ich der ganzen Welt erzählen.« Schließlich war ich bei meiner zweiten Geburt schon 42 Jahre alt und zählte zu den »Risiko-Schwangeren«.

Da ich mich aber ganzheitlich und bewußt vorbereitet hatte und voller Vertrauen, innerer Stärke und völlig angstfrei war, gebar ich sogar im Geburtshaus. Unser Sohn Felix durfte am 25.10.2006 die wohl schönste Geburt, die sich ein Baby wünschen mag, erfahren! Ich gebar ihn gerade mal in dreieinhalb Stunden.

Durch das Wissen, wie mein Geist meinen Körper positiv beeinflussen kann, haben wir eine Wunsch-Geburt wie aus dem Bilderbuch erleben dürfen; ganz bewußt, völlig bei mir und mit Kontraktionen, die wirklich nichts mit Schmerzen zu tun hatten. Ich war danach »fit wie ein Turnschuh« – im Vergleich zu meiner ersten Geburt vor 25 Jahren! Es war das schönste und berührendste Ereignis meines Lebens!

Was möchtet ihr Eltern, die sich für die SanfteGeburt®-Methode interessieren, mit auf den Weg geben?

H/U: »Gebären will gelernt sein – dann geht es leichter, schneller und schöner!«

In unserer Gesellschaft hört man ja leider viel zu viele Schauergeschichten über die Geburt. Daß eine Geburt aber einen schönen, einfachen und natürlichen Verlauf nehmen kann, beweisen unsere eigene Erfahrung sowie die vielen positiven Rückmeldungen.

Wir möchten Frauen ermutigen, sich wieder auf ihre ungeahnten inneren Kräfte und Fähigkeiten zu besinnen. Vertraue der Natur – sie hat dir einen perfekten Körper geschenkt, welcher optimal für eine natürliche Geburt geschaffen ist und in dem ein großartiges, inneres Potential schlummert.

Mit Methoden wie Selbsthypnose und anderen mentalen Techniken wird das Gebären zu einer viel schnelleren, leichteren und schöneren Erfahrung. Das wünschen wir dir und deinem Kind von ganzem Herzen.

Umfangreiche Informationen und Videoberichte zum SanfteGeburt®-Konzept sowie Hunderte von Erfahrungsberichten glücklicher Eltern findest du auf unserer Website: www.SanfteGeburt.ch.

Konzentrationsübung Wunschgeburt

Stell dir deine Wunschgeburt als Ziel in einer runden Blase, einer Sphäre vor. Sie soll wie eine Seifenblase vor dir schweben. Dann konzentrierst du dich auf ein Element der Materie, also der Welt, wie du sie gerade siehst. Dies kann ein Gegenstand sein, etwa eine Blume, ein Kristall, eine Kerze, oder dein kleiner Finger. Es können auch Wolken sein, Muscheln oder ein Baum.

Konzentriere dich auf diesen bereits in der Materie bestehenden Gegenstand. Nun konzentrierst du dich gleichzeitig auf dein Ziel innerhalb der Sphäre, in diesem Fall deine Wunschgeburt. Konzentriere dich auf beides gleichzeitig! Du ziehst damit diese Sphäre in die Materie hinein und realisierst dein Ziel. Je öfter du das machst, desto stärker wird die Energie für die Umsetzung des Zieles sein.

Mentalübung zur Selbstentspannung

Diese Übung kannst du dir selber auf Band sprechen und immer wieder als Vorbereitung und positive Einstimmung auf die Geburt anhören. Sanfte Musik oder Naturgeräusche eignen sich für den Hintergrund.

Lies auch immer wieder mal den Text für dich hörbar vor. Du programmierst damit dein Unterbewußtsein mit deiner Wunschgeburt.

Ich liege (sitze) ruhig und bequem und bin ganz locker. Alle meine Muskeln sind weich, mein ganzer Körper ist locker und vollkommen gelöst. Ich fühle mich ganz wohl. Ich lenke mein Bewußtsein auf meine Atmung und spüre, wie »es« mich atmet. Mein Atem ist tief, ruhig und gleichmäßig. Er fließt bis in den unteren Bauchbereich und versorgt mich und dich, _____*, mit Lebenskraft, mit Prana. Unsere Körper sind ganz entspannt und werden durch die tiefe und langsame Atmung durchströmt vom göttlichen Strom der Liebe.

Jedes Mal, wenn ich ausatme, spüre ich, wie ich noch tiefer sinke in ein wunderbares Gefühl von Ruhe und Geborgenheit. Die Ruhe hüllt uns ein wie ein schützender Mantel. Wir fühlen uns wohl und geborgen. Jedes Mal, wenn ich ausatme, spürst du, _____*, diese Ruhe und Geborgenheit und weißt, daß wir zusammen in Liebe verbunden sind.

Eine Minute Pause

Ich bin in einer wunderbaren Ruhe und öffne mich folgenden Affirmationen, die sich in meinem Unterbewußtsein einprägen:

Jedes Mal, wenn ich mich bewußt mit dir, _____*, verbinde und an die Geburt denke, sinke ich sofort in diesen wohligen Zustand von Ruhe und Geborgenheit. Ich bilde mit meinen Fingern den Kreis des Lebens, und sofort entspannen sich alle meine Muskeln und ich versinke in eine angenehme Meditation. Unser Bewußtsein wird durchflutet von Liebe und dem göttlichen Lebensstrom. Wir sind eins und genießen Harmonie und Einklang mit dem schöpferischen Lebensplan.

Während der Geburt, wenn eine Welle durch meinen Körper fließt, versinke ich noch tiefer in diese angenehme Ruhe und fühle mich ganz wohl. Ich spüre die Wellen als angenehmes Gefühl. Mit jeder Welle vertieft sich dieser angenehme Zustand noch mehr, und ich fühle mich ganz wohl. Du, _____*, bist mir ganz nahe, du fühlst dich geborgen und sicher. Ich bin gelöst und locker, und du gehst leicht und beschützt deinen Weg in unsere Welt. Es ist für uns beide eine sanfte, angenehme und ganz natürliche Erfahrung. Du wirst dein höchstmögliches göttliches Potential in die Materie mitnehmen, hinein in diese Welt.

Die Geburtsengel werden uns beschützen und begleiten. Sie helfen dir bei deiner Transformation. Wie eine Raupe zum Schmetterling wird, wirst du, _____*, diesen gesunden Babykörper annehmen und viel Liebe auf die Welt mitbringen. Während der Geburt werden wir von einer Schutzsäule umgeben sein, damit deine göttliche Essenz in deinen neuen Körper hineinfließen kann. In diesem geschützten Raum erstrahlt die Liebe in all ihrer Pracht und begleitet uns beide durch die Geburt.

* Hier kannst du den Namen eures Kindes einsetzten, wenn er schon klar ist, oder ersetzen durch »Baby« oder »mein Kind«. (Welle = Wehe)

Wir sind sicher, beschützt und geborgen und fühlen uns wohl.

Wir sind beide in Liebe miteinander verbunden und dürfen zusammen diese einzigartige, wundervolle Geburt erleben. Zum perfekten Zeitpunkt wirst du am richtigen Ort geboren. Wir werden durch unsere Schutzengel und durch die Geburtsengel während der ganzen Geburt die Liebe unserer Urquelle spüren und durch sie geführt. Wir fühlen uns wohl und geborgen und haben vollkommenes Vertrauen in die Fähigkeit unserer Körper, die das Wissen einer angenehmen natürlichen Geburt in sich tragen.

Wir vertrauen darauf, daß wir die Geburt in Ruhe und Harmonie erleben. Wir sind gesund und voller Energie, uns geht es von Tag zu Tag immer besser. Wir fühlen uns beschützt und wohl. Die Geburt ist sicher, leicht und angenehm.

Mit jedem Tag wird das Vertrauen in eine solche wunderschöne Geburt stärker. Wir sind zusammen durch die Liebe verbunden und werden geführt durch unsere Schutz- und Geburtsengel. Wir erleben ein wunderbares spirituelles Ereignis, eine Geburt in Harmonie und Liebe. Alles verläuft optimal. _____*, du wirst mit deinem ganzen Bewußtsein und göttlichen Potential in diese Welt eintreten und dich hier optimal entfalten. Während der ganzen Geburt atme ich tief, ruhig und langsam, mein Körper ist dabei völlig gelöst. Wir werden beide durch diese bewußte Atmung optimal von der Lebenskraft durchströmt und versorgt.

Eine Minute Pause

Ich fühle mich wohl und geborgen und freue mich auf deine Geburt! Alle diese positiven Affirmationen haben sich in meinem Unterbewußtsein eingeprägt. Sobald die Geburt mit den ersten Wellen beginnt, versinke ich sofort wieder in diese angenehme Ruhe und fühle mich ganz wohl und geborgen. Ich bin in Gedanken ganz bewußt bei dir, _____*, und wir erleben eine sanfte, angenehme Geburt.

Dieser wunderbare Ruhezustand wird von Mal zu Mal tiefer. Die Worte dieser Übung haben sich jetzt in mein Unterbewußtsein eingeprägt und erschaffen eine einzigartige, schöne Geburt. Mein Körper wird immer danach handeln und wissen, wie du, _____*, in vollkommener Harmonie zur Welt kommst. Gleich zähle ich bis drei. Dann öffne ich meine Augen und fühle mich voller Energie, Freude und Lebenskraft. Auch du, _____*, fühlst dich willkommen und wohl in deinem Körper und umhüllt mit meiner Liebe.

Eins – zwei – drei. Wir fühlen uns locker und leicht, erfrischt und wohl. Das Liebesband zwischen uns ist noch stärker geworden, und wir freuen uns beide auf deine Geburt.

Ich danke euch Schutz- und Geburtsengel für eure Unterstützung und für die wunderschöne, leichte und angenehme Geburt.

Diesen Text kannst du deinen ganz eigenen Vorstellungen und Wünschen anpassen. Ich benutze das Wort »Welle« anstelle »Wehe«, da Wehe mit »weh tun«, also Schmerz zusammenhängt. Es sind jedoch Wellen wie bei einer Meeresbrandung, die deinen Körper durchfließen.

Wichtig beim Anpassen des Textes ist: **Verwende immer positive, bejahende Aussagen! Tabu sind verneinende Worte wie »kein, nie, nicht« usw.** Dein Unterbewußtsein kennt keine Verneinung, sondern nimmt die Aussage ohne diese wahr. Auch Entspannung habe ich bewußt nicht gewählt, da es das Wort Spannung enthält.

Beispiel:

»Ich möchte keine Schmerzen. Ich will nie einen Kaiserschnitt.« Dein Unterbewußtsein würde die Wort »keine« und »nie« ausschalten und nur wahrnehmen *»Ich möchte Schmerzen. Ich möchte einen Kaiserschnitt.«*

Verwende stattdessen positive, verbindliche Aussagen wie: *»Ich werde eine einfache, angenehme Geburt erleben. Ich darf mein Kind auf natürliche Art in optimaler Umgebung zur Welt bringen.«*

TIP: Programmiere nicht nur dich selber, sondern gleichzeitig auch Heilsteine und Kristalle. Sehr gut eignen sich dafür Bergkristalle. Diese kannst du bei der Geburt in deiner Nähe aufstellen oder in der Hand halten. Wichtig dabei ist, daß du sie vor der ersten Verwendung entsprechend reinigst.

Heilsteine wie z. B. Malachit, Amazonit oder Aprikosenachat kannst du ebenballs während der Übungen programmieren. Du kannst sie in Schmuckform, am besten als Kugelkette, anlegen oder als Trommelstein in der Hand halten. Genauso benutzt du sie auch während der Geburt.

Starcon® Sternenlichtkristalle

Eine besondere Form von Kristallen möchte ich gerne näher vorstellen, es sind die Sternenlichtkristalle von Starcon®. Caroline und Edwin Zimmerli haben eine Methode entwickelt, klare Herkimer-Diamanten in der Sternwarte mit den Energien der verschiedenen Sterne oder Planeten zu energetisieren.

In meiner dritten Schwangerschaft mit Anael kam ich das erste Mal mit ihnen in Kontakt. Ich habe mich während Heilsitzungen mit Hilfe der Kristalle zu bestimmten Sternenergien rückverbinden lassen und nutzte ihre Energien auch zu Hause bei der Meditation in Verbindung mit meinem Baby. Ich fühlte mich schon immer stark mit dem Planeten Sirius verbunden und habe in der Schwangerschaft vorwiegend den Sternlichtkristall Sirius benutzt. Ich hatte das Gefühl, daß auch Anael die

Lichtinformationen dieser Sternenergie auf die Erde brachte und mich diese während der Geburt begleitet hat.

Nach der Geburt habe ich die Kristalle oft in die Nähe von Anael gelegt. Als Baby war er immer sehr fasziniert von den verschiedenen Heilstein- und Kristallketten, die ich trug, und spielte gerne während des Stillens mit ihnen. Viele Babys und Kinder lieben Kristalle und Heilsteine. Die Sternlichtkristalle bringen sie wieder in Kontakt mit den Sternenergien und helfen ihnen, ihr kosmisches Erbe und ihr klares Bewußtsein zu bewahren und zu entfalten.

Ich benutze die Kristalle auch für mich selber oder weltweit an verschiedenen Orten zur Heilarbeit von Mutter Erde, um die Energien der Sterne auf dem Planeten zu verankern.

Es ist mir eine besondere Freude, Caroline zu den Sternkristallen zu interviewen, da sie mich während der Schwangerschaft mit den Kristallen auf sehr einfühlsame Art begleitet hat.

Interview Sternenlichtkristalle
mit Caroline Zimmerli (46), Schweiz
Sternlichtbringerin, Autorin, Mutter von drei erwachsenen Kindern

Was sind Sternenlichtkristalle?

Sternenlichtkristalle sind reine, naturvollendete Herkimer-Diamanten, welche von meinem Mann Edwin an unserer Sternwarte in Uetikon (CH) per Teleskopverfahren mit Sternenlicht energetisiert und informiert worden sind. Da im Kristall eine ausgesprochen hohe Ordnung und in den Sternen ein absolutes Gleichgewicht herrschen, sind Sternenlichtkristalle vorzüglich geeignet, um Ordnung und Ausgeglichenheit in das menschliche System zu bringen.

Wie werden die Kristalle eingesetzt?

Es gibt viele verschiedene Anwendungsmöglichkeiten, z. B. um Wasser zu energetisieren oder für die Meditation, um die Chakren auszugleichen oder sich an den eigenen kosmischen Ursprung zu erinnern.

Natürlich kann man sie auch als Schmuckstück oder als Glücksbringer tragen und vieles mehr. Ich persönlich habe mit meinem Mann eine Behandlungsmethode entwickelt, bei der ich den Klienten über die Chakren und Meridiane wieder mit seinem kosmischen Ursprung verbinde. Ich stelle ihm ein zusätzliches »neues«Licht zur Verfügung, von dem die Überseele des Klienten das nimmt, was im Moment richtig und wichtig ist. Meine

Aufgabe dabei ist eine dienende, damit der Klient sich seinem kosmischen Ursprung hingeben kann.

Wie helfen Sternenlichtkristalle während der Schwangerschaft?

Da sich bei den Sternenlichtkristallen zwei höhere Ordnungen vereinen, können sie der werdenden Mutter und somit auch dem Ungeborenen eine wunderbare innere Ruhe vermitteln; ein Behütet- und Getragensein; eine überpersönliche stärkende Unterstützung in jeder Situation.

Kann ich die Kristalle auch zur Herstellung von Heilwassern- oder Ölen verwenden (z. B. in Verbindung mit Schwangerschaftsöl)?

Ja, auf jeden Fall, die Sternenlichtkristalle kann man ausgezeichnet in Flüssigkeiten legen, damit sie ihre Erd- und Sterneninformation an die Flüssigkeit weitergeben.

Unterstützen die Kristalle auch Babys und Kinder?

Auf jeden Fall. Da die Babys und Kinder ja noch in dem kosmischen Lichtnetz eingebunden sind, unterstützt sie ein Sternenlichtkristall sehr im sanften Ankommen auf dieser Ebene der Polaritäten. Das Ankommen kann so sanfter und begleiteter stattfinden. Sie fühlen sich weniger ins kalte Wasser gestoßen.

Wie arbeite ich bei meinem Baby oder Kind mit den Kristallen?

Ganz einfach so, wie es dir gefällt. Es genügt, wenn der Kristall in der Umgebung des Babys oder Kindes ist. Z. B. kann man bei Babys den Kristall in einem Beutel ins Bett legen. Die größeren Kinder können ihn am Hals oder in der Hosentasche tragen und zum Schlafen unters Kopfkissen legen.

Bei sehr unruhigen Kindern ist es hilfreich, den Kristall in die Getränke zu legen, um die zwei höheren Ordnungen innerlich über die Zellen aufzunehmen.

Was ist das Besondere an den sogenannten Kristallkindern?

Meiner Meinung nach sind Kristallkinder die Seelen, welche sich noch sehr wohl an ihren kosmischen Ursprung erinnern und sich zur Aufgabe gemacht haben, dieses Wissen wieder konkret auf der Erde zu verankern. Ich erachte es aber auch als wichtig, daß man als Eltern nicht vergißt, daß sie sich dafür entschieden haben, sich in diese grobstoffliche Ebene zu begeben und all diese Begrenzungen und harten Konturen zu erfahren.

Gibt es einen Bezug dieser Kinder zu den Sternenlichtkristallen?

Die sogenannten Kristallkinder haben einen sehr starken Bezug zu den Sternenlichtkristallen. Oft erleben wir auf Messen, daß diese Kinder komplett fasziniert sind von ihnen. Sie geben auch keine Ruhe, bis sie einen Kristall für sich haben.

Da diese Kinder nicht so stark in der äußeren Welt verhaftet sind, sondern noch intensiv mit dem kosmischen Lichtnetz verbunden, stellt der Sternenlichtkristall eine willkommene Brücke dar, um sich in der polaren dritten Dimension nicht so verloren zu fühlen.

Kann ich mit den Kristallen auch einen Raum positiv energetisieren oder mit ihnen Heilarbeit für Mutter Erde gestalten?

Man kann die Sternenlicht-Mutter-Erde-Energie sehr gut in Räumen verteilen, um sie positiv zu energetisieren. Am einfachsten geht dies mit einem Spray mit natürlichem Wasser, in dem ein kleiner Sternenlichtkristall stetig seine Informationen abgibt.

Meiner Erfahrung nach, wirkt es sich auf die ganze Familie positiv und unterstützend aus, wenn sich ein Familienmitglied intensiv mit der Sternenlichtarbeit auseinandersetzt.

In der Heilarbeit für Mutter Erde mit Hilfe der Sternenlichtkristalle werden die himmlischen Informationen in der Erde verankert. Mittlerweile sind Sternenlichtkristalle schon auf vier Kontinenten in den Schoß von Mutter Erde gebracht worden. Wir freuen uns sehr, wenn sich diese Lichtarbeit noch weiter verbreitet. Wir sammeln die Daten und werden zur gegebenen Zeit eine Webseite gestalten, damit jeder schauen kann, ob und wo es in seiner Gegend eine himmlische, kosmische Antenne hat.

Wie gehe ich dabei vor?

Dies ist ganz einfach. Wenn ich an einem bestimmten Ort kosmische Energie verankern möchte, mache ich ein Loch in der Erde und gebe den Kristall hinein. Natürlich kann ich den Kristall auch in ein Gewässer geben, damit er seine Schwingung so an Mutter Erde und deren Bewohner weitergeben kann. Diese Arbeit kann man mit einem schönen Ritual noch speziell unterstützen.

Bei Fragen, gebe ich gerne weitere Auskünfte.

Was möchtest du werdenden Eltern mit auf den Weg geben?

Meiner Erfahrung nach, finde ich es wichtig, daß sich Eltern bewußt sind, welch große, einzigartige Aufgabe sie übernommen haben: die Aufgabe, einem Menschen die bestmöglichen Voraussetzungen zu geben, damit er ein gesunder, glücklicher und selbstbewußter Mensch wird. In diesem Sinn bin ich der Ansicht, daß es wichtig ist, mehr auf die eigene Intuition zu hören und weniger auf Konzepte von außen. Dazu gehört, den jungen Erdenbürger immer mit reichlich Liebe zu überhäufen und mit zunehmendem Alter auch Grenzen zu setzen. Einfach Ja sagen, Ja zum Leben.

Ich wünsche allen werdenden Eltern, daß sie sich selber auch immer wieder bewußtwerden, was sie leisten, und stolz sind auf ihre Aufgabe.

Der Einsatz von »Triggern«

Bei allen Entspannungs-, Konzentrations-, und Geburtsvorbereitungsübungen kannst du sogenannte »Trigger« einsetzen. Das sind Hilfsmittel, die du als Anker benützt, um damit deinen Körper in den gewünschten Entspannungszustand zu versetzen. Das heißt, es sind Auslöser, welche dich dabei unterstützen, unmittelbar in einen entspannten Zustand zu gelangen.

Benützt du beispielsweise immer dasselbe Duftöl oder dieselbe Musik während der Übungen, ergibt sich daraus eine Art Automatik. Dein Körper bekommt damit immer denselben Impuls, um in die Entspannung zu gelangen. Dieser Impuls löst dann während des Geburtsvorgangs wiederum den gleichen Entspannungsmechanismus aus.

Als Trigger sind alle Hilfsmittel geeignet, welche deine fünf Sinne oder direkt deine Gefühlsebene ansprechen: Musik, Klangschale, Düfte, Aura-Soma-Öle, Geburtsöle, Engelsprays, Heilsteine usw.

Positive Impulse

In den letzten Wochen vor der Geburt ist es wichtig, täglich positive Impulse zu geben, damit dein Fokus intensiv auf deine Wunschgeburt hin gerichtet wird.

Beschäftige dich mit freudvollen, schönen Dingen. Der Fernseher darf ruhig in einer Ecke verstauben. Gehe in die Natur hinaus und tanke dich mit ihrer heilsamen Energie auf.

Impulse für jeden Tag:
- Eine angenehme Wunschgeburt in allen Einzelheiten vorstellen, visualisieren.
- Positive, ermunternde Geburtsberichte lesen.
- Ein Plakat mit positiven Affirmationen gestalten und an einem gut sichtbaren Ort aufhängen.
- Auf die Geburt freuen.
- In die Natur hinausgehen, spazierengehen, frische Luft atmen.
- CDs mit Meditationen, Hypnobirthing oder Entspannungstechniken für die Geburt anhören.
- Obertonreiche Musik hören.
- Tanzen, Yoga, Atemtechnik, Gesang, Meditation.
- Malen, Schreiben, Kreativität.
- Das Leben genießen und den Tag mit viel Freude füllen.
- Mit dem Baby Kontakt aufnehmen, mit ihm sprechen, ihm liebevolle Gedanken und Gefühle senden.

Geburt

Das Mysterium Geburt ist wohl die schönste und gleichzeitig anspruchsvollste Aufgabe, die sich uns Frauen, den werdenden Müttern stellt. Es ist ein Privileg, etwas so Einzigartiges erleben zu dürfen. Wir haben nur selten im Leben die Chance, ein solches Wunder zu erfahren. Denn das ist es, ein Wunder der Natur, das erforscht, erlebt und mit allen Sinnen erfaßt werden will. Die heilige Verbindung zwischen dir und deinem Kind erlebt während des Geburtsgeschehens den Höhepunkt reiner Liebe, Hingabe und Verschmelzung. Du wirst zur Königin, die voller Selbstvertrauen, innerer Ruhe und Harmonie dem winzigen Wesen das Leben schenkt.

Eine erfüllende, schöne Geburt ist ein kostbares Geschenk, welches du deinem Baby mit auf seinen Lebensweg geben darfst. Es ist die prägende Basis, auf der die Persönlichkeit deines Kindes gebaut wird. Wie bei einem Haus das Fundament Stabilität und Sicherheit erfordert, braucht das Baby eine gute, solide Grundlage, um den manchmal rauhen Wellen des Lebens genügend Kraft, Energie und innere Stärke entgegensetzen zu können. Der Akt des Gebärens ist höchste Form von Heiligkeit, Glückseligkeit und Naturverbundenheit, deshalb ist es an der Zeit, daß wir Frauen unsere eigene innere Kraft aktivieren, unsere Macht zurückfordern und die Geburt nicht Ärzten, Hebammen und Maschinen überlassen, sondern stolz und voller Selbstvertrauen den Babys ihren Weg in unsere Welt ermöglichen.

Die Natur hat es so vorgesehen, daß wir Frauen einfach und mit wenig Schmerzen oder sogar schmerzfrei unser Baby auf die Welt bringen können. Unsere Körper sind dazu geschaffen und die kleinen Körper der Babys ebenso.

Das Becken der Frau wie auch das Köpfchen eines Babys sind nicht starre Gebilde, sondern passen sich den Gegebenheiten der Geburt an, so daß sich dein Baby seinen Weg in die äußere Welt bahnen kann. Eine Geburt ist ein natürlicher Prozeß, die Manifestation des Lebens selbst im Einklang mit dem Körper der Mutter und dem des kleinen Wesens, welches das Licht der Welt erblickt. Es hat nichts an sich, vor dem wir uns fürchten müßten. Im Gegenteil, eine natürliche Geburt ist die Erfahrung vollendeter Schöpfung im Lebensplan einer Frau.

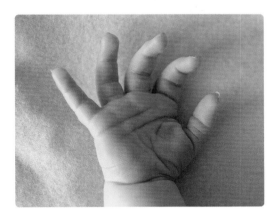

Die natürliche Geburt und der Kaiserschnitt

Der Kaiserschnitt ist medizinische Hilfe in Notsituationen und zugleich Rückschritt der ersten Lebensaufgabe eines Babys in einer technisierten Gesellschaft. Es ist keine Frage, daß der Kaiserschnitt Leben retten kann und in entsprechenden Bedarfssituationen seine Berechtigung hat. Werden allerdings die Abläufe durchschnittlicher Geburten im Krankenhaus betrachtet, wird offensichtlich, daß der Kaiserschnitt häufig eine Folge von vielen unnötigen Eingriffen in den natürlichen Geburtsverlauf ist. Geburtsmedizinische Interventionen sind heutzutage zur Regel geworden und enden oftmals mit dem Kaiserschnitt.

Professor Rockenschaub bringt es nach über sechzig Jahren Geburthilfe mit einer Aussage auf den Punkt: »Die Frauen können es, man läßt sie nur nicht!« Bis zu 93% der gebärenden Frauen lassen geburtsmedizinische Prozeduren über sich ergehen, und so enden 22% der Geburten in einer Kaiserschnittentbindung. Er sieht das Potential für natürliche Geburten in einer intensiven Geburtsvorbereitung der werdenden Mütter, die ihr Selbstvertrauen stärkt, und in der Kunst einfühlsamer Hebammen. Als Chefarzt der Geburtshilfe einer Wiener Klinik bewies er während zwanzig Jahren die durch den intensiven Einsatz der Hebammen erfolgreiche Geburtshilfe mit einer ungewöhnlich niedrigen Kaiserschnittrate von gerade mal 1%.

Ein wichtiger Faktor bei hohen Kaiserschnittraten stellt die routinemässige Daueüberwachung der kindlichen Herztöne durch Anwendung des schädigenden Ultraschalls (CTG) dar. Dies stört den Geburtsprozeß und das Befinden des Babys massiv. Voreilig werden bei Herztonschwankungen viele Babys mit einem Kaiserschnitt geholt. Nach einer amerikanischen Studie sind über 99 % dieser Kaiserschnitte, welche aufgrund von verdächtigen Herztonfrequenzen gemacht wurden, nachweislich unnötig.

Für dich und dein Kind ist es wichtig, daß du bereits im Vorfeld der Geburt alle wichtigen Fragen gestellt und geklärt und dir eine für dich optimale Betreuungsperson ausgesucht hast. Gerade die stundenlange Beschallung mit CTG ist bei vielen Krankenhäusern Routine, und es wird darauf, wenn überhaupt, nur ungern verzichtet.

Die größte Wahrscheinlichkeit für eine ungestörte, angenehme Geburt ist das eigene häusliche Umfeld gefolgt vom Geburtshaus, da zu Hause wie auch in den meisten Geburtshäusern während der Geburt keine oder nur minimale Untersuchungen durchgeführt werden.

Es gibt natürlich auch Frauen, die sich vorab schon für einen Kaiserschnitt entscheiden. Die Gründe dafür sind unterschiedlich. Es können Ängste vor der Geburt vorhanden sein oder auch Verunsicherungen durch medizinisches Personal. Eine nahe Verwandte von mir hatte solche Angst vor einer Geburt, daß sie deshalb keine Kinder bekam.

Auch ist vielen Frauen, die einen Kaiserschnitt hatten, nicht bewußt, daß sie bei einer erneuten Schwangerschaft ihr Kind trotzdem vaginal gebären können. Selbst bei Babys in Steißlage (BEL, Beckenendlage) oder Zwillingsgeburt kannst du dich für die natürliche, vaginale Geburt entscheiden. Am besten suchst du dir in diesem Fall eine erfahrene Hebamme, die dich begleitet und dein Vorhaben unterstützt.

Oft haften falsche Vorstellungen und anerzogene alte Muster in den Köpfen der Menschen. Wir alle kennen die schrecklichen Szenen schreiender gebärender Mütter in Filmen. Doch wer hat die echten Geburtsfilme von Elena Tonetti gesehen, welche ganz andere Geburten zeigen: Geburten in Ruhe und in entspannter Atmosphäre. Geburten von Frauen, die ruhig atmen und in ihre eigene Welt eingetaucht sind. Geburten zu Hause und Geburten in rauschenden Wellen des Meeres. Geburten tiefster Liebe und Heiligkeit in Verbindung mit dem zur Welt kommenden Baby. Ja, ich durfte solche Geburten erleben und bin dankbar für diese kostbaren Erfahrungen. Mit einem Kaiserschnitt wird nicht nur die Mutter, sondern auch das Baby um eine prägende, wundervolle Lebenserfahrung gebracht.

Es gibt zwei Bereiche zu beachten. Der eine Bereich ist die Seite der Mutter. Ihr Körper wird bei einem Kaiserschnitt energetisch entzweit. Die Wunde wird geschlossen, doch zurück bleibt Narbengewebe, welche den Fluß der Meridiane erheblich stören kann. Wie ein Dammschnitt das Wurzelchakra betrifft, so sind es bei einem Kaiserschnitt das Wurzel- und insbesondere Sakralchakra. Dies kann sich in mangelnder

Lebensfreude, Wut, Aggressivität oder Schuldgefühlen zeigen. Auch körperlich kann sich dies auf verschiedene, auch scheinbar zusammenhangslose Bereiche auswirken.

Durch verschiedene Therapien können die Blockaden in den Energiezentren ausgeglichen und Narben entstört werden. Dazu gibt es unterschiedliche, alternative Heilmethoden, beispielsweise Akupunkturmassage, Kinesiologie, Manuelle Narbenentstörung oder die Traditionelle Chinesische Medizin.

Der andere Bereich ist der des Babys. Zuerst einmal möchte ich die körperliche Seite betrachten. Der Körper einer Frau ist dafür gebaut, ein Baby zur Welt zu bringen. Die Hüften werden bereits während der Schwangerschaft wesentlich breiter. Dies konnte ich bei jeder Schwangerschaft staunend beobachten. Da ich selber zierlich gebaut bin und sehr schmale, knabenhafte Hüften habe, konnte ich die markante Veränderung gut wahrnehmen. Das deutlich breitere Becken während der Schwangerschaft im Vergleich zur sonstigen Körperform entstand nicht aufgrund der Gewichtszunahme, sondern war die natürlich Vorbereitung des Körpers auf die Geburt. Dein Körper wird sich verändern und optimal darauf vorbereiten, deinem Kind den Weg durch den Geburtskanal zu ermöglichen.

Der Kopf deines Babys wiederum ist ebenfalls kein starres Gebilde, sondern ist für die Geburt flexibel. Der Schädelknochen ist noch nicht geschlossen, sondern hat Öffnungen, sogenannte Fontanellen, damit sich die Schädelplatten bei der Geburt gegeneinander oder sogar übereinander verschieben können, um den Geburtskanal zu passieren. Alles ist noch weich und biegsam. Diese natürliche Deformation sieht man oft noch nach der Geburt. Bei Leonie war dies ganz markant, und auch Elyah und Anael hatten eine etwas länglich gezogene Kopfform. Dies ist allerdings nur ein vorübergehender Zustand, innerhalb der ersten Tage nimmt alles wieder seine ursprüngliche Position ein, und der Schädel findet zu seiner symmetrischen Form zurück.

Betrachten wir den Kopf während des Geburtsvorganges. Da die Schädelknochen des Ungeborenen noch verschiebbar sind, hat jede Druckänderung im Bauch der Mutter Auswirkung auf den Kopf des Kindes. Dies gilt natürlich besonders für die Wehentätigkeit während der Geburt.

Ein wichtiger Punkt dabei ist die sogenannte Liquorbewegung. Professor Rockenschaub sieht die Bewegungen der Hirnflüssigkeit als einen wesentlichen Aspekt an, der zu wenig beachtet wird. Die neurohormonalen Zellen des Zwischenhirns und der Epiphyse, welche in den Wandungen der Hirnkammern liegen, bilden hochaktive Hormone und geben diese an die Hirnflüssigkeit ab. Die Dynamik der Hirnflüssigkeit ist maßgebend für den Hormontransport und die Entwicklung des Babys. Das heißt, im Gehirn des Kindes sind diese Flüssigkeitsbewegungen und der Hormontransport während einer natürlichen Geburt durch den Druck besonders lebhaft. Demzufolge profitiert dein Baby von den nötigen Hormonen, die natürlicherweise während der Geburt ausgeschüttet werden.

Wird ein Baby ohne Wehen per Kaiserschnitt entbunden, fehlt der von den Wehen abhängige Reifungsschub, und seine Anpassungsfähigkeit an die Umwelt verringert sich deutlich. Dies ist auch im Hormonstoffwechsel nachweisbar.

> Es entspricht seinem Lebensplan, daß sich dein Baby den Weg durch einen engen Kanal erarbeitet. Seine erste Lebensaufgabe ist es, dies aus eigener Kraft zu vollbringen. Durch eine tiefe, ruhige Atmung und Entspannung kannst du es dabei optimal unterstützen.

Imprints bei der Geburt

Eine der ersten und wichtigsten Prägungen erhält dein Baby während der Geburt, und diese wirken sich auf das gesamte spätere Leben aus. Eine emotionale Grundhaltung wird in dieser Erfahrung des Babys gespeichert und bei weiteren Herausforderungen des Lebens vom Unterbewußtsein abgerufen. Je nach Art der Geburt sind diese Prägungen ganz unterschiedlich:

☺/☹ »Am Ende jeder Herausforderung (jedes Tunnels) erwarten mich… Licht, Liebe, Freude oder Getrenntsein, Einsamkeit, Schmerz.«

☹ »Ich schaffe es nicht allein, ich bin auf Hilfe von außen angewiesen.«

☹ »Der natürliche Weg ist mir versperrt, ich werde aus meinem Paradies gerissen.«

☹ »Ich kann nichts selber tun, ich bin den äußeren Einflüssen ausgeliefert.«

☹ »Ich bin noch nicht bereit, muß dennoch mein Paradies verlassen.«

☺ »Ich gehe meinen eigenen Weg und erreiche das Ziel.«

☺ »Ich bin jeder Herausforderung gewachsen.«

☺ »Ich werde bei jeder Herausforderung liebevoll begleitet.«

☺ »Ich begegne Neuem mit Freude und Neugier.«

☺ »Mein Lebensweg ist leicht und angenehm.«

> Wenn du deinem Baby die Chance geben kannst, aus eigener Initiative auf natürliche Weise in freudiger und entspannter Weise zur Welt zu kommen, ist dies eines der größten Geschenke, die du ihm mit auf seinen Lebensweg gibst.

Falls die Geburt traumatisch war, ist es für dich und auch dein Baby wichtig, diese Erfahrung zu verarbeiten und seelische Wunden zu heilen. Nimm diese Möglichkeit an und finde dazu selber die für euch stimmige Form von energetischer Heilarbeit.

Es gibt viele Wege und Menschen, die euch dabei unterstützen und begleiten können. Als Sofortmaßnahme kannst du Bachblüten, Homöopathie, Heilsteine, Aurasomaöle oder Engelessenzen anwenden und dich mit all deiner Liebe mit dem Baby verbinden. Es braucht dich, deine liebevolle Fürsorge und Nähe um so mehr. Später können ganzheitliche Therapien wie z. B. Craniosacraltherapie, Kinesiologie oder Osteopathie weiterhelfen, diese Erfahrung zu verarbeiten. Für dich ist es in diesem Fall besonders für spätere Schwangerschaften wichtig, das Geburtstrauma zu heilen und damit Frieden zu schließen. Es gibt dafür auch spezielle Seminare. Im Kapitel »Wochenbett« findest du ein Heilritual, welches du für dich und dein Baby durchführen kannst.

PDA (Periduralanästhesie)

Ich kann mich noch gut erinnern, als ich das erste Mal schwanger war und mir eine Bekannte begeistert von der Geburt mit Periduralanästhesie (PDA) erzählte. Die Schmerzen seien weg und das Baby ganz einfach zu gebären. Zuerst war ich beeindruckt und dachte daran, daß ich wohl auch so gebären möchte. Doch eine innere Stimme meldete Zweifel an dieser Methodik und führte mich glücklicherweise zurück zur natürlichen Geburt.

Was in meinen Augen am meisten zu denken gibt, ist die Tatsache, daß die Schmerzen bei einer PDA dem Baby überlassen werden. Nicht, daß die Schmerzen der Mutter auf das Baby übergehen, sondern daß der Körper der Mutter, da er gefühllos gemacht wurde, auch keine schützenden Hormone mehr aussendet, die den Schmerz des Babys erträglich machen. Wir können nur mutmaßen, was dies für ein Baby bedeutet.

Abgesehen von den körperlichen Schmerzen des Babys, fehlt die wichtige Komponente des Mitfühlens. Mutter und Kind gehen den Weg nicht mehr gemeinsam zum Ziel. Der Körper der Mutter ist halbwegs ausgeschaltet, sie kann nicht mehr fühlen, wie und wann sie mit dem Baby tief mitatmen soll, um ihm den Weg zu erleichtern. Der Fluß der wichtigen Hormone bricht ab, die Verbindung zum Kind wird unterbrochen. Es ist sehr schwierig, unter diesen Umständen während der Geburt den Kontakt zum Baby wieder bewußt herzustellen.

Die Ausschüttung des Liebeshormons Oxytocin erreicht am Ende der Geburtsarbeit seinen Höhepunkt, damit du und dein Baby während eurer ersten Begegnung in Liebe verbunden seid. Bei einer PDA ist der Körper nicht fähig, dieses in großem Masse freizusetzen.

Die australische Ärztin Dr. Sarah Buckley berichtet in ihrem Buch »Gentle Birth – Gentle Mothering« von den versteckten Risiken einer PDA und zeigt auf, daß dieser invasive Eingriff den natürlichen Geburtsvorgang behindert und in vielen Fällen zu weiteren Eingriffen führt, welche wiederum häufig im Kaiserschnitt enden.

Viele Frauen berichten über die erlösende Schmerzlinderung der PDA nach langer, wenig erfolgreichen Wehenarbeit. Dies kann auf den ersten Blick tatsächlich eine Lösung sein, das Baby doch noch vaginal gebären zu können. Doch die Ursachen für Geburtsstillstand, ineffektive Wehen und langwierige Geburten liegen ganz woanders.

Einerseits fehlt bei den meisten Frauen eine ganzheitliche Geburtsvorbereitung. Diese wird in den meisten Vorbereitungskursen nicht angeboten. Wenn Mütter lernen, sich auch in Extremsituationen zu entspannen, richtig zu atmen und mit dem Geburtsvorgang mitzufließen, anstatt dagegen anzukämpfen, wäre bereits viel erreicht. Mit den Techniken, die hier im Buch für die Vorbereitung und Entspannung aufgezeigt werden oder mit einem entsprechenden Kurs hast du bereits beste Voraussetzungen für eine sanfte und einfache Geburt.

Die Umgebung und Begleitung während der Geburt sind die anderen Faktoren, welche maßgeblich den Geburtsverlauf beeinflussen. Es muß dir möglich sein, in einer intimen, ruhigen und ungestörten Atmosphäre zu gebären. So wenig wie nur möglich solltest du von außenstehenden Personen befragt oder untersucht werden. Damit dein Körper effektiv arbeiten kann, ist es unerläßlich, daß du dich in der von dir gewählten Umgebung und in Anwesenheit der begleitenden Menschen absolut wohlfühlst.

Dein Körper wird dementsprechend reagieren und sich entspannen. Dein Muttermund wird sich öffnen und den Weg für dein Baby freigeben. In dieser Entspannung wird es dir möglich sein, ohne PDA oder künstliche Schmerzmittel mit den Wehen (Wellen) mitzufließen und dein Baby auf natürliche Weise zu gebären.

Natürliche Schmerzlinderung

Atmen

Das Atmen ist eines der wichtigsten Hilfsmittel, um in den Entspannungszustand zu gelangen und zur Linderung der Schmerzen. Konzentriere dich dabei auf das Ausatmen! Atme so langsam wie möglich tief in den Bauchraum und atme lange hörbar aus! Das Ausatmen hilft dem Baby sanft, den Weg nach unten durch den Geburtskanal zu gehen. Es öffnet deinen Körper und entspannt die Muskeln. Schmerz entsteht durch Anspannung. Entspannung mit Hilfe der langsamen, tiefen Atmung lindert den Schmerz. Fokussiere dich immer wieder auf das langsame, tiefe Ausatmen. Forme deinen Mund zu einem O. Die Öffnung des Muttermundes hängt mit der lockeren Öffnung deines Mundes zusammen. Entspanne also deine Gesichtsmuskeln und besonders die Mundregion.

Selbstentspannungstechnik – Hypnobirthing® – SanfteGeburt®

Die mentale Geburtsvorbereitung ist bereits die halbe Geburtsarbeit, sage ich immer. Wenn du dich gut vorbereitet hast und dich selber mit der von dir gewählten Technik in den Entspannungszustand versetzen kannst, hast du bereits den Grundstein für eine angenehme und einfache Geburt gesetzt. Wenn dein Partner ebenfalls in diese Geburtsvorbereitung mit einbezogen wurde, kann er dich während der Geburt mit Affirmationen oder gemeinsamen, ruhigem Atmen sehr hilfreich unterstützen.

Berührung und Massage

Liebevolle Berührung kann dir während der Geburt Mut, Durchhaltewillen und Geborgenheit schenken. Ob und in welcher Art dir Berührung guttut, kann sich immer wieder ändern. Manchmal ist es ein zärtliches, sanftes Streicheln deines Partners, was dir hilft, dich zu entspannen. Manchmal brauchst du starken Druck oder eine kräftige Massage und Halt, um mit starken Wehen mitfließen zu können. Für die Massage kann ein dazu passendes Öl verwendet werden. Es gibt bereits fertige Mischungen wie beispielsweise das Wehenöl von I. Stadelmann.

Als die Wehen bei Leonies Geburt zum Schluß so stark waren, daß ich sie kaum aushielt und schrie wie ein Löwe, mußte mir Patrick mit aller Kraft im Kreuzbereich Gegendruck geben. Dies war mir eine sehr große Hilfe.

Bei Elyahs und Anaels Alleingeburten im Wasser war dies absolut nicht nötig. Ich habe mich auf diese Geburten lange körperlich und mental intensiv vorbereitet und konnte so während der Geburten wunderbar entspannen. Mit ruhiger Tiefenatmung tauchte ich in meine eigene Welt ab und gebar beide Male in kurzer Zeit mit nur geringen Schmerzen mein Kind.

Akupressur

Akupressur kann auch während der Geburt angewandt werden, um die Wehen zu fördern oder Schmerz zu lindern. Du brauchst dazu keine medizinischen Kenntnisse. Es genügt, wenn du oder eine Hilfsperson die verschiedenen Punkte kennen und da gezielt starken Druck geben (nicht massieren). Du wirst feststellen, welche Punkte dir guttun und ein angenehmes Gefühl vermitteln und kannst dementsprechend konkrete Anweisungen geben. Unangenehme Punkte sollen dabei nicht weiter angewandt werden.

Wasser (Geburtspool)

Warmes Wasser fördert die Effizienz der Wehen und dämpft den Geburtsschmerz. Es entspannt, besonders im Rückenbereich. Die Muskeln entspannen sich, und du kannst besser loslassen. Das Wasser nimmt dir einen Teil des Gewichtes, und du kannst leichter deine Positionen ändern. Es ist ein fließendes Element, welches dich daran erinnert, im Fluß zu bleiben. Dein Körper wird weich und elastisch. Es ist kein Dammschutz nötig, da das Wasser den Austritt des Babys auf natürliche Weise sanft abbremst. Die Wahrscheinlichkeit, daß du dabei intakt bleibst und keinen Dammriß bekommst ist hoch.

Während Leonies Geburt war ich sehr lange im Wasser und konnte dabei gut entspannen. Erst als ich in der Schlußphase auf Anraten der Hebamme aus dem Wasser kam, wurden die Wehen unerträglich.

Elyah und Anael gebar ich beide im Wasser. Die Vorteile des warmen Wassers sind für mich dermaßen wichtig, daß ich nie mehr »an Land« gebären würde.

Wärme

Du solltest während der Geburt nie frieren, damit du dich nicht verkrampfst und sich die Muskeln entspannen und nicht zusammenziehen. Wärme ist eine enorme Wohltat bei kräftigen Wehen. Besonders im Kreuzbereich können warme Hirse-/Dinkelkissen oder eine Wärmeflasche das starke Druckgefühl und den Schmerz lindern. Auch eine kräftige Massage kann Wärme erzeugen. Warmes Wasser in einem Geburtspool umhüllt deinen ganzen Körper mit angenehmer Wärme und hilft damit, dich zu entspannen.

Als ich bei Anaels Geburt in den Pool stieg, nahm ich die wohlige Wärme sehr stark wahr. Das Wasser reichte jedoch erst nicht hoch genug, damit der empfindliche Kreuzbereich beim Hinknien bedeckt war. So mußte ich erst nochmals raus und mir mehr Wasser einfüllen, damit mein Rücken genügend bedeckt war und das Schmerzempfinden lindern konnte.

Hängen lassen, Seil

In vielen Geburtshäusern und Krankenhäusern ist im Geburtzimmer ein Seil aufgehängt. Wenn du dich an einem Seil festhältst und dich richtig daran hängen läßt, entspannt deine untere Körperregion vollkommen. Mir wurde erst unter der Geburt bewußt, daß dieses Hängenlassen den Geburtsvorgang effektiv fördert.

Bevor ich bei Leonies Geburt in die Gebärwanne ging, schlang ich stehend meine Arme um den Hals meines Mannes und ließ mich hängen. Dies bewirkte, daß Leonie im Geburtskanal ein großes Stück hinuntergerutscht ist, was die Hebamme durch vaginale Untersuchung erstaunt feststellte.

Der Geburtspool war bei Anaels Geburt zu Hause im Badezimmer neben dem Fenster aufgestellt. So konnte ich mich, als ich im Wasser war, am Fenstergriff festhalten und hängen lassen. Für die nächste Geburt würde ich oberhalb des aufgestellten Geburtspools ein Tragetuch aufhängen und mich daran festhalten. Tragetücher sind dafür gut geeignet, da sie sehr robust und lang sind und nicht nachgeben, während du dich daranhängst. Wähle für die Benutzung unter der Geburt ein herkömmlich gewebtes Tragetuch, kein dehnbares Jersey-Tuch für Neugeborene.

Gebärposition und Schwerkraft

Die Zeiten, in denen Frauen gezwungen wurden, wie hilflose Käfer auf dem Rücken zu gebären, womöglich noch die Füße in Metallstützen gezwängt, sollte definitiv vorbei sein! Die Rückenlage ist – außer einem Kopfstand – wohl die ungünstigste Lage, um zu gebären. Das Baby muß dabei zusätzlich gegen die Schwerkraft ankämpfen. Bei aufrechten Positionen wie Stehen, Sitzen, Knien, Hocken oder auch Vierfüßlerstand hilft die Schwerkraft hingegen mit, und die Geburt wird dir und deinem Baby leichter fallen.

In einem Krankenhaus geht es leider oft auch um Macht oder Bequemlichkeit. Ärzte oder Hebammen haben in Rückenlage die beste Sicht und den besten Zugriff auf deine Scheide. Sie können dich untersuchen, schneiden und in den Geburtsprozeß eingreifen. Lasse dich dadurch nicht beirren, sondern gehe umher, bewege dich, ändere deine Position, wo und wie es für dich am angenehmsten ist.

> Es ist deine Geburt, das Krankenhauspersonal soll sich nach deinen Wünschen richten, nicht umgekehrt!

Besprich die verschiedenen Gebärpositionen bereits vor der Geburt mit deiner Hebamme. Es gibt unzählige Möglichkeiten, z. B. auch die des Mayahockers.

Bewegung, Beckenkreisen und -kippen

Bewegung, Tanz, Umherlaufen und insbesondere Beckenkreisen halten den Geburtsvorgang im Fluß und helfen deinem Baby, in eine gute Position zu gelangen. Dein Baby wird eine Reihe von Drehbewegungen vollführen, um den engen Weg durch das mütterliche Becken mit seinem Kopf passieren zu können. Es wandert in einer langsamen Spirale den Geburtskanal hinunter. Das Kreisen deines Beckens hilft deinem Baby bei diesem Vorgang und erleichtert damit seine Reise in die äußere Welt. Probiere auch aus, dein Becken anstelle des Kreisens nach vorne zu kippen, dich also »rund« zu machen. Bei mir hatte dies eine lindernde Wirkung auf den Schmerz.

Zu Beginn von Elyahs Geburt habe ich mich jeweils während einer Wehe stehend am Stuhl festgehalten und mein Becken gekreist. Ich habe mir dabei vorgestellt, ich sei auf einer Achterbahn und nahm diese »Kurven« trotz kräftiger Wehen mit Belustigung hin. Ich liebe Achterbahnen und lag bei jeder Wehe, mein Becken kreisend, richtig in der Kurve. Durch diese Vorstellung konnte ich eine ganze Weile tatsächlich Spaß haben während der Wehen. Dazwischen tanzte oder lief ich in der Wohnung umher. Danach ging ich in den Pool, es war die Zeit der Ruhe gekommen, wo ich intensiv atmete, mich vollkommen entspannte und den Wehen gelassen und ruhig begegnete.

Sexuelle Stimulation

Wie dein Baby entstanden ist, so ist auch die Geburt ein Ereignis, das mit der Sexualität zusammenhängt. Es gibt Frauen, die sogar während der Geburt einen Orgasmus erleben. Die Stimulation der Brüste oder Klitoris, Küssen oder sonstige Intimitäten mit deinem Partner können dich während der Geburt entspannen, sie lenken die Aufmerksamkeit weg vom Schmerz und hin zu Genuß, Zärtlichkeit und Wohlgefühl. Um euch diesen intimen Raum auch geben zu können, kannst du zu Hause gebären oder diese Möglichkeit während der Schwangerschaft bereits mit deiner Hebamme besprechen.

Um ein Gefühl dafür zu bekommen, ob diese Stimulation dir während der Geburt helfen kann, kannst du dies bereits bei der Geburtsvorbereitungsübung mit dem Epi-No ausprobieren. Spüre den Orgasmus während des Austretens des Ballons und schaue ganz unvoreingenommen, was mit deinem Körper passiert und wie du dich dabei fühlst.

Die Geburt soll kein schmerzvolles Trauerspiel sein, sondern ein bewußter Schöpfungsakt in Liebe und Freude, die Verbindung deiner sexuellen, spirituellen und weiblichen Urkraft!

Natürliche Geburtseinleitung

Der Geburtstermin darf nicht als bindendes Datum angesehen werden. Vielmehr ist es eine Zeitspanne mit etwa 2 - 3 Wochen vor oder nach deinem Termin, in welcher dein Baby voraussichtlich zur Welt kommen wird. Wenn du den Geburtstermin bereits um eine Woche überschritten hast, gibt es natürliche Mittel und Möglichkeiten, mit denen die Wehen in Gang gesetzt werden können, damit sich dein Baby auf den Weg macht.

Gewürzgetränke

Aus folgenden Zutaten kannst du 1 l Aufguß zubereiten. Dieses Getränk wird über den ganzen Tag schluckweise lauwarm getrunken.

Rezept: *1 Stange Zimt*
10 Nelken
1 kleine Ingwerwurzel
1 EL Verbenentee (Eisenkraut)

Die Wirkung der Gewürze ist nicht innerhalb von Stunden, sondern meistens innert 1 - 2 Tagen spürbar.

Ätherische Öle

Ätherische Öle aus Zimt, Nelke, Ingwer und Eisenkraut lassen sich auch als Bauch-massageöl einsetzten oder für ein heißes Bad. Die Wirkung zeigt sich innerhalb von etwa 1 - 2 Tagen.

Brustwarzenstimulation

Dein Partner (oder du selber) rubbelt für die Dauer einer Minute kräftig beide Brust-warzen. Dann wird eine Pause von zwei bis drei Minuten eingelegt, danach wieder-holt.

Durch den Reiz wird die Gebärmuttermuskulatur zu Wehen angeregt. Werden inner-halb einer halben Stunde einige Wehen ausgelöst, ist deine Gebärmutter geburtsbereit. Diese auf Dauer anstrengende Stimulation führt nach ein bis zwei Stunden mit großer Wahrscheinlichkeit zu Wehen.

Natürliche Prostaglandine

Wenn ihr noch Lust auf Sex habt, dann ist dies eine gute Methode, um die Geburt in Gang zu bringen. In der Samenflüssigkeit befinden sich natürliche Prostaglandine, die Wehen auslösen können und den Muttermund weich machen.

Akupressur / Akupunktur

Akupunktur oder Akupressur können auch angewandt werden, um eine Geburt natür-lich einzuleiten. Die Akupunktur wird von einer ausgebildeten Person ausgeführt. Die Akupressur kannst du auch selber ausführen, wenn dir die Methode und die anzu-wendenden Meridianpunkte bekannt sind.

Einlauf

Die Nervenreizung durch einen Einlauf kann Wehen auslösen. Durch den Einlauf mit warmem Wasser wird die Darmperistaltik angeregt, und deine Gebärmutter reagiert mit verstärkten Kontraktionen.

Rizinus-Cocktail

Eine Mischung aus Rizinusöl, einem Fruchtsaft und einem Schluck Alkohol (klarer Schnaps oder Sekt) sollen bei echter Geburtsreife nach drei bis sechs Stunden kräf-tige Wehen hervorrufen.

Die Erfahrungsberichte von Hebammen und Frauen, die diesen Cocktail auspro-biert haben, sind sehr unterschiedlich. Die Nebenwirkungen wie Durchfall und Übel-keit können manche Frauen zur Geburt hin unnötig entkräften, ohne Wehen auszu-lösen. Andere Erfahrungsberichte sind sehr positiv. Geschieht nichts, ist das Kind einfach noch nicht bereit, geboren zu werden.

Ganz ehrlich gesagt, würde ich diese Mischung nicht ausprobieren. Mir wurde im Geburtshaus nach einem vorzeitigen Blasensprung ohne merkliche Wehen ein Glas Wein empfohlen. Gebracht hat es nichts, außer daß ich mich weniger gut auf den Geburtsvorgang konzentrieren konnte und nicht mehr ganz in meiner Mitte war. Aus diesem Grund würde ich auf Alkohol gänzlich verzichten, sei es vor der Geburt oder auch nachher (das berühmte Glas Sekt zur Anregung der Milchbildung).

Die künstlich eingeleitete Geburt

Die künstliche Einleitung ist ein Eingriff in den natürlichen Ablauf der Geburt. Meist führt sie zu weiteren Eingriffen und diese wiederum häufig zu Komplikationen. Sie sollte nur in Ausnahmefällen angewandt werden.

Anzeichen der beginnenden Geburt

Der Beginn einer Geburt ist meist nicht ganz klar erkennbar, denn häufig ist es vielmehr ein Prozeß, der bereits Tage vor der eigentlichen Geburt mit Vorwehen beginnt. Dieser Prozeß leistet bereits Vorarbeit für die Geburt. Dennoch gibt es Anzeichen für das unmittelbare Bevorstehen der Geburt.

Wehen

Wehen sind sehr unterschiedlich und meist schwierig zu beurteilen. Nicht unbedingt der Wehenabstand, sondern die Intensität ist ein Zeichen dafür, daß es nun bald wirklich losgeht. Es können aber auch nur Vorwehen sein, die wieder nachlassen, um ein oder mehrere Tage später weiterzugehen. Mehrgebärende erleben die Tage vor der Geburt häufig immer wieder Vorwehen, die bereits sehr regelmäßig sein können, dann aber wieder aufhören.

Ich hatte bei Elyah wie auch bei Anael bereits einige Tage vor der Geburt immer wieder Wehen, teilweise auch in kurzen Abständen und deutlich spürbar. Doch zur Geburt kam es nicht. Die Wellen liessen wieder nach und hörten ganz auf, um nachts oder einen Tag später ihre Arbeit fortzusetzen.

Wenn die Intensität spürbar zunimmt und du dich bereits intensiv auf das Atmen konzentrieren mußt, ist es Zeit, die Hebamme anzurufen und dich auf die Geburt vorzubereiten. Der »Badewannen-Test« kann auch hilfreich sein. Werden die Wehen im Wasser stärker und halten an, dann ist die Geburt vermutlich bereits in vollem Gange. Gehen die Wehen wieder weg, ist es noch nicht soweit.

Die Betreuung der älteren Kinder, wenn sie anderweitig betreut werden, sollte vorher mit verschiedenen Lösungen organisiert werden. Es kann problematisch sein, wenn das ältere Kind selber noch sehr klein ist und unerwartet weggehen sollte. Bei einer Hausgeburt kann sich dein Partner oder eine zusätzliche Betreuungsperson,

Verwandte oder Freundin in einem Nebenraum um das ältere Kind kümmern. Kommt das Baby nachts zur Welt, schlafen die Geschwister meist seelenruhig und wundern sich am nächsten Morgen über das neue Familienmitglied. Bei uns war dies bei der Geburt von Anael der Fall. Leonie und Elyah haben die Geburt verschlafen und ihn am anderen Morgen freudig begrüßt.

Unruhe/Unsicherheit

Wenn du sehr unruhig wirst, umhertigerst und das innere Gefühl hast, es gehe los, dann suche das Gespräch mit deiner Hebamme. Deine Intuition ist während der Schwangerschaft besonderst ausgeprägt und gibt dir innerlich Zeichen, wann der Zeitpunkt der Geburt naht.

Schleim, Schleimpfropf, leichte Blutung

Ein häufiges Zeichen ist der Wechsel von einem milchig klebrigen Schleim zu einem klaren, durchsichtigen, spinnfadenähnlichen Schleim. Es kann auch sein, daß eine größere Menge klarer Schleim zum Vorschein kommt, ähnlich wie ein Pfropfen. Der Schleimabgang kann auch dunkelrot und blutig sein, wenn der Muttermund bereits etwas geöffnet ist und es sich um älteres Blut handelt. Vom Zeitpunkt des Schleimabganges bis zur Geburt können jedoch nochmals Tage verstreichen. Auch eine minimale hellrote Blutfärbung im Slip ist normal und kein Anlaß zur Besorgnis.

Solltest du jedoch **stark bluten**, egal zu welchem Zeitpunkt der Schwangerschaft, mußt du unverzüglich ins Krankenhaus!

Bei Elyahs Geburt bemerkte ich zwei Tage vor der Geburt diesen klaren Schleim, der fast aussah wie ein Spinnfaden. Einen Tag später verlor ich nochmals ein wenig Schleim, ein wenig blutig, und spürte auch schon Ziehen im Rücken und auf der Seite. Nicht sehr stark, aber doch so, daß ich nicht schlafen konnte und nachts umhertigerte. Diese Zeichen haben mich sehr motiviert, da ich wußte, daß unser Baby sich nun langsam auf den Weg machen würde.

Brechreiz, Übelkeit, Durchfall

Der Körper reinigt und entleert sich für die Geburt oft von selber. Deshalb erleben manche Frauen Übelkeit oder Durchfall oder müssen vor oder während der Geburt erbrechen. Dies sind gute Zeichen, denn es zeigt, daß der Körper aktiv arbeitet. Ein leerer Magen wie auch eine entleerte Blase geben dem Baby mehr Raum und erleichtern die Geburt um einiges. Es lohnt sich, wenn du die letzten Tage vor der Geburt geringere Mengen leichte und gesunde Kost zu dir nimmst und nicht zu reichhaltige, schwer verdauliche Nahrung. Entleere vor und während der Geburt so oft es geht Blase und Darm. Nur wenn es für dich nicht unangenehm ist, kann auch ein Einlauf helfen.

Vor Leonies Geburt war mir dieser Zusammenhang leider nicht bewußt, und wir hielten vor der Geburt auf dem Weg zum Geburtshaus sogar noch für einen vegetarischen Fastfood-Imbiß an. Ein mit Pommes gefüllter Magen war wohl nicht die beste Voraussetzung. Nach der Geburt litt ich unter massiver Verstopfung.

Bei Elyah hatte ich ein bis zwei Tage vor der Geburt bereits leichten Durchfall und aß bewußt weniger. Während der Geburt hatte ich ein einziges Mal starken Brechreiz und rannte ins Bad, mußte mich dann aber doch nicht übergeben. Dies geschah während einer Wehe, was unangenehm war, da ich mich dabei nicht mehr auf Wehe, Atmung und Entspannung konzentrieren konnte.

Blasensprung (Fruchtwasserabgang)

Das Verlieren von Fruchtwasser ist ein deutliches Zeichen für den Beginn einer Geburt. Doch auch hier kann es noch einige Stunden oder viel länger dauern, bis das Baby geboren wird. Das Fruchtwasser kann in einem Schwall austreten oder stetig in kleineren Mengen. Es kann sein, daß dabei bereits Wehentätigkeit zu spüren ist oder noch keine. Auf jeden Fall ist dies ein sicheres Zeichen, deine Hebamme zu kontaktieren.

In vielen Krankenhäusern wird der vorzeitige Blasensprung unnötig dramatisiert und die Geburt mit geburtsmedizinischen Interventionen vorangetrieben aufgrund der Ängste vor möglichen Infektionen oder dem äußerst seltenen Nabelschnurvorfall.

Bei einem **Verlust des Fruchtwassers einige Wochen vor Geburtstermin** mußt du jedoch ein Krankenhaus aufsuchen!

Ende der ersten Schwangerschaft mit Leonie verlor ich eines Morgens kontinuierlich Fruchtwasser. Ich erkannte es erst nicht eindeutig und wußte nicht, ob es Fruchtwasser oder Urin war. Das Telefongespräch mit einer Hebamme klärte dann die Situation. Da ich keine starken Wehen hatte, blieb ich noch den ganzen Nachmittag zu Hause und machte mich erst abends mit meinem Mann auf den Weg ins Geburtshaus. Dort wurden mir Zäpfchen verabreicht zur Geburtseinleitung. Damals habe ich dies nicht hinterfragt. Es dauerte aber nochmals einige Stunden, und Leonie kam erst am anderen Morgen gesund und munter zur Welt.

Checkliste für die Krankenhausgeburt
Selbstbestimmung durch klare Kommunikation der eigenen Wünsche

- Ich möchte meine persönlichen Gegenstände (Musik, Kerzen, Duft, Heilsteine usw.) zur Geburt mitbringen und den Raum meinen Bedürfnissen anpassen (Vorhänge vorziehen, Raum abdunkeln).
- Ich möchte wieder nach Hause gehen, wenn die Wehen nachlassen und mein Körper noch nicht geburtsbereit ist.

- Ich verzichte auf Interventionen wie Einleitung, Blasenöffnung oder Mikroblutentnahme am Kopf des Kindes während der Geburt.
- Ich möchte keinen venösen Zugang oder Dauerkatheter als Routinemaßnahme gelegt bekommen.
- Ich möchte mein Baby im Wasser gebären, wenn die Gebärwanne frei ist.
- Ich verzichte auf künstliche Wehenmittel und Wehenhemmer.
- Ich möchte keine Schmerzmittel, Medikamente oder PDA angeboten bekommen.
- Ich verzichte auf vaginale Untersuchungen.
- Ich möchte kein Dauer-CTG.
- Ich möchte mich frei bewegen können und meine Positionen selber wählen.
- Ich verzichte auf einen ungefragten Dammschnitt und nehme einen Dammriß in Kauf.
- Ich möchte mein Baby mit ruhiger Atmung und Entspannungstechniken gebären ohne »Preßkommandos« oder Anleitung.
- Ich möchte mein Baby selber in meine Hände gebären.
- Ich möchte, daß mein Baby ohne weitere Eingriffe (Abtrocknen, Nabelschnur abklemmen udgl.) sofort nach der Geburt auf meinen Bauch gelegt wird.
- Ich möchte, daß die Nabelschnur nicht abgeklemmt oder durchschnitten wird. (Lotusgeburt). Alternative: Ich möchte, daß die Nabelschnur lange auspulsiert.
- Ich möchte die Plazenta in Ruhe gebären, ohne medizinische Interventionen oder künstliche Wehenmittel.
- Ich möchte nicht, daß Mund- und Rachenraum prophylaktisch abgesaugt werden.
- Ich möchte kein Vitamin K oder Vitamin D für mein Baby.
- Ich möchte, daß meinem Baby **keine** Augentropfen verabreicht werden.
- Ich möchte kein prophylaktisches Antibiotika für mein Baby.
- Ich möchte in den ersten Lebensstunden auf störende Routinemaßnahmen wie Temperaturmessen, Baden, Anziehen, Messen, Wiegen, Fußabdrücke und ärztliche Untersuchungen verzichten.
- Ich möchte, daß meinem Baby, wenn nötig, die Körpertemperatur axilär gemessen wird.
- Ich möchte auf die Verwendung von Windeln verzichten. Alternative: Ich möchte Stoffwindeln verwenden.
- Ich verzichte auf den Guthrie-Test (Blutentnahme des Babys zur Erkennung von Stoffwechselerkrankungen).
- Unter keinen Umständen (angebliche Stillprobleme) soll meinem Baby das Zungenbändchen durchschnitten werden!
- Ich möchte unbedingt stillen, daher meinem Baby bitte weder Schnuller noch Fläschchen anbieten, auch nicht, falls ich schlafen sollte. Ohne meine ausdrück-

liche Zustimmung soll dem Baby weder Tee noch anderes (Glukose, Maltodextrin, Flaschenmilch o. ä.) gegeben werden.

- Ich möchte, daß mein Baby für das Stillen nicht geweckt wird.
- Da ich voll stille, wünsche ich keine Überwachung oder weitere Gewichtskontrollen des Babys.
- Ich möchte, daß mein Baby in meinem Bett schläft und bitte um einen Babybalkon.
- Das Baby soll nicht gebadet werden.
- Mein Mann hat volle Entscheidungsbefugnis, sollte ich nicht ansprechbar sein.

Privatsphäre

Wie wichtig es ist, unter welchen Umständen ein Kind geboren wird, beschreibt der französische Arzt und Geburtshelfer **Dr. Michel Odent** ausführlich in seinen zahlreichen Büchern.

Während der Geburt sollten Faktoren, die den rationalen Teil des Gehirns stimulieren (Gehirnrinde, Neokortex für das logische Denken), möglichst vermieden werden. Dieser wird durch Licht, sachliche und nüchterne Atmosphäre, Anwesenheit von fremden Personen, medizinische Untersuchungen, Fragen, Lärm, unbekannte Umgebung usw. angeregt.

Während der Geburt ist vor allem die andere Gehirnregion wichtig, welche die Gefühle und Hormone regelt, damit eine einfache und komplikationslose Geburt möglich wird. Odent faßt die optimalen Geburtsbedingungen unter dem Begriff »Privacy« zusammen, es drückt den Zustand aus, in dem wir uns befinden, wenn wir uns nicht beobachtet fühlen.

Privatsphäre beinhaltet:
- *Vertraute Menschen* als Geburtsbegleiter, *Alleinsein*.
- *Vertrauter Ort*.
- *Dunkelheit oder sanftes Licht*, je dunkler, desto weniger das Gefühl, beobachtet zu werden.

Bei einer Hausgeburt ist es einfach, diese Punkte zu beachten. Bei einer Geburt im Krankenhaus ist es wichtig, daß die entsprechenden Wünsche bereits vorher klar besprochen werden und jemand während der Geburt zuständig ist, daß diese auch tatsächlich umgesetzt werden. Damit erhöht sich die Chance auf eine einfache, natürliche Geburt beträchtlich.

Aufgrund seiner lebenslangen Arbeit als Arzt und Geburtshelfer und seines unermüdlichen Einsatzes mit weltweiten Vorträgen und Büchern zur natürlichen Geburt war es mir eine besondere Ehre, Michel Odent persönlich zu interviewen:

Interview Natürliche Geburt
mit Michel Odent (81), Weltbürger
Arzt und Geburtshelfer, Pionier der sanften Geburt, Vater von 3 Kindern

Was sind Voraussetzungen für eine sanfte, natürliche Geburt?

Eine einfache Geburt, die keine medizinische Hilfe und Medikamente benötigt, ist oft intensiver, kraftvoller und heftig. Der Begriff »sanft« ist, so gesehen, nicht angemessen.

Was ist unter dem Begriff »Privacy« während der Geburt zu verstehen?

Privatsphäre bedeutet in erster Linie, sich unbeobachtet zu fühlen.

Weshalb ist der Verzicht auf aktives Wehenmanagement mit künstlicher Einleitung für eine natürliche Geburt so wichtig?

Pharmakologische Unterstützung während der Geburt impliziert dem Körper der Frau, daß keine Notwendigkeit für die Freisetzung eines »Liebes-Hormon-Cocktails« besteht!

In welchem Maße fördert die Freisetzung der eigenen Hormone während der Geburt die Liebesfähigkeit von Mutter und Kind?

Nach dem »Small is Beautifull«-Prinzip des 20. Jahrhunderts, möchte ich mit einer Anekdote zur Einführung beginnen:

Eine Frau ist unter Wehen in einem kleinen, warmen und schwach beleuchteten Raum. Es ist niemand da außer der erfahrenen Hebamme, welche leise strickend als eine **schützende Mutterfigur** in einer Ecke wahrgenommen werden kann.

Eine einfache Szene wie diese ist nach Tausenden von Jahren der Sozialisierung der Geburt sowie nach einflußreichen jahrzehntelangen ausgefeilten Theorien und einer aktuellen Flut an Fotos und Videos der sogenannten natürlichen Geburt fast unbekannt geworden.

Dieses Szenario einer einfachen Geburt hat ihren Höhepunkt in einem authentischen Fötus-Ausstoß-Reflex. Die physiologische Perspektive erklärt warum:

Zunächst stellen wir fest, daß die Hebamme nicht versucht, aktiv in den Geburtsvorgang einzugreifen, welcher unter der Kontrolle der archaischen Hirnstrukturen steht, denn in solch einem unfreiwilligen Vorgang kann man nicht wirklich helfen.

Der Geburtsprozeß ist natürlicherweise vor Situationen geschützt, welche ihn hemmen könnten: Das sind Situationen, welche mit einer Freisetzung von Hormonen der Adrenalin-Familie und/oder mit der Stimulation des Neokortex (das denkende Gehirn) verbunden sind.

Wenn die gebärende Frau sich in einem warmen Raum in der Gegenwart einer erfahrenen Muttergestalt geborgen fühlt, neigt der Adrenalinspiegel dazu, niedrig zu bleiben.

Der Neokortex wird somit in dieser Situation nicht unnötig durch Worte oder Licht angeregt.

Heute erkennen wir die Funktionen der »Dunkelheits-Hormone« (Melatonin) in allen Situationen, welche eine Reduktion der Tätigkeit des Neocortexes beinhalten (z. B. Einschlafen und »in den Geburtsprozeß fallen«).

Der Neocortex wird ebenfalls nicht durch dieses Verhalten des Beobachters angeregt: Man fühlt sich durch die Anwesenheit einer Frau, welche als Mutterfigur wahrgenommen wird, nicht beobachtet.

Fügen wir hinzu, daß moderne Wissenschaftler erklären können, wie eine Routinetätigkeit wie Stricken hilft, den Adrenalinspiegel so niedrig wie möglich zu halten, während andere Wissenschaftler (jene welche das »Spiegelneuronen-System« erkunden) nachweisen können, wie ansteckend die Freisetzung von Adrenalin ist. So verstehen wir, **daß der Fortschritt der Wehen abhängig von dem Adrenalinspiegel der Hebamme ist!**

Es ist dringend notwendig, die authentische Geburtshilfe wieder neu zu entdecken.

Was geschieht bei einem Kaiserschnitt, insbesondere, wenn noch keine Wehen eingesetzt haben und somit keine Hormone der Mutter ausgeschüttet wurden?

Mutter und Baby sind dann nicht in einem hormonellen Gleichgewicht. Bei den tierischen Säugetieren sind die Effekte einfach zusammenzufassen: Die Mutter zeigt kein Interesse für ihr Baby! Unter den Menschen sind die Auswirkungen auf individueller Ebene nicht sofort erkennbar. Eine große Zahl an statistischen Analysen ist dafür notwendig.

Ein Arzt sagte einmal: »Mit einer Epiduralanästhesie wird der gesamte Schmerz auf das Baby übertragen.« Was sind deine Erfahrungen?

Es gibt viele Arten von PDAs in vielen unterschiedlichen Situationen, und es ist schwer, kurz zu antworten. Dies könnte ein ganzes Kapitel für ein Buch füllen.

Was passiert, wenn die sensitive Phase gleich nach der Geburt durch Rituale, wie Nabelschnurdurchtrennung, Baden, Messen oder religiöse Handlungen gestört wird?

Der das Baby schützende mütterliche Aggressionstrieb wird somit neutralisiert. Als Vergleich denke man daran, was passieren würde, wenn man versucht, einer Gorillamutter das Neugeborene wegzunehmen.

Wie wichtig ist die erste Stunde nach der Geburt für das Bonding (die Bindung) zwischen Mutter und Kind? Und welches Potential liegt in natürlichen Geburten in Bezug auf unsere Gesellschaft?

Ich werde diese beiden letzten, äußerst wichtigen Fragen am Ende der Mid-Pazifik-Konferenz vom 28. Oktober 2012 ausführlich beantworten (siehe www.wombecology.com).

»Wo soll ich mein Kind gebären?«

Dieser Frage wirst du dir früher oder später stellen. Die Gegenfragen dazu lauten: »Wo fühlst du dich am wohlsten? Wo kannst du dich ganz gehenlassen?«

> **Dort, wo du dich am besten entspannen und der Geburt hingeben kannst, da sollst du euer Kind zur Welt bringen.**

Dieser Ort ist für dich vielleicht eine Klinik, ein Geburtshaus oder dein eigenes Zuhause.

Ich wäre, ganz ehrlich gesagt, bereits bei der ersten Geburt am liebsten zu Hause geblieben, habe mich allerdings nicht getraut. Ich habe mich zu diesem Zeitpunkt noch zu wenig mit diesem Thema auseinandergesetzt und mich deshalb für eine Geburt im Geburtshaus entschieden.

Bei den darauffolgenden Geburten war für mich von Anfang an klar: Nur zu Hause und, wenn möglich, ohne Begleitung möchte ich gebären. Die erste Geburt war schön, aber außerordentlich schmerzhaft. Die beiden anderen Geburten waren so anders: ruhig, entspannt, gemütlich, heilig, berührend, selbstermächtigend und wunderschön. Ich würde mich immer wieder für eine Geburt zu Hause oder an einem geschützten Ort in der Natur entscheiden. Nichts gibt mir mehr Freiheit, Freude und Vertrauen in die eigene weibliche Kraft, mein Baby zur Welt zu bringen. Deshalb gebe ich dir folgenden Impuls:

Impuls für den Geburtsort

Horche in dich hinein, atme tief hinunter zu deinem Baby. Spüre die Liebe, die zwischen euch fließt. Schließe die Augen, sei ganz in diesem Augenblick. Laß alle Ängste, äußeren Meinungen und Einflüsse, Bedenken und Sorgen mit einem langen und bewußten Ausatmen los. Jetzt!

Spüre nur die Verbindung zu deinem Kind, fühle die Lebenskraft, die euch beide durchströmt. Dann laß ein inneres Bild entstehen, wie und wo du dieses Wesen zur Welt bringen möchtest. Es soll ein Bild der Freude sein, das ganz deiner eigenen freien Entfaltung und Glückseligkeit entspricht. Fülle diese Bild mit Farben und deiner Liebe. Schau dich um in diesem Bild, nimm alles wahr, füge Details hinzu, so lange und so viele, wie es dir gefällt. Mit diesem Bild formst du den Geburtsort, den du schließlich für dich und dein Baby wählen wirst, und ziehst deine Wunschgeburt in die Realität.

Zum Abschluß atme nochmals tief durch, spüre die Verbindung zum Kind und behalte dieses Bild immer in deinen Gedanken und deinem Herzen. Im Alltag während eintönigen Arbeiten kannst du es gedanklich nebenbei hervorholen und mit neuer Energie, mit Farbe, Details und Freude füllen.

Hausgeburt

Im Krankenhaus herrschen aufgrund der Größe und der Anzahl Menschen meist routinierte Schemata, Abläufe und Kontrollen vor. Aus Angst, Zeitmangel oder Routine wird unnötigerweise oft in den Geburtsverlauf eingegriffen, was häufig weitere Interventionen nach sich zieht. Oftmals ist der Kaiserschnitt dann die »rettende« Lösung, wenn dem natürlichen Geburtsprozeß nicht genügend Zeit und Raum gegeben wurde.

Im Geburtshaus sieht es schon ganz anders aus. Durch die persönliche Betreuung und geringe Größe beschränkt sich die Aufnahme von schwangeren Frauen für die Geburt. Es entsteht eine viel intimere Atmosphäre in kleinerem Rahmen.

In Holland werden viele Babys zu Hause geboren, bei uns wird diese alte Tradition erst wieder neu entdeckt. Die Vorteile einer Hausgeburt liegen ganz klar in der Vertrautheit der Umgebung und der eigenen Freiheit während der Geburt. Der Faktor Zeit ist auch entscheidend. Zu Hause gibt es kein Drängen, keinen Zeitplan, nach dem der Körper der Frau zu funktionieren hat.

Mütter sind keine Maschinen, die Geburt kein vorgegebenes Programm. Es ist die Heiligkeit der schöpferischen Fähigkeit einer Frau, die verlorengegangen ist in dieser technisierten Welt.

> Es ist die Kraft, die in uns Frauen liegt, neues Leben in natürlicher Weise hervorzubringen, welche die Basis einer gereiften, harmonischen Gesellschaft bildet.
>
> Es ist die Kraft der Männer, uns Frauen dafür einen geschützten Raum anzubieten und dafür zu sorgen, daß unsere Wünsche respektiert werden.

Dein Zuhause ist dir bekannt und bestens vertraut. Du kannst dir den Geburtsort oder auch mehrere Räume so gemütlich einrichten, wie du es dir wünschst. Es ist der natürliche Nesttrieb, der dich veranlaßt, den Ort der Geburt so freundlich und schützend wie möglich einzurichten, damit du dich bei der Geburt auch wirklich wohlfühlst.

Während der Geburt bist du zu Hause ungestört. Ob du umhergehen, tanzen, baden, essen, trinken, sitzen oder liegen willst, ob du singst, lachst oder meditierst, dies spielt alles keine Rolle. Niemand drängt dich zu irgendetwas. Niemand kontrolliert oder kommentiert ständig deine Fortschritte. Niemand setzt dich unter Druck, weil Schichtwechsel oder andere Geburten anstehen. Niemand schnallt dir einen Wehenschreiber um oder drängt dich in eine bestimmte Gebärposition.

In deinem eigenen Zuhause bist du frei und machst einfach in jedem Moment genau das, wonach dir gerade ist. Auf diese Weise werden die Schmerzen viel weniger intensiv erlebt, und du kannst ganz anders damit umgehen.

Ein weiterer Vorteil ist das Wochenbett zu Hause. Bei einer Geburt im Krankenhaus wird das Zimmer je nach Auslastung und Art der Versicherung mit anderen Müttern geteilt. Nicht nur dies kann anstrengend sein, sondern besonders auch, wenn diese andauernd Besuch haben, weil Tante X und Freundin Y unbedingt das Baby sehen möchten. Dies verursacht Streß und kann auch das Stillen beeinträchtigen, da dies Ruhe benötigt. In den meisten Fällen wird der Vater in diesen ersten wichtigen Tagen ausgeschlossen, wenn er sein Baby nur während der Besuche sieht. In fortschrittlichen Spitälern gibt es die Möglichkeit, daß die Eltern ein Einzelzimmer bekommen und der Vater ebenfalls dort übernachtet. Dies lohnt sich auf jeden Fall, trotz der finanziellen Belastung. Eine weitere Variante ist die ambulante Geburt. Dabei könnt ihr bereits einige Stunden nach der Geburt wieder nach Hause in eure vertraute Umgebung und da das Wochenbett gemeinsam genießen. Auch bei dieser Variante werden Vater und Geschwister von Anfang an mit einbezogen und bilden zusammen mit dem Baby eine familiäre Einheit.

Für das Bonding (die seelisch-körperliche Anbindung) ist es sehr wichtig, die ersten Tage nach der Geburt gemeinsam als Familie zu verbringen. Die Hausgeburt bietet dafür den perfekten Rahmen. Bei einer Hausgeburt, die friedlich, ruhig und harmonisch verläuft, können allenfalls auch ältere Geschwister dabei sein. Dies soll ganz behutsam zusammen mit ihnen abgeklärt werden und auch deinem Wunsch als Mutter entsprechen. Eine solche Geburt wird sich somit bei älteren Kindern als natürliche und positive Erfahrung für ihr eigenes, späteres Elternsein einprägen.

Natürlich könnt ihr die Geschwister auch nach der Geburt dazuholen und sie so in die sich neu formende Familie mit einbinden. Anstelle Fremdbetreuung und Getrenntsein von den Eltern und dem Baby erleben sie somit das Wochenbett als eine intensive Zeit zusammen mit dem neuen Erdenbürger.

Wir haben die Wochenbettzeit zu Hause immer total genossen! Für mich ist es eine der schönsten Phasen der ganzen Babyzeit. Eingehüllt wie in einen Kokon, konnte ich mich immer in meinem eigenen »Nest« dem Baby widmen und es zusammen mit Patrick und den Kindern so richtig genießen.

Checkliste Vorbereitungen zur Hausgeburt

- Wenn ihr euch eine Wassergeburt zu Hause wünscht, könnt ihr **einen transportablen Gebärpool zum Aufstellen mieten (www.aquabirth.ch)** oder **kaufen (geburtspool.de).** Aus eigener Erfahrung kann ich sagen, daß es günstiger ist, einen zu kaufen anstelle der Miete. Wir haben unseren Pool (le bassin) in Deutschland bestellt. Die Lieferung erfolgte schnell und unkompliziert. Wir konnten den Pool auch schon vor der Geburt gut gebrauchen zum Planschen mit unserer älteren Tochter und für mich selber als schöne Entspannung während der Schwangerschaft.

- Liste mit allen **wichtigen Telefonnummern** (Hebamme, Arzt, Spital, bei der Geburt anwesende Personen, Kinderbetreuung, Familie)

- **Ein Handy (mit gespeicherten Nummern)** inkl. geladenem Akku, nicht in der Nähe des Geburtsortes legen, wegen störender Strahlung

- **Evtentuell Plastikplanen** – Tip fürs Bettbeziehen: zuerst ein Leintuch, dann das Plastik und darüber nochmals ein Leintuch. Dann könnt ihr nach der Geburt nur das obere Leintuch und das Plastik entfernen, und schon habt ihr ein sauberes Bett!

- **Saubere, alte Leintücher** (Sobald die Wehen stark werden oder wenn du während der Geburt frierst, kann man diese auf einem geheizten Kachelofen oder im Backofen bei etwa 50 - 60 Grad erwärmen.)

- **Frottéetücher, 2 - 3** (ebenfalls vorgewärmt) **oder kleine Baumwolldecken** halten das Neugeborene nach der Geburt auf deinem Bauch schön warm.

- **Bettflaschen oder Kirschensteinkissen** halten sowohl dich, wie später auch euer Baby warm.

- **Große Decken,** damit du und das Neugeborene es behaglich warm haben.

- **Mindestens zwei Kühlelemente oder Coldpack** im Kühlfach bereitlegen (bei eventuell verstärkten Blutungen nach der Geburt werden diese auf den Bauch gelegt, um der Gebärmutter beim Zusammenziehen zu helfen).

- **Plastikbecken, Putzeimer, Lappen, Abfallsäcke** können evtl. schon unter der Geburt gute Dienste leisten. Diese kannst du in einem separaten Raum bereitstellen, damit der Geburtsraum seine schöne Atmosphäre behält.

- **Evt. Wärmeofen** für schlecht beheizbare Räume. Dies ist vor allem im Winter empfehlenswert.

- **Bequeme Kleidung, Socken,** wenn du frierst.

- **Eine gute Lampe (etwa 60 - 100 W),** falls die Hebamme bei einem Dammriß nähen muß.

- **Eine Salzkristalllampe für gedämpftes Licht.**

- **Wecker oder Uhr** zur Bestimmung der Geburtszeit.

- **Genügend zu Trinken, auch Eßwaren,** Knabbersachen wie z. B. getrocknetes Obst oder Fruchtriegel. Dies sowohl für die Geburt selbst (Gebärende, Vater, Hebamme) als auch für die erste Zeit nach der Geburt. Im Hinblick auf die Geburt lohnt es sich, leichte Kost zu sich zu nehmen. Wenn der Magen überfüllt ist, bleibt merklich weniger Platz für das Kind. Auch eine gefüllte Blase ist hinderlich.

- **Eventuell Kaffee für Dammschutz** (Ein Waschlappen oder Mulltuch wird mit Kaffee getränkt und als warme Kompresse auf den Damm gelegt, um den Damm geschmeidig und elastisch zu machen. Wenn ihr keine Kaffeemaschine habt, kocht bei Geburtsbeginn am besten eine Kanne vor.) Wenn du im Wasser gebärst, ist dies nicht nötig, dann ist dein Damm bereits durch das Wasser elastisch und das Austreten des Kopfes wird durch das Wasser abgebremst.
- Kerzen, Musik, Entspannungs-CD, Öle, Düfte, Heilsteine, Bilder/Plakate, Buch, persönliche Gegenstände usw. Lege Metallschmuck ab und dafür Heilsteinketten an.
- Bei Lotusgeburt: Schüssel oder Bambusschale, Sieb, Plazentatasche, Mullwindeln, Meersalz, Öle, Kräuter, Kristalle, Muscheln…
- **Binden** für die Nachblutungen.

Geburt in der Natur

Das eigene Haus oder überhaupt ein Haus ist nicht unbedingt Voraussetzung für eine schöne Geburtserfahrung. Auf der ganzen Welt gibt es Frauen, die ihr Kind draußen in der Natur zur Welt bringen. Dies muß nicht zwingend irgendwo im afrikanischen Busch sein. Dies ist auch hier bei uns möglich, wenn es das Wetter zuläßt. Meruana erzählt von ihrer Geburt inmitten der Natur:

Interview Geburt in der Natur
mit Meruana Nicole Fischer (45), Schweiz
Mutter von Ananda Erea (16) und Joy Inayah (11)

Aus welchen Gründen hast du dich für eine Geburt in der Natur entschieden?

Ich hatte früh Kontakt mit der Seele unseres noch ungeborenen Kindes. Zusätzlich hatte ich während meinen Meditationen eine klare Vision von der Geburt. Für uns war die Geburt etwas Heiliges, und dies wollten wir mit den dazugehörenden Menschen erleben in einer Umgebung voller Achtung und Liebe. Ich hatte von Anfang an totales Vertrauen, daß das Gebären etwas Natürliches ist und ich entscheiden darf, wo und wie ich gebären möchte.

Unter Birkenbäumen, in einem Wald im Tessin, in der Nähe unseres Wohnortes.

Welche Besonderheit hatte dieser Geburtsort? Was war einmalig?

Wir haben uns viele Naturplätze angeschaut und hatten schon fast die Hoffnung aufgegeben. Da wir eine Wassergeburt im gemieteten Geburtsbecken planten, sollte es irgendwo eine Möglichkeit geben, einen Wasserschlauch zu legen. Es sollte zudem ein geschützter, intimer Platz sein, wo wir der Natur willkommen und vor neugierigen Blicken geschützt sind.

Zudem wollten wir auch unseren Wohnwagen an diesem Platz aufstellen können, um nach der Geburt noch ein paar Wochen am Ort zu bleiben. Dieser wunderschöne Naturplatz gehört einer Bauernfamilie, welche uns – nach anfänglichem Kopfschütteln – in unserem Vorhaben unterstütze. Zudem war auch noch eine Wiese in der Nähe, wo im Notfall ein Hubschrauber hätte landen können.

Hattest du für deine Geburtspläne die Unterstützung deines Partners?

Ja, voll und ganz. Nachdem ich das erste Mal von meiner Vision gesprochen hatte, stand mein Partner von Anfang an hinter mir. Er ist sehr praktisch veranlagt und ist Meister im Improvisieren. Er kümmerte sich um die ganzen technischen Vorbereitungen des Geburtsbeckens. Zudem sprach er mit der Gemeindeschreiberin, um die Bewilligung für das wilde Campen zu erhalten. Er unterstützte mich in allen Belangen, auch bei negativ reagierenden Menschen.

Wie hast du dich auf die Geburt vorbereitet?

Ich habe täglich meditiert und war viel in der Natur. Ich hatte regelmäßigen Kontakt mit unserem Kind und mit ihm Zwiesprache gehalten. Dabei hat uns die Seele vorhergesagt, daß wir die »richtige« Hebamme finden würden. Dieses Wunder geschah auch, und wir waren alle so dankbar, daß wir Heidi Stäheli begegnet sind! Sie hat mich sehr unterstützt und selber Kontakt zur Seele bekommen. Mit ihr wußten wir hundertprozentig, daß wir auf dem richtigen Weg sind. Wir haben viele schöne Gespräche zusammen geführt.

Trotz dem geplanten Vorhaben haben wir noch Spitäler angeschaut, damit all unsere Fragen beantwortet wurden. Zudem ging ich regelmäßig in die Schwangerschaftsuntersuchungen. Meinem Frauenarzt habe ich gesagt, daß es eine Hausgeburt gibt und ihn nicht eingeweiht.

Einen jungen Arzt aus dem Nachbarsdorf haben wir gefragt, ob er bei einem Notfall kommen würde, und wie durch ein Wunder hatte er zugestimmt. Eine gute Freundin, die Krankenschwester war, hatte ebenfalls zugesagt, dabeizusein. Im weiteren hatten wir mit allen Personen besprochen, wie wir es uns vorstellen und was jede/r einzelne/r z. B. für eine Aufgabe hat.

Ich hatte auch eine Tasche bereit, wo alles drin war, was mir wichtig war für die Geburt.

War dein Mann bei der Geburt dabei?

Ja, und wie! Da unser Sohn früher kam, war das Geburtsbecken noch nicht aufgestellt. Ich lag zu Hause in den Wehen, und unsere Hebamme Heidi war bei mir. Er war am Platz und setzte alles zusammen und traf die letzten Vorbereitungen. Da bei mir die Geburt schnell voranschritt, meinten wir schon, wir müßten ihn zurückpfeifen. Doch in dem Moment, als ich meinen Traum loslassen wollte, kam er herein, und alles war bereit. Er fuhr uns an den Platz und war mit mir im Wasser. Er war die ganze Zeit bei mir, und er war es auch, der die Nabelschnur durchgeschnitten hat.

Wie hast du die Geburt erlebt?

Sie war einfach einmalig und ein göttliches Wunder! Sie war voller Präsenz von Liebe und Achtung. Ich fühlte mich total geborgen und aufgehoben. Sie war so natürlich und »richtig«. Ich war eingebunden in einer Hülle voller Kraft und Vertrauen. Ich fühlte mich wohl im Wasser und war unglaublich dankbar. Um mich herum hörte ich noch meine Schwägerin ein Mantra singen. Ich sang die ganze Zeit OM. Unser Baby hatte die Nabelschnur um den Hals, und meine Preßwehen waren plötzlich weg, als der Kopf draußen war. Unsere Hebamme blieb total ruhig und konnte die Nabelschnur um den Kopf heben und das Baby unter Wasser aus meinem Körper ziehen. Unser Baby blieb noch eine längere Zeit unter Wasser, bis wir ihn heraushoben. Während seine Nabelschnur geschnitten wurde, voller Achtung und Gewahrsam, summten wir zusammen.

Wie intensiv war die Verbindung während der Geburt zur der dich umgebenden Natur?

Ich fühlte mich total sicher und unterstützt von der Natur. Die Vögel hörte ich noch am Anfang, dann ging meine Energie nach innen. Ich spürte die Präsenz von Mutter Erde. Durch das Gewitter, welches noch aufkam, nahm ich die elementare Kraft stark wahr. Ich konnte mir keinen anderen Ort als in der Natur vorstellen. Für die Nachgeburt hatte ich das starke Gefühl, Mutter Erde unter meinen nackten Füßen zu spüren.

Wie hat sich euer Baby nach der Geburt verhalten?

Ananda schwamm unter Wasser, und sein Mund bewegte sich wie ein Fisch. Die Augen waren offen. Als er aus dem Wasser kam, hat er kurz einen Ton von sich gegeben, danach war er ruhig. Mein Mann stieg aus dem Wasserbecken und nahm ihn fest in Decken eingewickelt in das aufgestellte Zelt hinein. Dort schlief Ananda sofort ruhig ein. Auch nachdem wir alle ins Zelt gegangen waren und noch Freunde mit frischer Minestrone kamen und wir zusammen aßen und sangen, schlief er friedlich in unserer Mitte.

Wie hast du das Wochenbett erlebt?

Ich hatte eine super Begleitung durch Heidi. Sie blieb die ganze Woche bei uns im Tessin und fuhr erst danach wieder zurück nach Bern. Ich war die ganze Zeit von meinem Mann und Heidi liebevoll begleitet. Zudem war meine gute Freundin auch im Haus und kümmerte sich liebevoll um uns. Ananda hatte Mühe mit dem Milchtrinken. Er saugte zu schwach und schlief meistens gleich ein. So mußte ich nach einer gewissen Zeit abpumpen und unserem Baby mit der Spritze und dem kleinen Finger die Milch in den

Mund geben. Mein Mann tat dies auch fleißig. In diesen drei Tagen war ich eher deprimiert und fühlte mich sehr traurig. Doch als Anandas Saugreflex stark genug war und es an der Brust klappte, war ich wieder total happy. Ananda schlief ansonsten viel und war sehr ruhig.

Wie haben deine Familie und dein Umfeld reagiert?

Meine Familie und mein Umfeld waren zuerst schockiert. Doch da wir sehr klar waren in unserer Vision, veränderte sich auch das Verhalten der anderen. Wir hatten uns auch entschieden, nur das Nötigste zu erzählen, um im positiven Vertrauen zu bleiben. Ich wollte mich nicht in der Schwangerschaft noch um all die negativen Einflüsse und Zweifel kümmern müssen. Ich wollte die Energie für unsere wunderschöne Geburt behalten.

Konntest du beobachten, daß diese Geburt in der Natur einen Einfluß auf die Entwicklung des Kindes hatte, in Bezug auf sein Verhalten oder sein Wesen?

Ananda hat einen sehr starken Willen, und er war schon als Kleinkind absolut davon überzeugt, daß die Natur heilt. Er brauchte immer Steine oder Kristalle, um Fieber oder andere Gebrechen zu heilen. Er war ein kerngesundes Baby und Kleinkind. Wenn er was will, ist er überzeugt, daß er es auch schafft. Ich kann mir vorstellen, daß diese Verhaltensweisen von seiner ersten Lebenserfahrung geprägt wurden.

Wie hat dich selber dieses Ereignis geprägt?

Ich habe an Selbstvertrauen gewonnen. Meine zweite Geburt mußte im Spital stattfinden, da unser zweiter Sohn zu früh kam. Es war eine Hausgeburt geplant. Mein Mann war gerade im Ausland. Dank meiner Erfahrung von der ersten Geburt war ich während der ganzen Geburt innerlich stark und mir meiner Rechte und Verantwortung bewußt. Laut dem Spitalpersonal war dies die erste Wassergeburt im *Ospedale Civico* in Lugano. Ich blieb bis zuletzt im Wasser, obwohl sie das zuerst nicht wollten. Dabei ließ ich Walgesänge laufen, obwohl die Ärzte es komisch fanden und es nicht verstanden. Der Wehenschreiber (CTG) um den Bauch funktionierte bei mir nicht. So waren sie gegen die Wassergeburt. Ich bestand jedoch darauf, da ich selber gebären mußte und deshalb auch entschied, was für mich stimmig war!

Dies hätte ich nicht ohne meine erste Erfahrung gekonnt. Auch sonst habe ich an Vertrauen in meine Visionen und meine innere Kraft gewonnen!

Würdest du wieder in dieser Art gebären? Wenn ja, wo?

Unbedingt! Ich würde wieder in der Natur im Wald oder im Meer gebären. Wenn es die Temperatur nicht zulassen würde, zumindest zu Hause. Doch sicher zu sein, wo es stimmig ist, passiert in dem Moment, wenn die Seele des kommenden Kindes da ist. Dann wird es klar, wo die Geburt sein darf.

Was möchtest du anderen Eltern mit auf den Weg geben, die eine Geburt in der Natur in Betracht ziehen?

Unbedingt der eignen Intuition und Gefühlen vertrauen! Ich bin überzeugt, daß wir Mütter es genau fühlen, was wir brauchen. Wenn irgendwie möglich, sollte man seinen

Mann ganz einbeziehen. Eltern sollen sich das Recht nehmen, die Menschen einzuladen, bei denen sie das Gefühl haben, sie unbedingt dabeihaben zu wollen, oder sich das Recht zu nehmen, niemanden dabei haben zu wollen.

Was ich auch als unglaubliches Wunder erlebt habe: die »richtige« Hebamme! Eltern sollten sich die Hebamme aussuchen, bei der sich die Mutter absolut wohlfühlt! Zudem sollten sich Eltern während der Schwanger-schaft mit den Menschen umgeben, die sie in ihrer Vision anerkennen und sie achten.

Nach zwei nun völlig unterschiedlichen Ge-burten möchte ich auch noch eines mitgeben:

Hört auf euer Herz und vertraut euch. Jede Geburt ist anders, so wie jedes Kind anders ist.

Seid offen dafür, was sich zeigt und sich schon vor und sicher während der Schwangerschaft offenbart. Tolle Überraschungen können pas-sieren, so wie mein Sohn Ananda mir in der Schwangerschaft übermittelte: »Die Seelen der noch ungeborenen Kinder helfen wäh-rend der Schwangerschaft intensiv mit bei der persönlichen Entwicklung der Eltern. So nutzt dies und habt den Mut, neue Wege zu gehen. Nämlich den Weg zu euch selbst!«

Geburtsbegleitung

»Wer soll mich bei der Geburt begleiten und unterstützen?

Dies ist eine sehr wichtige Frage, die individuell ganz verschieden zu beantworten ist. Grundsätzlich sollen dich Menschen begleiten, die großes Vertrauen in deine Fähig-

keiten haben. Sie sollen dich also in deiner weiblichen Kraft des Gebärens unterstützen und keine Zweifel oder Besorg-nis aufkommen lassen.

Mitfühlende Menschen, die selber innerlich stark sind und den natürlichen Geburtsprozeß verstanden haben, können dir Mut machen und dir ein schützendes Umfeld in einer an-genehmen, ruhigen Atmosphäre ermöglichen.

Es ist wichtig, daß du bereits vor der Geburt ein Vertrau-ensverhältnis mit den betreuenden Personen, sei dies Heb-amme oder Doula aufbaust. Während des Kennenlernens wirst du merken, ob du dich in der Gegenwart dieses Menschen wohlfühlst und dich der Geburt öffnen kannst. Dein Körper wird sich optimal für dein Kind öffnen, wenn du dich in Anwesenheit dieser Menschen und in dem von dir gewählten Ort mental und auf der Gefühlsebene öffnen kannst.

Gehst du in ein Krankenhaus, wo dir der Geburtsort und die Menschen unbekannt sind, hast du keine Wahl. Je nach Arbeitsplan begegnen dir unterschiedliche Hebammen und Ärzte, und es ist wesentlich schwieriger, eine Vertrauensbasis herzustellen und dich körperlich und gefühlsmäßig zu öffnen. Du kannst den liebevollsten Menschen begegnen oder auch einem menschlichen »Drachen«. Ob Zufall oder Schicksal, du bist der Situation ausgeliefert. Dies kann gutgehen, kann sich aber auch verhängnisvoll auf den Geburtsverlauf auswirken.

Nochmals ist es wichtig zu erkennen, daß wir nicht leblose Roboter sind, die auf Knopfdruck reagieren. Die Geburt ist eine unglaublich sensible Lebenserfahrung, die größtenteils von deiner mentalen Ebene und deiner Gefühlsebene gesteuert wird. Bist du in einem entspannten Zustand und fühlst du dich wohl, wirst du dein Baby in Leichtigkeit und Freude gebären. Stimmen äußere Umstände nicht, ist dir eine anwesende Person unangenehm oder bist du innerlich nicht in deiner Mitte, gerät auch der Geburtsvorgang ins Stocken und blockiert den Prozeß.

Menschen, die mit dir und deinen Bedürfnissen harmonieren, können dich auf positive Weise im Geburtsgeschehen begleiten, dir Kraft geben und eine Stütze sein.

Bei einer Hausgeburt, wenn du nicht alleine gebärst, wird dich sicher eine Hebamme unterstützen, die du bereits bei mehren Besuchen kennengelernt hast. Es ist von Vorteil, wenn du ihr alle deine Wünsche ganz klar und offen bereits in den Vorgesprächen mitgeteilt hast. So kann sie dich während der Geburt optimal begleiten, ohne dich mit vielen Fragen aus deiner eigenen Gedankenwelt zu reißen. Es ist auch hilfreich, wenn du diese Wünsche schriftlich festgehalten hast und sie darauf zurückgreifen kann. Natürlich können diese sich während der Geburt auch ändern. Sei offen für das Neue, das Einzigartige und das sich entfaltende Leben.

Eine gute Vorbereitung auf die Geburt und eine bewußte Wahl, wo, wie und mit wem du dein Baby gebären möchtest, sind die besten Voraussetzungen für eine Geburt, wie du sie dir wünschst.

Stelle dir selber folgende Fragen:

Kann ich dieser Person vertrauen?

Hat diese Person vollstes Vertrauen in mich und meine Fähigkeit, zu gebären?

Läßt sie mir die Freiheit, die Geburt zu gestalten, wie ich es gerne möchte?

Unterstützt dieser Mensch meine Wünsche und Bedürfnisse?

Gibt mir diese Person ein Gefühl von Schutz und Geborgenheit?

Vermittelt mir diese Person Ruhe und Entspannung?

Kann ich mich in Anwesenheit dieses Menschen dem Geburtsprozeß hingeben und mich öffnen?

Doula

Eine Möglichkeit gerade für Frauen, die sich für eine Geburt im Krankenhaus entscheiden und nicht wissen, von wem sie betreut werden, ist die Begleitung durch eine Doula.

Die Doula ist keine medizinische oder fachliche Begleitung, sondern unterstützt dich aufgrund ihrer eigenen Geburtserfahrungen auf der emotionalen Ebene. Ihr habt euch während der Schwangerschaft einige Male getroffen und deine Wünsche und Bedürfnisse für die Geburt besprochen. Sie wird diese dem Personal des Krankenhauses ganz klar mitteilen und darauf bedacht sein, daß sie auch umgesetzt werden.

Denn während der Geburt wirst du ganz mit dem Geschehen, mit der Atmung, mit dem Fokus auf dein Baby, dem Öffnen und den Wehen beschäftigt sein. Da ist kein Platz für lange Fragen, Diskussionen oder gar Widerstand gegenüber dem System des Krankenhauses. Dies wird die Aufgabe der Doula sein. Sie wird vermitteln und mit der Hebamme oder dem Arzt zusammenarbeiten, damit du in Ruhe dein Baby zur Welt bringen kannst. Diese anspruchsvolle Aufgabe kann auch der Vater übernehmen, wenn er dazu in der Lage ist, und dir damit auf großartige Weise dienen. Dienen, dir als werdende Mutter zu Diensten sein, das ist die Aufgabe des Vaters oder eben der Doula. Das Wort Doula stammt aus dem altgriechischen und bedeutet »dienen«.

Adoula
(Dream Walker Birth Transition)

Bereits vor der Schwangerschaft wird auf energetischer Ebene das Band zwischen dem Kind und den Eltern geknüpft. Eine Adoula ist eine Begleiterin auf der spirituellen Ebene im ganzen Transformationsprozeß der Reise deines Babys. Sie verbindet die materielle Ebene mit den Sphären, aus der die Seele stammt.

Wie eine Raupe ihre Seinsform zu einem schillernden Schmetterling wechselt, so entwickelt sich dein Kind, und sein ganzes Potential wird dabei im physischen Körper angelegt. Um diesen Übergang zu erleichtern und eine einfache, natürliche Schwangerschaft und Geburt zu ermöglichen, verbindet sich die Adoula mit euch werdenden Eltern und dem Baby auf Herzensebene. Durch gemeinsame Atemübungen entsteht eine gemeinsame, starke Basis, worin sich der schöpferische Lebensplan der ankommenden Seele entfalten kann.

Am idealsten ist die Begleitung der Adoula bereits vor der Empfängnis, um euch bei der bewußten Wahl eines Kindes zu unterstützen und es in eure Familie einzuladen. Die Adoula wird euch während der Schwangerschaft, je nach Bedarf bei der Geburt und in der Zeit danach begleiten.

Wassergeburt

Wasser ist ein wunderbares Element, welches dich bei der Geburt unterstützen kann. Es nimmt einen Teil des Körpergewichts auf und gibt dir ein Gefühl von Leichtigkeit. Es umhüllt deinen Körper mit Wärme und entspannt. Der Schmerz wird dadurch viel weniger stark empfunden. Dein Gewebe wird weich und dehnbar. Wenn das Köpfchen deines Babys durchtritt, bremst das Wasser einen schnellen Austritt ab und wirkt als natürlichen Dammschutz.

Die meisten Geburtshäuser oder Krankenhäuser verfügen über eine Gebärwanne. Dies ist allerdings kein Garant, daß du sie während der Geburt auch benützen kannst. Es kann sein, daß sie gerade besetzt ist oder du bei der letzten Geburtsphase aus dem Pool gebeten wirst zur einfacheren Überwachung. Auch da mußt du eventuell deine Wünsche mit Nachdruck durchsetzen, wenn du dein Baby im Wasser empfangen möchtest.

Für die Hausgeburt gibt es spezielle Geburtspools, die gemietet oder gekauft werden können, was sich auf jeden Fall auch finanziell lohnt.

Der Vorteil eines solchen Geburtspools gegenüber einer herkömmlichen Badewanne ist der, daß das Wasser drinnen sehr lange warm bleibt und somit nicht nachgefüllt werden muß. Der Boden ist auch angenehm, um darauf zu knien, im Gegensatz zur harten Wanne. Er ist recht hoch, damit du genügend Wasser einfüllen kannst.

Auf den Innenseiten des Pools hat es Griffe, damit du dich bei Bedarf festhalten kannst. Für die Hebamme hat der Pool den Vorteil, daß er durchsichtig ist. Sie kann also auch von der Seite sehen, was vor sich geht.

Bereits in der Schwangerschaft ist es herrlich, in einem großen Pool zu entspannen. Du hast selbst noch für ältere Geschwister Platz zum Plantschen, die das sicher auch genießen werden.

Auch nach der Geburt dient er als Familienpool. Gerade das erste Bad für das Baby könnt ihr als wunderschöne Begrüßungszeremonie abhalten, indem ihr ein Familienbad nehmt.

Möglichkeiten rund um Wasser
- Geburtsvorbereitung im Wasser
- Wasseryoga
- Wassergeburt
- Familienbad
- Babyschwimmen

Du kannst zu Hause deine eigene Wasserwelt genießen oder während der Schwangerschaft oder danach mit Baby auch einen Kurs besuchen.

Wenn dein Baby im Wasser zur Welt kommt, wird es sich in diesem Element immer wohlfühlen und zusammen mit dir sicher gerne baden.

Wassergeburt im Meer mit freilebenden Delphinen

Menschen wie Dr. Igor Smirnov und Elena Tonetti in Rußland, Dr. Michel Odent in Frankreich, Estelle Meyers in Neuseeland, Dr. Gowri Motha in London und Binnie Dansby in England sind Pioniere der Wassergeburt. Mittlerweile sind die Vorteile dieser Geburtsform auch bei uns bekannt, und viele Babys erblicken nun das Licht der Welt erstmals im Element Wasser.

Gemäß Erkentnissen von Igor Smirnoff, entwickeln sich Wasserbabys während der ersten zwei Lebensjahre wesentlich schneller, insbesondere im Laufen und Sprechen.

Dr. Stanislav Grof hat in seinen Forschungsarbeiten festgehalten, daß die Geburtserfahrung die formende Grundlage für unsere Persönlichkeit ist. Eine gute Geburt prägt uns mit einem grundlegenden Vertrauen in das Universum, während eine schwierige Geburt in uns eine Kampfhaltung hervorruft.

Wie auch immer diese erste grundlegende Prägung ausfällt, sie hat die Tendenz, sich in unserem späteren Leben zu wiederholen.

Während die Vorteile der Wassergeburt entdeckt wurden und der therapeutische Wert der Delphine immer mehr Beachtung fand, entwickelte sich ein Konzept, bei dem Frauen in Anwesenheit von freilebenden Delphinen im Wasser ihr Baby zur Welt brachten. Delphine sind von Natur aus neugierig und richten ihre Aufmerksamkeit besonders auf schwangere Frauen, welche aus diesem Grund häufig bei kommerziellen »Delphinschwimmen« ausgeschlossen werden. Igor Charkovsky leitete ein solches Projekt im Schwarzen Meer. Er beobachtete dabei, daß Delphine die Verbindung zur gebärenden Frau und zum Neugeborenen aufnahmen und manchmal sogar das Neugeborene für den ersten Atemzug ihres jungen Lebens an die Wasseroberfläche begleiteten.

Daß Delphine eine heilende Wirkung auf uns Menschen haben, ist durch zahlreiche Berichte bekannt. Sie sind hochintelligente Programmierer unserer zellularen Blaupause für körperliches und geistiges Wohlbefinden. Durch ihren Gebrauch des

Hochfrequenzsonars schenken sie Menschen Zustände der reinen Freude, der Liebe und der inneren Öffnung. Mit den hochfrequentigen Tönen wird wiederum über das Ohr die Gehirnrinde stimuliert, was zur Harmonie von Mutter und Kind beiträgt. Wenn Frauen gebären, nehmen die Delphine dies wahr, und sie nehmen zu Mutter und Baby Kontakt auf. Sie vermitteln ihnen Ruhe, Sicherheit und Entspannung. Mental sind sie mit dem Ungeborenen verbunden und begleiten beide durch den schöpferischen Prozeß der Natur.

Delphine werden auch als Engel der Meere und Botschafter der spirituellen Welt betrachtet. Sie gelten als Meister des Heilens und der Geburt und als Träger des Lichtes. Sie fühlen unsere Herzen und Seelen, sind tief mit uns verbunden und begleiten uns auf unserem Weg zurück zum Ursprung.

> **Ein Kind zu gebären ist der höchste Grad von Ehre, die uns Frauen zuteil wird. Wir werden zu Mitschöpfern der Welt und bieten uns selber damit dem Kosmos an, Kanal für einen neuen Lebenszyklus und ein Gefäß der Liebe zu sein.**

In der heutigen Zeit des steigenden Bewußtseins kommen viele große Seelen auf unsere Erde und möchten an ihrer Weiterentwicklung teilnehmen. Diese Neugeborenen sind Ausdruck der absoluten reinen Liebe und strahlen eine große Energie aus, denn sie kommen bereits ohne starke Schleier der Vergessenheit zur Welt und sind sich ihres Ursprunges bewußt. Sie stehen in ständiger Verbindung mit dem Universum, mit der Quelle und mit der Natur. Sie führen uns durch ihre bloße Anwesenheit zur eigenen Weiterentwicklung. Selbst als Babys beeinflussen sie uns, indem sie unsere Herzen berühren und uns zeigen, wie die Liebe alle Aspekte des Lebens durchdringt. Sie werden uns in den kommenden Jahren in neuer Weise unterrichten, wenn wir bereit sind, uns zu öffnen, damit wir diese universelle Liebe immer mehr leben lernen.

Der indische Heiler, spirituelle Lehrer und Autor Kiara Windrider erklärt die Einflüsse der Delphine bei der Geburt mit dem »Delphin-Heilungs-Vortex«. Delphine schaffen mit ihren Sonarfrequenzen und der Fähigkeit, interdimensional zu agieren, ein Portal, einen geschützten Raum für das Eintreten der Seele. Die Erde ist noch umhüllt von Gedankenmassen der Angst und Begrenzung, die sich nun immer mehr reinigen. Die Delphine helfen der hereinkommenden Seele durch ihr Portal, diesen Schleier ohne große Veränderungen zu passieren.

> **Delphine müssen für diesen Schutz nicht zwingend physisch anwesend sein. Du kannst dich während der Geburt gedanklich mit ihnen verbinden und sie um Begleitung bitten oder auch Delphinessenzen verwenden.**

Es gibt einige bekannte Kulturen, welche die Wassergeburt praktizierten, darunter auch die des Alten Ägypten. Die Hawaiianer sind bereits seit Jahrzehnten mit der Wassergeburt und Delphinen vertraut und einige von ihnen bringen auch heute noch ihr Baby im Meer zur Welt jedoch ohne dies offen auszusprechen, besonders gegenüber Fremden. Das Klima in Hawaii ist ideal für Wassergeburten, und es gibt Küstenbereiche, wo Delphine ganz nahe ans Ufer herankommen. Einzigartige Bedingungen für Wassergeburten mit Delphinen bietet eine spezielle Küstenlinie mit natürlichen heißen Teichen, welche über einen Zugang für Delphine verfügen.

Star Newland und Michael Hyson vom *Dolphin Attended Water and Natural Birth Center* (DAWN) in Puna, Hawaii bieten schwangeren Frauen diese Möglichkeit an. Sie erforschen in Zusammenarbeit mit Medizinern, Hebammen und Doulas Meeresgeburten mit Delphinen und möchten diese alte hawaiianische Tradition wiederbeleben.

Aus diesem Grund habe ich mit Star Newland ein Interview geführt, um Schwangeren die Geburt mit Delphinen ein wenig näher zu bringen.

Interview
Meeresgeburt mit Delphinen
mit Star Newland, Hawaii
Forscherin, Mutter von zwei Kindern

Was für eine besondere Verbindung haben Menschen zum Element Wasser?

Menschen sind bereits im Mutterleib von Wasser umgeben und bestehen zu 75 - 80 % aus Wasser, das Gehirn sogar bis zu 90 %. Wir beginnen unser Leben bereits schwebend und schwimmend im Fruchtwasser von Mamas Bauch. Im Laufe des Lebens spüren unsere Körper die Anziehungskraft des Mondes beim Durchqueren seiner monatlichen Zyklen im Wechsel von Abnahme und Zunahme. Unsere Körper auf der Basis von Wasser reagieren empfindlich auf vielfältige äußere Einflüsse. Für unser Überleben ist Wasser unerläßlich. Dr. Michel Odent, weltbekannter französischer Geburtshelfer, lieber Freund und Kollege schrieb in seinem Buch »Wir sind alle Wasserbabys«, daß Wasser unser Bewußtsein in all seiner Fließfähigkeit spiegelt. Viele Bücher zu diesem Thema beschreiben eine spezifische und komplexe Beziehung des Menschen zum Element Wasser.

Welche Wichtigkeit hat Wasser während einer Geburt?

Die Geburt in eine Wasserumgebung sorgt für einen leichteren Übergang in die Welt der Schwerkraft. Das Gehirn des Babys und der Körper finden sich wunderbar zurecht und vernetzen sich einzigartig, weil der erste Kontakt nach der Geburt eine Wasserumgebung ist, die bereits vertraut ist. Ich sehe es als ein Verlassen des einen Pools für einen weitaus größeren. Im Wasser geborene Babys sind schwimmfähig, haben die volle Mobilität, und ihr Wahrnehmungsradius entspricht 360°. Sie zeigen bereits im Wasser den Saugreflex und haben die volle Fähigkeit zu tauchen, welche sie bei regelmäßigem Wasserkontakt beibehalten können. Sie fühlen sich von Beginn an im Leben mit allem sehr verbunden, besonders wenn sie mit Delphinen Kontakt hatten. Dr. Michael Hyson, Forschungsdirektor des Sirius Institutes beschrieb eindrücklich den Zusammenhang zwischen Wassergeburt und der Größe und Entwicklung des Gehirns eines Babys. Dieser Artikel ist nachzulesen unter: http://www.planetpuna.com/Brain-Size-Birth/index.htm.

Was für eine Verbindung besteht zwischen Menschen und Delphinen?

Die Verbindung zwischen Delphinen und Menschen ist uralt. Sie zeigt sich seit Jahrtausenden quer durch die Kulturen der ganzen Welt. So finden wir Überlieferungen oder künstlerische Darstellungen auf Kreta und in Ägypten, Indien, China, Südamerika, Australien, dem Mittelmeerraum und auf Hawaii. Unsere Forschung geht demnach einen sehr langen Weg zurück in die Vergangenheit. Ein Teil unserer Arbeit ist es, die von uns so bezeichnete »Delphische Tradition« wiederzuentdecken. Diese stützt sich auf frühere Beziehungen zwischen Delphinen und den Menschen, die am Meer lebten und geht zurück auf die griechische Epoche, als sie nach einem erfolgreichem Fischfang den Delphinen in Wein eingelegtes Brot darbrachten, um das Mahl zum Dank mit ihnen zu teilen.

Auch heute noch gibt es Plätze, beispielsweise in Peru und in Afrika, wo Delphine mit unterschiedlichen Methoden den örtlichen Fischern helfen, Fische in ihre Netze zu treiben und dafür von ihnen mit einem Teil der Beute belohnt werden. Die Verbindung zwischen Mensch und Delphin geht jedoch weit darüber hinaus, und wir erforschen dies, indem wir Menschen in unterschiedlicher körperlicher oder geistiger Verfassung mit Delphinen in Kontakt bringen. Delphine haben einen therapeutischen Effekt auf Menschen, wie auch immer dieser zustande kommt. Menschen fühlen sich durch ihre Anwesenheit glücklicher und zufriedener, selbst körperliche Genesung kann eintreten.

Wo gibt es die Möglichkeit, eine Meeresgeburt mit Delphinen zu erleben?

Als ich 1982 mit dieser Forschung begann, gab es meines Wissens nur diesen Ort hier, wo es jeder Frau möglich war, frei zugänglich eine Meeresgeburt mit Delphinen erleben zu können. Dies bestätigten mir Interessierte aus aller Welt, die einen solchen Ort suchten. Es gibt Frauen, die während des Schwimmens mit Delphinen in der Schwangerschaft eine solch intensive Verbindung zu ihnen aufnehmen, daß sie noch während der Geburt stark präsent ist, selbst ohne deren körperliche Anwesenheit.

Die Erfahrungen des Sirius Institutes mit Babys sind, daß wir vor und nach der Geburt Kontakt zu den Delphinen vor Ort herstellen. Wir arbeiten größtenteils mit freilebenden

Delphinen vor der Küste von West Hawaii. Wir schwimmen direkt von der Küste oder von einem Boot aus. Unser Ziel ist ein kreativer Lebensraum mit Menschen und Delphinen zu erschaffen, wo Paare hinkommen können, um mit freilebenden Delphinen in Kontakt zu kommen. Ebenso beinhaltet unser Angebot hawaiianische Geburtsvorbereitung unter Einbeziehung der hiesigen Traditionen.

Wie können Delphine eine Meeresgeburt unterstützen?

Delphine unterstützen eine Geburt unter Wasser durch ihre Präsenz. Die Leichtigkeit und das Wohlgefühl, das sie vermitteln, das Gefühl der Geborgenheit und des Zuhauseseins, alles was der Mutter guttut, ist positiv. Bei fünf von den von uns begleiteten Müttern begannen die Wehen in Gegenwart von Delphinen. Alle gebaren schlußendlich aus verschiedenen Gründen an Land, die einen im Wasserbecken, die anderen im Bett.

Wie können sich Eltern auf eine solche Geburt vorbereiten?

Am wichtigsten für uns ist, daß Eltern darauf vorbereitet sind, durch diese Kinder und was sie mit sich bringen, einen großen Wandel zu durchleben. Die Veränderung beginnt bereits, indem sie bereit sind, dieses neue Kind zu empfangen. Es sind neue, delphinbewußte Kinder, sich ihrer selbst gewahr, verbunden, beweglich, global denkend, Träger des großen Lichtes und des Einfühlungsvermögen. Um sie zu verstehen, genügt es, sie auf tiefer Herzensebene zu lieben. Sie sind mitschwingende »Frequenzerzeuger«, ähnlich Delphinen und Walen. Als ich mich selber fragte, wie ich für unseren ersten Sohn eine Geburt mit Delphinen verwirklichen könnte, kam die Botschaft: »Wenn ich ein delphinbewußtes Kind möchte, muß ich eine delphin-bewußte Mutter sein.« In diesem Moment wußte ich innerlich, daß mein Sohn per Kaiserschnitt zur Welt kommen würde. Es wurde mir gezeigt, daß es darauf ankommt, in welchem Zustand das Bewußtsein der Mutter ist. Unsere Kinder sind in Resonanz mit uns. Wenn wir das Bewußtsein der Einheit verkörpern, tun unsere Kinder es uns gleich.

Siehe dazu meinen Artikel »Wie man ein Kind mit Delphin-Bewußtsein aufwachsen läßt«. Deshalb ist es wichtig, wenn etwas Unerwartetes (z. B. Kaiserschnitt) passiert, daß wir in unsere Mitte gehen und ruhig werden; so hat das Kind einen Ort, um mitten in verletzenden Situationen zu uns zu kommen. Wir sind durch Telepathie mit unserem Kind verbunden. Diese ist bei delphin-bewußten Kindern besonders ausgeprägt, wodurch unsere eigene telepathische Fähigkeit stärker wird.

Was für Erfahrungen habt ihr mit Meeresgeburten im Sirius Institut gemacht? Wie viele Paare konntet ihr begleiten?

Babys, welche bereits vor oder während der Geburt mit Delphinen in Kontakt kommen, haben die Möglichkeit, sich mit ihnen zu verbinden und werden durch sie willkommen geheißen und in ihrem Ankommen auf der Erde begleitet. Diese Verbindung bleibt während der Babyzeit, in der Kindheit und beim Erwachsenenwerden bestehen. Wir schaffen ein einmaliges Geburtsprojekt mit Interaktion zwischen zwei Spezies, Mensch und Delphin, indem wir werdende Mütter vor, während und nach der Geburt mit Delphinen in Kontakt bringen. Über die letzten Jahre konnten wir so mehr als 30 Frauen diese Möglichkeit bieten. Manchmal hatten wir nur einige Stunden zur Verfügung, andere Mütter blieben bis zu drei Monaten in Hawaii. Einige zogen dafür hierher, andere lebten bereits auf Hawaii. Wir nahmen jede Gelegenheit wahr, sie so oft wie möglich mit den Delphinen zusammenzubringen. Wir ermuntern Eltern, ihren eigenen Geburtsort zu finden.

Wenn das Baby spürt, daß seine Mutter zufrieden ist, fühlt es sich sicher, und es ist für das Kind einfacher, geboren zu werden. Sie wollen in die Welt kommen, es ist ihre Bestimmung, geboren zu werden. Oxytocin, Mutters Liebeshormon durchströmt bei einer harmonischen Geburt Mutter und Baby mit einem wunderbaren Gefühl der Liebe und der Verehrung des Neugeborenen, welches in die Welt gekommen ist.

Waren freilebende Delphine bei den Geburten anwesend?

Delphine sind wilde Kreaturen, welche auf die Jagd gehen. Sie ruhen für einen Großteil des Tages in flachen Buchten. Diese verlassen sie nachmittags ungefähr zwischen vier und fünf Uhr und kommen erst am nächsten Morgen wieder zwischen sechs und sieben Uhr. Bisher haben alle von uns betreuten Mütter während dieser Jagdzeiten ihr Baby geboren. Der Zeitpunkt der Geburt ist demnach logistisch relevant. Eine Geburt unter diesen besonderen Umständen markiert auf jeden Fall einen Wandel im kollektiven Bewußtsein. Viel wichtiger als die Gegebenheit, ob Delphine bei der Geburt unmittelbar dabei sind, scheint mir die Frage: »Was hat das Baby für einen Bezug zu den Delphinen und welchen sie zu ihm?« Dies hat mit Vorsehung zu tun. In der Zwischenzeit scheint es, daß der vorgeburtliche Kontakt bereits ausreicht, um entsprechende Ergebnisse zu erzielen.

Wie bewußt und reaktionsfähig sind Babys nach einer Geburt?

Babys, die mit den üblichen Interventionen und nicht auf natürliche Weise geboren wurden, stehen meist erst einmal unter Schock, insbesondere, wenn sie zu den 30 % der stetig steigenden Kaiserschnittrate gehören. Weil so viele Dinge unternommen werden, anstatt den natürlichen »Fötus-Ausstoß-Reflex« abzuwarten, etwa die Verabreichung von Pitocin, enden Eingriffe in den Geburtsverlauf häufig in Notkaiserschnitten. Die hohe Rate an Kaiserschnittgeburten ist der Beginn einer großen Veränderung unserer Kultur, welche eines Gegenpols bedarf.

Zeigten Babys, die im Meer zur Welt gekommen sind, besondere Fähigkeiten oder Verhaltensweisen?

Babys mit vorgeburtlichem Kontakt mit Delphinen haben ein hohes Maß an Bewußtsein. Sie sind sehr reaktionsfähig, kraftvoll und von innen her strahlend. Sie sind vom ersten Augenblick an aufmerksam und verfügen über den natürlichen Saugreflex. Meist werden sie schneller und einfacher geboren. Gemäß der Australierin Estelle Myers, auch als »Delphin-Lady« und »Mutter der Wassergeburt« bekannt, sind in Wasser geborene Kinder häufig beidhändig, kreativer und allgemein harmonischer. Die Entwicklung ihres Gehirns ist gegenüber an Land geborenen Babys bis zu sechs Monate voraus. Häufig sind diese

Kinder äußerst charmant und kontaktfreudig. Eines der Babys, die wir begleiteten, gerade sechs Monate alt, ist auffallend glücklich, lacht und kichert viel und ist stark mit der Natur verbunden. Mütter, die zu uns kommen, sind hoch motiviert, Kontakt mit Delphinen aufzunehmen. Deshalb legen sie häufig weite Entfernungen zurück, damit ihre Babys bereits vor der Geburt auf ihre »Familie im Ozean« treffen können.

Hast du selber die Erfahrung einer Meeresgeburt machen dürfen?

Während der Schwangerschaft war es immer wichtig für mich, im Augenblick gegenwärtig zu sein, ohne feste Pläne oder Vorstellungen, wie die Geburt verlaufen würde, außer daß es für das Baby und mich der beste Weg sein sollte. Ich wollte offen bleiben in jedem Moment, bewußt, daß es sich jederzeit wieder ändern konnte. Ich galt als eine klassische »Risikoschwangere«. Ich war bereits älter, erlebte oft stressige Zeiten und wollte dazu eine vaginale Geburt nach einem Kaiserschnitt beim ersten Sohn.

Als sich mein zweiter Sohn am 18. August 1992 auf den Weg machte, um geboren zu werden, meinte meine Freundin Barbara, eine pensionierte Hebamme mit über 35-jähriger Berufserfahrung im Spital in Denver, wir sollten hinunter zum Strand gehen, um da das Baby zu empfangen. Ich war begeistert, da es seit Jahren mein Antrieb war, zusammen mit Delphinen zu gebären. Wir fuhren zusammen singend zum Strand und genossen die Fahrt entlang der wunderschönen Küste.

Als wir am Strand ankamen, sahen wir Hunderte von Delphinen, die auf uns warteten. Ich fragte mich, wie ich es schaffen sollte, die Klippen hinunterzusteigen zu meinen geliebten Delphinen. Zu diesem Zeitpunkt konnte ich mich kaum noch bewegen. Für einen Moment lang überlegte ich alle möglichen anderen Varianten einer Geburt, falls ich es nicht die Klippe hinunter schaffen würde. Als ich all die vielen Delphine sah und mir bewußt wurde, was es mich kostete, überhaupt hier zu sein, wie viel meiner gesamten Lebensaufgabe, meiner Bemühungen und Träume mich hierher zu diesem Augenblick brachten, sehnte ich mich nur noch danach, den Delphinen irgendwie nahe zu sein

Von da an war ich imstande, förmlich die Klippen hinunterzugleiten, den Weg vorzutasten zum natürlichen Pool der Küste. Als ich ankam, ließ ich meinen Urgeräuschen freien Lauf, den Klängen des werdenden Lebens.

Barbara sah, daß als erstes ein Fuß des Babys zu sehen war. Sie half mir aus dem Wasser und auf den Sandstrand. Menschliche Babys werden meist mit dem Kopf voran geboren. Delphine kommen mit dem Schwanz zuerst zur Welt. Somit wurde es dementsprechend aufregend, da wir uns inmitten einer Geburt in Steißlage am Strand, Dutzende von Meilen von jeglicher Hilfe entfernt, befanden. Doch Barbara hatte Erfahrung und half dem Baby, sich spiralförmig den Weg nach draußen zu bahnen. Dem Baby ging es gut, es war lediglich erst ein wenig blau, wie es bei natürlichen Geburten in Steißlage jeweils der Fall ist.

Da spritzte eine Welle über seinen Rücken, und das veranlaßte ihn, ganz tief zu atmen, worauf seine Haut schnell rosig wurde. Er war so wunderschön, perfekt geformt, obwohl er viel früher als erwartet zur Welt kam. Er wog vier Pfund und Barbara meinte, nur ein bißchen größer, und sie hätte alle Mühe gehabt, ihm herauszuhelfen.

Drei Wochen vor der Geburt, als ich mit den Delphinen schwamm, bekam ich von ihnen telepatisch eine Mitteilung. Mein Sohn würde sehr viel früher als errechnet zur Welt kommen, bereits am 18. August, am Strand. Ich überlegte, ob sie mich durch ihre Sonarfrequenzen »gescannt« hatten und mir dies so mitteilen konnten. Wie dem auch sei, sie hatten recht behalten, und für uns gab es noch eine weitere Überraschung, als wir sahen, daß in denselben Minuten, als mein Baby geboren wurde, auch ein Delphinbaby zur Welt kam. Die Delphine wußten wohl, daß beide zur gleichen Zeit das Licht der Welt erblicken würden. Unser Delphinfreund sah die Geburt meines Kindes in vollem Gange und schwamm zur Küste hin, um in meiner Nähe zu sein. Einige Zeit später sah ein Fischer das Delphinbaby, erblickte mein Neugeborenes und teilte voller Freude seinen Fang mit uns.

Was erwartet ein Baby natürlicherweise bei einer Geburt? Was wäre von der Natur aus vorgesehen?

Babys erwarten bei der Geburt den auf natürliche Weise zustande kommenden, sogenannten »Fötus-Auswurf-Reflex«, den Dr. Michel Odent ausführlich erläutert. Babys wollen geboren werden! Es ist dies der Abschluß des gesamten Prozesses von der Empfängnis bis zur Geburt. Die Geburtserwartung hat viel mit der Tatsache zu tun, daß wir Säugetiere sind, sehr wahrscheinlich sogar Meeressäuger. Im Falle einer Wassergeburt werden wir in eine schwimmende Umgebung geboren, verbunden durch die Nabelschnur mit unserer Plazenta, wodurch wir komplett mit Blut und Sauerstoff versorgt werden, einschließlich der gesamten natürlichen Hormone, wie Oxytocin, welche unsere Mutter die tiefe Liebe zu uns als Baby fühlen läßt, wenn wir das Licht der Welt erblicken.

Dies sind sehr bedeutende Punkte und Gründe für unser Geburtsprojekt, bei dem unsere Aufgabe darin besteht, Mütter wieder mit den natürlichen Prozessen der Geburt zu verbinden. Wir als Spezies verloren im Laufe der letzten Generationen die Fähigkeit zur natürlichen Geburt unserer eigenen Art, gleichzeitig haben wir Schwierigkeiten, unsere Babys zu stillen. Dieser Aspekt ist sehr wichtig, da die Zufütterung mit Fertigprodukten für Neugeborene und Babys nie als gute, nahrhafte oder gesunde Nahrung eingestuft werden kann. Viele Kinder erhalten somit eine minderwertige Ernährung, anstatt vollwertiger Muttermilch. Dabei ist es wichtig, daß Mütter darauf achten, ihren eigenen Körper gesund zu ernähren, damit dieser nahrhafte Muttermilch produzieren kann, welche optimal an die Bedürfnisse des Säuglings angepaßt ist. Ebenso wichtig sind die natürlichen Immunstoffe, welches das Neugeborene über die Muttermilch erhält.

Wie wichtig ist aus deiner Sicht das unmittelbare Stillen nach der Geburt?

Das Stillen unmittelbar nach der Geburt ist sehr wichtig. Zunächst einmal sind wir Säugetiere. So einfach wie ein Kängurubaby seinen Weg sucht und sich von der Gebärmutter hinarbeitet bis in Mamas Beutel, um seine extrauterine Entwicklung zu beenden, haben Menschen eine etwas andere Art und Weise, nach der Geburt die Brust der Mutter zu suchen und sich dahin fortzubewegen. Stillen nach der Geburt fördert die Kontraktionen der Gebärmutter, welche helfen, die Plazenta auszustoßen. Mit dem Stillen durchströmen Mama und Baby das natürliche Liebeshormon Oxytocin, was von Mutter Natur entworfen wurde, um eine starke Liebesbindung entstehen zu lassen. Babys erfahren somit einen ungestörten Haut-zu-Haut-Kontakt anstelle von Plastik (z. B. Handschuhe, Windeln usw.), so daß das Baby zuerst eine Verbindung zu etwas Lebendigem erlebt und nicht zu Kunststoff wie oft üblich. Dr. Michel Odent vertritt diesen wichtigen Faktor in »Geburt im Zeitalter der Kunststoffe«. Über nunmehr viele Generationen wurde in diesen wichtigen Erstkontakt eingegriffen, und so wurde die erste Verbindung, die an der Brust der Mutter stattfinden sollte, verhindert.

Was für Vorteile siehst du in Langzeitstillen? Hast du selber Erfahrung?

Ich sehe viele Vorteile im Langzeitstillen. Einige von ihnen sind mehr körperlich, zum Beispiel führt langes Stillen zu ruhigeren, gefestigten und geerdeten Kindern. Dies wurde durch Forschung und anhand von Berichten festgestellt, da Kinder, welche lange gestillt wurden, in Schulen auffallend diese Qualitäten zeigten. Kinder, die lange gestillt werden, benützen kaum einen Schnuller, und Daumenlutschen ist ebensowenig verbreitet.

Meine eigene Erfahrung ist das Langzeitstillen eines meiner Kinder bis zum Alter kurz vor der Pubertät, wo es sich selber am Tag nach seinem Geburtstag entschied, damit aufzuhören. Ich hatte für mich vor der Schwangerschaft eine Zusage gemacht, daß ich meinem Kind mit dem Stillen vollständig zur Verfügung stehen werde, ganz gleich, wie lange es gestillt werden wollte. Als ich herausfand, daß ein durchschnittliches Neugeborenes bis zu 53 Mal am Tag gestillt wird, war dies ein kompletter Schock für mich, weil ich selber ein Flaschenkind nach Zeitplan war. Wie konnte ich mir vorstellen, daß dieses intensive Engagement, das Stillen nach Bedarf, mit so viel Zeit, Aufwand und Liebe verbunden war? Es bestärkte mich darin, daß ich eine Mutter sein wollte. Ich war so dankbar, eine Mutter zu sein und ein Kind haben zu dürfen, daß ich anstrebte, was auch immer das Richtige für mein Kind war.

Wir hatten langfristige Nähe, die uns geholfen hat, den Weg mehr geerdet zu gehen, trotz sehr vielen verschiedenen Lebenserfahrungen, die wir mit ausgedehnten Reisen erlebten oder den vielen verschiedenen Häusern und Orten, an denen wir übernachteten, so daß ich dennoch der gemeinsame Bezugspunkt von mir und meinem Sohn blieb. In all den unterschiedlichen Umgebungen und unter jeglichen Umständen fand er bei mir durch das Stillen immer Sicherheit und Stabilität. Gemäß Joseph Chilton Pierce hilft dies maßgeblich, Erfahrungen zu integrieren. Der Hautkontakt und das Stillen verhalfen ihm zu einem starken Immunsystem. Aus all diesen Gründen empfehle ich Müttern, ihre Kinder zu stillen, so lange sie können, solange es funktioniert, so lange wie es das Kind benötigt und es das Bedürfnis danach zeigt.

Dies ist bei allen Menschen verschieden und kann sich auch von einem Umstand zum nächsten ändern. In vielen Situationen ist das Stillen enorm wertvoll, von Vorteil und erleichtert den Alltag. Wichtig ist es, flexibel zu sein und selber die Verantwortung zu übernehmen, was das beste ist für das eigene Kind.

Welche wichtige Aufgabe hat die Wassergeburt innerhalb der Gesellschaft?

Wassergeburten sind in unserer Gesellschaft von entscheidender Bedeutung. In Großbritannien zum Beispiel ist die Wassergeburt seit den frühen 1990er ein offizieller Teil innerhalb der Geburtszene und konnte sich auch in medizinischen Einrichtungen etablieren. Die Krankenversicherung übernimmt da für jede Mutter, ob im Krankenhaus oder zu Hause, die Kosten für einen Geburtspool, was jeder Frau ermöglicht, ein Baby im Wasser zu gebären, unterstützt und begleitet von einer Hebamme oder einem Arzt. Längerfristig gesehen, sind Wassergeburten zu fördern, je mehr, desto besser. Babys, die auf diese Weise zur Welt kommen, haben eine bessere Startfunktion. Sie sind sehr naturverbunden, gesund, kraftvoll und in ihrer Mitte, so daß sich Menschen in ihrer Anwesenheit besser fühlen und dementsprechend auch liebevoller sind und handeln. Auf diese Weise treibt sich ein solches System selber an und setzt sich ewig fort. Je mehr Babys dieser Art wir haben, desto harmonischere Schwingungen erleben wir in ihrer Gegenwart. Dies wirkt sich wiederum auf die gesamte Gesellschaft aus.

Was möchtest du werdenden Eltern mit auf den Weg geben?

Die Kinder, welche wir auf die Welt begleiten, sind einzigartig. Sie scheinen sehr aufnahmefähig zu sein und brauchen entsprechende Anregung. Durch diese Stimulation und Interaktion steigern wir die neuronalen Verbindungen. Wenn wir das wachsende neuronale Netzwerk des Gehirns eines Babys von der Geburt an stimulieren, besteht eine exponentielle Zunahme der Intelligenz bis zum Alter von etwa fünf Jahren.

Eltern müssen selber sehr agil sein, geistig, wie auch körperlich, weil sie mit diesen Kindern dazu neigen, oft umzuziehen oder zu reisen. Dies hat damit zu tun, daß diese Kinder Energien haben, die dazu da sind, zur Wiederherstellung der Harmonie in der Welt verbreitet zu werden.

Die Eltern sind dazu aufgerufen, mit dem mitzugehen, was sie als »das Richtige zu tun« ansehen. Oft ist dies in direktem Widerspruch mit dem »wie die Dinge normalerweise getan werden«. Es ist die Stärke zu wissen, daß unsere Handlungen wahr und richtig sind für unsere Kinder, im Vertrauen auf unsere eigene innere Stimme, die genau weiß, was in jedem Moment zu tun ist.

Seid vorbereitet auf Kinder, welche ihr Leben ganz anders beginnen. Von der Zeit der Schwangerschaft und Geburt an gestalten sie ihr Leben auf ihre besondere Weise, fast schon sicher, daß sie einen einzigartigen Weg der Erziehung und Bildung bekommen, im Einklang mit der Tatsache, daß diese Kinder wirklich etwas Besonderes sind. Wir sehen, daß sie hier sind als Botschafter zwischen zwei Spezies, Mittler und Übersetzer zwischen den Völkern an Land und denen im Meer, der Beginn einer neuen Art. Wir freuen uns, daß sie hier sind und Teil des Begrüßungskomitees sein dürfen.

Nachdem ich das wundervolle Buch »Meergeboren« von Chris Griscom gelesen hatte und mich die schönen Fotos ihrer Meeresgeburt sehr berührten, wollte ich unser drittes Kind ebenfalls im Meer gebären. Nur wußte ich nicht recht, wo. Ich war in Kontakt mit Michael Hyson aus Hawaii und überdachte diese Möglichkeit. Ich war in früheren Jahren beruflich als Flugbegleiterin weltweit unterwegs und kannte meine eigene körperliche Schwäche: Sonnenallergie. Ich bekam sie an manchen Orten gar nicht, an anderen reagierte ich äußerst heftig. Da ich noch nie in Hawaii war, wollte ich dieses Risiko für eine Geburt nicht eingehen.

Hingegen waren wir schon oft auf den Malediven und kannten das Klima und einige Inseln. Wir hatten bereits Flugtickets gebucht, doch irgendwie kam die Organisation mit der geplanten Geburtsinsel nicht wirklich in Gang. Auch die Umweltverschmutzung ist auf den Malediven zunehmend ein Problem, und gerade auf nichttouristischen Inseln sieht man die Spuren davon im Wasser und an Land. Dies wäre wohl nicht sehr optimal für eine Geburt gewesen. So entschieden wir uns doch für eine Geburt zu Hause im Geburtspool. Unser drittes Kind Anael kam demnach in unserer vertrauten Umgebung auf dem Älpli zur Welt. Der Traum von einer Geburt im Meer bleibt jedoch bestehen und wartet darauf, verwirklicht zu werden.

Es gibt Menschen, die diesen Traum verwirklicht haben, so wie Richard und Bettina Hirsch mit ihrer Tochter Sagara. Sie durften eine einzigartige Geburt im Meer erleben, wovon sie selber berichten:

Interview Meeresgeburt
mit Richard (40) und Bettina (42) Hirsch, Schweiz
Eltern von Sagara (17)

Wie seid ihr auf die Idee einer Geburt im Meer gekommen?

Aus Respekt vor dem eigenen und vor dem Leben anderer können Bettina und ich eine Geburt nicht mit einer Krankheit gleichsetzen. Eine Krankenhausgeburt kam für uns nicht in Frage. Daher haben wir nach Alternativen gesucht. Grundsätzlich wäre auch eine Hausgeburt eine Möglichkeit gewesen.

Wir wollten unserem Kind einen möglichst offenen, großartigen Start ermöglichen, und so kam die Idee, unter freiem Himmel zu gebären. Bettina hatte vor Jahren von Chris Griscom gehört, die ihr sechstes Kind auf den Bahamas im Meer im Kreise der Familie zur Welt gebracht hat. In einem Traum hat unser Kind mit mir Kontakt aufgenommen und sich gewünscht, im

Indischen Ozean geboren zu werden. Als ich Bettina am folgenden Morgen die Frage stellte, welchen Geburtsort sie sich denn wünsche, antwortete sie spontan: »Den Indischen Ozean.«

Wo fand sie statt?

Auf den Malediven, Noon Atoll, Velidhoo. Im gleichen Atoll wie die Resort-Insel Kuredu. Obwohl wir eigentlich auf die unbewohnte Insel Raafushi, etwa eine halbe Segelstunde von Velidhoo entfernt wollten, kam Sagara genau in der Nacht vor unserer geplanten Abreise dorthin zur Welt.

Weshalb habt ihr euch für diesen Ort entschieden?

Als wir auf der Karte nachgeschaut haben, wo der Indische Ozean beginnt und wo er endet, mußten wir feststellen, daß dieser nicht um Indien herum liegt, sondern südlich von Indien. Bettina hatte eine Bekannte auf den Malediven, die uns einen Sponsor, ihren Onkel, vermittelt hat. Dieser hat die Insel ausgewählt, weil dort neben Divehi auch Englisch gesprochen wird und die Insel eine gewisse Größe hat. Er selbst wurde dort auch geboren.

Wie habt ihr euch auf die Geburt im Meer vorbereitet?

Wir haben bereits in einem sehr frühen Stadium der Schwangerschaft angefangen, Übungen zu machen: Massagen, Yoga, Meditation. Wir haben uns über Kräuter und Heilpflanzen informiert, die wir unterstützend einsetzen konnten. Als wir auf der Insel waren, sind wir jeden Tag an der gleichen Stelle ins Wasser gegangen und sind geschwommen und haben geschnorchelt. So haben wir eine Vertrautheit mit dem Ort und dem Meer aufgebaut.

Hattet ihr während der Schwangerschaft und Wochenbettzeit Betreuung durch eine Hebamme oder einen Arzt?

Nein. Bettina ist einmal vor unserem Abflug zur Kontrolle zu einer Ärztin gegangen. Die Schwangerschaft verlief problemlos, und somit bestand dazu keine Veranlassung. Der Vollständigkeit halber sollte ich vielleicht noch sagen, daß ich Medizin studiert habe.

Wer war bei der Geburt anwesend?

Bettina, Sagara und ich. Und all die lieben Helfer aus der Anderswelt: die vielen guten Wünsche, die uns begleiteten, die Ahnen, die Sterne, das Meer. All die wunderbaren Wesen, die das Herz spürt, wenn es offen ist und liebt.

Wie habt ihr die Meeresgeburt erlebt?

Das Meer ist das Meer. Mal ruhig und warm, mal aufbrausend und kalt. Man weiß dies nicht im Voraus, wie es zu einem bestimmten Zeitpunkt sein wird. Wir mußten vertrauen. Wir mußten dem Meer vertrauen, wir mußten uns vertrauen, wir mußten den Inselbewohnern vertrauen und wir mußten unserer Tochter vertrauen. Vertrauen erfordert Hingabe. Wir haben uns ganz der Geburt eines neuen Menschen hingegeben, dem Leben.

Die Wehen kamen vor Mitternacht, und Sagara machte ihre ersten Atemzüge um halb drei in der Frühe. Also zu einer Zeit, als die Insel schlief. Nach der Geburt ging Bettina erschöpft in unsere Unterkunft, während ich, noch ganz in Dankbarkeit für ein gesundes Kind versunken, dem Meer mit einem kleinen Ritual die Plazenta schenkte – als Dank für die Hilfe. Eigentlich gibt es ja keine Nordlichter am Äquator. Aber in der Neumondnacht, als Sagara geboren wurde (Sagara kommt aus dem Sanskrit und bedeutet das Meer, der Ozean), war es zwar stockdunkel, nur die Sterne leuchteten am Firmament und spiegelten sich im klaren Wasser des Meeres, aber trotzdem war es für mich taghell. Ich meinte, ich sähe am nördlichen Himmel alle Regenbogenfarben wie bei einer Dämmerung nach einem Gewitter. Allerdings hat Bettina diese Wahrnehmung nicht gehabt, obgleich es auch für sie hell war.

Damals kannten wir die Lotusgeburt noch nicht. So ließen wir die Nabelschnur auspulsieren und trennten sie danach ab. Eine Eigenheit einer Meergeburt ist, daß sie keine Spuren hinterläßt. Das Blut wird mit der Meeresströmung weggewaschen. So haben denn die Inselbewohner nicht schlecht gestaunt, als sie einige Stunden später in unserem Zimmer keinerlei Anzeichen einer Geburt fanden, außer einem neugeborenen Erdbewohner, der sie freundlich anlächelte. Unsere Vermieterin ist daraufhin hinausgegangen und hat in Richtung Meer einige Blutstropfen entdeckt und sich den Rest dann zusammengereimt. Es ist auf den Malediven nicht üblich, ein Kind außerhalb der geschützten vier Wände zu gebären. Viele der Einheimischen haben das zweite Gesicht und direkten Kontakt zu anderen Daseinsebenen. Sie würden ein Neugeborenes niemals diesen Wesen aussetzen, die wir als Geburtshelfer betrachtet haben.

Wie habt ihr euer Baby nach der Geburt erlebt?

Sagara hat schon unter Wasser die Augen aufgemacht und sich in ihrer neuen Welt umgesehen. Das war sehr beeindruckend. Dann hat sie zweimal kurz geniest. Das Wasser war wohl doch zu kalt. Bettina war im Vierfüßlerstand im seichten Wasser, als Sagaras Köpfchen heraustrat. Sie hat während der Wehen, die übrigens nicht sehr heftig waren, kräftig mitgestrampelt, um endlich aus ihrem kleinen Universum in das Größere zu kommen. Plötzlich hat sie aber aufgehört zu strampeln. Intuitiv habe ich den Grund gemerkt: die Nabelschnur um ihren Hals! Ich habe sie mit einer leichten Drehung vollständig herausholen und Bettina übergeben

können, indem ich mit den Fingern einen Abstand zwischen Nabelschnur und Hals herstellte. In diesem Moment hat es uns gereicht, daß Sagara geatmet, daß sie uns mit diesen großen fragenden Augen angesehen hat und daß sie offensichtlich auch unsere Freude nachempfinden konnte.

Die Geburt war für Sagara kein Problem und keine sehr große Anstrengung. Sie hat weder bei noch nach der Geburt geschrien oder Schmerzen gehabt, noch war sie sehr müde.

Wie war die Zeit danach im Wochenbett?

Wir hatten sozusagen eine ambulante Geburt: Bettina ist ja schon mit Sagara nach der Geburt »spazieren«gegangen. Aber auch am nächsten und den folgenden Tagen ist Bettina morgens und abends mit Sagara und mir an den Strand zum Geburtsort gelaufen. Am zwölften Tag nach der Geburt sind wir dann doch noch auf die unbewohnte Insel gesegelt, auf der wir eigentlich gebären wollten. Wir hatten ein Zelt mit und haben uns eine Woche von Kokos und Kokosmilch ernährt, wie früher die Einheimischen auch.

Wir haben noch zwei sehr schöne Erinnerungen, die wir gerne teilen: In der Nacht, als wir auf Raafushi, der unbewohnten Insel, im Zelt schliefen, hat eine Riesenschildkröte unser Zelt umrundet. Sie dachte wohl vom Meer aus, daß unser Zelt ein Artgenosse von ihr sei. Später haben wir erfahren, daß diese Tiere zum Laichen an den Strand kommen und sich dabei wirklich nur ganz friedliche und ungefährdete Orte aussuchen. Also haben wir mit unserem Zeltplatz wohl nicht ganz so verkehrt gelegen.

Am nächsten Morgen sind dann zwölf Delphine von Osten nach Westen an uns vorbeigeschwommen und am Abend die gleiche Anzahl von Westen nach Osten. Auch das ist für die Einheimischen nichts Besonderes, für uns aber schon. Wir haben das irgendwie als Begrüßung und auch als eine besondere Ehre erlebt.

Wie haben eure Familie und euer Umfeld reagiert?

Beide Familien, sowohl meine als auch Bettinas Familie, waren nicht sonderlich begeistert von unserer Idee. Alles so weit weg und so unsicher und medizinisch unerschlossen. Und dann: kein fließendes Wasser, kein Telefon oder Strom und lauter fremde Menschen, auf die man angewiesen sein wird. Und was, wenn etwas passiert? – Dem Kind, der Mutter oder dem Vater? Nein, für unser Umfeld war das Vorhaben ganz und gar abwegig.

Auf den Malediven mußten wir unserem Sponsor unterschreiben, daß wir, und wir ganz allein, für alles verantwortlich sind, was wir vorhaben. Eine ähnliche Erklärung mußten wir auf dem Konsulat und bei der Tourismusbehörde abgeben. Man kann nicht einfach zu zweit irgendwo hinfahren und dann zu dritt wieder zurückkommen. Das muß schon organisiert werden, will man keine Schwierigkeiten bekommen.

Letztendlich hat dann aber sogar die einzige Lokalzeitung auf den Malediven und der lokale Radiosender von der Geburt berichtet.

Konntet ihr beobachten, daß diese besondere Geburtsart einen Einfluß auf die Entwicklung des Kindes nahm in seinem Verhalten oder Wesen?

Das ist schwer zu sagen. Wir haben keinen Vergleich. So können wir nur generell etwas zu der Entwicklung sagen, was auch von anderen Wassergeburten bestätigt wurde und wird: Wir sind mit Sagara nach der Geburt jeden Tag ins Wasser gegangen. Wir haben sie auch tauchen lassen. Daß Wassergeburten die Luft unter Wasser reflexartig anhalten, können wir bestätigen. Die Liebe zum Wasser ist bis heute geblieben. Als Kind hat sie oft stundenlang im Meer gespielt.

Die Motorik und Feinmotorik ist schon sehr früh, sprich mit wenigen Monaten entwickelt gewesen. So hat sie im Alter von etwa sieben Monaten in einem Buch oder Heft die Seiten umgeblättert, ohne diese zu zerreißen oder zu beschädigen. Generell werden in den ersten Monaten die folgenden Entwicklungsschritte wie in einem Zeitraffer angedeutet. So ist es zum Beispiel normal, daß Kinder mit zwei Monaten stehen können und auch schon erste Schritte machen. Auch das können wir bestätigen. Allerdings verlernen die meisten Babies diese Motorik wieder, wenn sie nicht geübt wird. Auch wir haben sie nicht weiter trainiert.

Vom Charakter her weiß ich nicht, ob man diesen ganz oder teilweise auf die Art der Geburt zurückführen kann. Was ich aber glaube, ist, wenn die Geburt aus eigenem Antrieb erfolgte und glücklich und erfolgreich verlief, ein Urvertrauen in die eigene Kraft und den eigenen Antrieb gegeben ist. Für das Ungeborene ist die Geburt sozusagen das erste selbständige Projekt, welches in einem sich selbst erhaltenden, sprich atmenden Menschen gipfelt. Wenn dies gelingt, gelingen auch alle anderen Vorhaben.

Würdet ihr nochmals eine Geburt im Meer wählen?

Die Zeiten haben sich geändert. Wir wollten eine natürliche Geburt, die einfachste und zugleich lustvollste Sache der Welt, wenn man einmal von der Zeugung absieht. Doch die Natur ist auch auf den Malediven nicht mehr die gleiche. Jeder hat heute Internetzugang, jede bewohnte Insel hat Strom, Kanalisation und Telefon, und Ernährung und medizinische Versorgung ist von Staats wegen gewährleistet. All das gab es vor 18 Jahren noch nicht.

Eine Geburt ist eine Familienangelegenheit. Folglich entscheidet auch die Familie, wie die Geburt letztlich verläuft. In unserem Fall waren wir alle drei nicht nur einverstanden, sondern hatten den Wunsch, die Geburt im Meer zu erleben. Wären die Umstände genau die gleichen wie damals, ja, wir würden es wieder so machen. Ansonsten gibt es viele Möglichkeiten für eine gesunde, das Leben wertschätzende Geburt. Welches die richtige ist, kann nur tief im Inneren erfahren werden.

Was möchtet ihr anderen Eltern mit auf den Weg geben, die eine Geburt im Meer in Betracht ziehen?

Mittlerweile gibt es eine Vielzahl an Literatur zu Meergeburten. Unsere Geschichte fällt da etwas aus dem Rahmen, weil die meisten Berichte nicht auf eine medizinische Betreuung verzichten wollen. So ist es kein Problem, spezielle Kliniken zu finden, beispielsweise am kaspischen Meer, wo Meergeburten mit Delphinen angeboten werden. Wir, oder genauer gesagt ich, hatte keine Lust etwas so einzigartiges wie die Geburt von der Stange zu »kaufen«. Leider ist eine Geburt auch von finanziellen Aspekten begleitet. Wer eine Meergeburt plant, überlegt wahrscheinlich schon auf einer anderen Ebene als Eltern, die eine Krankenhausgeburt bevorzugen.

Ich denke, man sollte sich einfach mal den Unterschied zwischen einer normalen und einer Geburt im Krankenhaus klarmachen. Bei einer normalen Geburt bestimmen sie, damit meine ich die Eltern und das Kind, wie alles läuft, und bei einer Krankenhausgeburt haben sie in der Regel keinen Einfluß darauf, wer gerade der diensthabende Arzt ist, wie viele Stunden er schon schlaflos durchgearbeitet hat, welche Hebamme anwesend oder gerade mit der Geburt im Nebensaal beschäftigt und wegen einer Komplikation unabkömmlich ist.

Diese ganzen Unsicherheiten gibt es bei einer Hausgeburt nicht. Alle anderen Risiken sind genau gleich, egal, wie und wo die Geburt stattfindet. Der Unterschied besteht in den Möglichkeiten einer sofortigen Reaktion bei einer Komplikation. Aber auch bei allen technischen Hilfsmitteln garantiert einem keiner, daß diese auch richtig angewendet werden. Wir haben uns diesen Möglichkeiten gar nicht erst ausgesetzt. Dazu bestand für uns aber auch keine Veranlassung, weil die Schwangerschaft problemlos und sehr schön verlaufen ist.

Ich empfehle daher werdenden Eltern, die eine Meergeburt planen, sich rechtzeitig und genau über die klimatischen, rechtlichen und kulturellen Eigenheiten des geplanten Geburtsortes zu erkundigen und die An- und Abreise nicht zu unterschätzen. Ich kann mir vorstellen, daß es nicht unbedingt der Indische Ozean sein muß, sondern daß auch das Mittelmeer Möglichkeiten bietet, den Traum von einer Meergeburt wahr werden zu lassen.

Die Wahl des Geburtsortes kommt ganz auf den Hintergrund der Eltern an. Es liegt nicht in der Natur des Menschen, krank zu werden, geschweige denn krank zu sein. Die Lösung ist deshalb, zur Natur des Menschen zurückzukehren und alles Unnatürliche so gut es geht zu meiden. Das gilt im besonderen Maß für den Beginn eines neuen Lebens. In diesem Sinne wünsche ich allen Eltern, ihren Kindern und Kindeskindern ein natürliches Leben.

Sagara – 5 Jahre später zurück an ihrem Geburtsort auf den Malediven

144

Alleingeburt

Alleingeburt hat etwas Mystisches, Unfaßbares, Eindrückliches und Überirdisches an sich. Als ich zum ersten Mal davon hörte, war ich sofort fasziniert und bewunderte Frauen, die ihr Baby alleine zur Welt gebracht haben. In meinen Augen war dies immer die natürlichste, einfachste und für Mutter und Kind erfüllendste Form der Geburt.

Wie muß das sein, wenn ich mich ganz diesem Strudel der Wehen, der Gefühle und der Liebe hingeben kann, ohne irgendwelche Ablenkung von außen? Wenn mich niemand beobachtet, keiner mir irgendwelche Fragen stellt, mir irgend etwas vorschreibt oder mich mit gut gemeinten Ratschlägen beeinflußt?

Wie fühlt es sich an, wenn ich mich einfach nur auf mich selber und das Baby konzentrieren kann, alles vollkommen loslasse, die Augen schließe, den Atem ruhig und langsam fließen lasse, die rollenden wellenartigen Wehen als reines Gefühl von Urkraft erlebe, mich im Wasser hin und her wiege, den Schein des Kerzenlichtes wahrnehme, den Geruch des Rosenöls und die Klänge meiner selbstgewählten Musik vernehme?

Wie schön muß das sein, in diesem Alleinsein dieses absolute Vertrauen in mich selbst, in das Baby und den großen Geist der Natur zu spüren, abzutauchen in eine andere Welt, ein Empfinden von Entspannung, Einssein, Hingabe und reiner Liebe. Wenn das Ziel in den Hintergrund rückt und ich einfach nur präsent bin in jedem Augenblick, geschehen lasse, was geschieht, nichts erzwinge, nicht die einzelnen Geburtsfortschritte überprüfe, sondern mich diesem Strom des Lebens überlasse – gedanklich liebevoll in Kommunikation mit meinem Baby…

Wie unbeschreiblich schön wird es wohl sein, wenn das Köpfchen des Babys langsam in meine Hände gleitet? Was fühle ich, wenn es sich nochmals dreht, die Schultern sanft geboren werden und mich mein Kind mit großen Augen durch das Wasser hindurch anblickt? Wie ist es, wenn die Zeit still zu stehen scheint in diesem Zauber des neugeborenen Lebens, wenn ich dieses kleine Wesen im Wasser hin und her wiege, zu mir an die Brust nehme, es erstmals in meinen Armen liegt, wenn die ganze Welt um mich herum den Atem anhält, voller Erfurcht vor dieser einzigartigen Verbindung zwischen Mutter und Kind?

In diesen Momenten werde ich wohl eins mit der Schöpfung, verschmelze mit meinem Baby zu einer Einheit von Glück und absoluter Liebe und spüre den Hauch des Universums und Mutter Natur.

Diese Wunder durfte ich bereits zweimal erleben. Ich berichte hier von meiner ersten Alleingeburt mit Elyah im Mai 2007:

Geburtsbericht Elyah
Erste Alleingeburt zu Hause im Wasser – Nadine Wenger

(Anmerkung: Wehen = Wellen)

Am 09.05.2007 bin ich um 6.00 Uhr aufgewacht und spürte ein leichtes Ziehen im Kreuz und in der Leistengegend. Da ich die letzten zwei Tage bereits etwas blutigen Schleim verloren hatte, wußte ich, daß die Geburt langsam nahte. Die Wellen waren bis um 10.00 Uhr sehr leicht, und ich fühlte mich super. Ich verbrachte die meiste Zeit mit Umherlaufen oder auf der Toilette sitzend. Die Atmosphäre war ganz entspannt, und ich freute mich sehr auf unser Baby! Zwischendurch trank ich Wasser, Tee und erfrischende Kokosnußmilch aus dem Bioladen. Patrick hat sich während der ganzen Zeit um unsere Tochter gekümmert, damit ich allein und ungestört war. Zwischen 12.00 und 13.00 Uhr bin ich meist umhergelaufen oder habe getanzt und mit dem Becken gekreist. Immer wenn eine Welle kam, habe ich ganz tief und langsam geatmet und mich dabei an der Stuhllehne festgehalten. Ich stellte mir einfach vor, daß ich auf einer tollen Achterbahn fahre und lehnte mich richtig in die Kurve. Das war tatsächlich amüsant und machte Spaß.

Ich habe auch gemerkt, daß es mir anstelle des Beckenkreisens fast noch mehr hilft, mein Becken einfach nach vorne zu kippen, also eine runde Haltung anzunehmen.

Dann probierte ich auch noch andere Positionen aus: sitzend im Hängestuhl, auf der Seite liegend im Bett, über einen Gymnastikball gelehnt und im Stehen hängend am Tuch. Doch all dies war für mich nicht das Richtige. Sitzend im Hängstuhl döste ich mehr vor mich hin, und die Pausen zwischen den Wellen wurden länger, die anderen Positionen waren unangenehm oder die Wehen schmerzhafter.

Ich entschloß mich, in den aufblasbaren Geburtspool zu gehen. Einerseits, weil ich kalt hatte und mich auf das Wasser und die Wärme freute, andererseits wußte ich immer noch nicht, ob das bereits »richtige Wellen« waren oder nur »Übungswellen«, die dann im Wasser wieder fortgehen. Das Badezimmer war etwas abgedunkelt, eine Kerze brannte und das Duftlämpchen verströmte einen angenehmen Duft von Rosenöl und Geburtsöl.

Ich stieg ins Wasser, die Wellen kamen zu diesem Zeitpunkt etwa alle vier Minuten, aber waren noch immer sehr gut zu veratmen. Leonie kam auch noch kurz in den Pool und planschte mit mir zusammen, dann nahm Patrick sie ins Wohnzimmer und ließ mich allein. Ich brauchte die Ruhe und das Alleinsein, damit ich mich ganz auf die Geburt konzentrieren und mich völlig gehenlassen konnte.

Erst lehnte ich mich halb sitzend, halb in Rückenlage an den Rand des Pools, wie beim Baden in der Badewanne. Dabei fühlte ich mich allerdings sehr unwohl und passiv. Ich wechselte sofort die Position und verbrachte die restliche Zeit im Schneidersitz oder kniend. Es folgten einige Wellen, die noch kräftiger waren. Doch auch diese konnte ich wunderbar veratmen mit der ganz bewußten, langsamen Tiefenatmung, die ich während der Geburtsvorbereitung so soft geübt hatte. Während der ganzen Geburt im Pool hörte ich dazu die englische Version der Hypnobirthing®-CD. Im Gegensatz zur deutschen Version empfand ich diese Aufnahmen absolut beruhigend, und sie halfen mir sehr, Vertrauen in mich selber und das Baby zu haben.

Während der ganzen Zeit im Pool war ich total entspannt, gleichzeitig geistig wach und sehr bewußt. Mit meiner ganzen Konzentration war ich immer hundertprozentig dabei und fühlte mich meinem Baby ganz nah.

Plötzlich hatte ich das Gefühl, ich müsse nach unten atmen, nicht pressen, sondern einfach ganz sanft ein wenig mitschieben. Ich spürte ein »Plopp« in mir drin, so als wäre soeben die Fruchtblase geplatzt, was vermutlich auch der Fall war. Die Wellen waren kräftig, aber nicht wirklich sehr schmerzhaft. Zwischen den Wellen war ich ganz euphorisch, und es ging mir immer phantastisch. Kurz darauf griff ich aus Neugierde in meine Scheide, weil ich das Gefühl hatte, da wäre etwas. Welch eine Überraschung!

Ich spürte gleich mit meinem Finger den weichen, zarten Kopf meines Kindes direkt vor dem Austritt!

Ich konnte es kaum glauben. Ich dachte eher, mit so kurzen sanften Wellen würde es wohl noch Stunden dauern. Dem war überhaupt nicht so, Elyah war gerade dabei, ganz geboren zu werden! Ich war außer mir vor Freude und wußte, mit der nächsten Welle wird mein Baby herauskommen. Ich befand mich kniend im Wasser und hielt beide Hände vor den Scheidenausgang. Eine gewaltige, unglaubliche Welle erfaßte mich, eine Urkraft durchströmte meinen Körper. Aber es war nicht wirklich schmerzhaft, sondern mehr ein Druck und ein leichtes Brennen, mehr nicht.

Ich atmete sehr tief und langsam ein, dann mit einem klangvollen AAAAHHHH-Ton aus. Mit dem Ausatmen spürte ich einen gewaltigen Druck und ein leichtes Brennen, aber es tat nicht wirklich weh, es war einfach das Fließen der weiblichen Urkraft. In diesem Moment gebar ich das Köpfchen in meine Hände. Ich werde diesen Augenblick nie in meinem Leben vergessen, es war so schön und dermaßen überwältigend!

Patrick kam ins Badezimmer, und ich lachte und sagte: »Das Köpfchen ist da! Es ist da!« Patrick schaute mich ungläubig an und ließ mich nochmals alleine. Da kam die zweite Urwelle, und ich gebar in gleicher Weise den ganzen Körper des Babys in meine Hände. Voller Ehrfurcht und Freude nahm ich es zu mir hoch in den Arm, eng an mich geschmiegt. Patrick und Leonie kamen ins Badezimmer, und wir bestaunten alle zusammen das kleine Wesen. Es war genau 15.00 Uhr als unser Sohn Elyah Yanis das Licht der Welt erblickte.

Er fing gleich an zu schreien, als ich ihn aus dem Wasser hob und sanft an mich nahm. Patrick half mir aus dem Pool hinüber ins Schlafzimmer. Dort blieb ich einfach lange nackt bei ihm liegen, ganz nah an ihn gekuschelt und habe ihn auch gleich das erste Mal gestillt. Wie unglaublich klein und zart war er doch, wie bereits Leonie, einfach ein Wunder der Natur. Da wir eine Lotusgeburt wollten, haben wir die Nabelschnur nicht durchtrennt. 1 ½ Stunden später bin ich kurz aufgesessen, und die Plazenta kam sofort heraus. Wir legten sie in eine Schüssel neben unser Kind. Elyah schlief in meinen Armen, und auch Patrick und Leonie genossen das erste Kennenlernen.

Seine Geburt war für mich einfach unglaublich, wunderschön und tief berührend. Dieses einzigartige Erlebnis, werde ich in Dankbarkeit für immer in meinem Herzen tragen.

Es gibt weltweit immer mehr Frauen, die ihr Baby alleine zur Welt bringen, nicht nur in den USA, sondern auch immer mehr hier in Europa oder anderen Teilen der Erde. Im folgenden Interview möchte ich meine liebe Freundin Phoeby aus Tauranga von ihrer Alleingeburt mit Zerynah berichten lassen:

Interview zur Alleingeburt
mit Phoeby Simpson (31), Neuseeland
Geburtsvorbereiterin, Mutter von
Lukas Amaro (5), Aidyn (3) und Zerynah (3 Monate)

Aus welchen Gründen hast du dich für eine Alleingeburt entschieden?

Nach allem, was ich über Geburt gelernt habe, war es für mich der letzte logische Schritt nach zwei Hausgeburten mit einer Hebamme. Ich wollte die Geburt so natürlich wie möglich erleben. Außerdem ist die Art, wie wir die Geburt unserer Kinder erleben möchten, mit einem Krankenhaus unvereinbar. Ich wollte so frei sein, wie es nur ging, und nicht in so einem intimen Moment von außen beobachtet werden. Außerdem fand ich es sehr wichtig, diesmal ganz ohne Fremdvorschläge meinem Instinkt zu folgen und die Gebärpositionen selber zu finden.

Hattest du dabei die Unterstützung deines Partners?

Ich hatte, wie auch bei den Geburten unser beiden Söhne, seine volle Unterstützung und das Vertrauen, daß ich das schaffe.

Hattest du während der Schwangerschaft und Wochenbettzeit Betreuung durch eine Hebamme oder einen Arzt?

Tatsächlich hatte ich eine Hebamme gefunden, die unsere Entscheidung unterstützte und einverstanden war, im Fall eines Falles doch zu kommen, wenn wir sie bräuchten. Sie kam auch dreimal zur Nachuntersuchung, aber selbst das hätten wir eigentlich nicht gebraucht.

Wie hast du dich auf die Alleingeburt vorbereitet?

Ich habe mich mit Visualisierung, Meditation, Selbsthypnose und Atemübungen vorbereitet. Außerdem habe ich mich viel mit positiven Geburtsberichten über Alleingeburt beschäftigt und Literatur von Experten wie Michel Odent über natürliche Geburt gelesen.

Welchen Ort hast du für die Geburt gewählt?

Bei uns zu Hause im Wohnzimmer.

Wie hast du die Alleingeburt erlebt?

Diese Alleingeburt war unbeschreiblich bereichernd für mich. Ich habe erlebt, daß ich allein ein Kind zur Welt bringen kann, ohne, daß jemand von außen mir vorschlägt, was ich machen soll oder mich lobt oder mich anfeuert oder wie es wohl viele Frauen gehört haben, daß »andere auch schon Kinder bekommen haben und daß man sich nicht so anstellen soll«.

Es war für mich ein Geschenkt zu erleben, daß ich wichtig bin und das Kind ebenso. Ich mußte niemanden die Herztöne abhören lassen. Niemand hat mich aus meinem Rhythmus gebracht. Mein Mann war dabei, was ich schätzte, allerdings wurde für uns auch klar, daß ich es auch ohne ihn geschafft hätte. Ich habe mich in meiner Mutter-Urkraft erlebt und erfuhr, daß es sich auszahlt, gut vorbereitet und informiert zu sein. Ich habe dadurch ein Selbstvertrauen entwickelt und bin über mich hinausgewachsen. Es hat uns als Familie sehr verbunden.

Waren ältere Kinder, dein Mann oder andere Personen anwesend?

Mein Mann war dabei, meine Mutter und mein zweijähriger Sohn kamen vier Minuten nach der Geburt dazu.

Wie hat sich dein Baby nach der Geburt verhalten?

Ich hatte das Baby auf meinem Bauch liegen. Obwohl sie die Augen nicht öffnen konnte, weil sie recht geschwollen waren, wirkte sie wach und klar. Was ich allerdings auffallend fand, war, daß sie nicht sehr bewegt werden wollte. Jedes Mal, wenn wir sie bewegen mußten, um sie anders zu positionieren, schrie sie ein wenig, hörte aber schnell wieder auf. Es war, als hätte sie Probleme mit der Schwerkraft, weil alles so ungewohnt war. Sie war aber im großen und ganzen ein ruhiges Kind, schlief von der ersten Nacht an mit uns im Familienbett und erwachte nur zum Trinken. Am zweiten Tag schrie sie auch nicht mehr, wenn sie bewegt wurde.

Konntest du nach der Geburt eine gute Verbindung zum Baby aufbauen bzw. eure bereits vorhandene Bindung vertiefen?

Auf jeden Fall, ich konnte eine gute Bindung aufbauen. Obwohl wir viel Besuch hatten und meine Mutter da war, konnte ich gut eine Verbindung herstellen und intensivieren. Wären wir ganz allein gewesen, wäre das noch besser gegangen.

Wie haben deine Familie und dein Umfeld reagiert?

Wir hatten einigen Leuten von unserem Vorhaben erzählt, und alle fanden uns mutig, aber es gab erstaunlicherweise keinen, der uns für unverantwortlich gehalten hätte. Unsere Hebamme, die ja nicht während der Geburt anwesend war, hat uns stets unterstützt.

Meine Mutter war schockiert, als sie von unserem Vorhaben erfuhr, behielt es aber für sich und fand durch das Aufpassen auf unsere Buben eine Ebene, auf der sie uns unterstützen konnte. Nachdem wir ihr erklärt hatten, daß wir bewußt den Weg der Alleingeburt gehen, weil Geburt kein medizinisches Ereignis ist, hat sie es verstanden und uns trotz großer Sorge nie kritisiert.

Wie hast du das Wochenbett erlebt?

Da meine Mama da war, hatte ich viel Hilfe und konnte mich ausruhen, allerdings habe ich unser Baby auch viel geteilt. Ich hätte es vielleicht mehr bei mir haben können. Ich denke, daß die Mutter-Kind-Bindung dennoch sehr gut ist, ich konnte meine Familie genießen, hatte Zeit für die Buben, was sehr wichtig war.

Ich kann dazu leider nichts Genaues sagen, weil alle unsere Geburten ähnlich harmonisch und alle Kinder zufriedene Babys waren. Wir haben bei jedem Kind auch die Lotusgeburt gemacht. Ich kann nur sagen, daß ich sicher bin, daß durch die Art, wie wir auf die Bedürfnisse unserer Babys eingehen, sie wenig Grund zum Schreien hatten. Wir haben Haus- und Lotusgeburt gemacht, gehen auf die Ausscheidungsbedürfnisse des Babys ein, d. h. wir praktizieren eine Art von windelfreier Erziehung, haben ein Familienbett, tragen das Baby so oft es geht, und ich stille nach Bedürfnis (ohne Wasser oder Tee dazuzugeben). Ich weiß meist, was mit dem Baby los ist, und deswegen ist es zufrieden und ausgeglichen und kann sein Wesen entfalten.

Ja, unbedingt.

Sie sollen sich auf jeden Fall mit der Literatur befassen, die sanfte Geburt, Hausgeburt, Alleingeburt befürwortet, das heißt, Bücher von Michel Odent oder Laura Shanley lesen. Sie sollen alle Pro-Argumente verinnerlichen und an ihren Ängsten arbeiten, Vertrauen in sich und den eigenen Körper finden und kultivieren.

Sie sollen sich trauen, die Geburt wieder mit der Schöpfung und dem Sex zu verbinden. Wieder erkennen, daß Körperlichkeit und Sinnlichkeit bei der Geburt genauso wichtig sind wie bei der Zeugung. Wer würde denn natürlichen Sex unter Beobachtung von medizinischem Fachpersonal (Profis, welche Ahnung davon haben…) tatsächlich in Betracht ziehen? Solche Fragen sollen sich werdende Eltern stellen und den Mut finden, sich von Tabus zu befreien und vergessen, was »die anderen« denken.

Die amerikanische Autorin und vierfache Mutter Laura Shanley setzt sich seit Jahren durch ihre Aufklärungsarbeit in der Öffentlichkeit für die Alleingeburt ein. Ihr ist es zu verdanken, daß diese Form der Geburt nicht nur in den USA bekannt ist, sondern immer mehr Frauen auf der ganzen Welt damit in Berührung kommen.

Ich habe vor meinen eigenen zwei Alleingeburten jedes Mal ihr Buch »Unassisted Childbirth« richtiggehend verschlungen und mich damit innerlich gestärkt und auf die Geburt vorbereitet. Ich freue mich deshalb sehr, sie hier zu interviewen:

Interview Alleingeburten
mit Laura Shanley (54), USA
Autorin, Botschafterin für Alleingeburt und Mutter von vier Kindern

Was für Vorteile hat eine Alleingeburt?

Bei einer Alleingeburt ist die Frau völlig frei, in ihrem eigenen Zeitraum und auf ihre individuelle Weise zu gebären. Obwohl Hebammen meistens weniger kotrollieren als Ärzte, ist eine durch Hebammen betreute Geburt immer noch bestimmt durch staatliche Regeln und Vorschriften, Krankenhausroutine und / oder persönlichen Überzeugungen und Erwartungen der Hebamme. Bei einer Alleingeburt ist die Mutter federführend.

Hat sie positive Auswirkungen auf das Baby?

Wenn eine Frau nicht durch die Stimmen und Wünsche der Mediziner abgelenkt wird, ist sie besser in der Lage, sich mit ihrem Baby zu verbinden. Diese Verbindung wird nach der Geburt fortgesetzt und bleibt bestehen, weil niemand da ist, um ihr das Baby für die angeblich notwendigen Kontrollen des Neugeborenen wegzunehmen.

Aus welchen Gründen hast du dich selber für Alleingeburten entschieden?

Mein Mann und ich entschieden uns für eine Alleingeburt, nachdem wir das Buch »Geburt ohne Angst« von Grantly Dick-Read gelesen haben. Dieses Buch hat uns überzeugt, daß Geburt nicht von Natur aus gefährlich oder sogar schmerzhaft ist. Aber sie hat sich in erster Linie aufgrund von Armut, Angst und unnötiger medizinischer Eingriffe auf diese Weise entwickelt. Wenn diese Faktoren beseitigt werden, wird die Geburt zu einem sicheren, einfachen, natürlichen Prozeß, wie es ursprünglich auch vorgesehen war.

Da wir nicht in Armut lebten und ich keine Angst hatte, sahen wir keinen Grund, uns in die Hand medizinischer Fachleute zu begeben, welche dieses Konzept größtenteils nicht verstehen.

Wir wollten auch nicht mich oder das Baby gefährlichen und unnötigen Medikamenten und Interventionen aussetzen, wie z. B. die Einleitung der Geburt, zwanghaftes Pressen oder interne und externe Überwachung um nur einige zu nennen.

Wie hast du dich auf die Alleingeburten vorbereitet?

Ich bin von der Kraft der Affirmationen und positiven Glaubenssätze überzeugt, und so sagte ich jeden Tag zu mir: »Ich bin innerlich stark, ich vertraue mir selber, ich liebe mich, ich vergebe mir.« usw.

Ich habe auch oft eine einfache und friedliche Geburt visualisiert. Ich habe mich bewußt weder auf die technischen Aspekte der Geburt konzentriert, noch habe ich mich mit möglichen Komplikationen befaßt. Stattdessen fokussierte ich mich insgesamt auf eine positive Einstellung. Ich habe das Buch »Spiritual Midwifery« von Ina May Gaskin gelesen, welches mir ein allgemeines Verständnis des physiologischen Geburtsprozesses gab. Die Geburtsberichte im Buch waren für mich sehr inspirierend. Ich las auch Bücher über die Kraft der Gedanken und Gefühle. Insbesondere die Seth-Bücher von Jane Roberts waren für mich sehr hilfreich.

Schwangerschaftsvorsorge habe ich nie gemacht, da ich denke, daß sie unnötig, oft auch gefährlich ist. Ich habe ganz einfach auf eine gute Ernährung und regelmäßiges körperliches Training geachtet.

Hattest du dabei die Unterstützung deines Partners und der Familie?

Mein Partner hat mich sehr unterstützt im Gegensatz zu meiner Familie. Mein Vater war Arzt, meine Mutter in der medizinische Forschung tätig und meine Schwester war eine auf Wehen und Geburt spezialisierte Krankenschwester. Unnötig zu sagen, daß sie sich mit dem Gedanken der geplanten Alleingeburt gar nicht anfreunden konnten.

Welchen Ort hast du für die Geburten gewählt?

Ich gebar mein erstes Baby zu Hause auf meinem Bett, im Vierfüßlerstand, in der Position auf Händen und Knien. Die anderen kamen im Bade- oder Schlafzimmer zur Welt. Dabei war ich jedoch nicht auf dem Bett, sondern gebar stehend oder kniend auf dem Boden, dies funktionierte bestens für mich.

Wie hast du die Alleingeburten erlebt?

Ich habe meine Geburten absolut geliebt! Ich gebar leicht und mit sehr wenig Schmerzen. Nie habe ich meine Kontraktionen zeitlich gemessen oder die Öffnung des Muttermundes kontrolliert, sondern habe mich einfach entspannt und ließ meine Babys in ihrer Zeit zu Welt kommen.

Mein erstes Baby kam mit dem Kopf zuerst zur Welt, mein zweites Baby mit den Füßen und mein drittes Kind war ein »Sterngucker« (Gesicht nach oben mit Blick zu mir). Aber alle Babys wurden leicht in ein- oder zweimal sanftem Mitschieben geboren.

Wie siehst du die Rolle des Vaters? Sollte er bei der Geburt anwesend sein?

Wenn er keine Angst zeigt und bei der Geburt dabeisein möchte, sollte er dies auf jeden Fall tun. Dies kann eine lebensverändernde Erfahrung für ihn sein und die Bindung sowohl zum Baby als auch zur Partnerin zusätzlich stärken. Manche Väter nehmen ihr Baby selber in Empfang, was natürlich eine wunderbare Erfahrung ist.

Wenn der Vater allerdings Angst hat und seine Frau nicht unterstützen kann, so ist er eher ein Hindernis als eine Hilfe. Deshalb ist es wichtig für Väter, sich vor der Geburt eingehend damit zu befassen. Väter sind anfangs oft ängstlich beim Gedanken an eine Alleingeburt. Wenn sie sich jedoch darüber informieren, sind sie beruhigt und kommen meist zur Geburt hinzu rund um den Zeitpunkt, wo das Baby das Licht der Welt erblickt.

Wie können Frauen ihre weibliche Kraft für die Geburt wiederentdecken und auch leben?

Für mich war es einfach eine Frage der Überwindung meiner Angst und zu lernen, mir und meinen Körper zu vertrauen. Mein Körper wußte, wie er vom Embryo zu einem Erwachsenen heranwachsen muß. Er weiß, wie mein Herz schlagen soll, damit ich atme, auch während ich schlafe. Das ist eigentlich wirklich ein Wunder! Also warum sollte er nicht wissen, wie ein Kind geboren wird? Unsere Körper sind kraftvoll, unsere Gedanken sind kraftvoll. Wir müssen nicht hart daran arbeiten, um diese Kraft in uns zu finden. Wir müssen uns nur selber erlauben, die machtvollen Wesen zu sein, die wir bereits sind.

Was für praktische Ratschläge kannst du Frauen als Vorbereitung auf eine Alleingeburt mitgeben?

Viele Frauen finden es hilfreich, Erfahrungsberichte von Alleingeburten zu lesen. Ich habe Dutzende von ihnen auf meiner Website wie auch in meinem Buch»Unassisted Childbirth«. Sie sind nicht nur inspirierend, sondern enthalten auch nützliche Informationen. Ich würde auch empfehlen, schöne, natürliche Geburtsvideos anzusehen. Es gibt viele solcher Videos im Internet (www.youtube.com).

Auf meiner Seite **www.unassistedchildbirth.com** biete ich ebenfalls mehrere DVDs mit inspirierenden Geburten an. Des weiteren gibt es ein Geburtsforum und eine E-Mail-Liste. Bei der Planung einer Alleingeburt kann es enorm hilfreich sein, sich auf diese Art mit gleichgesinnten Frauen zu verbinden.

Als Buchempfehlung gebe ich die beiden, welche ich bereits erwähnt habe, obwohl sie jetzt nicht speziell auf Alleingeburt ausgerichtet sind. Für Frauen, die ein Buch über die Alleingeburt suchen kann ich mein eigenes sowie folgende drei empfehlen:

- *Unassisted Homebirth: An Act of Love* von Lynn Griesemer
- *The Power of Pleasurable Childbirth* von Laurie Annis Morgan
- *The Birthkeepers – Reclaiming an Ancient Tradition* von Veronika Sophia Robinson. Alle Bücher sind in meinem Shop oder in Buchhandlungen erhältlich.

Wie siehst du das Potential von Alleingeburten in unserer künftigen Gesellschaft?

Immer mehr Paare entscheiden sich für diese Option, und ich glaube, es wird weiter zunehmen. Die Menschen werden immer autarker in allen Bereichen ihres Lebens, so wird sich dies auch auf den Geburtsbereich übertragen. Die Auswirkungen einer sanften, natürlichen, auf die Familie zentrierte Geburt sind nicht zu unterschätzen im Hinblick auf den Menschen, die Familie und letztendlich auf die gesamte Gesellschaft. Wenn ein Kind im Geiste des Urvertrauens anstatt der Furcht geboren wird, können erstaunliche Dinge geschehen. Menschen ohne Angst sind kraftvolle Wesen, die eine starke, gesunde und erfüllte Gesellschaft erschaffen.

Was sind deine Botschaften an werdende Eltern?

Hab keine Angst zu sein, wer du bist. Du hast die Macht und die Kraft, um die Geburt und dein Leben so zu gestalten, wie du es möchtest. Glaube an deine eigenen Fähigkeiten und umgib dich mit Menschen, die dich darin unterstützen. Dein Leben ist deine eigene Kreation. Umarme es vollständig, mit Freude und Zuversicht, und du wirst von vielen positiven Erfahrungen überrascht werden!

Geburtsunterstützung und Atmosphäre

Die Geburt ist eine heilige Zeremonie, ein Fest für Mutter, Vater und Baby und darf auch als solches zelebriert werden. Wie einladend und persönlich wird dieses Fest, wenn du dich für die Geburt so einrichtest, wie du dich wohlfühlst. Meistens beginnt mit den letzten Schwangerschaftswochen auch der natürliche »Nesttrieb«. Diesen kannst du nutzen, um dich der Geburtsvorbereitung zu widmen und für die Geburt alles Nötige bereitzumachen.

Bei einer Hausgeburt gibt es unzählige Möglichkeiten, den Geburtsort gemütlich einzurichten, damit du dich während der Geburt optimal entspannen kannst. Für die Hausgeburt unseres dritten Kindes, Anael, im Juni 2010 wollte ich einen besonders schönen, feierlichen Ort erschaffen und habe unser Badezimmer entsprechend vorbereitet. Diese Photos entstanden, als die Geburt bereits begonnen hatte.

Wenn du dein Kind im Geburtshaus oder im Spital zur Welt bringen möchtest, kannst du persönliche Gegenstände mitnehmen, die du am besten während der Geburtsvorbereitung jeweils mit einbeziehst. So hast du bereits eine positive Verknüpfung geschaffen zu den Gegenständen, die dich während der Geburt dabei unterstützen, in eine tiefe Entspannung zu gelangen.

Als Inspiration gebe ich dir hier einige Ideen:
- Öle, Essenzen, Sprays, Düfte
- Aurasomaöle, Pomander
- Heilsteine, Kristalle, Geburtssteine
- Kerzen, Geburtskerze
- Salzkristalllampe (gibt ein sanftes, gedämpftes Licht)
- Entspannungsmusik, Begleit-CD (mit Meditationen, Entspannungsübungen, Hypnobirthing®)
- Instrumente (z. B. Flöte, Klangschale. Ja, es darf auch gesungen und Musik gemacht werden, denn die Geburt ist eine heilige Feier.)
- Bilder, Plakat
- Muscheln, Schnecken
- Engel
- Figur, Stofftier
- Amulett, Geburtsamulett
- Persönlicher Ritualgegenstand
- Eigenes Kissen, Decke, Geburtsdecke
- Spezielles Getränk (z. B. energetisiertes Wasser), Essen
- Blumen

Schutzraum erstellen

Um dich von fremden Einflüssen und Störungsfeldern etwas abzuschirmen, wenn du in einem Krankenhaus gebären möchtest, kannst du dir auf verschiedene Weise einen Schutzraum aufbauen. Dieser Raum soll dich und dein Baby während der Geburt wie ein Kokon umhüllen und beschützen.

Du kannst einen oder mehrere der folgenden Techniken anwenden:

- Hülle dich gedanklich in eine strahlende goldene Lichtkugel ein. Dieses Licht soll dich und dein Kind beschützen.
- Stelle dir vor, du stehst mit deinem Kind innerhalb einer schützenden Lichtsäule. Diese Lichtsäule umgibt euch beide komplett und lückenlos. Ihr Schutz reicht bis hinab in die Erde und hinauf zum Himmel. Laß diese Lichtsäule erstrahlen.
- Nimm Kontakt mit deinen Schutzengeln und den Geburtsengeln auf. Dies kannst du gedanklich tun oder mit Hilfe der Engelsprays. Danke für ihren Beistand und Schutz während der Geburt.
- Benütze das Gebet zur Urquelle. Egal, ob du einer oder welcher Religion du angehörst und welchen Namen du Gott gibst, bitte ihn um Schutz und Führung während der Geburt.
- Reinige den Raum mit Aurasoma-Ölen, Essenzen, Düften oder Räuchern.
- Trage Heilsteine mit Schutzwirkung.
- Verbinde dich mit der Natur und der Urquelle. Bitte um Reinigung des Raumes durch die vier Elemente und stelle in den vier Himmelsrichtungen entsprechende Gegenstände auf.

Osten	**ERDE**	eine Schale mit Erde oder Salz
Süden	**WASSER**	eine Schale mit Wasser
Westen	**FEUER**	eine weiße Kerze oder Geburtskerze
Norden	**LUFT**	eine Schale mit Räucherwerk oder Essenzenspray

Verwende ein dir bekanntes Reinigungsritual, welches deinen eigenen Vorstellungen entspricht.

Affirmationen für die Geburt

Ich vertraue, daß mein Körper genau weiß, was er zu tun hat.

Ich vertraue auf meine Fähigkeit, mein Baby in Ruhe und Harmonie zu gebären.

Ich bin vollständig gelöst, ruhig und locker.

Mein Baby ist gesund, es geht ihm gut.

Die Geburt meines Kindes ist leicht, angenehm und sicher.

Ich atme ruhig, tief und langsam.

Ich lasse los und gebe mich hin.

Ich genieße die Energie, die durch meinen Körper fließt.

Ich vertraue meinem Körper, meinem Baby und der Natur.

Mein Baby fühlt sich immer geborgen und beschützt.

Ich genieße eine wunderschöne, sanfte Geburt.

Tönen (Chanten) und Mantras

Wir sind es gewohnt, bei Schmerz auszurufen oder zu schreien. Natürlich wurde durch Medien, wie z. B. Filme, uns immer wieder das Bild der unter der Geburt laut schreienden und schimpfenden Frau vermittelt. Doch dieses Bild ist falsch und verzerrt!

Ich möchte hier wieder auf den Klangheiler Jonathan Goldman zurückkommen, der aus eigener Erfahrung mit Nachdruck erklärt, daß beim Tönen zur Schmerzlinderung der Körper so entspannt wie möglich sein muß, auch wenn starke emotionale oder körperliche Schmerzen da sind. Das heißt, du kannst mit Tönen deinen Schmerz ausdrücken, wenn du dabei entspannt bleibst. Stöhnen oder Ächzen bringt dabei größere Linderung als Schreien.

Schreist du im Zustand der Verspannung, hältst du damit den Schmerz im Körper fest und verstärkst ihn. Entspanntes Atmen und Tönen hingegen verschafft dir Linderung.

Eine besondere Art des Tönens ist die Verwendung von Mantras. Jedes gesprochene Wort erzeugt eine vibrierende Schwingung. Diese Vibration hat auf uns selber und unsere Umgebung eine entsprechende Wirkung. Die nächste Ebene ist die Absicht. Wenn du dem Wort eine klare Absicht hinzufügst, entsteht durch diese zusätzliche Komponente eine Verstärkung des Gesagten. Deine positiven Gefühle, welche das Wort oder Mantra begleiten, sind dabei die Träger. Je klarer, bewußter und gefühlsreicher du ein Mantra aussprichst oder tönst, desto stärker wird die Wirkung sein und um so mehr kannst du dich und dein Baby während der Geburtsarbeit unterstützen.

Es müssen auch nicht laute Töne sein, du kannst auch leise tönen oder die Worte wiederholen. Wie bei einem Gebet werden dadurch unruhig hin- und her irrende Gedanken oder Ängste zum Schweigen gebracht. Sie beruhigen deinen Geist und werden dich energetisieren. Du kannst mit ruhiger Atmung und Hilfe der Mantras vollkommen in deine eigene Welt der Geburt eintauchen. Es ist die Aufgabe deiner Hebamme, Doula oder Adoula oder die des Vaters, wenn er dazu bereit ist, dich dabei vor äußeren Einflüssen und Störungen abzuschirmen, damit du in dieser schützenden Hülle und in deiner inneren Mitte bleibst.

Manchmal ist die Geburt wie eine Gratwanderung, du mußt dein inneres Gleichgewicht halten, damit du nicht abstürzt, damit dich die Kraft der Wehen oder, besser gesagt, Wellen nicht überrollt. Wie ein Surfer sollst du in Harmonie mit den Wellen reiten und dich ganz diesem Geschehen hingeben.

Gib alle Widerstände in dir auf, sag Ja zu dem Prozeß, zu der Kraft dieser Wellen, zur intensiven Arbeit deines Körpers und zur Geburt eures Babys!

Lasse los, werde weit, weich und laß alles fließen. Atme ruhig, atme tief in den Bauchraum und lasse den Atem auch lange und bewußt ausströmen! Das lange Ausatmen ist sehr wichtig für den Fluß der Energien.

Mantras des Sanskrit

OM (AUM gesprochen) Viele Mantras beginnen oder enden mit OM. Om gibt Schutz, Kraft und Gnade. Om bejaht das Leben und energetisiert alles, was du dabei hinzufügst. Mit Om sind die männlichen und weiblichen Energien vereinigt und bilden mit der gesamten Existenz eine Einheit. Om ist der oberste Ton und Urklang der Schöpfung. Om ist die kosmische Schwingung selbst und verbindet dich mit der Urquelle des Schöpfers.

Shrim Shrim ist eine weibliche Keimsilbe und das Mantra des Lichtes und der Schönheit. Es ist der Aspekt der göttlichen Kraft und Fülle und gibt dir Vertrauen und Beständigkeit in deine weibliche Kraft. Es hilft dir, dich dem Geburtsprozeß hinzugeben und dich ganz darauf einzulassen. Es ist das

Mantra der Herrlichkeit und des Überflusses. Du hast alles Nötige, alles, was du brauchst und die innere Kraft, dein Baby zu gebären!

Hrim Hrim ist das Mantra der Reinigung und Transformation. Hrim lüftet den Schleier der Illusion und verbindet dich mit der höheren Ebene des Universums. Von allen Mantras wird HRIM als das Höchste angesehen und bezieht sich auf das Herz. Es ist das Mantra von Shivas Vereinigung und von Maheshvari, der obersten Gottheit.

Chants für die Geburt

Indien *Yaya Yaya Devi Mata Namaha*
Dies ist ein indisches Mantra zur Ehre der Muttergöttin, die Ursprung allen Lebens ist.

Native American *Yani Yoni Ya Hu Way Hey*
Dieses Geburtslied der amerikanischen Ureinwohner soll die Geburt erleichtern und die Gesundheit des Babys fördern.

Amerika *I'm one with the love of the mother. I'm one with the love of god. I'm opening, I'm opening and I'm opening.*

Westafrika *Yemaja assesu, assesu yemaja, Yemaja olodo, olodo yemaja*
Dies ist ein Loblied der Yoruba in Westafrika, welches der zentralen weiblichen Gottheit Yemaja (sprich: Dschemaia) gewidmet ist. Yemaja steht für die Geborgenheit der Erde, Gelassenheit und Im-Fluß-Sein.

Ein besonderes Mantra, welches du unabhängig von Ort oder Umständen immer anwenden kannst, ist folgendes Heilmantra.

Heilmantra: **RA MA DA SA SA SAY SO HUNG**

Dieses Mantra enthält acht Klänge, welche den Fluß der Kundalini und deine Chakras sowie die linke und rechte Hemisphäre deines Gehirns ausgleichen. Die einzelnen Teile des Mantras haben folgende Bedeutungen:

Ra	Sonne/Feuerprinzip	**Sa**	Totalität
Ma	Mond/Wasserprinzip	**Say**	Geist/Energie
Da	Erdprinzip	**So**	Manifestation
Sa	Totalität/Luftprinzip	**Hung**	Erfahrung des »Du«

Der erste Teil des Mantras (Ra Ma Da Sa) ist ein Aufstieg zum Himmel. Die Wiederholung des Klanges Sa ist ein Wendepunkt, der zum Abstieg des Geistes in die Materie führt und diese mit Heilenergie belebt. Somit bringt der zweite Teil des Mantras (Sa Say So Hung) die Heilkräfte und Energie der höheren Welt hinunter auf die Erde.

Es ist eine schöne Analogie zur Geburt, wo die Seele des Kindes hinab in die Materie steigt.

Neben den Mantras kannst du auch die Vokale A, E, I, O, U oder den Buchstaben M durch deinen Körper schicken. Insbesondere A und O können deine Geburtsarbeit unterstützen. Du wirst selber wissen, wann und welcher Laut dir guttut.

> **Durch das Tönen entspannt sich dein Gesicht. Durch das Öffnen des Mundes wird sich auch dein Muttermund entspannen und öffnen. Küssen mit offenem Mund hat dieselbe positive Wirkung.**

Wenn du dir vorher schon Zeit genommen hast, das Singen von heilenden Obertönen zu erlernen, kannst du diese Technik während der Geburt wirkungsvoll einsetzen. Du kannst die Musik aber auch ganz einfach anhören und je nach Lust und Laune mittönen.

Während des Tönens und der ruhigen Atmung kannst du deine Augen schließen oder den Blick auf etwas Schönes richten, z. B. auf ein brennendes Kerzenlicht, einen Kristall oder ein Plakat, welches du selber gemalt hast, ein Yantra oder ein Bild.

> **Nimm zur Geburt mit, was dir dienlich ist. Wenn du zu Hause gebärst, hast du natürlich Zeit und Muße, einen »heiligen« Raum einzurichten; heilig im Sinne von etwas Geschütztem. Es ist ein geschützter Raum, welcher eine ganz intime, feierliche und freudige Atmosphäre vermittelt.**

Bilder, innere Imagination

Du kannst dich während der Geburt auf die Bilder fokussieren, die du dafür ausgewählt und in den Geburtsraum mitgenommen hast. Sie sollen ein angenehmes Raumklima erschaffen und dir dabei helfen, mit positiven Gedanken und in Freude dein Kind zu gebären. Die Bilder oder Symbole kannst du dir aber auch einfach innerlich vorstellen, während du die Augen geschlossen hältst.

Blumen mit offenen Blüten

Wie die Blume wird sich dein Muttermund während der Geburt öffnen. Stelle dir bildlich vor, wie er sich immer weiter öffnet und sich dein Geburtskanal weitet. Werde weit, damit sich dein Kind seinen Weg bahnen kann.

Lotusblumen

Als Sinnbild für die Lotusgeburt soll auch hier die öffnende Lotusblume das Öffnen des Muttermundes erleichtern. In der letzten Phase der Geburt öffnest du dich ganz weit, damit dein Baby durchtreten kann, hinein in unsere Welt.

Blume des Lebens

Die Blume des Lebens ist als »heilige« Geometrie aufgebaut. Heilig in dem Sinne, daß ihre Strukturen auf der Urstruktur der Schöpfung beruhen. Sie beginnt mit dem Kreis als Symbol des Lebenskreislaufes, führt weiter zur sogenannten Fischblase (Vescia Piscis), zwei ineinander verschlungene Kreise, auch ein Symbol von Partnerschaft und Ehe. Die Kreise entwickeln sich weiter zum göttlichen Genesis-Muster. Dieses Muster ist wiederum Zentrum für die »Saat des Lebens«, sieben ineinander verschlungene Kreise im Zentrum der »Blume des Lebens«. Dieses Muster wurde überall auf der Welt verwendet, auch in tibetischen Klöstern oder im Osiris-Tempel Ägyptens. Sie wird auch »Sprache des Lichts« oder »Sprache der Stille« genannt.

Du kannst dir die »Blume des Lebens« während der Geburt visualisieren, dir also gedanklich vorstellen, oder als physisches Bild betrachten. Es gibt davon auch Aufkleber, die du auf einem Glas oder einer Karaffe anbringst, um damit Wasser zu energetisieren. Dieses kannst du während der Schwangerschaft, Geburt und Stillzeit trinken.

Spirale

Die Spirale finden wir überall auf der Welt dargestellt. Sie hat eine vielfältige Symbolik:

- Symbol für das Universum, die Galaxien
- Symbol für die Jahreszeiten
- Symbol für den Lebenskreislauf mit den Übergängen Geburt und Tod
- Symbol für die Entwicklung, Entfaltung, Evolution
- Symbol für das Göttliche
- Symbol für Schwingung
- Symbol für Verbundenheit von innen nach außen und umgekehrt
- Symbol für Bewegung, Dynamik
- Symbol für unsere eigene DNA, unser Selbst

Das Motiv der Spirale finden wir bereits in alten Felsritzungen amerikanischer Ureinwohner, Bildern der Aborigines, indischen Mandalas, keltischen Symbolen, islamischer Ornamentik, Schmuck und Tatoos der Maoris, bei den Inkas und in Zeugnissen aus der Mittelsteinzeit.

Die Spirale liegt genau dort, wo die leblose Materie sich in Leben umwandelt.

Ich bin davon überzeugt, daß der Schöpfungsakt sich in Spiralform vollzogen hat.

Unsere Erde beschreibt den Lauf der Spirale. Wir gehen im Kreis, aber wir kommen nie wieder an den Punkt zurück, der Kreis schließt sich nicht, wir kommen nur in die Nähe des Punktes, wo wir gewesen sind. Das ist typisch für eine Spirale, daß es ein scheinbarer Kreis ist, der sich nicht schließt.

Die echte und gerechte Spirale ist nicht geometrisch, sondern vegetativ, sie hat Ausbuchtungen, wird dünner und dicker und fließt um Hindernisse, die sich ihr in den Weg stellen.

Die Spirale bedeutet Leben und Tod nach allen Richtungen. Nach außen läuft sie in die Geburt, ins Leben und anschließend durch ein sich scheinbar Auflösen ins zu Große, in außerirdische, nicht mehr meßbare Bereiche.

Nach innen kondensiert sie sich durch Konzentration zum Leben und wird anschließend in unendlich kleinen Regionen wieder etwas, was wir als Tod bezeichnen, weil es sich unserer messenden Wahrnehmung entzieht.

FRIEDENSREICH HUNDERTWASSER

Du kannst dir die Spirale aufmalen, z. B. mit Henna auf deinen Bauch, auf ein Plakat, oder du malst dir ein Bild, welches du zur Geburt mitnimmst. Während der Geburt kannst du die Spirale betrachten oder sie dir gedanklich vorstellen.

Die Spirale zeigt deinem Baby den Weg in unsere Welt. Stell dir vor, ihr geht mit jeder Welle (Wehe) gemeinsam eine Umdrehung weiter. Es dreht sich von alleine in die richtigen Positionen, um geboren zu werden. Die Spirale ist ein Symbol für die Verwandlung, für die Geburt und die Entwicklung in eine neue Daseinsform. Dein Baby schraubt sich spiralförmig seinen Weg durch den Geburtskanal in eine neue Welt.

Labyrinth

Das Labyrinth ist ein uraltes Symbol mit verschlungenen Wegen, welche dich zu seinem Zentrum und wieder hinaus führen. Es wird zur Meditation benützt und auch für die Geburtsvorbereitung und während der Geburt eingesetzt.

Es gibt begehbare Labyrinthe und solche, die du betrachten oder mit deinen Fingern nachzeichnen kannst. Am besten malst du dir dein eigenes gemäß dieser Vorlage. Du kannst es auch durch Symbole oder Affirmationen ergänzen. Dieses Labyrinth ist auch für ein Heilritual im Wochenbett geeignet und wird im entsprechenden Kapitel aufgeführt.

Im Labyrinth gibt es drei verschiedene Bereiche:

Der Eingang und der Weg ins Labyrinth: Der Geburtsvorgang
Der Weg ins Zentrum ist voller Wendungen, Kurven und Abzweigungen. Genauso erfährst du während der Geburt verschiedene Phasen deiner körperlichen und seelischen Verfassung. Du bist im Fluß mit dem Geburtsprozeß und der Energie, die durch dich hindurchfließt, und dann gibt es wieder Momente, wo es scheinbar nicht weitergeht und du denkst, daß du all deine Kräfte bereits verbraucht hättest. Folge mit deinen Augen oder deinem Finger dem Weg des Labyrinthes. Siehe, daß auch bei Abzweigungen der Weg weiterführt und dich durch die Wehen trägt, immer näher zum Zentrum, zu deinem Kind. Atme tief und langsam ein und aus. Atme bis hinunter in deinen Bauchraum und atme wieder ganz bewußt und langsam aus. Folge dem Weg zu deinem Kind.

Das Zentrum: Die Geburt deines Kindes
Das Zentrum ist der Moment, wo euer Kind das Licht der Welt erblickt. Halte in diesem heiligen Moment inne. Nimm dein Baby zu dir und sei mit all deinen Sinnen und Gefühlen bei diesem Wunder der Schöpfung.

Der Weg nach außen: Die Zeit nach der Geburt
Genauso, wie der Weg nach innen dich zu deinem Kind geführt hat, gibt es wieder einen Weg nach draußen. Es ist die Zeit nach der Geburt. Es ist ein Weg voller neuer Erfahrungen, wenn ihr euch in eurer neuen Rolle als Eltern zurechtfinden müßt. Es ist wie die Geburt ein Prozeß, manchmal in kleinen Schritten hin zu einer in Liebe und Harmonie verbundenen Familie. Auch da gibt es Hürden zu überwinden, die Bedürfnisse deines Kindes zu entdecken und an euren Aufgaben zu wachsen. Laßt euch Zeit und habt Geduld und Vertrauen in euch und euer Kind!

Für die Geburtsvorbereitung kannst du das Labyrinth benützen, indem du die langsame Tiefenatmung übst und dabei den Weg des Labyrinthes gehst oder mit den Augen oder dem Finger nachzeichnest. Dadurch wirst du auch unter der Geburt diese Atmung beibehalten können und dein Baby in Ruhe und innerem Selbstvertrauen gebären.

Wasser, Wellen

Wasser ist ein wunderbares Element, das dich während der Geburt unterstützt. Wasser ist im Fluß, es erinnert dich daran, während der Geburt im Fluß zu bleiben. Laß jeglichen Widerstand los und laß die Urkräfte, die während der Geburt wirken, frei fließen. Löse dich von allem, was dich verkrampft, alles, was sich sträubt, alles was »nein« sagen will. Fließe mit den Wellen (Wehen) mit und sage innerlich oder laut ausgesprochen: »Jaaaaaa!« Stelle dir vor, wenn eine Welle (Wehe) kommt, daß du wie bei der Meeresbrandung auf dieser Welle surfst. Du gehst mit ihr und läßt los. Jede Welle bringt dir dein Kind näher und du wirst es schon bald das erste Mal in deinen Händen halten.

Du kannst dir während der Geburt Musik oder Naturgeräusche mit Wasser anhören. Dies kann ein fließendes Bächlein sein oder Meeresrauschen, einfach was dir gefällt.

Du kannst dir Wasser in jeglicher Form vorstellen oder bei der Geburt ein Bild mit Wasser, Meer oder Wellen betrachten.

Eine Geburt im warmen Wasser, z. B. in einer Gebärwanne, erleichtert dir auf verschiedene Arten die Geburt. Durch das warme Wasser entspannst du dich. Deine Muskeln und dein Gewebe werden dehnbarer und die Möglichkeit eines Dammrisses viel geringer. Gerade im Kreuzbereich wird es während der Geburt deine Schmerzen enorm lindern. Dein Baby wird aus seiner Bauch-Wasserwelt ins Wasser geboren und erlebt somit einen sanfteren Übergang.

Delphine

Delphine haben eine heilende Wirkung auf uns Menschen. Sie gelten als Geburtshelfer und scheinen eine besondere Verbindung zu Schwangeren und den Babys im Bauch zu haben. Im antiken Griechenland wurden sie als heilige, spirituelle und hochentwickelte Wesen verehrt. Sie sind Säugetiere, die ihre Jungen auch lebend gebären und mit Muttermilch ernähren.

Du kannst dir während der Geburt Musik mit Delphingesängen anhören. Vielleicht möchtest du dir ein Bild mit Delphinen aufhängen oder sie visualisieren.

Du kannst auch Delphinessenzen verwenden, z. B. im Badewasser, in der Duftlampe, als Phiole zum Umhängen oder als Spray. Diese Essenzen wurden auf freiwilliger Zusammenarbeit mit den Delphinen erarbeitet, indem die Delphine diese ohne Zwang energetisierten.

»Delphine sind im Wasser lebende Manifestationen der Engel.«

SABINA PETIT

Kristalle

Kristalle waren schon immer Hüter der Energien. Jede Art von Kristall hat ihre besondere Aufgabe und Schwingung. Kristalle und Heilsteine können dich während der Geburt unterstützen, indem du sie trägst, in der Hand hältst, sie dir gedanklich vorstellst oder sie physisch oder auf einem Bild betrachtest. Am besten nimmst du Kristalle in die Hand oder legst sie vor dich hin. Besonders geeignet für die Geburt sind z. B. Malachit, Karneol, Mondstein, Amazonit oder roter Jaspis. Natürlich kannst du dir auch intuitiv einen Stein aussuchen.

Engel

Engel begleiten uns überall durch unser Leben, auch während der Geburt. Deine Schutzengel wie auch die Geburtsengel werden bei der Geburt deines Babys anwesend sein und euch beide mit ihrer Liebe, Energie und Hingabe unterstützen.

Du kannst dir während der Geburt vorstellen, wie sie dich in ein strahlendes Licht tauchen, das dich und dein Baby beschützt. Du kannst dir vorstellen, wie sie dein Baby an den Händen halten, mit ihrem Licht umgeben und ihm den Weg durch den Geburtskanal weisen. Lade die Engel bewußt zur Geburt ein, sprich laut oder in Gedanken mit ihnen. Fühle dich geborgen und beschützt.

Engel kannst du in physischer Form als Bilder, Schmuck, Karten, Kristalle, Kerzen und vielem mehr bei dir tragen oder vor dich hinstellen. Oder höre dir während der Geburt Musik an, welche dich an die himmlischen Klänge der Engel erinnert.

Es gibt von Ingrid Auer Engelsymbole, Engelessenzen und Engelöle, welche du während der Schwangerschaft, bei der Geburt und in der Zeit danach verwenden kannst. Sie dienen dir und deinem Baby als Schutz und helfen, die feinstofflichen Körper zu harmonisieren, die Chakren auszugleichen und euch auf liebevolle Weise von emotionalen, mentalen und geistigen Blockaden zu befreien. Insbesondere bei einem Kaiserschnitt gibt es für dich und dein Kind Essenzen und Öle als energetischen Schutz zur Vorbereitung, während der Operation und danach.

Du kannst auch schon während der Schwangerschaft bei Vorsorgeuntersuchungen oder zur Geburtsvorbereitung mit den Engelessenzen, Engelölen und Engelsymbolen arbeiten. Dazu gibt es auch eine CD von Ingrid Auer mit entsprechenden Übungen. Unter der Geburt kannst du die Essenzen in ein Glas Wasser geben und trinken, die Sprays für eine harmonische Raumatmosphäre verwenden und die Öle während der Massage oder im Badewasser einsetzen. Für die Zeit nach der Geburt sind die Öle sehr gut für die Babymassage geeignet, oder du kannst sie ins Badewasser geben und in Duftlämpchen verwenden.

Yantra

Yantras sind heilige, geometrische Formen, die in Indien seit Jahrtausenden zur Meditation verwendet werden. Du kannst sie während den Geburtsvorbereitungsübungen und auch während der Geburt verwenden, um dich selber innerlich auszurichten und in deine Mitte zu gelangen. Atme während der Betrachtung des Bildes tief und ruhig in deinen Bauchraum. Laß alle Gedanken los, tauche ein in das Bild und benutze es als Tor zu deiner inneren Welt und zu deinem Kind.

Bei der Geburt von Anael habe ich mir den Geburtsraum besonders einladend eingerichtet. Ich wollte diesem Fest der Geburt auch einen feierlichen Rahmen geben, in dem ich mich absolut wohl fühlte. Es entstand ein ganz intimer, heiliger Raum, in dem ich mich beschützt und gleichzeitig frei dem Geburtsprozeß hingeben konnte.

Geburt von Anael
Zweite Alleingeburt zu Hause im Wasser – Nadine Wenger

(Anmerkung: Welle = Wehe)

In der Nacht vom 06.06. auf den 07.06.2010 bin ich aufgewacht, da ich ein leichtes Ziehen im unteren Rückenbereich spürte. Als ich aufs Klo ging, bemerkte ich leicht rötlichen Ausfluß. Ich ging ins Wohnzimmer, hörte Musik, massierte mir ein wenig den Bauch und sprach mit meinem Baby. Dann habe ich Wäsche zusammengelegt und unsere Katzen gefüttert. Elyah wurde wach, und ich ging wieder zurück ins Bett. Wir sind beide nochmals eingeschlafen, bis er um 07.00 Uhr ganz wach war und wir aufgestanden sind.

Der Tag war bedeckt, zwischendurch hat es geregnet, deshalb blieben wir die meiste Zeit drinnen im Haus. Ich spürte immer wieder mal ein ganz leichtes Ziehen, wie auch den Tag zuvor schon, nachdem mein Mann und ich miteinander geschlafen hatten. In jener Nacht war ich jedoch noch nicht soweit, ganz loszulassen, und wollte gerne noch einmal ausgiebig schlafen vor der anstrengenden Babyzeit. An diesem Morgen war ich bereit für die Geburt und freute mich schon sehr auf unser neues Familienmitglied. Ich hoffte, daß es nun bald soweit sein würde. Den ganzen Tag über habe ich bewußt nur sehr wenig und gesunde, leichte Kost zu mir genommen, um den Geburtsvorgang damit zu unterstützen. Prompt hatte ich auch leichten Durchfall. Mein Magen war so gut wie leer, was die ganze Geburt wesentlich erleichterte.

Während des Tages spürte ich immer wieder leichte Wehen, doch nicht so stark, daß ich mich bereits intensiv auf die Atmung hätte konzentrieren müssen. Vielmehr machte ich einfach Pausen und setzte mich eine Weile hin.

Abends kam Patrick erst um 20.00 Uhr von der Arbeit nach Hause. Ich wurde unruhig und war sehr froh, als er sich dann um die Kinder kümmerte. Das Ziehen war noch angenehm, aber doch bereits stärker, etwa alle acht Minuten. Ich wußte nicht,

ob es nun wirklich losgehen würde, hatte aber intuitiv das Bedürfnis, daß er möglichst schnell unseren Kachelofen anfeuern und den Geburtspool nochmals aufblasen sollte, was er auch sofort tat.

Patrick zündete überall die Kerzen an, füllte die Duftlampen und legte Entbindungsduft und Öle bereit. Leonie hatte mir am Nachmittag extra noch ein Sträußchen Blumen von der Wiese gepflückt für die Geburt. Alles war bereit, um unser Baby in Empfang zu nehmen…

Zuerst setzte ich mich kurz in die Heilpyramide, die wir aufgestellt hatten. Die Wellen fühlten sich darin etwas angenehmer an, aber ich hatte stark das Bedürfnis nach Wärme und Wasser, deshalb ging ich ins Badezimmer und begann, den Pool zu füllen. Ich atmete langsam und tief während der Wellen. Ich hatte das Gefühl, das Füllen des Pools dauere ewig. Patrick kümmerte sich inzwischen um unsere beiden Großen und brachte sie zu Bett.

Als der Pool genügend gefüllt war, ließ ich mich in das warme Wasser hineinsinken, was sogleich ein großes Wohlgefühl auslöste. Insbesondere im Bereich des Rückens brauchte ich die Wärme, da der Druck im Kreuzbereich am größten war. Das Wasser reichte mir jedoch nicht hoch genug, während ich im Pool kniete. Deshalb ging ich nochmals raus, füllte den Pool noch höher und ließ mich sogleich wieder ins warme Wasser sinken. Was für eine Wohltat!

Die Musik-CD nahm ich raus und wechselte zur Hypnobirthing®-CD, die englische Version von Magie Mongan. Diese CD hörte ich ja bereits täglich vor dem Einschlafen, und sie war auch schon bei Elyahs Geburt eine große Hilfe. Ich entspannte mich sofort. Warmes Wasser und die Hypnobirthing®-CD sind für mich während der Geburt einfach absolut erforderlich.

Ich schaute auf die Uhr, es war nach 21.00 Uhr, und ich merkte, wie die Wellen stärker wurden. Also doch kein Fehlalarm. Ich freute mich riesig! Gemütlich saß ich im Pool und atmete bei jeder Welle tief und langsam ein und ganz bewußt und intensiv wieder aus. Dabei schaute ich zum Fenster hinaus. Welch friedlicher Anblick, draußen die Berge, die grüne Natur und drinnen das Kerzenlicht. Ich hörte Kuhglocken-Gebimmel und das Zirpen der Grillen. Es wurde langsam Abend und dämmerte bereits.

Bei Elyah hatte ich das Gefühl, unendlich Zeit zu haben und war sehr gelassen. Nur bei Anael hatte ich ein anderes Gefühl, eine innere Unruhe im Sinne von bewußt gewollter Aktivität. Ich wollte, daß es schnell vorwärts geht. In mir drin dachte ich mir: »Schön und gut, so gemütlich zu veratmen, aber ich möchte nun aktiv werden.« So öffnete ich das Fenster und begab mich auf die Knie. Die kühle, hereinströmende Abendluft tat gut. In der einen Hand hielt ich meine Geburtssteine, drei Aprikosenachate und einen roten Jaspis. Mit der anderen Hand hielt ich mich am Griff des Fensters fest, ließ mich daran hängen, so konnte der untere Körperbereich noch mehr loslassen und entspannen.

Die Wellen wurden sofort ganz stark. Dies war für mich das Zeichen, daß es vielleicht schon so weit war, daß ich das Baby herunteratmen konnte, obwohl noch kaum Zeit vergangen war, seit ich wieder im Pool saß. Ich merkte, daß ich auch während der Wellenpausen im langsamen Atemrhythmus bleiben mußte, um nicht aus der »Konzentration« zu fallen. Ich nutzte also jede kommende Welle ganz bewußt, habe mir dabei vorgestellt, wie ich ganz weit und offen bin und das Baby herunterrutschen kann. Ich atmete tief und intensiv aus, schob dabei etwas mit.

Schon nach kurzer Zeit spürte ich Anael im Geburtskanal. Es fühlte sich an, als ob etwas ganz Großes mich dehnen und weiten würde. Etwa zwei Wellen später griff ich in die Vagina, um zu schauen, ob tatsächlich was zu ertasten war. Ich fühlte etwas Kleines, Glibberiges. Ich fragte mich, ob das wohl die Fruchtblase oder ein Fuß sei. Die Wellen wurden noch intensiver, aber angenehmer, mehr wie ein Wahnsinns-Druckgefühl. Eine Welle später rutschte er ganz hinunter, und ich konnte bereits den Kopf in mir drin ertasten. Ich war ganz euphorisch.

Mit der nächsten Welle schob sich ganz langsam der Kopf hinaus, ich machte mit den Händen den Dammschutz. Dabei atmete ich zuerst ganz tief, stöhnte, meine Stimme hob sich an und ich brach in schallendes Gelächter aus. Ich war so voller Freude, ich konnte gar nicht mehr anders als nur noch lauthals lachen und nicht mehr damit aufhören. Der Kopf unseres Babys war geboren. Es war 22.23 Uhr.

Ich wartete auf die nächste Welle, und es kam mir vor wie eine Ewigkeit. Tatsächlich dauerte es nur noch eine Minute, dann war Anael Maitreya geboren. 22.24 Uhr, nach knapp 1 ½ Stunden aktiver Geburt!

Ich hob ihn sanft aus dem Wasser und nahm ihn ganz nahe zu mir in den Arm. Wie friedlich doch alles war, umgeben von Kerzenschein. Die Zeit schien stillzustehen, welch erhabener Moment voller Glück! Und da kam auch bereits Patrick ins Badezimmer und war höchst erstaunt, daß unser Baby schon da war. Ich schaute Anael genauer an. Ein Junge!

Wir mußten beide lachen, da wir dem Gefühl nach mit einem Mädchen gerechnet hatten. Wir freuten uns beide einfach riesig! Ein so großes Geschenk, dieses gesunde Kind und diese wunderschöne, einfache Geburt. Anael war dabei ganz ruhig, und ich blieb noch eine Weile im Wasser. Als er anfing zu schreien, half mir Patrick aus dem Pool, und ich stieg die Treppen hinauf ins Schlafzimmer. Anael nuckelte zufrieden an der Brust und schlief ein.

Etwa eine Stunde später schaute ich, ob die Plazenta herauskommen würde, aber es war noch zu früh. Also kuschelte ich mich wieder ins Bett und döste vor mich hin. So gegen 2.00 Uhr morgens waren wir wieder wach, und ich ging in die Hocke, drückte sanft auf den Bauch und versuchte ganz leicht zu »pressen«, jedoch ohne Erfolg.

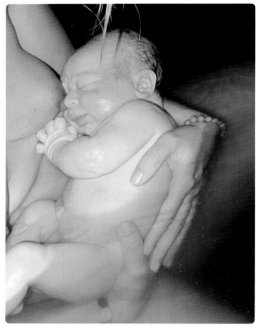

Anael gleich nach der Geburt im Pool

Anael war noch immer mit der Plazenta und mir verbunden, da wir eine Lotusgeburt wollten, wie bei Elyah. Es war nun also etwas umständlich für mich, mit der kurzen Nabelschnur in der Hocke zu bleiben. Meine Schwester als angehende Hebamme hatte mir noch am gleichen Tag den Tip gegeben, in eine Flasche zu pusten, falls die Plazenta nicht rauskommen sollte. Ich hatte keine Flasche bereit, also pustete ich einfach zweimal kräftig in meine Hand. Et voilà, schon kam die Plazenta mühelos herausgerutscht ins Sieb über der Schüssel, welches ich bereithielt. Ich war erleichtert, nun konnte das Wochenbett beginnen.

Leonie und Elyah haben die Geburt ganz einfach verschlafen. Es war für sie am nächsten Morgen eine wunderschöne freudige Überraschung, ihren kleinen Bruder begrüßen zu dürfen.

Bonding – Die erste Stunde nach der Geburt

Die erste Stunde nach der Geburt ist ohne Zweifel eine der kritischsten Phasen im Leben eines Menschen. Es ist kein Zufall, daß viele menschlichen Gruppen die physiologischen Prozesse in diesem kurzen Zeitabschnitt aufgrund von Glaubensvorstellungen durch Rituale routinemäßig gestört haben. Während dieses Zeitraums gleich nach der Geburt werden durch Mutter und Kind Liebeshormone ausgeschüttet, und es entsteht das erste »Bonding« (dieser Begriff aus der Psychologie bedeutet soviel wie Bindung, Anbindung).

Verhaltensforscher haben festgestellt, daß es eine ganz besonders sensible Phase ist, die nicht mehr wiederholt werden kann. Denn zu diesem Zeitpunkt erreicht der Hormonspiegel des Liebeshormons Oxytocin seinen Höhepunkt, vorausgesetzt, der mütterliche Körper wurde nicht durch eine PDA oder Narkosemittel daran gehindert, das Hormon freizusetzen. Das Urvertrauen des Babys und die Mutter-Kind Beziehung werden durch die Geburt und die Stunde danach geprägt. Unnötige Aktivitäten wie Baden, Wiegen, Anziehen usw. verhindern diese wichtige Bindung.

Der Körper der Mutter ist nach der Geburt auch bereit, das erste Mal zu stillen, ein lebenswichtiger Impuls für das Baby. Stillen fördert Nachwehen und die Ablösung der Plazenta. Ziehen an der Nabelschnur oder auch Herumdrücken auf dem Bauch sind nicht nötig, wenn keine medizinischen Gründe dafür vorliegen. Die Plazenta löst sich von selbst, meist innerhalb der ersten Stunde nach der Geburt. Damit zwischen Baby und Plazenta der Blutaustausch stattfinden kann, sollte die Verbindung durch die Nabelschnur möglichst lange erhalten bleiben. Die natürlichste Abnabelung ist die Lotusgeburt, bei der das Baby mit der Plazenta verbunden bleibt, bis sich die Nabelschnur in den ersten Tagen nach der Geburt von selber löst.

Auszug aus einem Artikel von Michel Odent (Arzt und Geburtshelfer) über die Wichtigkeit der ersten Stunde nach der Geburt und den Einfluß der Hormone:

Heute wissen wir, daß alle unterschiedlichen Hormone, die durch Mutter und Kind während der Geburtsarbeit freigegeben werden, auch nach der Geburt eine wichtige Funktion erfüllen. Sie alle haben eine spezifische Rolle in der Interaktion zwischen Mutter und Neugeborenem.

Das Schlüsselhormon, das in die Geburtsphysiologie mit einbezogen wird, ist ohne Zweifel Oxytocin. Seine mechanischen Effekte sind lange Zeit weithin bekannt gewesen (Effekt auf uterine Kontraktionen für die Geburt des Babys und das Ausstoßen der Plazenta; Effekt auf die Kontraktionen der Myoepithelzellen der Brüste für den Milcheinschußreflex).

Prange und Pedersen zeigten die Verhaltenseffekte des Oxytocins zum ersten Mal 1979 mit Experimenten an Ratten: Eine Einspritzung des Oxytocins verursacht ein mütterliches Verhalten. Die Resultate Hunderter solcher Studien können in einem Satz zusammengefaßt werden:

Oxytocin ist das typische altruistische Hormon; es wird mit einbezogen, was auch immer die Facette von Liebe ausmacht.

Diese Information ist sehr wichtig, wenn man weiß, daß, entsprechend schwedischen Studien, Frauen die Möglichkeit haben, nach der Geburt des Babys und vor dem Ausstoßen der Plazenta die höchstmögliche Spitze des Oxytocins zu erreichen.

Wie unter allen möglichen anderen Umständen (zum Beispiel sexueller Verkehr oder Stillen) ist die Freisetzung von Oxytocin von verschiedenen Faktoren in hohem Grade abhängig. Es ist einfacher, wenn die Umgebung angenehm warm ist (damit das Niveau der Hormone der Adrenalinfamilie so niedrig wie möglich bleibt); wenn die Mutter sich wohlfühlt und nichts anderes zu tun hat, als die Augen des Babys zu betrachten und den Hautkontakt zu genießen, ohne irgendeine Ablenkung.

Oxytocin wird nie isoliert freigegeben. Es ist immer Teil einer komplizierten hormonellen Balance. Das ist der Grund, warum Liebe so viele Facetten hat.

Während der ersten Stunde nach der Geburt, den physiologischen Bedingungen folgend, ist die hohe Spitze des Oxytocins mit einem hohen Niveau des Prolaktins verbunden, das das »Mutterschafts Hormon« ist. Dieses ist die optimalste Voraussetzung für die Entstehung von Liebe zwischen Mutter und Baby.

Lotusgeburt

Die Lotusgeburt ist der natürliche Abnabelungsprozeß, bei dem die Nabelschnur nicht durchtrennt wird. Somit bleibt dein Baby mit seiner Plazenta verbunden, bis sich die Nabelschnur von selbst gelöst hat, was meist nach 3 - 5 Tagen nach der Geburt der Fall ist.

Eltern, Hebammen, Ärzte und Doulas, die Erfahrung mit der Lotusgeburt gemacht haben, beobachteten, daß diese Babys spürbar entspannter und ruhiger waren, weniger an Geburtsgewicht verloren und seltener zu Gelbsucht neigten als Babys, bei denen die Nabelschnur durchtrennt wurde, insbesondere innerhalb der ersten Stunde nach der Geburt.

Sanft geborene, voll gestillte Lotusbabys, die noch die Verbindung zu ihrer Plazenta haben, behalten die Energie, die sie brauchen, um ihr System in den frühen Stunden nach der Geburt und den ersten Lebenswochen zu stabilisieren. Sie können sich auf allen Ebenen optimal entwickeln: gesunde Gewichtszunahme, Stärke und Mobilität, Fein- und Grobmotorik sowie Wahrnehmung der Umwelt. Daraus läßt sich folgern, daß die Lotusgeburt den Babys lebenslange Fähigkeiten mit auf den Weg gibt.

Die Lotusgeburt wirkt sich dynamisch auf die postnatale Erfahrung aus und gibt ein Gefühl der Vollständigkeit vom intakten Neugeborenen, ausgerichtet auf die Einheit Mutter-Vater-Baby.

Sie fördert so die Entspannung, einen Zustand der optimalen Gesundheit und des Wohlbefindens.

Das Abtrennen der Nabelschnur, welches den Vätern oder Geburtsbegleitern überreicht worden ist, um es unter großem Aufsehen durchzuführen, ist es ein trennendes Ritual, das dem ursprünglichen Fokus auf die Familienzusammengehörigkeit und der Einheitsregel der Natur widerspricht.

Durch die Lotusgeburt wird die Nachversorgung verlangsamt, jegliche Hektik fällt weg und die Heiligkeit der Familieneinheit tritt wieder in den Vordergrund.

Babys haben ein Urbedürfnis nach ungestörter Bindung und unbeeinträchtigter mütterlicher Ernährung. Von der perinatalen psychologischen Perspektive aus gesehen, ist die frühe Abtrennung der Nabelschnur etwas Unnatürliches, nicht Vorgesehenes, das sie verkraften müssen.

Ursprünglich geschah diese Trennung nur unter entsetzlichen Umständen wie dem Tod der Mutter. Das Adrenalinniveau der Säuglinge wird dabei massiv erhöht. Viele Babys schreien laut, wenn ihre Nabelschnur gleich nach der Geburt durchschnitten wird.

Obwohl viele Hebammen ein langes Auspulsieren der Nabelschnur befürworten, wird die Praxis der Abtrennung kaum hinterfragt. In der westlichen Medizin ist die Lotusgeburt bisher kaum erforscht. Doch die Lotusgeburt ist keine neue Erfindung, vielmehr wurde sie weltweit von verschiedenen Völkern praktiziert. Bereits die Pharaonen hatten einen nachweislichen Plazentakult, bei dem die Plazenta bei dem Kind blieb.

Es gibt viele Gemeinsamkeiten zwischen Lotusgeburt und der heiligen Geburt in der Mythologie, Poesie, Sprache und Kunst von Asien. Im tibetischen und im Zen-Buddhismus beschrieben geistige Lehrer wie Guatama-Buddha und Padmasambhava (Lien-hua Sen) den Begriff Lotusgeburt als ein Betreten der Welt in Form eines göttlichen Kindes. In der jüdisch-christlichen Tradition gibt es einen Hinweis auf das Nichtdurchschneiden der Nabelschnur im Buch des Propheten Ezechiel.

Heute noch ist die Lotusgeburt ein fester Bestandteil bei den Völkern in den Hochebenen von Kolumbien genauso wie in Teilen Indonesiens. In den USA ist sie vor allem durch **Jeannine Parvati** und in Australien durch **Shivam Rachana** bekanntgeworden. **Dr. Sarah Buckley** setzt sich ebenfalls für diese sanfte Geburtsart ein und hält weltweit Vorträge. Sie ist Ärztin für Allgemeinmedizin, Autorin und Mutter von vier zu Hause geborenen Kindern. Inspiriert durch Shivam Rachana erlebte Dr. Sarah Buckley mit ihrem zweiten Kind die erste Lotusgeburt und ermöglichte auch dem dritten und vierten Kind diesen sanften Übergang ins Leben.

Kaiserschnitt und Lotusgeburt

Der natürliche Abnabelungsprozeß kann Kaiserschnitt Babys unterstützen, in unserer Welt richtig anzukommen. Es gibt ihnen die Möglichkeit, den Zeitpunkt der Trennung vom sogenannten »ersten Organ« selber zu bestimmen und sich davon zu lösen.

Als Gegenpol zu der mechanischen, eingreifenden Handlung eines Kaiserschnittes der innerhalb kürzester Zeit stattfindet, läßt die Lotusgeburt wiederum Raum für das Baby und die Mutter, diesen abrupten Start ins Leben zu verarbeiten und den Übergang sanfter zu gestalten.

Wenn die Chance einer natürlichen Geburt nicht gegeben ist, dann bietet die Lotus-geburt nochmals eine Phase der natürlichen Ablösung, in der ein Heilungsprozeß statt-finden kann und bei dem durch die Nähe vom Mutter und Kind eine starke Bindung aufgebaut wird. Es setzt voraus, daß die Mutter die ersten Tage bis zur endgültigen Abnabelung intensiv mit dem Baby verbringt, wodurch eine Intimität und Gefühls-bindung entsteht, die als fester Bezugspunkt für das weitere Leben verankert wird.

Spirituelle Aspekte und Lotusblume

Der Begriff »Lotusgeburt« stammt von der Hellseherin Clair Lotus Day.

Das völlig bewußte intakte menschliche Kind trägt ein inneres Universum von Potential in sich, gerade wie die Lotusblume, deren Samen wie »pflanzliche Embryos« sind. Der Nabelschnurstiel, der aus der Plazenta herausragt, hat mehrere einzigartige Ähnlichkeiten mit dem Stamm der Lotusblume; er ist sehr stark, dennoch flexibel wie die Nabelschnur. Das Lotusblatt hat ähnliche Adermuster wie die fötale Seite der Plazenta. Und selbstverständlich gelten Lotussamen und -wurzel im Osten als stark verjüngende Medizin.

Die Amerikanerin Clair Lotus Day war die erste bekannte Frau, welche 1974 die Abtrennung der Plazenta hinterfragte und ihren Sohn nach der Geburt mit intakter Nabelschnur nach Hause nahm. Sie konnte diese Geburtsform bei den Schimpansen beobachten und entschied sich bewußt für die Lotusgeburt, da sie *das Kind und die Plazenta* als eine Einheit wahrnahm. Diese Einheit trennt sich erst nach der natürli-chen Abnabelung der Plazenta vom Baby. Wenn die Nabelschnur bereits gleich nach der Geburt durchgeschnitten wird, entsteht ein Phantomschmerz. Dies kennt man von Berichten vieler Menschen mit amputierten Gliedmaßen. In heutigen Therapieformen, etwa Rebirthing oder Rückführung, kann diese frühe Abtrennung der Plazenta geheilt und aufgelöst werden. Bei Amputationen berichten betroffene Menschen von einem einschneidenden, schmerzvollen Ereignis verbunden mit Angst und darauffolgender Hilflosigkeit und Einsamkeit. Die Erlebnisse der Abtrennung der Plazenta ähneln die-sem Empfinden sehr. Weshalb also nicht etwas in der Einheit belassen, wo es sich doch nach einigen Tagen von selbst auf natürliche Weise trennt.

Plazentatrauma

Nach der Befruchtung verschmelzen Eizelle und Spermium zu einer Zelle (Zygote), welche innerhalb von drei Tagen in die Gebärmutter wandert. Währenddessen teilt sie sich immer wieder, von der sogenannten Morula zur Keimblase (Blastozyste). Nach-dem sich diese eingenistet hat, bilden sich aus der inneren Zellmasse der Embryo-blast, das heißt der Teil, aus dem der Embryo entsteht, und aus den äußeren Zellen der Keimblase bildet sich der Trophoblast, eine schützende Hülle, aus dem die Pla-zenta und Eihäute entstehen. Die Plazenta ist somit das erste Organ des Menschen.

Die Plazenta »Mutterkuchen« zu nennen, ist somit irreführend und sachlich falsch. Die Trennlinie zwischen Mutter und Kind ist die Uterusschleimhaut und nicht die Nabelschnur. Somit ist es unsinnig, bei der Trennung der Nabelschnur von einer ersten Abnabelung von der Mutter zu sprechen; vielmehr wird das Baby von einem Teil seiner selbst, der Plazenta, abgetrennt, was psychologisch gesehen mit Verlust, Angst und Alleinsein zusammenfällt.

Die Australierin Nemi Naht arbeitet mit der Rebirthing-Methode und beschäftigt sich seit mehreren Jahren mit der Auflösung des Plazenta-Traumas. Bei Erwachsenen konnte sie feststellen, daß ein Einsamkeitsgefühl oder auch das Gefühl, nicht genug zu bekommen, auf die frühe Abtrennung der Plazenta zurückzuführen ist. Dabei spielt vermutlich die Menge an Blut, welche bei der Abnabelung in der Plazenta zurückbleibt, eine entscheidende Rolle. Dem Kind fehlen beim sofortigen Abnabeln nach der Geburt etwa 30 - 60 ml Blut. Dies entspricht etwa 600 - 1200 ml Blut bei einer erwachsenen Person. Somit wird mit der Durchtrennung der Nabelschnur der Grundstein gelegt für ein Gefühl von Verlust und daß etwas fehlt. Das Baby bekommt so nicht die Chance, seinen Körper langsam an die neue Umgebung zu gewöhnen und selber den Zeitpunkt zu bestimmen, zu dem es bereit ist, sein erstes Organ loszulassen. Mit der Lotusgeburt hingegen wird dies dem Kind ermöglicht. Diese Form des Ankommens ist eine viel sanftere Art von Geburt und wird in Zukunft Babys den Übergang in unsere Welt enorm erleichtern.

Lotusgeburt in der Praxis

Plazentatasche

Nachdem dein Baby geboren wurde, wird bei der Lotusgeburt die Nabelschnur nicht durchtrennt. Auch nach dem Ablösen der Plazenta bleibt die Nabelschnur intakt, wird also nicht durchgeschnitten. Somit bleibt das Baby mit seiner Plazenta verbunden. Das Risiko einer Infektion verringert sich dadurch erheblich, im Gegensatz zum offenen Nabelstumpf bei geschnittenen Nabelschnüren der Babys.

Die Plazenta soll auf dem gleichen Niveau wie das Baby gehalten werden, um eine volle Transfusion des Blutes, der Nährstoffe und Hormone zuzulassen; der Körper des Babys kann sich in dieser Zeit langsam auf die volle Funktion des Atmungsapparates konzentrieren.

Die Plazenta kann in einem Sieb abtropfen, dann wird sie in ein weiches Tuch gewickelt und neben dich und dein Baby gelegt. Anstelle des Siebs kann auch ein Bambuskochtopf verwendet werden. Nach mindestens 24 Stunden könnt ihr die Plazenta mit Meersalz dick einsalzen und auch mit Aromaölen oder Kräutern, insbesondere getrocknetem Lavendel einreiben. Nach einer Stunde wird das Salz mit einem trockenen Tuch vollständig entfernt. Nun wird die Plazenta in Tücher gewickelt (z. B. Mullwindeln) und in eine speziell genähte Plazentatasche gelegt. Anfangs benötigst du vermutlich 3 - 4 Lagen, später reichen etwa zwei Tücher.

Die Tücher direkt um die Plazenta herum müßt ihr täglich wechseln, da die trocknende Plazenta sonst anfängt, unangenehm zu riechen. Das heißt, der Vorgang des Einölens und Salzens der Plazenta sowie das Wechseln der Tücher wird täglich wiederholt, bis die Nabelschnur abfällt. Es kann somit als heiliges Ritual im Bewußtsein der Wertschätzung und Ehrung der Geburt und des Babys entsprechend zelebriert werden. Dies wird somit zu einer Zeit der Ruhe, gemeinsamen Handlung und Dreisamkeit, in welcher der Fokus nochmals ganz bewußt auf die Geburt, den Schöpfungsakt, die Natur und euer Kind gerichtet wird. Die Nabelschnur wird von Tag zu Tag immer mehr austrocknen, bis sie sich von selbst vom Bauchnabel löst. Ist die Position der harten Nabelschnur ungünstig, kann diese mit warmem Wasser weich gemacht und die Haltung korrigiert werden.

Wenn du von der Plazenta Nosoden (siehe Kapitel »Gesundheit«) herstellen lassen willst, kannst du das Material auch nach dem Abfallen der Nabelschnur der Plazenta entnehmen, das heißt, wenn sie bereits getrocknet ist.

Möchtet ihr die Plazenta mit einer Zeremonie an Mutter Erde zurückgeben, dann legt sie bis dahin in die Tiefkühltruhe. Gekühlt kann sie über Monate oder Jahre aufbewahrt werden. Zur Kühlung könnt ihr sie in mehrere Plastiktüten legen, die dann vor der Plazentapflanzung entfernt werden.

Nabelpflege

Dadurch, daß sich bei der Lotusgeburt die Nabelschnur von selbst löst, verheilt der Nabel gut von selbst. Blutet oder näßt der Nabel etwas, kannst du Muttermilch direkt darauf träufeln und trocknen lassen, danach etwas Wecesin-Puder auf den Nabel geben. Wichtig ist, daß der Nabel nach dem Bad immer gut abgetrocknet wird.

Es kann sein, daß die Bauchhaut etwas an der Nabelschnur hochgewachsen ist, dann ist der sogenannte Hautnabel zu sehen. In den meisten Fällen wird dieser nach innen verschwinden, häufig bereits in den ersten Tagen nach der Geburt oder zumindest bis zum ersten Geburtstag. In seltenen Fällen, wie bei Leonie, bleibt er auch im Kindes- und Erwachsenenalter noch etwas nach außen gestülpt. Dies beeinträchtigt sie jedoch überhaupt nicht, es konnte bei ihr auch kein Nabelbruch festgestellt werden, wie wir zuerst angenommen hatten.

Auf den beiden Photos auf der folgenden Seite ist Leonies Nabel nach der Geburt und im Alter von vier Monaten zu sehen. Wir haben nichts unternommen, er hat sich von selbst soweit zurückgebildet.

Offensichtlich mochte Leonie es gar nicht, hilflos auf einer Waage liegen zu müssen. Bei ihr haben wir noch die meisten Routineuntersuchungen und Anwendungen wie Wiegen, Messen, Vitamin K, Guthrie-Test usw. über sie ergehen lassen. Bei den folgenden Hausgeburten von Elyah und Anael haben wir bewußt auf jegliche Untersuchung, Tests oder die Gabe von Vitaminen verzichtet.

Häufig gestellt Fragen zur Lotusgeburt

Säugetiere, wie etwa Katzen oder Pferde, fressen die Plazenta nach der Geburt der Jungen. Ist die Lotusgeburt für Menschen nicht unnatürlich?
→ Nicht alle Säugetiere durchtrennen die Nabelschnur und essen die Plazenta. Tatsächlich lassen die Menschenaffen die Schnur intakt. Sie leben auch monogam und haben ein ausgeprägtes Sozialverhalten. Die Affenmütter tragen die Plazenta in ihren Armen, während sie sich in den ersten ein bis zwei Tagen rund um ihren Rückzugsort bewegen. Wenn sich die Nabelschnur von selbst gelöst hat, lassen sie die Plazenta auf der Erde liegen, welche dann als Nahrung für den Waldboden dient.

Wie sieht die Plazenta nach der Geburt aus?
→ Es gibt nichts wirklich Vergleichbares. Man könnte den Eindruck gewinnen, die Plazenta würde wie eine Scheibe der Leber aussehen, doch sie unterscheidet sich wesentlich davon. Sie ist sehr komplex, weshalb früher Eingeborene glaubten, sie wäre Teil des Lebensbaumes. So, wie die Nabelschnur auf der einen Seite zusammen mit den Adern aus den Wurzeln der Arterien herausragt, ähnelt sie tatsächlich einem Baum.

Was geschieht, wenn eine Nabelschnur sehr kurz ist?
→ Da der Saugreflex des Babys erst nach etwa 15 - 30 Minuten aktiviert ist, genießt das Neugeborene in dieser Zeit den Hautkontakt auf Mamas Bauch. Die Plazenta kann so in Ruhe geboren werden, und Mutter und Kind entdecken einander über den sensorischen Weg der Berührung und des Hautkontaktes.

Falls die Stimulation der Brustwarzen erwünscht ist, sei es um Blutungen zu vermindern oder Kontraktionen anzuregen, damit die Plazenta geboren wird, kann dies der Partner manuell übernehmen, während die Mutter den Fokus auf das Berühren des Babys richtet. Auch ein kräftiges Auspusten (Ballon aufblasen, in eine Flasche pusten) kann helfen, damit sich die Plazenta auf natürliche Weise löst. Sollte dies nach längerer Zeit immer noch nicht zum Erfolg führen und die Nabelschnur zu kurz zum Stillen sein, dann kann sie immer noch durchtrennt werden.

Wie fördere ich die Nachgeburt der Plazenta?
→ In den meisten Fällen ist die Nabelschnur lang genug, damit du dein Baby bereits das erste Mal stillen kannst. Die Stimulation der Brustwarzen löst Kontraktionen aus, damit sich die Plazenta löst. Eine volle Harnblase kann die Nachgeburt verzögern, also auch einmal Wasser lassen, obwohl vielleicht nicht gerade das Bedürfnis da ist.

Wenn dies noch nicht geholfen hat, dann versuche es mit mehrmaligem kräftigem Auspusten (in eine Flasche oder deine Hand), mit Aufstehen oder lasse dir von deiner Hebamme geeignete homöopathische Kügelchen geben.

Wenn du und dein Baby wohlauf seid, soll dich die Wartezeit auf die Nachgeburt nicht beunruhigen. Bei Leonie im Geburtshaus wurde an der Nabelschnur gezogen und auf den Bauch gedrückt, bevor die Nabelschnur durchtrennt wurde, da wir damals noch nichts von der Lotusgeburt gehört hatten. Dies empfand ich als unangenehm. Auch in Krankenhäusern wird oft an der Nabelschnur gezogen, was immer wieder zu starken oder gar gefährlich heftigen Blutungen führt.

Bei Elyah kam die Plazenta etwa eine Stunde nach Geburt ganz von alleine, als ich mich hinhockte. Bei Anael dauerte es etwas länger. Als sie sich nach einer Stunde noch nicht gelöst hatte, döste ich etwa 2 ½ Stunden vor mich hin. Nach etwa 3 ½ Stunden löste sie sich mit Hilfe von starkem Pusten von selber ab. Ich blutete wie auch bei Elyah nur wenig.

Kann ich das Baby baden, solange es noch durch die Nabelschnur mit der Plazenta verbunden ist?
→ Ja, das geht ganz einfach, indem die Plazenta in der Nähe gehalten wird. Während die Mutter oder der Vater das Baby badet, hält der andere Elternteil die Plazenta. Es macht nichts, wenn die Nabelschnur naß wird, sie trocknet sehr schnell wieder aus. Es ist auch nicht nötig, das Baby gleich am ersten Tag zu baden, denn so verliert es die schützende Käseschmiere. Es reicht vollkommen, dies innerhalb der ersten Woche zu tun.

Ist die Lotusgeburt auch bei einem Kaiserschnitt möglich?
→ Ja, selbstverständlich, es gibt zahlreiche Beispiele von erfolgreichen Lotusgeburten bei Babys, die mit einem Kaiserschnitt zur Welt kamen. Gerade, wenn das Baby, aus welchen Gründen auch immer, keine normale Geburt erfahren durfte, ist es von

Vorteil, ihm die Verbindung zu seiner Plazenta zu belassen und so die Möglichkeit für einen sanfteren Übergang zu geben.

Kann man bei Frühgeborenen die Lotusgeburt praktizieren?
→ Ja, sie profitieren enorm von der Verbindung mit ihrer Plazenta. In diesem Fall lohnt es sich, im voraus das Personal des Krankenhauses zu informieren, am besten schriftlich mit einem Infoblatt, denn leider sind viele Hebammen und Ärzte mit der Lotusgeburt nicht vertraut.

Wie bereite ich die Lotusgeburt bei einer geplanten oder unerwarteten Krankenhausgeburt vor?
→ Grundsätzlich bestimmt jede Mutter selbst, wie sie die Geburt des Babys gestalten möchte. Es ist wichtig, den Hebammen und Ärzten die diesbezüglichen Wünsche mitzuteilen. Am besten formulierst du diese schriftlich und informierst das Krankenhaus im voraus über die geplante Lotusgeburt. Die Checkliste für die Krankenhausgeburt in diesem Buch soll dich anregen, dir über deine Wünsche und Bedürfnisse klarzuwerden. Hilfreich für die Betreuer während und nach der Geburt ist ein Infoblatt, in dem die Handhabung der Lotusgeburt und deine Wünsche genau beschrieben sind, sowie im voraus offene Gespräche über den Geburtsverlauf.

Die Lotusgeburt ist hier in Europa noch eher unbekannt. Bei Eltern, die sich eingehend mit der natürlichen Schwangerschaft und Geburt befassen, stößt sie inzwischen immer mehr auf Interesse. Auch in der Ausbildung zur Hebamme wird diese natürliche Abnabelung besprochen.

In folgendem Interview erzählt Nadia von ihrer Erfahrung und zeigt dazu ein wunderschönes Photo.

Interview zur Lotusgeburt
mit Nadia Chronodolsky (30), Deutschland
Mutter von Lotus Celeste (6 Monate)

Wie bist du auf das Thema Lotusgeburt gestoßen?
Eine amerikanische Freundin von mir ist in der Ausbildung zur Hebamme. Während meiner Schwangerschaft habe ich ihre Facebook-Seite oft besucht, um mich über die verschiedenen Möglichkeiten der Geburt zu informieren. Ich hatte bis dahin erst einmal etwas über Lotusgeburt gehört und war eigentlich intuitiv

sofort davon überzeugt. Obwohl wir uns auch für eine späte Abnabelung hätten entscheiden können, war für uns das Durchschneiden der Nabelschnur immer noch zu brutal und zu stark eingreifend.

Was war ausschlaggebend, dich für diese Form der Geburt zu entscheiden?

Als ich das erste Mal von Lotusgeburt hörte, kam für mich vom Herzgefühl keine andere Geburt mehr in Frage. Es war in erster Linie eine spirituelle Entscheidung für mich, obwohl mir die physischen Vorteile auch bewußt waren. Beim Anschauen von verschiedenen Geburtsvideos mit heute üblichen Geburtsmethoden, bei denen die Nabelschnur sofort nach der Geburt durchgeschnitten wird, zuckte mein ganzer Körper unter Schmerzen zusammen.

Es fühlte sich einfach richtig an, das Baby entscheiden zu lassen, wann es bereit ist, sich von der Plazenta zu trennen. Je mehr ich mich über die Plazenta, ihre Funktion und ihren Wert informierte, desto mehr erkannte ich ihre Wichtigkeit und Heiligkeit, und sie sollte auch in der entsprechenden Ehrerbietung »verabschiedet« werden. So, wie ich das für mich intuitiv fühlte, war die Plazenta der erste und sehr wichtige Hüter meines Babys, nicht einfach Abfall, als was sie heute üblicherweise angesehen wird. Ich war durch die physischen Vorteile der Lotusgeburt motiviert, und unsere Entscheidung war ganz klar.

Wie hast du dich auf die Lotusgeburt vorbereitet?

Ich habe so viel wie möglich über Lotusgeburt gelesen und mich gründlich informiert. Ich war einfach sehr fasziniert von dem Thema. Für eine Lotusgeburt muß man sich einfach nur dazu entscheiden, dies mit der Hebamme besprechen und die grundlegende Handhabung der Plazenta kennen.

Wir hatten uns die Bambuseinlage eines Bambuskochtopfes besorgt und ein paar weiße Tücher aus reinem Leinen, um die Plazenta da hineinzulegen. Außerdem hatten wir verschieden Kräuter und Gewürze wie Rosmarie, Lavendel, Gelbwurzpulver, Calendulablütenblätter, Rosenblütenblätter, Salbei, Myrrhe und reines Meersalz ohne Zusätze, um die Plazenta damit zu bedecken.

Wo fand die Geburt statt?

Im Geburtshaus in Leipzig.

Wie habt ihr die Lotusgeburt in der Praxis umgesetzt?

Lotus wurde um 23.35 Uhr geboren. Um 2 Uhr Morgens sind wir eingeschlafen und ließen die Plazenta neben uns in der Schüssel. Am nächsten Morgen hat mein Mann Patrick zusammen mit unserer Hebamme die Plazenta gewaschen und eingepackt, damit wir heimfahren konnten. Wir saßen im Taxi, Lotus in der Manduca-Tragehilfe und die Plazenta gleich daneben. Es fühlte sich so gut an, daß dies eine Ganzheit bildete während Lotus Übergang in diese Welt voller Gefühle und Energie.

Jede Nacht hat Patrick das Salz und die Kräuter ausgewechselt. Als wir uns für die Lotusgeburt entschieden hatten, waren wir uns noch nicht bewußt, daß dies eine so wundervolle Zeremonie sein würde.

Unsere Hebamme hat uns immer zu 100% bei der Lotusgeburt unterstützt und half uns bei allen Fragen.

Wie hast du das Wochenbett erlebt?

Das Wochenbett war eine sehr friedliche und heilige Zeit, was durch die Verbundenheit von der Plazenta mit unserem Baby noch verstärkt wurde. Jeden Abend haben wir eine kleine Zeremonie abgehalten, wenn wir das Leinentuch und die Kräuter für die Plazenta gewechselt haben. Es war eine Zeit, in der wir immer wieder das Gefühl hatten, unser Schlafzimmer sei voller Engel.

Wie haben eure Familie und euer Umfeld reagiert?

Wir haben niemanden erzählt, daß wir eine Lotusgeburt hatten.

Konntest du beobachten, daß die natürliche Abnabelung (Lotusgeburt) einen Einfluß auf die Entwicklung des Kindes hatte – in Bezug auf sein Verhalten oder sein Wesen?

Ich habe das Gefühl, daß Lotus Immunsystem stärker ist als das der Babys unserer Freunde, die ungefähr im selben Alter sind. Lotus ist sehr aufmerksam und kann sich schon über längere Zeit konzentrieren. Sie ist sehr ausgeglichen und geistig wach. Wir denken, daß sie sich hier in dieser Welt sicher und beschützt fühlt, weil sie nicht durch einen äußeren Eingriff von ihrem ersten Hüter, der Plazenta, getrennt wurde.

Würdest du wieder eine Lotusgeburt wählen?

Auf jeden Fall!

Was möchtest du anderen Eltern mit auf den Weg geben, die eine Lotusgeburt in Betracht ziehen?

Die Lotusgeburt hat vielfältigen positiven Nutzen für das Baby. Als einfühlsame Eltern sollten wir uns in die Lage des Kindes versetzen und erfühlen oder erahnen, wie es sich für das Baby anfühlen muß, die sichere und warme Umgebung des Mutterleibs zu verlassen.

Dem Baby einen sanften und liebevollen Übergang zu ermöglichen, ist die Aufgabe der Lotusgeburt, und wir sind bereit, allen Eltern mit unserer Erfahrung hilfreich zur Seite zu stehen. Aufgrund unserer tiefgehenden Erfahrung mit der Lotusgeburt unseres ersten Babys, fühlen wir in unserem Herzen, daß diese Geburtsform zu einer friedlicheren und mit mehr Harmonie erfüllten Erde beitragen kann. Sie hat das Potential, nicht nur die Menschheit zu selbstlosem Verhalten zurückzuführen, sondern auch zu ihrem wahren spirituellen Selbst.

Wochenbett

Die Geburt ist vollbracht, und in deinen Armen liegt ein wunderbares winziges Wesen. Ich gratuliere dir von Herzen zu eurem Kind! Du hast ihm das Leben geschenkt und es geboren. Diese Erfahrung ist einzigartig in deinem Leben, und es tut gut, sie nochmals Revue passieren zu lassen und sie auch schriftlich festzuhalten. Nutze die Zeit, wenn dein Kind schläft, um nochmals das Geschehnis, deine Gefühle und Gedanken aufzuschreiben. Wenn du eine schöne Geburt erleben durftest, halte diese glücklichen Momente in einem Tagebucheintrag fest, damit du dich später wieder daran erfreuen kannst.

Hast du einschneidende oder traumatische Augenblicke erlebt, dann kann dir folgendes Heilritual helfen, diese in ein positives Ereignis zu transformieren und das erste Kennenlernen nochmals mit angenehmen Gefühlen zu durchleben. Deinem Baby, welches ebenfalls eine traumatische Geburt verarbeiten muß, gibt das Ritual die Möglichkeit, nochmals ein intensives Bonding aufzubauen und innere Ruhe, Geborgenheit und ein Angekommensein zu entwickeln.

Heilritual

Vorbereitung

- Schreibutensilien und eine helle Kerze
- Musik, Düfte (z. B. Rose, Vanille oder Orange)
- Labyrinth als Bild bereitlegen oder in begehbarer Form auf dem Boden auslegen z. B. mit Steinen oder Muscheln
- Badezusätze nach Wunsch: Bachblüten-Notfalltropfen, Engelessenzen, Delphinessenzen, Heilsteine (z. B. Rosenquarz, Amethyst, Bergkristall), Aurasomaöle (z. B. Nr. 003 Heart Rescue, Nr. 011 Love Rescue, Nr. 020 Star Child oder Nr. 100 Metatron), natürliches Badeöl

Warmes Badewasser einlassen und Tücher bereitlegen, eventuell Wärmeofen oder anstelle der Badewanne einen aufblasbaren Geburtspool verwenden.

Richte dir das Bad gemütlich und nach deinen Wünschen ein, damit du und dein Baby sich wohlfühlen. Es soll warm und einladend sein. Treffe die entsprechenden Vorbereitungen. Dabei kann dich auch jemand unterstützen, sei es der Partner, die Hebamme oder Doula.

Zu Beginn schreibe die erlebte Geburt auf. Lasse alle negativen Emotionen auf das Papier fließen. Du kannst sie anstelle des Aufschreibens auch nochmals erzählen, sei es dir selber, dem Kind oder deinem Partner, der Hebamme, Doula oder sonst einer vertrauten Person. Lasse einfach deinen Gefühlen freien Lauf und lasse jegliche Bewertungen dieser Erfahrungen los. Lasse Tränen fließen, wenn sie kommen, sie helfen mit, was dir nicht länger dienlich ist, loslassen zu können. Danach zünde eine helle Kerze an. Übergib die geschriebenen Zeilen oder deine Worte dem Feuer. Stelle dir vor, wie das Licht der Kerze, das Feuer den Schmerz und die Lasten wegnimmt und nur noch eine wertvolle Erfahrung als Essenz zurückbleibt.

An dieser Stelle nimmst du die Zeichnung eines Labyrinthes zur Hand und zeichnest mit deinem Finger den Weg hinein ins Labyrinth hin zum Mittelpunkt. Dies symbolisiert die Reise deines Kindes während der Geburt. Der Mittelpunkt selber ist der Zeitpunkt, wenn es das Licht der Welt erblickt. Das heißt, ihr reist zusammen nochmals zu diesem Zeitpunkt zurück, wo es zur Welt gekommen ist. Verwendest du anstelle des Bildes ein begehbares Labyrinth am Boden, dann gehe zusammen mit deinem Kind im Arm den Weg hinein ins Zentrum. Begib dich sodann mit ihm zusammen ins warme Wasser der Badewanne. Spüre die Nähe deines Kindes und umhülle es mit deinem Körper und deiner Liebe. Genießt beide die Ruhe, werde dir mit allen Sinnen dieses Augenblickes ganz bewußt.

Wenn du möchtest, wiege dein Baby in Form einer Acht im Wasser hin und her. Das heißt, es liegt im Wasser in deinen Armen und du »zeichnest« mit ihm im Arm eine vor dir liegende Acht nach. Beginne dabei nach vorne (von deinem Körper weg), über die Seiten, zurück zu deinem Körper und dann dasselbe auf der anderen Seite.

Stelle dir nun vor, wie sich dein Baby nochmals den Weg aus deinem Bauch bahnt. Stelle dir vor, wie ihr diesen Weg gemeinsam geht, voller Liebe, Freude und Glück. Nimm dir dafür einige Minuten Zeit, so lange, bis du ein klares, positives Bild vor Augen hast. Nun stellst du dir ganz genau den Moment vor, wie sein Köpfchen heraustritt und du es zu dir hoch an die Brust nimmst. Dabei nimmst du dein Kind auch physisch aus dem Wasser und legst es naß und nackt zu deinem Herzen. Du rufst somit diesen besonderen Zeitpunkt des ersten Kennenlernens erneut ab und erlebst ihn als eine innige Begegnung in Harmonie und Liebe. Du heilst damit deine eigenen Wunden und gibst dir und deinem Baby einen neuen positiven Impuls, der dich mit der erlebten Geburt Frieden schließen läßt.

Steige nun mit deinem Kind aus der Badewanne. Trockne es nicht ab, sondern decke euch beide nackt mit einem großen Tuch zu, damit euch beiden warm ist. Gehe nun mit deinem Baby zusammen den Weg des Labyrinthes von der Mitte nach außen entlang oder lege dich ins Bett und fahre gedanklich oder mit dem Finger den Weg nach, von der Mitte des Labyrinthes wieder hinaus, das heißt, vom Zeitpunkt der Geburt in die Zeit des Wochenbettes. Stille dein Baby, wenn es dies möchte. Dann wechsle in die Gegenwart und richte dich wieder ganz auf den jetzigen Augenblick.

> *Jetzt* ist das Glück präsent, welches in Form des Kindes zu eurer Familie gestoßen ist. Freut euch über dieses kleine Wesen, welches ihr umsorgen und mit eurer Liebe begleiten dürft.

Bleibe so lange mit deinem Baby liegen, wie du möchtest, stille dein Kind und genieße die Nähe, Geborgenheit und Verbundenheit.

Dieses Ritual kannst du selbstverständlich so abändern und ergänzen, wie es für dich persönlich stimmig ist. Höre einfach auf deine eigene Intuition. Wende es mehrmals an, wenn dir danach ist.

Nun beginnt das Frühwochenbett. Es ist die Zeit der Heilung und Regeneration, der Hormonumstellung und des Kennenlernens eures neuen Familienmitgliedes. Dein Körper wird sich langsam von der Geburt erholen und die nötigen Hormone für das Stillen freisetzen. Dadurch erlebst du vielleicht emotional nochmals eine Achterbahn.

> Versuche so oft wie möglich zu ruhen, dich ganz auf dein Kind einzulassen und für das Baby da zu sein.

In dieser wichtigen Zeit hat der Partner eine aktive Rolle zu übernehmen. Ich empfehle wirklich, daß er, wenn möglich, mindestens zwei Wochen Urlaub nimmt, damit er sich um dich, ältere Geschwister und um den Haushalt kümmern kann, während du mit dem Baby beschäftigt bist. Denn die erste Zeit wird es mit dem Stillen vorwiegend in deiner Nähe verbringen. Wenn ihr ein Familienbett habt, dann genießt der frischgebackene Papa sicher besonders da die Nähe zum Baby, oder er nimmt es tagsüber ins Tragetuch.

Auch eine Großmutter, Verwandte oder Freunde können euch im Alltag unterstützen, damit ihr mehr Zeit für euch als Familie habt.

Patrick hatte sich jeweils zwei Wochen ganz frei genommen, und die dritte Woche war er halbtags zu Hause. Diese Zeit war für uns als Familie und das Kennenlernen und neu Organisieren enorm wichtig. Wir beschränkten die Besuche auf ein Minimum und genossen die ersten Wochen einfach für uns.

Das erste Bad

Es ist in den seltensten Fällen nötig, daß du dein Kind gleich nach der Geburt badest. In erster Linie ist zu diesem Zeitpunkt das Bonding wichtig, deshalb genießt diese gemeinsame Zeit und lernt euch kennen. Halte dein Baby nahe an deinem Körper und laß es dich spüren und deinen Geruch wahrnehmen.

Nach den ersten Tagen könnt ihr euer Baby das erste Mal baden und dies auch richtig zelebrieren, indem ihr beispielsweise ein Familienbad nehmt, wo auch die älteren Geschwister mit dabei sind. Dies geht besonders gut in einer größeren Badewanne oder im Geburtspool.

In den ersten Monaten ist es am einfachsten, wenn jeweils Mutter oder Vater zusammen mit dem Baby baden, anstelle der kleinen Babybadewannen. Ihr könnt dabei die Nähe zum Kind und die entspannte Atmosphäre genießen. Zudem sind diese kleinen Wannen meist für den eigenen Rücken nicht gerade schonend und bequem. Das Baby hat kaum Körperkontakt und fühlt sich vielleicht etwas verloren. Viele Babys mögen

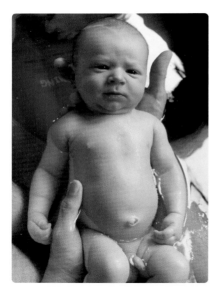

das Baden nicht, dies liegt aber nicht am Wasser selbst, sondern einfach am fehlenden Körperkontakt.

Es gibt auch kleine Badeeimer, z. B. Tummy Tub, die ein enges, geborgenes Gefühl vermitteln sollen. Doch auch da fehlt schlicht der Körperkontakt. Dein Baby spürt wohl eine Begrenzung wie im Bauch, jedoch nicht deinen weichen Körper, sondern einen Plastikeimer. Wir haben einen solchen Badeeimer damals im Geburtshaus mit unserer ersten Tochter einmal ausprobiert. Leonie hatte dabei erbärmlich geschrien, und ich konnte sie kaum halten. Ich fand es sehr unpraktisch, und wir haben sie sofort wieder herausgenommen. Andere Eltern schwärmen von dieser Wanne, also die Erfahrungen teilen sich da genauso wie bei anderen Themen. Finde heraus, was für euch stimmt.

Bei uns hat immer ein Elternteil mit dem Baby mitgebadet, und häufig kamen auch die älteren Geschwister hinzu. So haben wir alle zusammen gebadet und im Wasser geplanscht.

Stillen im Wochenbett

Der Milcheinschuß und die ersten Stilltage sind nach der ersten Geburt eine neue Erfahrung. Damit dies der Beginn einer schönen und angenehmen Stillzeit ist, hilft es, wenn dir jemand zur Seite steht, der dich bei allen Fragen und Problemen beraten kann und dich darin unterstützt, dein Baby zu stillen. Nicht alle Hebammen oder Krankenhäuser sind stillfreundlich eingestellt. Oftmals wird schnell einmal zugefüttert, wenn du dies nicht ausdrücklich untersagst.

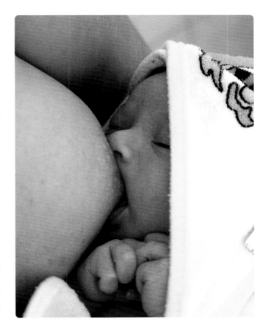

Es ist wichtig, daß dich eine Hebamme oder Stillberaterin im Wochenbett begleitet, die den Wert des Stillens schätzt und darauf bedacht ist, daß ihr eine harmonische Stillzeit erlebt.

Wenn du bereits Kinder hast und auch während der Schwangerschaft weitergestillt hast, wird dir das Stillen leichtfallen und der Milcheinschuß kaum spürbar sein. Das ältere Kind wird ebenfalls mit dem Stillen fortfahren und mithelfen, die Milchmenge zu regulieren, wodurch auch ein Milchstau unwahrscheinlich ist.

Waschnüsse

Dein Baby prägt sich beim Stillen der unverwechselbare Geruch seiner Mutter ein. Verzichte deshalb auf Parfüm oder stark riechende Körpercreme. Anstelle von parfümierten Waschmitteln kannst du auch Waschnüsse oder unparfümierte biologische Waschmittel verwenden.

Rückbildung der Gebärmutter

In der Zeit des Wochenbettes habe ich bei allen Schwangerschaften Rückbildungstee getrunken und meinen Bauch mit Rückbildungsöl eingerieben. Ich habe immer gestillt, was die Rückbildung maßgeblich fördert. Die Gebärmutter (Uterus), welche während der Schwangerschaft auf das Zwanzigfache ihrer Größe angewachsen ist, zieht sich nach der Geburt wieder zusammen. Stillen löst Kontraktionen (Nachwehen) aus, die für diesen Vorgang nötig sind. Das Gewicht der Gebärmutter reduziert sich so von etwa 1000 Gramm auf 70 Gramm.

Nachwehen

Diese erlebte ich gerade in den ersten Tagen nach der Geburt noch so stark, daß ich sie teilweise langsam und tief veratmete wie während der Geburt. Dies war für mich immer ein gutes Zeichen, daß sich mein Körper nun wieder zurückbildet.

Eine große Hilfe war eine Wärmflasche im Rückenbereich! Darauf würde ich nie mehr verzichten wollen. Vor allem während des Stillens, welches die Kontraktionen anregte, habe ich immer gleich die Wärmflasche an den Rücken gelegt, was mir sehr guttat und Linderung brachte. Unterstützend rieb ich öfter Nachwehenöl ein.

Erst bei der dritten Schwangerschaft wußte ich, daß es ebenfalls wichtig ist, die Blase regelmäßig zu entleeren, da durch den nun frei gewordenen Raum im Bauch das Gefühl für eine volle Blase noch fehlt. Dann versucht die Gebärmutter, sich zusammenzuziehen, und das verursacht unnötige Nachwehen. Dies traf bei mir genau zu und ich ging fortan regelmäßig auf die Toilette, was ebenfalls sehr geholfen hat.

Wochenfluß (Lochien)

Der Wochenfluß beginnt gleich nach der Geburt und hält etwa vier bis sechs Wochen an. Es ist die Wundheilung der Gebärmutterschleimhaut, aus der sich nach der Geburt des Babys die Plazenta gelöst hat. Gerade nach der Geburt ist der Wochenfluß rot und blutig. Die Menge nimmt in der ersten Woche kontinuierlich ab. In der zweiten Woche des Wochenbettes ist er bräunlich, in der dritten Woche gelblich und ab ungefähr der vierten Woche weißlich oder farblos.

Erste Menstruation und Menstruationstasse

Wann nach einer Geburt die erste Menstruation wieder einsetzt, ist nicht voraussehbar. Dies kann bereits einige Wochen nach der Geburt sein oder sich mit dem Stillen auch gut bis zu zwei Jahren hinziehen. Stillen ist keine sichere Verhütung, doch verlängert sie die Zeit, bis zur ersten Menstruation wesentlich.

Bei mir dauerte es durch das Langzeitstillen jeweils zwischen 1 ½ und knapp 2 Jahre. Natürlich war ich darüber sehr froh und genoß diese Phase ohne Binden, Tampons und dergleichen. Auch hatte ich nach der zweiten Schwangerschaft eine tolle Alternative zu Tampons entdeckt, die mich restlos begeisterte. Dies ist ein glockenförmiger Silikonbecher (Menstruationstasse) der eingeführt wird und das Blut auffängt. Es gibt verschiedene Produkte auf dem Markt, z. B. Divacup, Ladycup, Lunette, MeLuna, Mooncup und andere. Der Unterschied zwischen den verschiedenen Marken liegt in Abweichungen der Form und Größe sowie unterschiedlichen Härten.

Da Tampons weiter eingeführt werden als der Menstruationsbecher, hatte ich immer ein unangenehmes Gefühl und spürte den Tampon je nach Bewegung. Der Becher hingegen sitzt trotz der Größe absolut bequem und ist überhaupt nicht spürbar. Zudem muß ich ihn nur ein bis zweimal pro Tag leeren. Nicht nur der hohe Tragekomfort, sondern auch die einmaligen Anschaffungskosten, die lange Lebensdauer (etwa fünf Jahre) und Umweltfreundlichkeit sind große Vorteile gegenüber Tampons oder Binden.

Gabe an Mutter Erde

Das Menstruationsblut wurde früher je nach Kultur entweder als bedeutsam und heilig oder als etwas Unreines betrachtet. Tatsächlich ist es etwas Wertvolles, wenn man bedenkt, daß es alle Stoffe enthält, die dafür vorgesehen waren, neues Leben hervorzubringen. Im Altertum war es deshalb bei den Frauen Brauch, dieses Blut Mutter Erde darzubringen, als Dank und mit der Bitte um Fruchtbarkeit für sich selber, für den Boden und das Leben. Damit entstand eine tiefe Verbindung zwischen der Göttin Mutter und der Göttin Erde. Später, als das Patriarchat die Überhand gewann, entstand daraus die mißverstandene Variante mit Blutopfern, was nicht im ursprünglichen Sinne war. Das monatliche Blut der Frau hat seine Heiligkeit und seinen Wert, da es auf natürliche Weise fließt.

Wenn man nun den Menstruationsbecher benutzt und das Blut ohnehin aufgefangen wird, wäre es eine schöne Idee, anstelle dieses achtlos wegzuwerfen, ab und zu in bewußter Haltung in die Erde fließen zu lassen, zum Dank an Mutter Natur, zur Wertschätzung und als Verbindung mit unserem Planeten. Das weibliche Blut übernimmt eine wichtige Rolle, indem es das Gleichgewicht der Erde und des weiblichen und männlichen Prinzips heilt und wiederherstellt.

Verhütung

Mit dem Einsetzen der ersten Menstruation nach der Geburt beginnt auch wieder die Frage nach der geeigneten Verhütung.

Wichtig zu wissen ist erst einmal die Berechnung der fruchtbaren Tage, was ganz einfach ist. Dein Monatszyklus dauert vom ersten Tag der Monatsblutung bis zum letzten Tag vor der nächsten Periode. Der Zyklus teilt sich dabei in zwei Phasen. Die erste Phase (Tag eins bis zum Eisprung) kann bei verschiedenen Frauen unterschiedlich lang sein. Die zweite Phase (Eisprung bis zum letzten Tag vor der Periode) dauert recht zuverlässig jeweils genau 14 Tage. Das heißt, der Tag des wahrscheinlichen Eisprunges liegt ganz einfach 14 Tage vor deiner nächsten Monatsblutung.

Gerade wenn du noch am Stillen bist und nicht wieder schwanger werden möchtest, ist es sinnvoll, eine natürliche oder mechanische Verhütungsmethode zu wählen.

Natürliche Verhütung
- Messung der Basaltemperatur (selber messen oder mittels Meßcomputer wie Baby-Comp, Bioself, Persona usw.)
- Zervixschleim beobachten
- Muttermund untersuchen
- Koitus Interruptus

Mechanische Verhütung
- Kondom
- Diaphragma
- Portiokappe

Diese Methoden unterscheiden sich nicht nur in der Anwendung, sondern auch wesentlich in der Sicherheit. Sie lassen sich deshalb auch sehr gut miteinander kombinieren, um einen möglichst hohen Sicherheitsfaktor zu erreichen.

Bereits in jungen Jahren habe ich die Antibabypille genommen und war es nach einigen Jahren leid, meinem Körper diese weiter zuzuführen. Körperlich veränderte ich mich, indem ich im ersten Monat nach der Einnahme gleich mehrere Kilo zugenommen hatte. Erst nach dem Absetzten der Pille wurde mir bewußt, wie ich durch die Einnahme der Hormone nicht nur körperlich beeinflußt wurde, sondern starken Stimmungsschwankungen unterworfen war. Ich suchte deshalb nach einer natürlichen Methode und entschied mich aufgrund der einfachen Anwendung und des hohen Sicherheitsfaktors (Pearl-Index von 0,6 - 0,7, dies entspricht einer Sicherheit von 99,3 - 99,4 %) für den Baby-Comp. Ich bin sehr zufrieden damit und werde ihn wieder anwenden, wenn unsere Familie komplett ist.

Leonie hatte sich damals trotz Verhütung eingeschlichen, denn meine regelmäßige Menstruation geriet bei einem Asien-Urlaub durch Zeitverschiebung und Klimawechsel komplett durcheinander. Dies war die schönste Überraschung für Patrick und mich und der Beginn einer wundervollen Zeit als Familie.

Rückbildung des Beckenbodens

Zu einem Kurs in Rückbildungsgymnastik bin ich nie gekommen, da mich meine Kinder in den ersten Monaten rund um die Uhr gebraucht haben und ich sie nie länger abgeben konnte und wollte. Ich habe deshalb für mich selber die Beckenbodenmuskeln etwas trainiert, allerdings nie sehr konsequent. Gerade während den Schwangerschaften gab es Zeiten, da die Beckenmuskeln weich, gedehnt und untrainiert waren. Da hatte ich auch schon einmal unkontrolliert ein wenig Urinverlust, z. B. beim Lachen oder Niesen.

Dies war nicht weiter tragisch, denn es verschwand einige Monate nach der Geburt wieder, ohne daß ich intensiv Rückbildung gemacht hätte. Einige raten den Frauen, ihre Beckenmuskeln für die Geburt zu kräftigen und trainieren. Viele wiederum raten eher ab und befürworten das Trainieren als Rückbildung nach der Geburt. Da ich die Erfahrung gemacht habe, daß diese Muskeln auf natürliche Weise während der Schwangerschaft elastisch und weich werden und nach der Geburt sich durch die alltäglichen Bewegungen auch wieder zurückbilden, ist es aus meiner Sicht von Vorteil, nicht vor der Geburt zu trainieren, sondern diese Dehnfähigkeit als Pluspunkt bei der Geburt zum Zug kommen zu lassen.

Das Epi-No-Gerät wird bei der Geburtsvorbereitung verwendet, um zu lernen, den Beckenbereich zu entspannen und die Muskeln locker zu lassen, damit das Baby durch eine tiefe Atmung in den Bauchbereich sanft hinausgeschoben wird. Nicht das Anspannen sollte geübt werden, sondern das Loslassen und Entspannen. Nach der Geburt jedoch kann das Epi-No auch zum Trainieren des Beckenbodens mit gezielter Anspannung und Entspannung benutzt werden.

Veränderung der Körperform

Jeder Körper ist anders gebaut und benötigt seinen eigenen Rhythmus, um zu seinem Wohlfühlgewicht und seiner Form zurückzufinden. Es hat durchaus Sinn, wenn er sich während der neun Monate bis zur Geburt hin verändert, daß er anschließend auch mindestens so lange braucht, um sich wieder von dieser Höchstleistung zu erholen und zu kräftigen. Einigen gelingt dies viel eher, andere brauchen viel mehr Zeit. Auch mit jeder Schwangerschaft verändert sich der Körper ein wenig mehr, was durchaus normal ist. Der Körper wird durch Schwangerschaft, Geburt und Stillzeit verändert, durch die Umstellung der Hormone und die Gewichtszunahme und -abnahme.

Gerade das Stillen läßt jedoch die zusätzlichen Kilos sehr rasch schwinden. Dies konnte ich bei allen Schwangerschaften feststellen. Meine jeweils knapp 20 Kilos, die ich während der Schwangerschaft zunahm, waren im Nu wieder weg. Im Gegenteil mußte ich eher aufpassen, nicht zu dünn zu werden. Wenn du trotz Stillens nicht abnimmst, dann durchleuchte einmal deine Ernährung.

Ernährung und Bewegung spielen eine sehr große Rolle. Ich habe selber und in meinem Umfeld so oft die Erfahrung gemacht, daß vor allem ein hoher Milchkonsum eine unnatürliche Gewichtszunahme fördert. Kuhmilch ist nun einmal dazu gedacht, um das Gewicht eines Kalbes möglichst schnell zu erhöhen.

Viele Menschen nehmen viel zu viel Eiweiß zu sich. Ich rate deshalb, einmal einige Wochen auf Milchprodukte zu verzichten (und wenn überhaupt Fleisch oder Fisch, dann biologisch und kleine Mengen), um zu sehen, wie sich dein Körper verändert. Verzichte auch auf Fertigprodukte und Light-Produkte, da diese viele künstliche Stoffe beinhalten, die dein Körper nicht verarbeitet und eine zusätzliche Belastung sind. Frische, biologische Kost, am besten aus dem eigenen Garten ist ein natürliches Schönheitsmittel.

Dennoch ist es nicht ratsam, sich der Illusion hinzugeben, der Körper wäre derselbe wie vor der Schwangerschaft. Ob dies nun zum Vorteil oder Nachteil gereicht, hängt von unseren eigenen Überzeugungen ab. Manche sind danach etwas fülliger, die einen freut es, die anderen weniger. Manche haben hingegen durch das Stillen sehr viel abgenommen. Auch da kann die Freude groß oder klein sein. Die Form des Busens verändert sich. Die einen freuen sich über die Zunahme der Größe, anderen wiederum ist er zu groß oder er hängt. Nicht der Körper hat Schwierigkeiten, seine neue Form anzunehmen, es ist unser eigenes Denken, daß darüber entscheidet, ob wir mit unserem Körper zufrieden sind, wie sehr wir uns daran klammern und wie stark wir an einem äußeren Bild hängen. Letztendlich geht es um Selbstliebe, Akzeptanz und Freude an unserem körperlichen »Haus«, welches uns auf wundersame Weise ein neues Leben geschenkt hat.

> Achte deinen Körper für das, was er dir ermöglicht: zu leben und Leben zu schenken! Achte dich selber als ein kosmisches Wesen, welches unabhängig vom Körper ist und immer sein wird.

Schlaf

Nach meiner ersten Geburt, der von Leonie, wollte ich baldmöglichst wieder aufstehen und mich um den Haushalt und Alltagsdinge kümmern. Schnell habe ich gemerkt, daß ich so nur unnötig viel Kraft verliere und es eher zu Streß und Stillproblemen kommt. Bei Elyah und Anael hingegen habe ich während der ersten Wochen nach der Geburt diesem ehrgeizigen Beschäftigungsdrang nicht nachgegeben und mich nur um das Baby oder die älteren Geschwister gekümmert. Ich habe die Zeit genutzt, um Kraft zu tanken und mich geistig und körperlich zu erholen. Patrick hat sich währenddessen rührend um den Haushalt und um unsere Familienbedürfnisse gekümmert.

   Schlaf ist eines unserer wichtigsten Grundbedürfnisse, und wir leiden auch als Erwachsene, wenn wir es vernachlässigen. Gerade mit einem Neugeborenen ist jede Minute Schlaf kostbar, denn der Schlafrhythmus eines so winzigen Wesens hat seine eigene innere Uhr. Durch das Stillen, Mama-Kind-Bett und Windelfrei bekam ich trotzdem genügend Schlaf, wenn auch nicht am Stück. Wenn der Körper ausreichend Schlaf hat, wird auch genügend Milch gebildet. Bei mir hingen diese zwei Komponenten eng zusammen. Schlaf und eine gesunde Ernährung trugen bei mir dazu bei, daß ich viel Milch hatte, mein Körper sich wunderbar erholte und ich wenig unter Stimmungsschwankungen litt.

Stimmung und Hormone

Bereits unmittelbar nach der Geburt stellt sich dein Körper auf die Stillzeit und Rückbildung um. Das heißt, du erlebst wieder eine komplette Hormonumstellung, welche sich auch auf dein Befinden und deine Stimmungen auswirkt. Nicht immer ist es einfach, sich in dieser Zeit zurechtzufinden und in der eigenen Mitte zu bleiben. Wann immer ich gestreßt war und die Nerven strapaziert wurden, versuchte ich, durch tiefes Atmen, Stillen oder mich zum Baby Legen oder einfach draußen in der Natur meine innere Ruhe wiederzufinden. Zur Unterstützung hatte ich eine Bachblüten-Mischung speziell für die Zeit nach der Geburt und Aurasoma-Öle.

Eine große Hilfe war mein Mann, insbesondere in den ersten Wochen. Als er nach der ersten Geburt in den darauf folgenden Monaten häufig geschäftlich länger unterwegs war, hatte ich damit doch große Mühe. Auch mein Körper reagierte auf den zusätzlichen Streß mit Milchstau, und es war für mich teilweise eine große Herausforderung. Um so mehr genoß ich intensiv das Wochenbett, wo er für die ganze Familie da war.

Wenn es irgendwie möglich ist, verbringt soweit es geht die ersten Monate gemeinsam. In manchen Ländern können auch Väter längere Zeit Vaterschaftsurlaub nehmen, was die Familie zusätzlich festigt. Eine fortschrittliche Anpassung, die hoffentlich auch bei uns in der Schweiz vermehrt Einzug hält.

Auch Großmütter, Großväter, Verwandte und enge Freunde können dir eine Hilfe sein, wenn du darum bittest. Nimm die Hilfe an, die dir angeboten wird und bei der du dich wohlfühlst. Das ist von Mensch zu Mensch und auch von Geburt zu Geburt verschieden. Vielleicht bist du ganz froh, wenn sich jemand auch mal um deine älteren Kinder kümmert oder Alltagsdinge erledigt. Vielleicht möchtest du aber auch lieber deine Ruhe haben und die erste Zeit ohne viel Besuch erleben. Es muß für dich und für euch als Familie stimmen, inwieweit ihr euch zurückzieht oder Hilfe und Besuche annehmt, auch wenn ihr damit nicht bei allen auf Verständnis stößt. Diese ersten Wochen im Leben mit eurem Baby sind kostbar und einmalig. Genießt diese, sie gehören ganz allein euch!

Zuwendung

Während der Geburt hast du dich vollkommen geöffnet, um dein Baby gebären zu können. Dein Bauch ist nun leer und spürt nicht mehr die Tritte des Kindes. Dein Körper ist noch wund und benötigt Heilung. Je nach Geburtserfahrung bedarf auch deine Seele der Heilung. Du schwebst zwischen Euphorie der vollbrachten Geburt, Erschöpfung und dem Verarbeiten der Eindrücke dieser einmaligen Erfahrung. Denn jede Geburt ist anders, du erlebst sie in dieser Form mit diesem bestimmten Baby nur einmal. Nicht nur dein Baby braucht deine Nähe, auch du benötigst dein Baby, welches neun Monate Tag und Nacht so eng mit dir verbunden war.

Dein Partner ist in dieser Zeit besonders wichtig, denn er gibt dir den nötigen Halt, die Zuwendung und Liebe, die du brauchst, um dich zu erholen und wieder zu Kräften zu kommen. Während des Wochenbettes lernt ihr euer Baby kennen, und jeder nimmt als Familienmitglied seine neue Position innerhalb der Familie ein.

Auch Geschwister brauchen Zuwendung, denn es ist auch für sie eine ganz neue und ungewohnte Situation. Gerade hier hilft das Tandemstillen, die Verbindung zwischen dem älteren Kind und dem Neugeborenen zu stärken.

Laßt euch viel Zeit als Familie, um euer gemeinsames Band der Liebe zu knüpfen und das kleine Wesen in euerer Mitte willkommenzuheißen.

Homöopathie im Wochenbett

Homöopathische Anwendungen während und unmittelbar nach der Geburt sind nur einer gut ausgebildeten Hebamme zu überlassen, da sie in einen heiklen Prozeß eingreifen und bei falschem Gebrauch Schaden anrichten könnten.

Für die Zeit des Wochenbettes, in der sich dein Körper von der Anstrengung und möglichen Geburtsverletzungen erholt, kannst du folgende Mittel verwenden.

Die anfängliche Gabe entspricht für eine erwachsene Person fünf Streukügelchen (Globuli). Bei einer Besserung wird die Dosierung reduziert.

Wundheilung

Verheilung der Geburtswege

Zustand/Gemüt: Dein Körper hat mit der Geburt eine Hochleistung vollbracht. *Bellis perennis* wird auch als »Arnika der Gebärmutter« bezeichnet. Auch wenn du eine komplikationslose, natürliche Geburt hattest, hilft dir dieses Mittel bei der Rückbildung der Gebärmutter und Verheilung sowie der Normalisierung des Wochenflusses.

Homöopathisches Mittel: **Bellis perennis** (Gänseblümchen)

Dosierung: D6, dreimal täglich eine Gabe

Dammriß

Zustand/Gemüt: Du hast eine Geburtsverletzung, einen Dammschnitt oder einen Dammriß zwischen Anus und Scheide. Calendula hilft deinem Körper bei seiner Heilung. Gib dir selber geduldig die nötige Zeit, die Verletzungen physisch und seelisch zu heilen.

Homöopathisches Mittel: **Calendula** (Ringelblume)
Dosierung: D6, dreimal täglich eine Gabe

Allgemeinzustand

Erschöpfung

Zustand/Gemüt: Du bist von den Anstrengungen der Geburt sehr schwach und erschöpft. Möglicherweise hast du dabei viel Blut verloren. Dir ist schon bei kurzem Aufstehen schwindelig und dein Appetit ist noch nicht richtig da. Vielleicht hattest du eine Operation, dein Baby konnte nicht natürlich zur Welt kommen und du fühlst dich dadurch noch schwach.

Homöopathisches Mittel: **China officinalis** (Chinarinde)
Dosierung: D6, dreimal täglich eine Gabe

Naturfest:
Baumpflanzung und Plazentapflanzung

Baum- und Plazentapflanzung Leonie – November 2005

Auch wenn wir keiner Religion oder Glaubensrichtung angehören und deshalb unsere Kinder nicht getauft wurden, wollten wir ein Ritual gestalten, welches das Baby noch einmal direkt mit der Natur verbindet und auch die Paten mit einbezieht. Mit diesen Gedanken haben wir uns für die Baumpflanzung und bei den Lotusgeburten zusätzlich für die Beigabe der Plazenta entschieden.

Bei Leonie hatten wir noch keinen Garten, in dem wir einen Baum hätten pflanzen können. Deshalb entschieden wir uns für die Alternative eines Baumparks. In diesem speziell angelegten Gelände werden vorwiegend zur Geburt, aber auch zur Hochzeit Bäume gepflanzt. Wir haben uns für einen Kirschbaum entschieden, und diesen, zusammen mit Leonis Plazenta feierlich im Kreise der Familie und ihrer Paten gepflanzt.

Leonie, 3jährig mit ihrem Baum

Plazentapflanzungen Elyah, Lukas Amaro und Aidyn – Juli 2009

Bei Elyah haben wir uns einen wunderschönen Sommertag ausgesucht für die Plazentapflanzung.

Er war damals bereits zweijährig. Das Fest haben wir zusammen mit unseren Freunden Phoeby und Kanuka gefeiert, weil wir auch die Plazenten ihrer beiden Kinder Amaro und Aidyn pflanzten und Kanuka Elyahs Pate ist.

Die Feier fand bei Leonies Bäumchen statt und war ganz besonders schön. Wir ließen alle Kinder beim Graben mithelfen und beim Suchen der Kräuter, die als Beigaben für die Plazenta dienten. Dazu durfte jedes Kind noch einen Edelstein hinzufügen. Zum Schluß haben wir zusammen gesungen, eine Kerze angezündet, und Phoeby hat allen eine passende Geschichte erzählt.

Anschließend haben wir in der Nähe am Waldrand ein großes Picknick abgehalten, und die Kinder haben ausgelassen im Wald gespielt. Es war keine steife Feier, wie dies bei Taufen oft der Fall ist, vielmehr war es eine zeremonielle Handlung in Dankbarkeit und Verbundenheit mit der Natur und ein gemeinsames fröhliches Feiern.

Es gibt so viele Möglichkeiten, ein solches Naturfest zu gestalten mit Gaben für Mutter Natur, Singen, Trommeln, Kreistänzen und Musik. Auch die Familie oder Freunde können mit ganz persönlichen kreativen Beiträgen zu einem einzigartigen Fest mitwirken.

Baum- und Plazentapflanzung Anael – Juni 2010

Wir wollten auch für Anael ein Fest geben und ihn mit einem Ritual in unserer Welt willkommen heißen. Sein Pate Ramon hatte sich etwas ganz Besonderes ausgedacht und ist vier Tage lang in strömendem Regen und Kälte ohne Zelt oder Annehmlichkeit zu uns auf die Alp gepilgert. Eine prägende Reise zu seinem Patenkind, eine Reise im Außen wie auch im Innern. Mit großer Freude haben wir ihn begrüßt, und die erste Begegnung zwischen ihm und dem kleinen Erdenbürger mit einem Foto festgehalten.

Zum Fest kamen meine Schwester und Anaels Patentante mit ihren Kindern dazu. Wir haben vor unserem Haus einen schönen Platz gewählt, um den kleinen Aprikosenbaum zu setzen. Zuerst wurde gegraben, dann haben wir Kräuter, Blumen und Bergkristalle in das Loch gelegt, dazu noch ein Aprikosenachat, den ich immer bei der Geburtsvorbereitung und auch während der Geburt in der Hand hielt. Darauf legte ich die Plazenta, für uns eine bedeutsame Gabe zurück an Mutter Erde. Ein Symbol für das Werden und Vergehen und für den universellen Kreislauf, in den wir eingebettet sind, eng miteinander verbunden, selber Teil der Natur.

Dann haben wir das Bäumchen gesetzt, Erde aufgefüllt und mit Wasser gegossen. Die Kinder durften bei allem mithelfen. Patrick hat mit einer Rede unseren Gedanken und guten Wünschen für das junge Leben von Anael Ausdruck verliehen. Die Stimmung war sehr schön und feierlich, und Anael wurde auch von seinen Paten in Liebe und Verbundenheit aufgenommen.

Geliebtes Kind,
hege ein Gefühl der Liebe und Bewunderung,
für die gesamte Schöpfung,
vom winzigsten Grashalm bis zum größten Gestirn.
Lerne, die Ewigkeit in jedem Augenblick zu erfassen.

Sei verbunden mit der Luft, die uns alle atmen läßt.
Sei verbunden mit der Erde, auf welcher unsere Füße ruhen.
Sei verbunden mit dem Feuer, welches unsere Herzen wärmt.
Sei verbunden mit dem Wasser, in welches du geboren wurdest.
Sei verbunden mit allem in Liebe.
Willkommen Wesen des Universums, willkommen hier auf Mutter Erde.

197

Stillen

Mütter haben von Natur aus die Gabe des Stillens bekommen. Dein Baby erhält durch die Muttermilch alle wichtigen Nährstoffe und fühlt sich durch den direkten, liebevollen Körperkontakt sicher und geborgen.

Es befindet sich wohlbehütet am richtigen Ort. Sein erster Impuls nach der Geburt ist es, zur Mutterbrust zu gelangen und zu saugen. Aus diesem Grund ist es für die beginnende Stillbeziehung wichtig, daß du dein Baby gleich nach der Geburt zu dir nimmst und es während der ersten halben Stunde erst einmal stillst. Der Saugreflex ist besonders ausgeprägt, wie auch das Bedürfnis nach Nähe und Geborgenheit. Deine Stimme ist ihm bereits vertraut, dein Geruch wird ihm eingeprägt. Es erkennt dich bereits unverwechselbar als seine leibliche Mutter.

Das Stillen fördert das Bonding zwischen dir und deinem Kind. Gerade bei einem schwierigen Start ins Leben, bei einem Kaiserschnitt oder sonstwie traumatischen Geburt ist es um so wichtiger für dich und das Baby, daß ihr durch das Stillen die notwendige Nähe und den Hautkontakt habt, damit die Liebe zwischen euch fließen kann. Stillen ist nicht nur Nahrungsaufnahme, Stillen ist das Sich-Verbinden in gegenseitigem Vertrauen, Hingabe und Liebe. Stillen heißt, dem Streß und der Hektik zu entfliehen, Ruhe zu finden und den Augenblick mit dem Baby in Freude zu genießen.

> Die Entwicklung des Babys ist stark von Reizen und Gefühlen abhängig. Mit dem Stillen erhält dein Kind durch den Hautkontakt verschiedene Impulse, deinen Geruch, deine Nähe und das Saugen, welche seine Gehirnstrukturen und -systeme stimulieren, die für die Entwicklung notwendig sind.

Deine Muttermilch ist genau auf die Bedürfnisse deines Kindes abgestimmt, ganz gleich, ob es ein Neugeborenes, ein Säugling oder ein Kleinkind ist. Die Milch paßt sich immer wieder an. Mit deiner eigenen gesunden Ernährung bildet dein Körper die nötigen Nährstoffe, damit dein Kind optimal mit allen Substanzen versorgt wird.

Die Milch enthält nicht nur die richtige Zusammensetzung der Vitamine, Mineralien, Fette, Kohlenhydrate und Kalzium, sondern auch viele wichtige Immunstoffe, die den Organismus deines Babys schützen.

Trotzdem sind viele Medien und oft sogar Behörden, Krankenhäuser und Ärzte vielerorts Diener der rein gewinnorientierten Hersteller künstlicher Babynahrung. Firmen investieren Unsummen von Geld für Werbung, Geschenke, Gratismuster, Vergütungen, Ausrüstung, Reisen und Veröffentlichungen, damit ihr jeweiliges Produkt befürwortet und vermarktet wird.

Dabei geht es kaum um das Wohl der Babys, sondern um Geld. Der billige Inhalt (pulverisierte Kuhmilch oder isoliertes Soja-Protein) und die teils schwer zu verarbeitenden Zusätze künstlicher Säuglingsnahrung werden als vollwertige Nahrung und der Muttermilch gleichwertig angepriesen. Es hilft den Müttern nicht zu beschönigen, daß künstliche Säuglingsnahrung lediglich Magenfüller ist, ohne die lebensspendende Energie, welche die Muttermilch gibt. Keine noch so schöne Verpackung und wohlklingende Beschreibung kann darüber hinwegtäuschen.

Da nützt keine Schönfärberei einer auf Kosten der Babys gewinnorientierten Maschinerie, die hinter künstlicher Babynahrung steckt. Es ist nun einmal wie es ist: Künstlich hergestellte Pulvernahrung wird nie eine befriedigende Alternative zur Muttermilch sein. Vielmehr ist es eine Notlösung, wenn das Stillen unmöglich ist. Dein Baby benötigt keine künstliche Nahrung, es benötigt Menschenmilch, denn nur diese hat die richtige Zusammensetzung für die Entwicklung des kleinen Babykörpers.

Früher wurden Babys nach jeder Mahlzeit gewogen und kontrolliert und Mütter mit Tabellenwerten unter Druck gesetzt. Viele Kinder wurden abgestillt, weil die Werte nicht den geforderten Normen entsprachen und die Mütter angeblich zu wenig Milch hatten. So erging es auch meiner Mutter. Sie mußte sogar ihre Brüste abbinden, damit die Milch zurückging, wo sie doch angeblich zu wenig hatte. Mein Bruder und ich wurden somit nach kurzer Zeit abgestillt und so um eine wichtige Erfahrung gebracht. Viele Jahre später sah es bereits ganz anders aus, deshalb wurde meine Schwester, die als »Nachzügler« geboren wurde, glücklicherweise über ein Jahr gestillt.

Gerade Großmütter und Urgroßmütter haben oft und lange gestillt, häufig bis ins Kleinkindalter. Erst in den 60er und 70er Jahren des letzten Jahrhunderts war es vielen Müttern durch strikte Krankenhausregeln nicht oder nur unzureichend möglich zu stillen. Das Stillen war damals gerade nicht in Mode, die Frauen kämpften für ihre Unabhängigkeit und berufliches Fortkommen. Interessanterweise erlebte die Gesellschaft 20 - 30 Jahre später den Höhepunkt einer Überbetonung des Busens durch künstliche Silikonbrüste. Vielleicht ein Hinweis darauf, daß diese Generation im Säuglingsalter zu wenig oder keine Muttermilch bzw. die Brust erhielten, was ihr Unterbewußtsein am eigenen Körper künstlich zu kompensieren versucht.

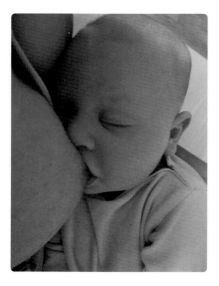

Es erforderte viel Engagement und Zeit, bis der Wert des Stillens und die Wichtigkeit der Mutter-Kind-Beziehung durch das Stillen begriffen und wiederentdeckt wurden. Die Organisation *La Leche Liga* hat weltweit dazu beigetragen und tut es heute noch.

Stillen ist eine der wundervollsten Aufgaben einer Mutter. Es wird dir in vielerlei Hinsicht den Alltag mit deinem Baby erleichtern. Du hast ganz einfach immer und überall die passende Mahlzeit dabei. Nachts oder morgens im Bett brauchst du dich nur zu deinem Baby hinzuwenden und kannst nebenbei halb weiter dösen. Mit Hilfe des Stillens wird dein Kind immer friedlich und häufig sehr rasch einschlafen. Du ersparst dir also viele unnötige Bemühungen, dein Kind zum Einschlafen zu bringen.

Stillen kann aber auch Herausforderungen mit sich bringen. Wunde Brustwarzen oder Milchstau erlebt fast jede Mutter mindestens einmal. Doch wenn du damit umzugehen weißt, sind dies kleine Hürden, die du alleine oder mit Hilfe einer guten Stillberaterin meistern kannst. Auch wird es Phasen geben, in denen dich dein Baby vermehrt braucht, insbesondere bei Wachstumsschüben oder beim Zahnen. Dies wird sich auch mit vermehrtem oder längerem Stillbedürfnis bemerkbar machen. Habe Geduld mit dir selber und deinem Baby und gib ihm um so intensiver Zeit für das Stillen. Dies wird sich sehr positiv auf die Befindlichkeit des Kindes auswirken.

Auch ein Gespräch mit einer guten Freundin, die selber positive Stillerfahrungen gemacht hat, kann in solchen Situationen weiterhelfen. Sei dir immer bewußt, daß dergleichen ganz normal ist und jede Mutter damit konfrontiert wird. Gerade während Wachstumsphasen, wenn sich dein Kind rasch entwickelt, unruhig ist und vermehrt nach Aufmerksamkeit und Muttermilch verlangt, ist Stillen eine wunderbare Art, Geborgenheit zu vermitteln und wieder eine entspannte Atmosphäre herzustellen. Die Stillzeit ist eine warmherzige und innige Ausdrucksform des harmonischen Zusammenlebens. Genieße ganz einfach diese Zeit, in der du deinem Baby so ganz nahe sein kannst.

Pro Stillen

Nährwert – Ausschließlich Muttermilch bietet genau die richtige Kombination an Inhaltsstoffen und Nährwerten, welche dein Baby braucht. Sie ist in jedem Alter des Kindes perfekt auf sein Bedürfnis abgestimmt.

Gesundheit – Muttermilch enthält wichtige Immunstoffe zum Schutz des kleinen Körpers und für ein gesundes Wachstum deines Babys.

Nähe – Was gibt es Schöneres für dein Baby, als beim Stillen im Arm der Mama zu liegen und die Nähe, die Wärme und den Hautkontakt zu genießen, den vertrauten Geruch wahrzunehmen und in diese Geborgenheit und Liebe einzutauchen.

Trost – Stillen ist ein Wundermittel bei allen körperlichen und seelischen Wehwehchen. Es beruhigt und entspannt in vielen alltäglichen Situationen.

Einschlafhilfe – Die einfachste und friedlichste Einschlafvariante ist es, dein Baby oder Kleinkind zu stillen.

Praktisch – Stillen ist eine absolut unkomplizierte, ausgeklügelte Einrichtung der Natur. Du hast immer und überall zu jeder Tageszeit die perfekte Nahrung dabei; wohltemperiert und genau auf das Bedürfnis deines Babys abgestimmt. Du brauchst nichts mitzuführen oder bereitzulegen. Mama-Milch ist immer zur Stelle.

Kostenlos – Stillen kostet nichts im Gegensatz zur teuren künstlich hergestellten Säuglingsnahrung.

Umweltschonend – Künstliche Babynahrung verbraucht Unmengen an Ressourcen bei der Herstellung und verursacht einen Haufen Abfall. Stillen schont unsere Umwelt und trägt dazu bei, die kostbare Natur zu erhalten.

Rückbildung – Stillen hilft dem Körper bei der Rückbildung. Insbesondere in der ersten Zeit nach der Geburt löst es Kontraktionen aus, damit sich deine Gebärmutter zurückbilden kann, die auf ein Zwanzigstel auf ihre ursprüngliche Größe schrumpft. Es ist die einfachste und effektivste Art, um das während der Schwangerschaft zugenommene Gewicht zu verlieren.

Als ich Khadija das erste Mal begegnete, ist mir sofort das kleine Mädchen aufgefallen, welches friedlich auf ihrem Schoß saß und gestillt wurde. Wir haben uns ein zweites Mal getroffen, und sie erzählte mir von ihrer eigenen Stillerfahrung mit drei Kindern und über ihr Heimatland Marokko.

Interview Stillen
mit Khadija el Mekahrchef (36), Schweiz
Mutter von Monya (6), Rajaa (4) und Hanaa (9 Monate)

Worin siehst du die Vorteile des Stillens?

Muttermilch ist perfekt auf die Bedürfnisse des Kindes abgestimmt. Stillen ermöglicht die erforderliche Nähe zum Kind und ist ein wichtiger Punkt für die Zufriedenheit des Babys.

Hat es von Geburt an geklappt?

Ja, es hat von Anfang an sehr gut funktioniert. Ich habe mich bereits während der Schwangerschaft jeweils auf die kommende Stillzeit gefreut.

Gab es auch Herausforderungen?

Die Herausforderung war eher, das Stillen mit dem übrigen Alltag zu verbinden und im Hinblick auf die Stundenpläne der älteren Kinder alles gut zu organisieren.

Wurdest du von deinem Mann und deiner Familie unterstützt?

Ja, auf jeden Fall.

Du hast alle deine Kinder über ein Jahr gestillt, gab es da Reaktionen im Umfeld?

Für mich ist es nichts Besonderes, ein Kleinkind zu stillen. Ich hatte dementsprechend auch nie Hemmungen, dies in der Öffentlichkeit zu tun. Schließlich ist es das Natürlichste und Normalste der Welt!

Wie hast du das Thema Stillen in deiner Heimat Marokko erlebt?

Stillen war da nichts Außergewöhnliches, sondern Teil des Familienalltages und gehörte selbstverständlich dazu.

Wie lange wurden die Babys in deinem Umfeld in Marokko durchschnittlich gestillt?

Viele Frauen, die ich kannte, haben ihre Babys bis ins Kleinkindalter von bis zu drei Jahren gestillt.

Was möchtest du werdenden Müttern mit auf den Weg geben?

Stillt eure Babys, es ist das Natürlichste der Welt, und genießt die Nähe zu euren Kindern.

Stillen in der Praxis

Das erste Stillen

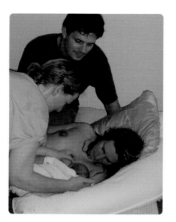

Vermutlich wirst du bei deiner ersten Geburt von einer Hebamme zu Hause, im Krankenhaus oder Geburtshaus begleitet. Die erste Stunde nach der Geburt ist nicht nur für das Bonding wichtig, sondern auch für das erste Stillen. Lege dein Baby nach der Geburt so bald als möglich an deine Brust. Dies ist besonders auch bei einem Kaiserschnitt ohne Vollnarkose wichtig. Wenn es bereits Saugreflex zeigt, hilf ihm sanft, die Brustwarze zu finden und sie richtig zu erfassen.

In den meisten Fällen wird dir die Hebamme dabei behilflich sein. Wichtig ist, daß der Kopf des Babys nicht auf die

Brust gedrückt oder die Brustwarze fast gewaltsam in den Mund geschoben wird. Das Baby soll immer die Möglichkeit haben, den Kopf frei zu bewegen und die Brustwarze selber zu fassen. Ganz behutsam kann die Hebamme dabei helfen, oder du versuchst es selber. Das Baby soll dabei sanft zur Brust geführt werden, nicht die Brust zum Baby.

Nimm vorher eine für dich bequeme Position ein. Stillen im Liegen ist meiner Erfahrung nach etwas schwieriger, als wenn du dein Baby im Arm hältst. Du kannst auch mehrere Varianten ausprobieren, so wie es für dich angenehm ist.

Das Anlegen des Babys

Wenn das Baby korrekt angelegt ist, nimmt es einen großen Teil des Brustwarzenhofes in den Mund, die Lippen sind beim Saugen nach außen gestülpt.

> Das richtige Erfassen der Brustwarze ist wichtig, um wunde Brustwarzen zu vermeiden. Diese entstehen nicht durch zu langes oder häufiges Stillen, sondern durch unkorrektes Anlegen.

Wenn du das Baby von der Brust wegnehmen möchtest, dann solltest du es nicht einfach wegziehen, sondern sanft die Spitze des kleinen Fingers in den Mundwinkel schieben, um den Unterdruck zu unterbrechen. Halte dafür den Nagel kurzgeschnitten. Dies verhindert ebenfalls wunde Brustwarzen.

Große Kälte kann ebenfalls zu Rissen in den Brustwarzen führen. Übermäßiges Abwischen oder gar Abrubbeln ist unnötig und würde nur den natürlichen Hautschutz zerstören. Nässestau durch feuchte Körperwärme hingegen fördert Pilzinfektionen, deshalb kannst du die restliche Milch gut an der frischen Luft trocknen lassen. Ungeeignete Stilleinlagen oder gar Slipeinlagen mit Auslaufschutz würden den Nässestau geradezu fördern und sind aus diesem Grund ungeeignet. Am besten verwendest du Stilleinlagen aus naturbelassener Wolle oder allenfalls Seide.

Der Milcheinschuß

Der Milcheinschuß tritt häufig 2 - 4 Tage nach der Geburt ein. Durch den Streß einer operativen Geburt (Sectio) oder einer Vakuum- oder Zangengeburt kann er sich auch um einige Tage verzögern. Dein Baby ist jedoch während dieser Zeit durch das nährstoffreiche Kolostrum bestens versorgt.

Manche Mütter erleben den Milcheinschuß als sehr unangenehm, die Brüste sind dann sehr druckempfindlich, anderen fällt es leicht und sie nehmen ihn ganz anders wahr.

Am einfachsten ist es, wenn du bereits während der Schwangerschaft ein größeres Kind gestillt hast und einfach weiterstillst. Der Milcheinschuß entfällt somit in dieser Form, wie er sich beim ersten Kind bemerkbar macht. Der Übergang gestaltet sich so ganz leicht und angenehm.

Die Anpassung der Muttermilch

In den ersten Tagen nach der Geburt produzieren die Milchdrüsen das **Kolostrum**, welches sehr nährstoffreich ist und eine große Menge Inhaltsstoffe besitzt, die das Immunsystem stärken und den Schutz vor Krankheiten sicherstellen. Es enthält Enzyme für eine geregelte Verdauung, Wachstumsförderer zum Vermehren gesunder Darmbakterien und Proteine.

Durch die leicht abführende Wirkung erleichtert es dem Neugeborenen die ersten Darmentleerungen, bei denen das so genannte **Kindspech (Mekonium)** ausgeschieden wird.

Ungefähr 10 - 14 Tagen nach der Geburt wird bei den meisten Müttern die **reife Muttermilch** gebildet. Die Zusammensetzung ändert sich jeweils beim Stillen. Zu Beginn der Mahlzeit trinkt das Baby die **Vormilch**, welche viel Wasser und weniger Fett enthält, um den Durst zu stillen. Die nachfolgende **Nachmilch** ist fettreicher und enthält viel Energie und Nährstoffe, dafür weniger Flüssigkeit. Sie dient der Sättigung und dem Wachstum deines Babys.

Ausschließliches Stillen nach Bedarf

Für deine ersten Stillerfahrungen ist es vor allem wichtig zu wissen, daß du absolut keinem Stundenrhythmus folgen mußt. Stille dein Baby nach seinem Bedürfnis so oft und so lange es Verlangen danach zeigt. Stillen dient somit nicht nur der Nahrungsaufnahme, sondern es deckt das Saugbedürfnis und gibt deinem Baby die nötige Nähe und Geborgenheit. So vermittelst du deinem Baby ein Gefühl des Angekommenseins in einer vertrauten Welt. Es fühlt sich geborgen und beschützt, denn es nimmt wohlbehütet den von der Natur vorgesehenen Platz ein.

Die Vorstellung, daß zwischen den Stillphasen ein bestimmter zeitlicher Abstand eingehalten werden sollte, trifft nicht zu und wird bei den »Ammenmärchen« näher erläutert.

Damit du ausreichend Milch hast, ist es wichtig, dein Baby nicht zuzufüttern, sondern einfach sehr oft anzulegen. Gerade im Krankenhaus wird rasch zu Glucoselösungen oder künstlicher Säuglingsmilch gegriffen, wenn das Gewicht deines Babys nicht den Normtabellen entspricht. Laß dich dadurch nicht verunsichern. Das Gewicht ist keine absolute Richtlinie, sondern einer von mehreren Faktoren zur Beurteilung der Entwicklung deines Babys. Es ist absolut normal, daß ein Baby in den ersten Lebenstagen an Gewicht verliert, bis etwa 15% des Geburtsgewichtes. Dies ist ein natürlicher Reinigungsprozeß des Fastens, um durch die Entgiftung die Stoffwechselfunktion anzukurbeln. Es hat absolut seinen Sinn, daß seine Organe erst einmal die angesammelten Giftstoffe aus der Schwangerschaft ausscheiden können.

Um diesen natürlichen Prozeß nicht zu stören und deine Milchbildung anzuregen, verzichte auf jegliches Zufüttern und lege dein Baby an so oft es möchte. Verzichte, wenn es geht, auch auf Schnuller, damit es nicht zu einer Saugverwirrung kommt, was tatsächlich möglich ist.

Wenn du bei jeder Stillmahlzeit beide Brüste anbietest, wird dies die Milchmenge erhöhen. Hast du bereits genügend Milch, dann reicht es dem Baby meistens, eine Brust leerzutrinken.

Dein Baby kann mindestens die ersten sechs Monate ausschließlich gestillt werden ohne zusätzliche Nahrung oder Flüssigkeitszufuhr. Die Muttermilch gibt deinem Kind alles, was es benötigt.

Wenn du über diese Zeit hinaus weiterhin voll und nach Bedarf stillst, kann dein Baby selber schrittweise Nahrungsmittel entdecken, indem du ihm Fingerfood anbietest: biologisches rohes Gemüse und Früchte. Dies geschieht je nach Interesse des Babys meist zwischen dem 6. und 9. Lebensmonat.

Als Mutter gilt es darauf zu achten, daß du genügend gesunde Kost zu dir nimmst, ausreichend trinkst, auf schädliche Mittel und Medikamente verzichtest und dir so viel wie möglich Ruhe gönnst.

Wenn du dein Baby sehr oft stillst und ihm auch zur Beruhigung deine Brust anbietest, wird es keinen Schnuller brauchen. Schnuller sind dann nötig, wenn die Brust nicht oft genug angeboten wird oder gar nicht gestillt wird. Ich mußte glücklicherweise bei allen Kindern nie auf einen Schnuller (Brustersatz) zurückgreifen, da ich stets das Original, also meine Brust, anbieten konnte.

Bei Dauernuckeln, was ich mit unserer ersten Tochter erlebte, lohnt es sich, windelfrei auszuprobieren. Denn meiner Erfahrung nach nuckeln Neugeborene und auch ältere Babys sehr lange an der Brust, sind unruhig und zappelig, wenn sie eigentlich Pipi oder Gaga machen müßten. Da hilft es häufig, das Baby kurz über einen Topf, Lavabo oder Tuch abzuhalten, damit sie diesem Drang nachgeben können. Danach schlafen gerade Neugeborene häufig gleich an der Brust ein oder sind auch ohne Stillen zufrieden.

Stillritual

Für Babys und Kleinkinder ist das Stillen während des Einschlafens und am Morgen ein wichtiges Ritual, welches sie von sich aus aufgeben, sobald sie es emotional nicht mehr benötigen. Es gibt ihnen die Geborgenheit und die Vertrautheit, die sie benötigen, um friedlich in den Schlaf zu fallen und den Tag mit einem positiven Start beginnen zu können.

Stillpositionen und Stillvarianten

Wiegehaltung (im Sitzen)

Dein Baby wird von dir im Arm gehalten und liegt auf der Seite, sein Bauch an deinen Bauch geschmiegt.

Du kannst dabei deinen Rücken mit Kissen oder einem großen Stillkissen (Lagerungskissen) abstützen.

Das Baby kann mit einem großen Stillkissen gestützt werden.

Diese Position ist gerade am Anfang meist einfacher als im Liegen zu stillen, damit du dein Baby korrekt anlegen kannst und es deine Brustwarze vollständig erfaßt.

Für mich ist dies die effektivste Einschlafposition. In dieser Haltung schliefen alle drei Kinder beim Stillen am besten ein. So konnte ich sie anschließend hinlegen, noch in Seitenlage weiterstillen oder mich einfach dazulegen.

Fußball- oder Rückengriff (im Sitzen)

Das Baby liegt mit den Füßen abgewandt zu dir, seitlich unter deinem Arm. Du kannst auch bei dieser Position deinen Rücken mit Kissen und dein Baby mit einem Stillkissen abstützen.

Ich habe diese Position nach der ersten Geburt auf Anraten der Nachbetreuungshebamme angewandt und fand sie ehrlich gesagt total unbequem und unnatürlich.

Der Fußball- oder Rückengriff soll bei einigen Frauen auch bei Milchstau oder großen Brüsten hilfreich sein. Diese Erfahrung kann ich nicht teilen, ich habe auch bei einem Milchstau lieber in der Wiegehaltung gestillt. Es ist aber sicher sinnvoll, diese Haltung einmal auszuprobieren.

Für Mütter mit frischer Kaiserschnittnarbe ist diese Position oft angenehmer als die Wiegehaltung.

Halbliegende Position

Zum Stillen werden einige Kissen zurechtgelegt, damit diese deinen Rücken stützen. Dein Baby hältst du wie in der Wiegehaltung im Sitzen.

Seitenlage

Du stillst dein Kind in der Seitenlage und kannst dabei deinen Rücken mit Kissen abstützen.

Dies war und ist für mich im Bett, besonders nachts beim Stillen des Kleinkindes, die Lieblingsposition. So konnte ich auch während des Stillens im Halbschlaf vor mich hindösen und danach gleich weiterschlafen. Eine sehr angenehme Variante. Bei Neugeborenen und Babys hingegen benutzte ich auch nachts anfangs die Wiegehaltung, um mein Kind gleichzeitig über dem Töpfchen für Pipi abzuhalten. Nach dem Pipi legte ich den Topf beiseite und wechselte in die Seitenlage, wobei ich den Oberkörper nicht einmal mehr anhob, sondern wirklich flach auf der Seite neben meinem Kind lag und manchmal gleichzeitig mit dem Baby gleich wieder einschlief.

Rückenlage

Du liegst in Rückenlage, und dein Baby liegt bäuchlings auf deinem Bauch. Eventuell mußt du während des Stillens die Stirn des Babys mit der Hand abstützten, damit die Nase frei bleibt.

Diese Position fand ich weniger geeignet, dennoch soll sie erwähnt werden.

Beide sitzend

Wenn dein Baby größer ist, kann es sich für das Stillen auch neben dich setzen und den Kopf seitwärts zur Brust hin drehen.

Unterwegs (im Stehen, Gehen)

Du kannst dein Baby auch ganz gut im Stehen oder sogar während des Gehens stillen. Am einfachsten ist diese Variante, wenn das Baby dabei in einer Tragehilfe sitzt.

Ich habe jedoch meine Kinder oft auch einfach in der Wiegehaltung gehalten, gestillt und bin dabei gelaufen oder habe die scheinbar unmöglichsten Alltagsdinge erledigt.

Eine etwas anspruchsvollere Variante ist, das Baby, wenn es bereits sitzen kann, auf der Hüfte zu tragen (ohne Tragehilfe) und es dabei im Stehen oder Gehen zu stillen.

Ich habe wirklich immer und überall in den unterschiedlichsten Variationen gestillt, sogar oft ganz nebenbei während wir unterwegs waren oder ich den Haushalt erledigte.

Stillen und Windelfrei (Asiatöpfchen)

Während des Stillens hältst du dein Baby über ein Gefäß, Tuch, Mullwindel oder Asiatöpfchen (kleiner Topf für Neugeborene und Babys). Dies ist für Neugeborene wie auch für ältere Babys ideal, denn damit werden die wichtigsten Grundbedürfnisse gleichzeitig abgedeckt.

Gerade auch in der Nacht ist dies eine sehr einfache und unkomplizierte Variante. Dein Baby wird so nachts nicht unruhig und wach, sondern schläft nach dem Pipimachen und Stillen meist problemlos wieder ein. Für mich war diese Kombination ein Segen, um zu möglichst viel Schlaf zu kommen.

Zubehör

Stillkissen und Lagerungskissen

Stillkissen gibt es in unterschiedlichen Größen und Formen. Es gibt kleine Lagerungskissen, die dazu gedacht sind, dein Baby abzustützen, und es gibt große Stillkissen, die du vor allem zum Stillen verwendest. Sie können je nach Modell gerade oder wie ein Gipfel gebogen sein. Du kannst damit dich selber oder dein Baby abstützen oder es zum Stillen auch darauflegen.

Ein Stillkissen ist wirklich sehr hilfreich, deshalb habe ich gleich mehrere. Sie dienen nicht nur zum Stillen, sondern sind auch im Familienbett eine gute Abgrenzung, damit das Baby nicht vom Bett herunterfallen kann. Ich benutzte das Stillkissen auch oft während der Autofahrt als Stütze, wenn ich hinten im Auto saß und mein Baby im Arm hielt, was ich in diesem Alter bei langen Fahrten immer tat. Ich wollte meine Babys nie schreien lassen und habe sie deshalb nur für ganz kurze Fahrten in den Autositz geschnallt, solange es eben möglich war.

Stilleinlagen

Zu Beginn der Stillzeit, gerade in den ersten Wochen, wo sich die Milchmenge einpendelt und deine Brüste teilweise »überlaufen«, sind Stilleinlagen sinnvoll. Um einem Nässestau vorzubeugen, verwende am besten Stilleinlagen aus naturbelassener Wolle oder auch Seide.

Still-BH und Stillkleidung

In den ersten Wochen oder Monaten ist ein Still-BH empfehlenswert. Er hat keine Drahtbügel, breitere Träger und ein Mittelteil, welches sich zum Stillen ganz einfach mit einer Hand öffnen läßt. Da deine Brüste durch die Schwangerschaft und besonders nach dem Milcheinschuß wesentlich an Größe zulegen, brauchst du den Still-BH in mindestens ein oder zwei Körbchen größer als deine übliche BH-Größe.

Stillkleidung wie spezielle Oberteile, T-Shirts, Tops und Nachtwäsche erleichtern das Stillen, weil du schnell und einfach deine Brust für dein Baby frei hast. Es muß jedoch nicht unbedingt meist teure Stillkleidung sein. Du kannst dir auch einfach Oberteile kaufen, die einen genügend großen Ausschnitt haben, um die Brust freizulegen. Kleider mit engem Rundhals und Rollkragenpullover kannst du gleich zu Beginn der Stillzeit in den hintersten Winkel deines Schrankes verbannen. Sie sind ganz einfach unpraktisch.

Stillgewohnheiten

Mit der Zeit findest du selber heraus, in welchen Positionen, wann, wie oft und wie lange das Stillen für euch beide am angenehmsten ist. Mit jedem Kind entwickeln sich so wieder andere Gewohnheiten.

Anael entwickelte eine Vorliebe für eine bestimmte Brustseite, da ich ihn gerade nachts einfachheitshalber meist nur an dieser stillte, da es für mich einfacher war, ihn in dieser Position über das Töpfchen zu halten. Nun bin ich dabei, ihm auch immer wieder die andere Seite regelmäßig anzubieten. Doch die Brüste passen sich genau der Nachfrage an, so bildet die eine Brust auch viel mehr Milch als die andere. Diese Ungleichheit ist morgens gut zu erkennen und für mich belustigend.

Eine weitere Gewohnheit ist es, daß, wenn Babys größer werden, sie automatisch mit den Händen nach einer Beschäftigung suchen. Leonie zupfte gerne immer an meiner anderen Brustwarze, was ich zu spät als Gewohnheit erkannte und ihr kaum noch abgewöhnen konnte. Elyah nahm immer meine langen Haare in seine Hände und strich sich damit über sein Gesicht. So schlief er immer ein, die kleine Hand immer noch die Haare umfassend.

Bei Anael trage ich seit seiner Geburt immer verschiedene Kugelketten aus unterschiedlichen Heilsteinen. Er liebt es, während des Stillens daran zu ziehen, die Steine anzufassen und sich daran festzuhalten. Oder er tippt mit dem Zeigefinger immer wieder auf den kleinen Leberfleck an meinem Hals. Kinder sind sehr aufmerksam, erfinderisch und finden immer etwas Interessantes zum Spielen.

Das nächtliche Stillen

Genügend Schlaf ist die beste Maßnahme, selber wieder zu Kräften zu kommen. Viel Ruhe und ausreichend Schlaf fördern zugleich die Milchmenge.

Wie tagsüber braucht dein Baby auch nachts deine Nähe und Geborgenheit und schläft am besten neben dir. Ich empfehle dir deshalb ein Familien- oder Mama-Kind-Bett. Für dich ist dies beim nächtlichen Stillen ein großer Vorteil. Du ersparst dir damit unnötig Aktivität und kannst während des Stillens einfach im Bett liegen oder sitzen bleiben.

Eine gute Anschaffung ist eine Salzkristalllampe. Diese kannst du während der Nacht bei euch im Zimmer angeschaltet lassen. So habt ihr angenehm schummriges Licht in sanften Orangetönen. Wenn dein Baby nachts wach wird, mußt du dich nicht erst im Dunkeln vortasten. Helles Licht würde euch beide nur wacher machen. Im Schummerlicht hingegen bleibt dein Baby während des Stillens im Halbschlaf und findet so rasch wieder in den tiefen Schlaf zurück. Auch dir wird es leichterfallen, wieder einzuschlafen.

Es lohnt sich auch wirklich, das nächtliche Stillen mit Windelfrei zu kombinieren. Somit werden zwei wichtige Grundbedürfnisse gedeckt: die Nahrung und die Ausscheidung. Wenn dein Baby nachts weint, möchte es eigentlich immer gestillt werden. Doch wenn es danach immer noch zappelig ist oder sich im Bett unruhig hin und her wälzt, muß es sicher auch noch Pipi oder ein größeres Geschäft machen. Bei Neugeborenen und Babys ist dies jede Nacht naturgemäß einige Male nötig. Du wirst ruhigere Nächte haben, wenn du alle Bedürfnisse bereits von Geburt an beachtest. So gleicht sich auch viel eher der Schlafrhythmus des Babys auf natürliche Weise deinen Schlafgewohnheiten an.

Förderung der Milchbildung

Häufiges Anlegen und Entspannung

Solltest du das Gefühl haben, nicht genügend Milch zu haben, lautet die einfachste Regel: Stillen nach Bedarf!

Da die Brust nach dem Prinzip von **Angebot und Nachfrage** Milch bildet, fördert in erster Linie das häufigere Anlegen deines Babys die Bildung von Muttermilch. Dabei ist es wichtig, daß du nicht mit künstlicher Säuglingsnahrung zufütterst, denn dies würde die Muttermilchmenge verringern. Im Bedarfsfall solltest du dich von einer guten Stillberaterin beraten lassen. Mit der Zeit entwickelt sich so ein natürlicher Rhythmus, bei dem dem Baby genau die Menge Milch zur Verfügung steht, welche es benötigt.

So ist auch das Stillen von mehreren Kindern gleichen oder unterschiedlichen Alters kein Problem. Selbst Kinder, welche nicht die eigenen sind, könnten zusätzlich problemlos gestillt werden. Es ist sogar möglich, die Brust soweit vorzubereiten, daß auch Adoptivmütter oder Großmütter stillen können. In unserer Kultur ist dies nicht verbreitet, doch die Natur hat es so eingerichtet, daß Babys auch von anderen Müttern ernährt werden können, um das Überleben des Kindes zu sichern.

Streß ist ein häufiger Grund für weniger Milch oder Milchstau. Deshalb lege ich allen Müttern, gerade in den ersten Lebensmonaten des Babys ans Herz, jegliche Hektik, übermäßig viel Besuch oder Termine soweit es geht zu vermeiden. Mutter und Baby sind in dieser Zeit ein besonders sensibles Gespann und benötigen in erster Linie einen ruhigen, angenehmen Tagesablauf. Auch Unterstützung im Haushalt oder die Betreuung von Geschwistern durch den Partner oder Großeltern, die Familie und Freunde helfen mit, ein harmonisches Umfeld zu schaffen, in dem du und dein Kind sich wohlfühlen.

Bei mir waren Milchrückgang oder Milchstau vor allem beim ersten Kind noch ein Thema. Ich habe wirklich gesehen, daß es einfach immens wichtig ist, selber im Gleichgewicht zu sein, damit das Stillen einfach und problemlos funktioniert. Der Wechsel der Hormone von Schwangerschaft und Geburt bis hin zur Wochenbett- und Stillzeit ist nicht zu unterschätzen. Er kann bei frischgebackenen Müttern geradezu ein Gefühlschaos auslösen oder sogar zu postnatalen Depressionen führen. Dies muß aber nicht sein. Wenn ich mir bewußt bin, daß ich in dieser Zeit eine »dünne Haut« habe und besonders sensibel auf äußere Einflüsse reagiere, kann ich mich ganz gut davor schützen und mir und dem Baby ein geborgenes Nest aus Ruhe und Gemütlichkeit schaffen.

Beim zweiten und dritten Baby achtete ich deshalb bewußt auf sehr viel Ruhe und Privatsphäre. Mein Mann hat mich immer hervorragend unterstützt mit den Kindern und im Haushalt und mir auch viel Arbeit abgenommen. Aus diesem Grund hatte ich bei beiden Jungs eine sehr angenehme Wochenbett- und Spätwochenbettzeit. Milchstau oder zuwenig Milch kamen gar nie vor. Ich konnte die Zeit mit dem Baby genießen.

Dazu gehört auch, sich selber als frischgebackener Mutter Gutes zu tun, z. B.:

- frische, gesunde Nahrung; (Dies ist während der ganzen Stillzeit wichtig!)
- ein entspannendes Bad nehmen; (Manchmal ist es schwierig, die Zeit dafür zu finden, aber eine ausgiebige Dusche tut auch gut.)
- dich für einen Moment zurückziehen;

- eine entspannende Massage;
- spazierengehen an der frischen Luft; (Dein Baby kannst du im Tragtuch mitnehmen.)
- entspannende Musik hören;
- Entspannungstechniken, Yoga, Meditation;
- ein paar Seiten in einem guten Buch lesen;
- sich mit jemandem austauschen;
- schlafen;
- nichts tun, einfach *sein*! (Genieße den Moment mit deinem Baby.)

Hilfsmittel zur Milchbildung

Zur Anregung der Milchmenge gibt es neben dem häufigen Anlegen des Babys auch einige nützliche Hilfsmittel:
- Milchbildungstee
- Stillkugeln (Milchkugeln)
- Milchbildungsöl (ätherische Öle)
- Plazentanosoden, Muttermilchnosoden*
- Homöopathie
- Bachblüten zur Unterstützung des seelischen Gleichgewichts*
- Anwendung von Heilsteinen, z. B. Chalcedon*

Tees / Kräuter

Es gibt bereits fertige Mischung von Milchbildungs- oder Stilltees, welche in einer Drogerie oder Apotheke angeboten werden. Die darin enthaltenen wirksamen Kräuter sind Anis, Fenchel, Schwarzkümmel, Bockshornklee, Dill, Majoran, Kreuzblume und Melisse.

Wie häufig? Trinke täglich 1 - 3 Tassen. Die Kräuter stößt du am besten vorher frisch mit einem Mörser an. Trinke diesen Tee nicht literweise, da bei übermäßigem Konsum die Wirkung des Tees verlorengeht.

Wichtig: Trinke zusätzlich über den Tag verteilt genügend Wasser ohne Zusätze.

Stillkugeln / Milchkugeln nach Ingeborg Stadelmann

- Gerste und Hafer nach Belieben mischen, grob schroten, in einer Pfanne rösten bis zur Bräunung
- 300g gekochten Vollreis dazugeben

(* siehe Kapitel Wellness)

- 350g Butter kalt zugeben und mit einem Glas Wasser einrühren
- 300g Honig beifügen

Aus der Masse formst du Bällchen mit etwa zwei Zentimeter Durchmesser. Davon ißt du täglich 2 - 3 Kugeln.

Die fertigen Kugeln können auch mit Kokosflocken oder geröstetem Sesam paniert werden.

Zum ersten Ausprobieren ist es sinnvoll, mit einer kleineren Menge anzufangen.

Milchbildungsöl, Stillöl

Es gibt Milchbildungsöl, auch Stillöl genannt, als fertige Mischung in einer Drogerie oder Apotheke zu kaufen. Die Basis der Öle bilden häufig Calendula und Arnikablüten in Verbindung mit Anis, Fenchel, Koriander, Kreuzkümmel oder Rosmarin.

Mamillen Pflegeöl

Wunde Brustwarzen sind für stillende Mütter oft ein Thema. Deshalb ist ein korrektes Anlegen des Babys der wichtigste Faktor. Um die Brustwarzen (Mamillen) etwas zu pflegen und Linderung zu schaffen, gibt es beispielsweise das Mamillen-Pflegeöl von Phytodor. Die Basis bilden Arganöl und EM Olivenöl. EM steht für Effektive Mikroorganismen, welche eine stark regenerierende und aufbauende Wirkung haben.

Wichtig: Da dein Baby vor allem in den ersten Wochen stark auf Gerüche reagiert, sind Öle und Düfte nur sehr sparsam zu verwenden.

Homöopathie während der Stillzeit

Während der Stillzeit kannst du auch selbständig homöopathische Mittel einsetzen. Im Gegensatz zu Medikamenten, welche über die Milch auf dein Baby übergehen, gibst du mit der Homöopathie deinem eigenen Körper den Impuls zur Selbstregulation.

Die anfängliche Gabe entspricht für eine Erwachsene Person 5 Streukügelchen (Globuli). Bei einer Besserung wird die Dosierung reduziert.

Milchstau – zu wenig oder zu viel Milch, knotige Verhärtungen

Zustand/Gemüt: Manchmal dauert es zu Beginn des Stillens etwas, bis sich die Milchmenge eingependelt und sich der Milchfluß auf das Bedürfnis deines Babys abgestimmt hat. Auch kann es zu Milchstau und Verhärtungen

in der Brust kommen. Dieses homöopathische Mittel hilft, den Milchfluß zu harmonisieren und regulieren.

Homöopathisches Mittel: **Phytolacca** (Kermesbeere)

Dosierung: Anregung des **Milchflusses** und bei **Milchstau**: D12, zweimal täglich eine Gabe

Schmerzhafte Brust, knotige Verhärtungen: D6, dreimal täglich eine Gabe

Rissige Brustwarzen

Zustand/Gemüt: Deine Brustwarzen sind wund und rissig. Du hast aufgrund der Schmerzen Angst vor dem Anlegen des Babys.

Homöopathisches Mittel: **Acidum nitricum** (Salpetersäure)

Dosierung: D12, zweimal täglich eine Gabe

Brustpflege, Straffung

Zustand/Gemüt: Deine Brüste verändern sich bereits durch die hormonelle Umstellung und Gewichtszunahme während der Schwangerschaft. Das Stillen hat diesbezüglich sehr wenig Auswirkung. Trotzdem kannst du zur Straffung und für die Elastizität des Gewebes etwas tun. Neben Gymnastik und kalten Güssen unterstützten die beiden homöopathischen Mittel die Stärkung des Brustgewebes. Äußerlich kannst du zusätzlich eine Salbe mit Calcium-Fluoratum anwenden.

Homöopathisches Mittel: **Silicea terra** (Kieselsäure) und **Calcium fluoratum** (Calciumfluorid)

Dosierung: Beide Mittel im Wechsel jeweils drei Wochen lang über insgesamt sechs Monate in der Potenz D12, zweimal täglich eine Gabe.

Mythen und Ammenmärchen rund um das Stillen

Zwischen den Stillmahlzeiten muß ich Pausen von zwei Stunden einhalten, damit sich die »alte« Muttermilch nicht mit der frischen Muttermilch mischt. Dies würde Bauchschmerzen verursachen.

→ Die Muttermilch passiert den Magen innerhalb von 1 - 1 1/2 Stunden. Die Magensäure verändert die Muttermilch so, daß keine unverdaute Milch liegenbleiben kann. Bauchschmerzen entstehen nicht durch zu kurze Pausen, sondern vielmehr durch das Nicht-Abhalten des Babys, indem nicht auf sein Ausscheidungsbedürfnis eingegangen wird. Näheres dazu folgt im Kapitel »Windelfrei«.

Bei jeder Stillmahlzeit muß das Baby beide Brüste leertrinken, sonst gibt es einen Milchstau.

→ Die mütterliche Brust ist keine Flasche und kann nie ganz leergetrunken werden, denn ständig wird neue Milch nachgebildet. Deine Brüste sollten nach einer Stillmahlzeit weicher sein. Es reicht, die eine Brust ausreichend lange anzubieten, bei Bedarf auch die andere Seite. Die Seiten wechselst du von einer Stillmahlzeit zur nächsten.

Die Ursache von Milchstau ist häufig Streß, deshalb sind Ruhe, Schlaf und Unterstützung wichtig.

Beschränke die Besuche auf ein Minimum und schlafe, wann immer möglich, auch tagsüber, wenn dein Baby schläft.

Ich habe zu wenig Milch.
→ Legst du dein Baby möglichst gleich nach der Geburt das erste Mal an, löst das Saugen Hautnervenreize aus. Diese veranlassen, daß die Hormone Oxytocin und Prolaktin freigesetzt werden und deine Milchproduktion angeregt wird.

Das Stillen nach Bedarf fördert deine Milchproduktion. Die Muttermilch paßt sich so in jedem Alter immer den Bedürfnissen deines Kindes an. Wichtig ist es, daß du nicht zufütterst, sondern ausschließlich stillst.

Ich habe zu kleine Brüste, um zu stillen.
→ Über 95 % der Frauen können voll stillen, wenn sie das möchten. Weder die Form noch die Größe der Brust haben, wie oft angenommen wird, damit etwas zu tun.

Dies kann ich selber nur bestätigen. Ich habe selber kleine Brüste und bin dennoch seit sieben Jahren am Stillen. Leonie 4 ½ Jahre lang, Elyah 2 ½ Jahre und Anael bin ich mit knapp zwei Jahren noch lange am Stillen (Stand 2012).

Ich kann erblich bedingt nicht stillen.
→ Stillen ist weder vererbt noch angeboren. Jede Mutter kann das Stillen erlernen. Wichtig ist die allererste Stillberatung durch eine vom Stillen überzeugte und motivierte Hebamme oder Stillberaterin.

Stillen ist zu Beginn immer schmerzhaft.
→ Stillen kann in den ersten Tagen körperlich unangenehm sein, da sich die Brustwarzen erst daran gewöhnen müssen. Ein anfänglicher Ansaugschmerz ist normal, wenn es danach während des Stillens nicht weiter wehtut. Andauernde Schmerzen sind jedoch fast immer ein Zeichen für ein unkorrektes Saugen. Der Mund des Babys muß immer einen großen Teil des Brustwarzenhofes erfassen, und die Lippen müssen ausgestülpt sein. Bei wunden Brustwarzen solltest du so früh wie möglich die Hilfe einer guten Stillberaterin in Anspruch nehmen.

Um wunde Brustwarzen zu vermeiden sollte am Anfang nur sehr kurz gestillt werden.
→ Nicht die Stilldauer, sondern eine korrekte Stillposition und das korrekte Saugen vermeiden in erster Linie wunde Brustwarzen.

Um wunde Brustwarzen zu vermeiden, muß ich sie bereits während der Schwangerschaft abhärten (rubbeln, frottieren).

→ Solche Maßnahmen zerstören nur den natürlichen Hautschutz und sind nicht zu empfehlen. Wichtiger ist es, bereits beim ersten Stillen darauf zu achten, daß dein Baby korrekt saugt.

Mütter mit Flach- oder Hohlwarzen können nicht stillen.

→ Für das Baby ist es leichter, die Brust zu fassen, wenn die Brustwarzen nach außen gerichtet sind. Doch auch mit Flach- oder Hohlwarzen kann ein Baby genauso gestillt werden.

Mache in der Schwangerschaft den Kneiftest, um zu sehen, ob es tatsächlich echte Hohlwarzen sind. Dazu drückst du die Brustwarze etwa 2 ½ cm hinter dem Brustansatz zusammen. Tritt die Brustwarze dann hervor, handelt es sich nicht um echte Hohlwarzen, und es ist keine besondere Vorkehrung erforderlich. Zieht sich die Brustwarze zurück oder wölbt sich nach innen, sind es Hohlwarzen, die du bereits in der Schwangerschaft mit Brustwarzenformern auf das Stillen vorbereiten kannst. Laß dich bei Bedarf durch eine Stillberaterin beraten.

Beim Stillen mit Stillhütchen achte darauf, daß du nur die ersten paar Minuten für das Ansaugen das Hütchen verwendest und das Baby danach den Rest ohne Hütchen leertrinkt. Versuche immer wieder, ganz ohne diesen zusätzlichen Abstandhalter auszukommen.

Stillen macht schlaffe Brüste.

→ Die Form deiner Brust ist genetisch vorgegeben. Sie verändert sich bereits während der Schwangerschaft zur Vorbereitung auf das Stillen. Ein rasches Abstillen ist nicht vorteilhaft, da dem Körper nicht genügend Zeit gegeben wird, um das Milchdrüsengewebe zurückzubilden.

Hingegen verändert Stillen über Jahre hinweg meiner Erfahrung nach die Brüste nur minimal. Ich stille nun seit sieben Jahren mit nur einigen Wochen Unterbrechung. Meine Brüste haben sich insofern verändert, daß sie durch den Aufbau des Milchdrüsengewebes etwas größer geworden sind, ebenfalls die Brustwarzen durch das Saugen deutlicher hervortreten. Die Brüste hängen nicht, was wohl daran liegt, daß ich kleine Brüste habe. Bei großen Brüsten sieht dies naturbedingt anders aus. Doch dies hat keinen Zusammenhang mit dem Stillen, sondern vorwiegend mit der natürlichen Beschaffenheit des Bindegewebes und des Alterungsprozesses.

Übungen zur Stärkung der Brustmuskulatur können die Form positiv beeinflussen, unabhängig davon, ob du stillst oder nicht.

Durch das Stillen verliere ich zu viele Haare.
→ Es ist tatsächlich so, daß die Haare hormonbedingt nach der Geburt vermehrt ausfallen. Dies geschieht aufgrund der Umstellung der Hormone, unabhängig davon, ob du stillst oder nicht. Doch dies normalisiert sich nach einigen Monaten, und sie wachsen wieder nach! Ich konnte dies auch in allen Schwangerschaften beobachten: den viel stärkeren Haarverlust wie auch jedes Mal das Nachwachsen.

Künstliche Säuglingsnahrung ist fast so gut wie Muttermilch.
→ Dies ist ein tragischer Irrtum, obwohl Hersteller ihre Produkte entsprechend vermarkten und Mütter mit Broschüren und Gratismustern überfluten. Wer entgeht dem berühmten Gratis-Muster-Koffer nach der Geburt?

Ersatznahrung für Babys enthält keine Antikörper, keine lebenden Zellen, keine Enzyme, keine Hormone. Der Anteil an Aluminium, Magnesium, Kadmium, Eisen und Proteinen ist gegenüber der natürlichen Muttermilch viel zu hoch. Die Fettanteile sind ebenfalls ganz anders.

Die Muttermilch paßt sich in jeder Phase genau der Entwicklung und den Bedürfnissen des Kindes an.

Stillen ist mehr als Nahrungsaufnahme und Magenfüller. Es verbindet dich stark mit deinem Baby durch die unmittelbare Nähe und den Hautkontakt. Es bringt Ruhe und Entspannung und erleichtert dir den Alltag.

Ich darf kein blähendes Gemüse essen, sonst bekommt mein Kind Koliken.
→ Der Verzehr von blähenden Lebensmitteln, die du bereits während der Schwangerschaft gegessen hast und dir selber keine Blähungen verursachen, wird dies auch kaum bei deinem Baby tun.

Es kann zwar vorkommen, daß bestimmte Lebensmittel, die du ißt, auf das Kind negative Auswirkungen haben, aber das ist eher die Ausnahme. Meistens kann einem Baby, das an »Koliken« oder »Blähungen« leidet, ganz anders geholfen werden.

Häufig ist dieses Unwohlsein der Babys auf eine andere Ursache zurückzuführen. Wenn dein Baby häufig schreit, sich vielleicht windet oder sonst mit Unmutslauten bemerkbar macht, versucht es beispielsweise dich auf seine Ausscheidungsbedürfnisse aufmerksam zu machen. Babys haben von Geburt an die Fähigkeit, uns mitzuteilen, wann sie Pipi machen müssen. Deshalb empfehle ich immer das Ausprobieren von Windelfrei, der natürlichen Säuglingspflege ohne Windeln!

Ich habe selber die dramatische Erfahrung bei Leonie gemacht. Es war dieses Schlüsselerlebnis, was uns zum Umdenken gebracht hatte. Von einem »Schreikind« entwickelte sie sich in kurzer Zeit zu einem zufriedenen Baby, als ich dieses Bedürfnis erkannte und fortan auch Windelfrei umsetzte.

Ich muß Milch trinken, um Milch bilden zu können.

→ Bereits bei den Kühen wird offensichtlich, daß dies nicht der Fall ist, denn sie ernähren sich als Pflanzenfresser hauptsächlich von Gras. Die Muttermilch erhält ihre Nährstoffe durch eine gesunde Ernährung. Achte auf viel frisches Obst und Gemüse, am besten aus biologischem Anbau.

Ich darf während der Stillzeit keine Zitrusfrüchte essen.

→ Jedes Kind reagiert anders auf den Verzehr von Zitrusfrüchten. Es kann einen wunden Po verursachen, muß aber nicht.

Rivella fördert die Milchproduktion.

→ Die im Rivella enthaltene Milchsäure hat nichts mit der Milchbildung beim Menschen zu tun, genau so wenig wie das Trinken von Kuhmilch. Zur Milchbildung findest du in diesem Kapitel eine Vielzahl von Ratschlägen.

Wenn ich operiert werden muß, kann ich erst einen Tag später wieder stillen.

→ Das ist nicht richtig! Du kannst sofort nach einer Operation stillen, sobald du wieder die Kraft dazu hast. Narkosemittel, schmerzstillende Medikamente oder selbst Antibiotika sind kein Grund, abzustillen oder eine Stillpause einzulegen. Diese Richtlinien wurden eher zum Vorteil der Krankenhausroutine festgelegt.

Ein Krankenhaus soll dich jedoch beim Stillen unterstützen und dich zusammen mit deinem Baby unterbringen, wenn für dich oder dein Kind eine Operation unumgänglich ist.

Wenn ich mir eine Infektionskrankheit zugezogen habe, sollte ich nicht weiterstillen.

→ Genau das Gegenteil ist richtig. Dein Immunsystem produziert Abwehrstoffe gegen die Krankheit, welche ebenfalls in die Muttermilch übergehen. Dein Kind erhält einen natürlichen Schutz. Es wird sich dadurch nicht anstecken, oder die Krankheit heilt viel schneller ab und ist meist nicht so gravierend.

Bei einer Brustentzündung (Mastitis) oder Pilzinfektion (Candida/Soor) muß ich abstillen.

→ Dies trifft absolut nicht zu. Wichtig ist, daß du bereits in früher Phase Unterstützung durch eine Stillberaterin holst, wenn durch eigene Maßnahmen keine Besserung eintritt.

Ich muß wegen Einnahme von Medikamenten abstillen.

→ Erkundige dich nach Medikamenten, die mit dem Stillen vereinbar sind. Es gibt in den allermeisten Fällen Alternativen. Selbst bei Einnahme von Antibiotika kannst du weiterhin stillen.

Stillen in der Nacht oder zum Einschlafen führt zu Karies.
→ Der Auslöser für Karies ist ein Bakterium, deshalb ist eine regelmäßige Zahnpflege mit natürlichen Kinderzahngels ohne Fluorid wichtig.

Weder Einschlafstillen, Langzeitstillen noch nächtliches Stillen fördern Karies. Lange gestillte Kinder, die auch zum Einschlafen und während der Nacht gestillt werden, haben nicht mehr Karies als andere.

Im Gegensatz zum Dauernuckeln an der Babyflasche werden beim Stillen die Zähne nicht ständig mit Milch umspült, da sie erst weit hinter den Zahnleisten in den Mund gelangt und von dort geschluckt wird.

Frühgeborene Kinder müssen zuerst mit der Flasche gefüttert werden, bevor sie gestillt werden können.
→ Gerade frühgeborene Babys profitieren beim Stillen von der Nähe und dem direkten Hautkontakt der Mutter, den sie dringend benötigen, um sich an die neue Situation anpassen zu können. Stillen unterstützt die allgemeine gesundheitliche Stabilität.

Wenn das Baby noch keine Saugbereitschaft zeigt, dann sind das Halten und die Nähe trotzdem wichtig und bereiten es auf das Stillen vor. Ist somit eine Zufütterung notwendig, dann gibt es Möglichkeiten, ohne daß ein Sauger verwendet wird, um eine Saugverwirrung zu vermeiden, beispielsweise das Füttern mit dem Finger oder das Brusternährungsset, wobei die Mutter das Set um den Hals hängt und dünne Schläuche, welche das Baby beim Stillen nicht spürt, zusätzlich Nahrung liefern.

Saugverwirrung gibt es nicht.
→ Tatsächlich kann es sein, daß bereits nach zwei Mahlzeiten mit der Flasche das Baby diese bevorzugt und die Brust verweigert. Schnuller können es ebenfalls verwirren und zu Problemen mit dem Stillen führen.

Bei allen Kindern habe ich weder Flasche noch Schnuller verwendet. Dauernuckeln war nur anfangs bei Leonie ein Thema, bevor ich auf Windelfrei gestoßen bin. Durch das Erkennen und beachten von Still- und Ausscheidungsbedürfnis sowie Stillen nach Bedarf war ein Schnuller gar nie nötig.

Babys mit Lippenspalte und/oder Lippen-Kiefer-Gaumenspalte können nicht gestillt werden.
→ Vielen Babys ist es, je nach Grad der Behinderung, unmöglich, die Brust richtig zu fassen. Dennoch gibt es auch solche, bei denen das Stillen sehr gut klappt. Durch das Stillen wird die unterentwickelte Mundmuskulatur trainiert. Es geht darum, es zu versuchen und sich bei einer Stillberaterin Hilfe zu holen, die auf dieses Thema spezialisiert ist. Gerade wenn das Baby bereits in den frühen Monaten nach dem Basler-Konzept mit einer einzigen Operation operiert wird, kann das Stillen danach ohne Hindernisse fortgesetzt werden und der Beginn einer schönen, langen Stillzeit sein.

Die Muttermilch ist zu Beginn fettreich, danach wird sie wäßrig.

→ Das Gegenteil ist der Fall. Die Muttermilch enthält in allen Muttermilchstadien ausreichend Wasser. Das Kolostrum ist in den ersten Tagen nach der Geburt in kleinen Mengen vorhanden und konzentrierter als in der reifen Muttermilch. Die Übergangsmilch wie auch die reife Muttermilch sind zu Beginn des Stillens wäßriger und werden danach fettreicher.

Gestillte Babys benötigen zusätzlich Vitamin D.

→ Abgesehen von besonderen Umständen, beispielsweise wenn die Mutter während der Schwangerschaft einen Vitamin-D-Mangel hatte, hat das Baby genügend Vitamin D gespeichert. Produziert wird es hauptsächlich durch UVB-Strahlen im Sonnen- und Tageslicht. Regelmäßige Aufenthalte im Freien und Sonnenlicht sind enorm wichtig, ausgedehnte Sonnenbäder gerade um die Mittagszeit sind selbstverständlich trotzdem zu meiden.

Ein Stillkind benötigt bei sehr heißem Wetter zusätzliches Wasser.

→ Die Muttermilch enthält die nötige Menge Wasser, die ein Baby braucht.

Die Muttermilch enthält ab dem 6. Lebensmonat des Babys zu wenig Nährstoffe.

→ Diese Vorstellung ist absolut falsch und ergibt auch keinen Sinn. Im Gegenteil hat es die Natur so eingerichtet, daß sich deine Muttermilch immer der Entwicklung und den Bedürfnissen deines Babys anpaßt. Stille einfach nach wie vor weiter und beginne langsam, deinem Baby rohes Gemüse oder Früchte anzubieten, wenn es Interesse daran zeigt.

Wenn Babys abends richtig satt und vollgefüllt sind, schlafen sie besser.

→ Das ist ein Argument, daß die Industrie gerne benutzt, damit der »Gute-Nacht-Brei« gefüttert wird. Doch leider funktioniert dies weder bei uns Erwachsenen noch bei den Babys. Leichte Kost anstelle schwerer Mahlzeiten ist auch für uns selber besser, um gut zu schlafen.

Babys haben ein anderen Schlafrhythmus als Erwachsene und zeigen auch nachts ihre Bedürfnisse nach Nähe, Nahrung und Ausscheidung. Die Kombination von Co-Sleeping (Familien- oder Mama-Kind-Bett), Stillen und Windelfrei ist die beste Voraussetzung für ruhige Nächte.

Spätestens, wenn die ersten Zähne kommen, braucht das Baby feste Nahrungsmittel.

→ Das Bedürfnis nach festen Nahrungsmitteln zeigt ein Baby von sich aus durch verschiedene Anzeichen. Dies ist jedoch nicht der Zeitpunkt um abzustillen. Das Stillen wird lediglich nach und nach mit dem Essen ergänzt. Das Kind stillt sich von selber dann ab, wenn es das Stillen körperlich und emotional nicht mehr benötigt. Dies kann mit 2, 4 oder auch 7 Jahren sein. Dies ist bei jedem Kind ganz verschieden.

Mein Baby hat sich von alleine abgestillt.

→ Ein Baby unter einem Jahr wird sich kaum von selber abstillen, da es das Stillen und die Nähe nicht nur zur Nahrungsaufnahme, sondern auch emotional benötigt. Eher ist es der Fall, daß das Abstillen durch andere Gründe forciert wurde:

- Stillstreik durch Saugverwirrung (Einsatz von Flaschen und/oder Schnuller);
- Erkältung des Kindes, insbesondere starker Schnupfen;
- Zahnen;
- zu viele äußere Reize, die das Kind ablenken;
- Ausscheidungsbedürfnis: Das Baby ist unruhig und muß mal und wird anstelle des Abhaltens gestillt. Folglich verweigert es die Brust.

Mit Geduld und der Hilfe einer Stillberaterin kann trotz der Probleme die Stillzeit noch lange fortgesetzt werden.

Stillen während der Schwangerschaft erhöht das Risiko einer Fehlgeburt.

→ Du kannst selbstverständlich auch während der Schwangerschaft weiter stillen, soweit es für dich möglich ist. Oft sind die Brustwarzen empfindlicher und die Milch geht zurück. Doch ein Weiterstillen lohnt sich auf jeden Fall.

Die Ursachen für eine Fehlgeburt liegen woanders und können verschiedenste Gründe haben. Möglicherweise war der Körper des Kindes nicht optimal entwickelt oder es hat ganz einfach seine Lebensaufgabe bereits erfüllt und sich deshalb verabschiedet. Was Eltern tun können, um das Band zwischen sich und dem Baby bereits im Bauch zu stärken und mit dem Kind Kontakt aufzunehmen, ist im Kapitel »Schwangerschaft« beschrieben.

Langes Stillen – über ein Jahr hinaus – ist unnatürlich und verzieht ein Kind.

→ Das Stillen bleibt auch nach dem ersten Lebensjahr das Grundbedürfnis eines Babys. Es bietet weiterhin das wichtigste Hauptnahrungsmittel und paßt sich den Bedürfnissen in der Kindesentwicklung immer wieder an. Unicef und die Weltgesundheitsorganisation WHO empfehlen, mindestens zwei Jahre zu stillen mit langsamer Einführung von Beikost.

Das natürliche Abstillalter gemäß Studien der Anthropologin K. Dettwyler liegt zwischen zwei und sieben Jahren. Weltweit werden Millionen Kleinkinder gestillt, in unserer westlichen Gesellschaft wurde diese Tradition vergessen und beginnt gerade erst, wieder aufzuleben. Langzeitstillen ist nicht nur körperlich und emotional wichtig in der Entwicklung des Kindes. Gerade Tandemstillen fördert durch das gemeinsame Stillen in hohem Maße eine liebevolle Beziehung zwischen den Geschwistern.

Ein Kleinkind weiterhin zu stillen, löst hierzulande bei vielen Menschen Unglauben und Kopfschütteln aus. Doch was wäre aus biologischer Sicht gesehen das natürliche Abstillalter? Die amerikanische Anthropologin Katherine Dettwyler hat sich diese Frage gestellt und anhand kulturvergleichender Studien und durch Vergleiche mit Säugetieren beantwortet. Auf dieser Suche nach einem menschlichen Bauplan für das »natürliche« Abstillalter hat sie folgende Kriterien untersucht:

- das Alter, in dem das Kind sein Geburtsgewicht vervierfacht hat.
- das Alter, in dem das Kind ein Drittel des durchschnittlichen Erwachsenengewichts erreicht hat.
- der Bezug zum Gewicht einer erwachsenen Frau.
- der Vergleich zur Anzahl Schwangerschaftswochen.
- Das Alter beim Durchbrechen der ersten Backenzähne.

Dettwyler kommt zu dem Schluß, daß nach keinem dieser Kriterien sich ein Kind unter 2 ½ Jahren abstillen würde und daß der natürliche Abstillprozeß je nach Kind im Alter zwischen 2 ½ und 7 Jahren stattfinden würde. Sechs Jahre sei der Zeitpunkt, zu dem das eigene Immunsystem des Kindes reif und eigenständig wird. Das heißt, das Kind profitiert bis dahin eindeutig von den positiven Auswirkungen der Muttermilch auf sein Immunsystem.

Dr. Jack Newman, bekannter Arzt aus den USA, erklärt dazu, daß die Muttermilch auch nach den ersten Monaten die wichtigen Immunfaktoren enthält und diese im zweiten Lebensjahr in größerer Anzahl vorhanden sind als im ersten Lebensjahr. Dies ist auch sinnvoll, da das Baby mit zunehmendem Alter und Mobilität auch entsprechend häufiger mit Krankheitserregern in Kontakt kommt. Seiner Meinung nach sind Kinder, die sich von sich aus abstillen dürfen, stärker in ihrer Selbständigkeit, da sie durch das Stillen Trost und Sicherheit erhielten, solange sie es benötigten, und diesen wichtigen Schritt des Abstillens von sich aus als wichtigen Entwicklungsschritt zum richtigen Zeitpunkt tun würden. Er betont, daß Kinder meist zu früh zu mehr Selbständigkeit gedrängt werden, wenn es noch nicht ihrem Entwicklungsplan entspricht. So werden viele zu früh entwöhnt, zu früh zum Alleineschlafen gezwungen und haben damit nicht mehr die nötige Sicherheit und das Vertrauen, welche für das Erlangen einer innerlich starken Persönlichkeit so wichtig sind. Newman sieht außer den Vorteilen der Immunisierung und Ernährung durch die Muttermilch im Stillen eines Kleinkindes noch weitaus mehr: »**Ich glaube, der größte Vorteil beim Stillen von Kleinkindern ist die besondere Mutter-Kind-Beziehung. Stillen ist ein lebensbejahender Akt der Liebe. Dieser Aspekt dauert an, wenn aus dem Baby ein Kleinkind wird.**«

Studien, die die Selbständigkeit lange gestillter Kinder aus traditionellen Gesellschaften mit der sozialen Kompetenz und Selbständigkeit nur kurz oder gar nicht gestillter westlicher Kinder verglichen, zeigten jedenfalls eine *höhere* Selbständigkeit bei den Kindern aus traditionellen Gesellschaften.

Dies kann ich aufgrund meiner eigenen Erfahrungen nur bestätigen. Langzeitstillen fördert zusammen mit anderen Faktoren wie dem Co-Sleeping maßgeblich die Entwicklung der Kinder hin zu selbstsicheren Persönlichkeiten, die ein inneres Urvertrauen in sich tragen, welches sie ein Leben lang in allen Lebenssituationen unterstützt.

Das Stillen eines Neugeborenen bzw. Babys und eines Kleinkindes wird Tandemstillen genannt. Dabei kann die Mutter beide gleichzeitig stillen oder nacheinander. Es gibt auch Mütter, die stillen mehr als zwei Kinder. Nicht nur bei Zwillings- oder Drillingsgeburten, sondern auch verschiedenaltrige Kinder. Stéphanie, eine kanadische Bekannte von mir, stillt aktuell noch drei ihrer sechs Kinder unterschiedlichen Alters und hat während einiger Zeit in der Schwangerschaft vier Kinder gestillt. Der Körper bildet auch in diesem Fall Milch nach dem Prinzip von Angebot und Nachfrage.

Mit der Geburt unserer Tochter Leonie begann eine sehr schöne Stillzeit. Ich erkannte den hohen Wert der Muttermilch, und mir wurde klar, daß dies die von Natur aus perfekte Nahrung ist und auch nach sechs Monaten Stillen so bleibt.

Somit stillte ich Leonie auch nach ihrem ersten Geburtstag weiterhin, wann immer sie das Bedürfnis danach hatte und ich war froh darüber, denn es trug maßgeblich zu einem harmonischen, ruhigen Tagesablauf und einem zufriedenen Kind bei. Da sie eher wenig aß und auch vom Körperbau her sehr zierlich ist, war es beruhigend zu wissen, daß die Muttermilch ihr weiterhin alles lieferte, was ihr Körper benötigte. Gerade auch bei Kinderkrankheiten war das Stillen enorm wichtig.

Als Leonie eineinhalb Jahre alt war, wurde ich wieder schwanger. Die Milch ging während der Schwangerschaft fast gänzlich zurück, manchmal waren auch die Brustwarzen sehr empfindlich. Dennoch stillte ich sie weiter. Es hat sich in diesen Monaten jedoch natürlicherweise von ihrer Seite aus sehr reduziert: auf Morgen- und Einschlafstillen und dazwischen ein bis zwei Male.

Im Mai 2007 kam Elyah auf die Welt, Leonie war gerade zwei Jahre alt. Da ich das Stillen nie unterbrochen hatte, blieb der Milcheinschuß, wie ich es von Leonie her kannte, nach der Geburt aus. Ich hatte einfach von Anfang an wieder viel Milch. Die etwas schmerzhaften ersten Tage bis zum Milcheinschuß fielen natürlich auch weg. Und Leonie war überglücklich, daß Mami wieder genügend Milch hatte und trank die folgenden Monate auch wieder genüßlich und oft.

So stillte ich beide, manchmal zuerst Elyah, dann Leonie, manchmal beide zusammen. Das ging ganz gut. Leonie war immer so flink, daß sie fast in jeder Position »ihre Brust« erwischte. Sie hatte die Brüste von Anfang an fest zugeteilt, eine für sie, die andere für ihren Bruder. Dies klappte so gut, daß ich es dabei beließ. Nachdem Leonie die ersten Monate nach Elyahs Geburt sehr viel und oft Muttermilch getrunken hatte, nahm es wieder etwas ab und pendelte sich ein.

Die Nähe zu ihrem Bruder während des Tandemstillens wie auch die Gewißheit, daß ich sie nicht abwies, ließen gar nicht erst Eifersuchtsgefühle aufkommen. Im Gegenteil förderte dies eine innige, liebevolle Geschwisterbeziehung.

Einzig die Einschlafrituale für beide Kinder waren für mich teilweise nervlich sehr anstrengend. Ich war während dieser Monaten sehr müde, aber ich wußte immer, daß es sich lohnt und mir meine Kinder dies wert sind! Auch war mir bewußt, daß dies eine Phase ist, die vorübergeht und ich bald auch wieder zu mehr Schlaf kommen würde. Sehr förderlich war wiederum das Mama-Kind-Bett, da beide neben mir schliefen und ich mich nur zu ihnen umdrehen mußte, um sie zu stillen.

Schon weniger als ein Jahr später sah es ganz anders aus. Leonie war 3 ½ Jahre alt und Elyah 15 Monate. Die Nächte mit wenig Schlaf waren längst vorbei und schon fast vergessen. Elyah trank in der Nacht noch zwei Mal, Leonie lediglich teilweise vor dem Einschlafen und am Morgen. Das hieß konkret, daß sie das Stillen auch nicht mehr zum Einschlafen brauchte. Manchmal trank sie vor dem Zubettgehen, manchmal auch gar nicht mehr. Diese Entwicklung, ausgehend vom Kind, war für mich spannend zu beobachten. Tagsüber stillte ich Elyah natürlich immer noch oft. Im Gegensatz zu Leonie aß er jedoch zusätzlich oft und große Mengen, obschon er genauso oft stillen wollte, wie seine Schwester in diesem Alter. Somit hat also meiner Erfahrung nach die Stillhäufigkeit wenig mit der Menge des Essens zu tun.

Das natürliche Abstillen war ein langsamer Prozeß, der fast unbemerkt vonstatten-ging. Dies geschah während meiner dritten Schwangerschaft, als Leonie 4 ½ und Elyah 2 ½ Jahre alt waren. Ich hatte aufgrund der Schwangerschaft auch diesmal wieder wenig Milch und versuchte, die Stilldauer auf ein Minimum zu begrenzen, da es mir unangenehm war. Da ich kaum Milch hatte, verlor Leonie das Interesse von selber und stillte immer weniger, bis gar nicht mehr. Elyah hätte wohl noch gerne länger gestillt und war sehr unglücklich darüber, daß die Milchmenge dermaßen zurückgegangen war. Ich vertröstet ihn auf die Aussicht, daß ich nach der Geburt des Babys wieder viel Milch haben würde und er dann natürlich auch gestillt würde, wenn er das möchte. So wollte auch er immer weniger gestillt werden und hat sich etwas später als Leonie ebenfalls abgestillt.

Nach der Geburt von Anael hatte ich wieder Muttermilch in Massen. Auch Leonie und Elyah durften davon trinken. Für Leonie war das Thema allerdings endgültig abgeschlossen, Elyah hat einige wenige Male probiert, doch das Stillen von sich aus sein gelassen. Der Zeitpunkt war also gekommen, wo beide ein Stück Eigenständig-keit erlangten und sie das Stillen körperlich und emotional nicht mehr benötigten.

Nun, da ich dies schreibe, bin ich noch Anael mit knapp zwei Jahren sehr häufig am Stillen und genieße diese Zeit und Nähe sehr. Ich werde auch ihn solange weiter stillen, wie er das Bedürfnis danach hat, auch bei einer erneuten Schwangerschaft.

Abschließend möchte ich sagen, daß das Stillen für mich und die Kinder ein großes Geschenk ist in jeglicher Hinsicht. Insbesondere das Tandemstillen trug maßgeblich dazu bei, daß Leonie und Elyah auf respektvolle und liebevolle Weise miteinander umgehen. Durch das gemeinsame Stillen wurde niemand bevorzugt und niemand zurückgewiesen, beide hatten immer gleiches Anrecht auf ihre Mama. Sie spielen täglich stundenlang miteinander und helfen sich gegenseitig.

Nie vergesse ich Augenblicke wie diesen, in welchem ich beide Kinder gleichzeitig stillte und Leonie dabei ihrem kleinen Bruder liebevoll über den Kopf strich.

> **Ihre Basis als Geschwister wurde durch das gemeinsame Stillen geprägt mit Gefühlen der Zusammengehörigkeit, gegenseitiger Akzeptanz und Liebe.**

Pro Tandemstillen

Akzeptanz – Durch das Tandemstillen entsteht nicht nur zwischen Mutter und Kind, sondern auch zwischen den Geschwistern Nähe und Verbundenheit. Dies unterstützt sehr positiv gegenseitige Akzeptanz und schafft eine angenehme Atmosphäre unter-einander. Das größere Kind fühlt sich genauso geliebt und willkommen wie das Neu-geborene. Eifersucht entsteht so kaum. Das ältere wird weiterhin von seiner Mutter angenommen und fühlt sich seinem Geschwisterchen gleichwertig.

Trost – Das Tandemstillen ist nicht nur Nahrungsaufnahme, es dient als Trost und zur Beruhigung in hektischen Situationen für das Baby wie auch für das ältere Kind.

Milcheinschuß – Der Milcheinschuß wird häufig weniger unangenehm empfunden, da ohne Unterbrechung gestillt wird.

Milchregulation – Die Mutter hat meistens genügend Milch, da auch beim Tandemstillen aufgrund der Nachfrage Milch gebildet wird. Das größere Kind kann Linderung verschaffen und einen Milchstau verhindern, wenn viel Milch vorhanden ist und das Baby gerade nicht trinken möchte. Umgekehrt kann es bei Bedarf die Milchproduktion durch zusätzliches Stillen ankurbeln.

Tandemstillen in der Praxis

Während der Schwangerschaft kannst du das größere Kind wie gewohnt weiter stillen. Die Brustwarzen sind häufig empfindlicher und die Milchmenge reduzierter als vor der Schwangerschaft. Mit dem Einverständnis deines

Kindes kannst du das Stillen auch etwas kürzen oder weniger häufig stillen. Ganz darauf zu verzichten, würde die Milch zum Versiegen bringen. Deshalb stille regelmäßig weiter, auch wenn du das Gefühl hast, wenig oder gar keine Milch mehr zu haben.

Leonie hat sich bereits vor der Geburt auf die Ankunft des Babys und das gemeinsame Stillen vorbereitet, indem sie manchmal ihre Puppe an die andere Brust hielt.

Nach der Geburt bildet sich zuerst wieder das Kolostrum, welches sehr nährstoffreich ist und wichtige Immunstoffe enthält. Aus diesem Grund ist es sicher empfehlenswert, die ersten Tage erst dein Baby trinken zu lassen und erst danach das größere Kind.

Es kann sein, daß beide Kinder je eine Brust bevorzugen und so jedes Kind »seine Seite« hat oder sie sich beide Brüste teilen.

Für dich gilt, wie auch beim Stillen nur eines Kindes, darauf zu achten, daß du genügend gesunde Kost zu dir nimmst, ausreichend trinkst und dir die nötige Ruhe gönnst. Laß dich von deinem Partner dabei unterstützen.

Tandemstillpositionen

Halbliegende Position

Zum Stillen werden einige Kissen zurechtgelegt, damit diese deinen Rücken stützen. Gerade am Anfang fällt diese Position vielleicht wohl etwas leichter als eine liegende oder sitzende Variante.

Doppelte Wiegehaltung

Beide Kinder hältst du in der Wiegehaltung. Die Beine des Babys ruhen dabei auf dem Kleinkind.

Diese Haltung war für mich immer am einfachsten und angenehmsten, deshalb habe ich meist im Sitzen tandemgestillt.

Wiegehaltung und Sitzen

Das Baby stillst du in der Wiegehaltung im Sitzen. Das ältere Kind setzt sich ebenfalls neben dich hin und dreht seinen Kopf seitwärts zur Brust.

Doppelte Fußballhaltung (Rückengriff)

Das Kleinkind kann, während es liegt, seinen Kopf mit einem Stillkissen abstützen. Es kann auch mit von dir abgewandten Knien neben dir sitzen.

Wie auch die Fußballhaltung mit einem Kind fand ich diese Variante nie attraktiv.

Seitenlage

Du stillst das Baby in der Seitenlage. Währenddessen kann sich das ältere Kind vor dich hinsetzen oder hinter dir Knien und »seine« Brust schnappen, indem es einfach den Kopf vornüberbeugt.

Diese Position habe ich manchmal beim Einschlafstillen benutzt, wenn Elyah abends gerade dabei war, einzuschlafen, und Leonie ebenfalls gestillt werden wollte.

Rückenlage

Du liegst in Rückenlage und stillst beide Kinder, welche zusätzlich mit einem Kissen abgestützt werden können.

Auch diese Variante habe ich nicht angewandt, da mir die Rückenlage unangenehm war und ich das Gefühl hatte, die Milch fließe dabei weniger.

Ich bin immer wieder positiv überrascht, wie viele Mütter lange und auch mehrere Kinder stillen. Langzeitstillen scheint aufgrund der vielen positiven Aspekte im Trend zu sein. Deshalb entstand auch dieses Interview mit mehreren Gesprächspartnerinnen.

Interview Langzeit- und Tandemstillen
mit

Maren Fischer (35),
Schweiz

Hebamme und Mutter
von Noam (2) und Nelio
(6 Monate)

Phoeby Simpson (31),
Neuseeland

Geburtsvorbereiterin und
Mutter von Lukas Amaro
(4), Aidyn (2) und
Zerynah (2 Monate)

Caroline Gauthier (40),
Kanada

La Leche Liga Ausbildung,
Mutter von Paul-Emile (5),
Caleb (2)

M = Maren P = Phoeby C = Caroline

Was war für dich ausschlaggebend, dein Baby zu stillen?

M: Es war für mich eine Selbstverständlichkeit, da dies für mein Kind und all seine Bedürfnisse die perfekte Nahrung ist.

P: Ich habe die perfekte Nahrung mit der richtigen Temperatur und in der richtigen Menge immer dabei. Die Beziehung zum Baby baut sich auf und wird sehr intensiv. Ich habe so auch ein Schmerzmittel dabei, denn nichts hilft besser als die Brust, wenn sich das Kind wehgetan hat. Als Schlaf- und Beruhigungsmittel ist das Stillen praktisch unschlagbar. Mit Tandemstillen gibt es auch keine Eifersucht unter den Geschwistern.

C: Für mich gab es vom Verstand her gar keine anderen akzeptablen Möglichkeiten, so mußte es bei jedem Kind einfach funktionieren.

Wie hast du die erste Zeit des Stillens erlebt?

M: Ich empfand sie die ersten zehn Tage beim ersten Kind etwas schmerzend, ansonsten schön, innig und intim.

P: Beim ersten Kind hatte ich anfangs Schmerzen wegen wunder Brustwarzen, aber das legte sich nach einer Woche und dann klappte es wunderbar.

C: Beim ersten Kind war es sehr einfach, obwohl ich nie darüber gelesen oder mich vorbereitet hatte. Beim zweiten Kind war es eine schwierige Herausforderung.

Gab es auch Herausforderungen? Wie konntest du diese meistern?

M: Ich hatte beim ersten Kind nach acht Wochen einen Brustabszeß mit Operation, konnte aber zum Glück trotzdem weiter voll stillen. In der zweiten Schwangerschaft hatte ich empfindliche Brustwarzen und Milchrückgang. Doch auch dies waren für mich keine Gründe, ganz abzustillen.

P: Als ich wunde Brustwarzen hatte, mußte ich mich sehr zum Weiterstillen überwinden. Während eines Spaziergangs sagte mir meine innere Stimme, daß ich einfach durchhalten soll. Ich fand darauf eine andere Art, ihn anzulegen, die Brüste haben sich erholt, wurden heil und weniger sensibel. Es ist einfach wichtig, in sich hineinzuhören und der inneren Eingebung zu folgen. Ich hatte beim zweiten Kind sehr oft Milchstau, etwa zwanzig Mal im Verlauf eines halben Jahres; also fast einmal wöchentlich, was sehr anstrengend war, weil ich ja nie wußte, löst es sich oder bekomme ich eine Entzündung. Aber mit Homöopathie und Geduld, heißen Bädern, Massagen und Ausruhen habe ich auch diese Zeit überstanden.

C: Meinen zweiten Sohn zu stillen war für die ersten zwei Monate eine echte Herausforderung. Mein älterer Sohn, damals drei Jahre alt, trank jeweils zuerst, um meine Milch überhaupt zum Fließen zu bringen und die Brustwarzen nach außen zu stülpen, damit sein kleiner Bruder diese erfassen und trinken konnte. Außerdem nahm mein Mann sechs Monate Vaterschaftsurlaub und kümmerte sich um alles im Haus. Es war eine echte Teamleistung!

Wann hat dein Baby begonnen, feste Nahrung zu sich zu nehmen?

M: Mit sechs Monaten begann unser Erster genüßlich mit Fingerfood. Brei war »bäh«. Das zweite Kind stille ich zur Zeit noch voll.

P: Mit acht Monaten, das war klassisch Apfelbrei. Wir haben ihn nach und nach von allem probieren lassen, was wir so aßen.

C: Bei meinem ersten Kind tat ich, was mir gesagt wurde: Müsli nach sechs Monaten und so weiter. Bei meinem zweiten Baby habe ich auf niemanden mehr gehört. Er begann mit 10 1/2 Monaten feste Nahrung in Form von Obst und Gemüse zu sich zu nehmen, bis er mit etwa zwölf Monaten den gleichen Speiseplan hatte wie wir.

Du stillst also weiterhin nach Bedarf?

M: Ja.

P: Ja, Tag und Nacht.

C: Ja, ich stille nun seit fünf Jahren.

Welche Veränderungen im Stillverhalten gab es vom Babyalter hin zum Kleinkindalter?

M: Für mich war das Stillen im Babyalter vorwiegend das Stillen von Hunger, Bedürfnis nach Nähe, Ruhe und Trost. Im Kleinkindalter ist Stillen vor allem Trost, Kuscheln manchmal auch bei Langeweile und natürlich zum Einschlafen.

P: Anfangs war das Stillen mehr physische Nahrung, später war es mehr seelische Nahrung für die Kinder.

C: Im Unterschied zu einem Baby kann ich einem 2 ½ jährigen auch mal nein sagen zum Stillen oder es auf zwei Minuten beschränken, damit ich meine Arbeit beenden kann, die ich gerade tue. Ich habe auch das Baby meiner Freundin gelegentlich gestillt, wenn sie arbeiten gehen mußte. Die letzten zwölf Monate wollte ihr Baby jedoch nicht mehr gestillt werden… Es war nicht nur die Milch, die es wollte und brauchte, sondern die Nähe seiner Mama! Die Still-Beziehung zwischen einer Mutter und ihrem Baby erfährt eine immer tiefere Verbindung, je älter das Baby wird. Das ist etwas sehr Schönes, was Müttern fehlt, wenn sie zu früh von sich aus abstillen.

Wurdest du von deinem Mann, deiner Familie und im Umfeld unterstützt?

M: Ja, immer.

P: Ja, sehr. Ich hätte es da nicht besser haben können. Ich bin auch immer davon ausgegangen, daß es das beste für die Babys und Kinder ist. Ich habe Kritik einfach ausgeblendet und nicht wahrgenommen. Ich hatte auch lange keine Probleme mit dem Stillen, aber als ich Milchstaus hatte, bekam ich von allen Seiten sehr viel Unterstützung.

C: Mein lieber Ehemann unterstützt mich immer zu 100%. Gott segne ihn. Meine Freunde respektieren mich, auch wenn sie nicht in allem zustimmen. Naja, meine Familie beendete ihre Kommentare, als mein erstes Kind zwei Jahre alt war. Offensichtlich bin ich ein hoffnungsloser Fall für sie!

Hast du auch im Kleinkindalter in der Öffentlichkeit gestillt oder nur zu Hause?

M: Da ich fast nur noch beim Einschlafen oder Wachwerden stille, nur zu Hause.

P: Ich habe ungefähr bis zweijährig in der Öffentlichkeit gestillt. Danach nur noch zu Hause, ich wollte nicht unnötig einem Druck von außen ausgesetzt sein.

C: Ich stille überall! Ich verwende niemals spezielle Stillräume, diese überlasse ich den Müttern, denen es unangenehm ist, in der Öffentlichkeit zu stillen. Ich werde auch mein fünfjähriges Kind in der Öffentlichkeit stillen, wenn der Bedarf da ist.

Wurdest du während der Stillzeit wieder schwanger und hast du dabei weitergestillt?

M: Als der Große zwanzig Monate alt war, bin ich erneut schwanger geworden. Wegen schmerzender Brustwarzen und Milchrückgang war das Stillen sehr reduziert. Teilweise hat er nur alle paar Tage kurz genuckelt, um zu testen, ob wieder Milch kommt. Als Ersatz zum Nuckeln beim Einschlafen, weil er so traurig war, daß keine Milch mehr kommt, haben wir vorübergehend einen Kuhmilchschoppen eingeführt. Davor hatte er noch nie Schoppen getrunken.

P: Ich bin während der ersten Stillzeit schwanger geworden und habe durch die Schwangerschaft gestillt und bin in dieser Zeit wieder schwanger geworden, habe dann aber abgestillt.

C: Ja, aber ich hatte Ende des dritten Monats keine Milch mehr, deshalb stillte ich so kurz wie möglich. Es war ein unangenehmes Gefühl, ohne Milch zu stillen, aber ich wußte, daß mein Sohn sich nicht selbst abstillen würde, wenn ich nicht schwanger wäre. So empfand ich es als fair, seinem Bedürfnis so gut ich konnte nachzukommen. Ich habe ihn teilweise eine knappe Minute gestillt und gefragt: »Alles getrunken?«. Und er antwortete: »Fertig!« und ging spielen. Ich bin gerade mit unserem dritten Kind schwanger und stille noch unsere beiden Söhne.

Hast du nach der Geburt des Babys auch das größere Kind weiter gestillt?

M: Ja, er hat sehr gerne wieder angefangen.

P: Ja.

C: Ja. Ich war so froh, stillte meinen ersten Sohn noch, als mein zweiter Sohn geboren wurde. Er entlastete mich durch Stillen, wenn die Brust angeschwollen war. Er half seinem Bruder, damit dieser trinken konnte und hatte dadurch zu ihm eine enge Verbindung. Er hielt seinem kleinen Bruder die Hand oder strich über seine Haare, wenn sie zusammen am Stillen waren. Das sind unbezahlbare Momente.

Caroline Gauthier

Wie hast du dies erlebt?

M: Ich habe die Stillzeiten für den Älteren eher eingeschränkt, wenn er dürfte, würde er mehr trinken. Er trinkt vor allem morgens nach dem Aufwachen. So genießen wir beide dieses morgendliche Kuschelstillen. Ansonsten hat das Baby Priorität.

P: Das Tandemstillen war anfangs eine Herausforderung, weil ich merkte, daß es mich mehr Energie kostete, aber mit der Zeit war das ok.

C: Auch wenn es so schön war zu beobachten, wie sie gleichzeitig stillten, war es für mich selber nicht die beliebteste Variante, da es einfach etwas zu viel Stimulation auf einmal war. Ich stillte sie sehr gerne nacheinander.

Was für Auswirkungen hatte das Tandemstillen auf die Geschwisterbeziehung zwischen den beiden Kindern?

M: Der Große wirkt meist verständnisvoll, wenn der Kleine in Ruhe trinken soll. Es ist für ihn ganz selbstverständlich, daß das Baby Mamamilch trinkt. Er kommt oft dazu und streichelt ihn.

P: Ich bin absolut überzeugt, daß sich unsere Buben gerade deswegen so gut verstehen. Von Außenstehenden wird oft bewundert, wie toll sie miteinander spielen und sich beschäftigen können. Ich denke, daß das vom Tandemstillen kommt.

C: Sie haben eine so schöne, tiefe Verbindung. Mein älterer Sohn fühlte sich nie ausgeschlossen, er war immer willkommen. Durch diese besondere Bindung spielen sie so gut zusammen. Sie sind sich einfach sehr nahe, und jeder ist der beste Freund des anderen. Sie fragen mich jeweils, ob sie zusammen stillen dürfen.

Wie lange hast du beide Kinder gestillt?

M: Der Ältere wird in drei Monaten drei Jahre alt. Stillen gehört nach wie vor dazu. Bin also noch am Tandemstillen.

P: Drei Jahre und neun Monate den älteren Jungen, den jüngeren zwei Jahre.

C: Ich stille beide Kinder noch. Ich weiß, daß sie sich von selber, in ihrem eigenen Tempo abstillen werden. Ich reduziere liebevoll in der Nacht mit: »Mama muß kurz aufs Klo gehen, ich komme gleich wieder.« Wenn ich nach zwei Minuten zurückkomme, liegt da oft schon ein friedlich schlafendes Kleinkind.

Welche Vorteile siehst du im Langzeit- und Tandemstillen?

M: Die natürlichen Bedürfnisse werden befriedigt, bis sie erfüllt sind. Somit sind keine Ersatzbefriedigungen nötig. Tandemstillen stärkt in großem Maße die Geschwisterbeziehung.

P: Die Kinder werden unabhängiger und selbstbewußter, weil sie immer an den Ort dürfen, wo die Welt heil ist, und wenn sie das ausreichend erfahren haben, wird auch die Welt um sie herum als heil erlebt.

C: Jedes Mal, wenn sie krank sind, was selten der Fall ist, bin ich so dankbar über das Stillen, denn dies ist das beste Heilmittel von allen! Sie waren noch nie bei einem Arzt! Stillen bleibt die Heilung für alle Probleme in unserem täglichen Leben!

Was möchtest du anderen Müttern mit auf den Weg geben?

M: Stillen ist schön, natürlich und einmalig. Dazu hat es eine ganz praktische Seite, denn es ist kein Auskochen oder Mitschleppen von Schoppen, Pulver usw. nötig.

P: Es ist sehr wichtig, sich zu informieren, was es bedeutet, die Kinder natürlich zu erziehen. Auch sollte man überprüfen, ob und was von den Informationen in einem anklingt, und danach handeln. Unsicherheit, Eitelkeit oder Konventionen ablegen und in sich hineinhören statt nach außen. Mit dem gesunden Menschenverstand und vor allem mit dem Herzen urteilen.

C: Wenn es dir wohl ist, verstecke dich nicht beim Stillen. Zeige der Welt, daß Stillen natürlich und schön ist! **Wir können alle selbstbewußte, starke Botschafter des Stillens sein!**

Caroline Gauthier

Phoeby Simpson

Stillen und Essen

Die Einführung von festen Nahrungsmitteln soll kein Übergang sein vom Stillen zur Beikost, sondern eine schrittweise erweiternde Ergänzung zum Stillen. Wenn dein Baby die Bereitschaft für feste Nahrung und ein Interesse daran zeigt, kannst du weiter voll stillen und ihm nach und nach zusätzlich etwas anbieten. Als Beispiel gebe ich hier wieder einen Einblick in mein Tagebuch, als Anael dabei war, das Essen zu entdecken:

Stillen und Essen / Februar 2011

Anael ist nun mittlerweile acht Monate alt und hat mit großem Interesse das Essen entdeckt. Füttern läßt er sich überhaupt nicht, also keine Chance mit Babybreichen und Co., was mir auch recht ist. Viel lieber möchte er alles selber probieren und mantscht fröhlich drauflos. Natürlich gibt es immer eine große Sauerei, aber das gehört einfach dazu. Von Erdbeeren bis Gurken, Spargel, Tomaten, Äpfeln, Ananas bis hin zu Teigwaren und Rotkraut verputzt der kleine Mann einfach alles, was ihm zwischen die Finger kommt.

Er liebt aber auch Brot und schnappt mir dieses regelmäßig aus den Händen. Nun denn, so soll er eben essen, was er möchte. Ich gebe ihm alles, was vegan ist. Vorwiegend Rohkost, wobei ich auf Sojaprodukte so weit es geht verzichte, um Allergien vorzubeugen.

Milchprodukte erhält er aus demselben Grund keine, zumindest sicher bis einjährig noch nicht. Tiere kommen bei uns nicht auf den Tisch, die sind zum Kuscheln da. :-) Ebenso tabu sind Junkfood, Süßigkeiten, Fertigprodukte, vorgefertigte Babykost udgl. Frisch auf den Tisch heißt die Devise. Deshalb freue ich mich schon wieder auf die neue Gartensaison.

Selbstverständlich stille ich Anael nach wie vor, was auch bei seinen zwei Zähnchen kein Problem ist. So trinkt er tagsüber und nachts sehr oft an der Brust. Damit erhält er immer, was sein Körper braucht, und ich muß mir darüber keine Gedanken machen. Stillen ist praktisch und natürlich, was will ich mehr. Stillen vereinfacht meinen Alltag erheblich, ich finde dies immer noch das einfachste Einschlafritual. Stillen benötigt auch keine Utensilien oder Vorkehrungen. Einfach »andocken«, ob drinnen, draußen, unterwegs, beim Baden, Einkaufen oder im Restaurant. Stets wohltemperiert die richtige Nahrung dabei, für mich ganz einfach toll!

Windelfrei

Brauchen Babys Windeln? Zum Erstaunen vieler Eltern kann diese Frage getrost mit einem Nein beantwortet werden. Die natürliche Säuglingspflege, bei der Babys von Geburt an windelfrei aufwachsen, ist in anderen Teilen der Welt, vorwiegend in den ländlichen Gegenden Asiens und Afrikas, aber auch im mittleren Osten, Südamerika oder Rußland selbstverständlich.

Die gängige Meinung, daß Babys und Kleinkinder nicht in der Lage wären, ihre Ausscheidungsbedürfnisse wahrzunehmen, trifft absolut nicht zu! Ein Baby kann dies genauso, wie es auch andere Grundbedürfnisse wie Nahrung, Geborgenheit, Berührung, Getragenwerden und Wärme erspürt und mitteilt. Diese Erfahrung kann ich selber mit drei Windelfrei-Kindern absolut bestätigen. Es liegt an uns Eltern, die Signale, welche die Babys geben, verstehen zu lernen und entsprechend zu reagieren.

> Das Wesentliche an der Windelfreiheit ist die intensive Kommunikation mit dem Baby. Diese fordert Respekt und Achtung vor dem Kind und verstärkt das gegenseitige Vertrauen und die Verbundenheit.

Es gibt verschiedene Grundpfeiler, grundsätzliche Bedürfnisse eines jeden Babys. Die natürliche Säuglingspflege ist ein wichtiger Bestandteil davon und trägt in großem Maße zur Zufriedenheit deines Babys bei. Wenn du dir erst einmal bewußt geworden bist, was dein Baby benötigt, und du dies im Alltag umsetzen kannst, wird es für dich und dein Baby einfacher, euch als Familie zurechtzufinden.

Zuerst einmal möchte ich jedoch berichten, wie ich überhaupt zu diesem Thema gelangt bin.

Windelfrei mit Leonie

Unsere Tochter Leonie kam im Frühling 2005 im Geburtshaus zur Welt. Die ersten zweieinhalb Monate waren für Leonie und für uns Eltern sehr schwierig. Vor allem ich als Mutter kam in dieser Zeit oft an meine Grenzen. Ich kann Eltern, die ratlos sind und verzweifelt nach der Ursache ihrer weinenden Babys suchen, sehr gut verstehen. Dieses Verständnis beruht auf den Erfahrungen mit unserem ersten Kind.

Leonie mußte sehr oft weinen, war total unruhig und stundenlang zum Stillen und als Beruhigung an meiner Brust. Man sagte uns, es seien Koliken, was wir zuerst auch glaubten. Doch die gutgemeinten Ratschläge halfen alle nicht wirklich weiter. Bauchmassagen mit speziellen Ölen, Wärmeflaschen, besondere Achtung auf meine Ernährung, Reiki oder Cranio-Sacral-Behandlung brachten kaum eine Besserung. Deshalb fing ich an, die sogenannten »Koliken« in Frage zu stellen, und suchte weiter nach Lösungen.

Meiner inneren Stimme folgend las ich Bücher über Bücher und durchstöberte das Internet auf der Suche nach Antworten. Ich habe sie dann auch tatsächlich in den folgenden beiden Büchern gefunden:

»Es geht auch ohne Windeln« von Ingrid Bauer und »**Auf der Suche nach dem verlorenen Glück**« von Jean Liedloff.

Das erste befaßt sich ganzheitlich mit windelfreien Babys, über Sinn, Zweck und Praxis. Das zweite Buch brachte mir die Wichtigkeit des ständigen Tragens der Babys

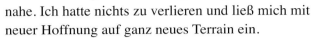

nahe. Ich hatte nichts zu verlieren und ließ mich mit neuer Hoffnung auf ganz neues Terrain ein.

Mit Windelfrei begann ich ganz einfach, indem ich kurzerhand die Windeln wegließ und Leonie den ganzen Tag mehr oder weniger in einer Tragehilfe oder auf dem Arm trug und so in meinen Alltag integrierte.

Beim ersten Weglassen der Windeln setzte ich Leonie in eine Babyschale, damit ich duschen konnte. Natürlich machte sie prompt ihr Pipi, und ich dachte nur: »Oje, das kann ich nicht, das funktioniert bei uns nicht.« Trotzdem ließ ich die Windeln beiseite und versuchte es weiter.

Schon nach kurzer Zeit war mir klar, daß Windelfrei sehr wohl gut funktionierte, wenn ich in ständigem Kontakt mit Leonie war und sie auch ständig trug. Ich entwickelte schnell ein intuitives Wissen, wann sie abgehalten werden wollte, und Leonie gab mir immer deutlicher Zeichen.

Windelfrei funktionierte also fortan ganz gut, obwohl es auch noch viele »Pannen« gab. Aber das war nicht länger dramatisch für mich. Ich wurde gelassener und unsere gemeinsame Bindung stärker, was es uns beiden erlaubte, immer besser miteinander zu kommunizieren.

Was für mich einem Wunder gleichkam: Leonie war von da an wie ausgewechselt; ein ganz zufriedenes Kind, das nur noch selten weinte!

Welch eine große Erleichterung! Dies können wohl viele Eltern nachvollziehen, besonders solche, mit vermeintlichen »Schreibabys«. Endlich hatte ich den Weg gefunden, ihre Zeichen und ihr Weinen richtig zu verstehen. In den meisten Fällen mußte sie einfach aufs Töpfchen. Hinzu kam der ständige Kontakt durch das Tragen.

Vorwiegend hielt ich Leonie einfach auf dem Arm, sei es beim Putzen, Kochen oder sonstigen Hausarbeiten. Wenn sie müde war, schlief sie häufig in der Traghilfe oder im Tragetuch.

Ich bedauerte sehr, daß ich mich nicht schon vor der Geburt über die Wichtigkeit des Tragens und die Vorteile von Windelfrei informiert hatte. Hätte ich mir und meiner Tochter doch diese erste schwere Zeit ersparen können. Aber dies war für mich ein wichtiger Lernprozeß. Leonie war in dieser Hinsicht meine Lehrerin. Sie hatte mir mit ihrer Rückmeldung gezeigt, daß etwas nicht in Ordnung war und ich nach neuen Wegen suchen mußte. Sie hatte mir auf ihre Weise beigebracht, wie einfach es ist, ihren Bedürfnissen nachzukommen. Leonie konnte mir vermitteln, wie glücklich und zufrieden Babys von Natur aus sind, wenn man »nur« versteht und begreift, was sie so dringend benötigen. Dafür bin ich ihr heute noch unendlich dankbar.

Nachdem ich diesen Schlüssel zu unserem Glück als Familie gefunden hatte, wußte ich, daß unsere Tochter in dieser Weise friedvoll aufwachsen kann. Ich selber, unsere Familie wie auch Außenstehende waren beeindruckt, wie zufrieden Leonie von da an war, sie weinte wirklich nur sehr selten, war an allem sehr interessiert und aktiv.

Deshalb ermutige ich auch dich, auf dein Kind zu hören, diese sensible Kommunikation aufzunehmen und zu erspüren, was es wirklich braucht.

Windelfrei mit Elyah

Bei unserem Sohn Elyah war dann alles viel einfacher, da wir ja bereits über das Wissen und die Erfahrung mit Leonie verfügten. Er wurde im Frühling 2007 alleine zu Hause im Wasser geboren; eine wundervolle Erfahrung.

Elyah wurde von Anfang an getragen, anfangs im Tragetuch oder auf dem Arm. Als er größer war, hatte ich ihn oft in der Tragehilfe (Ergo) zum Schlafen, ansonsten hielt ich ihn einfach im Arm, während ich mich um den Haushalt kümmerte. Er konnte so meine Nähe spüren, alle Bewegungen wahrnehmen, war passiv mitten im Geschehen und beobachtete meine Handlungen, die seiner Schwester und die Umgebung. Sein Körper lernte die ganzen motorischen Bewegungsabläufe kennen wie aufstehen, laufen, bücken, drehen, springen, sitzen, hochheben und so weiter. Durch diese ganzen Eindrücke sammelte er die notwendige Lebenserfahrung und bekam wichtige Impulse für seine Entwicklung, und das Grundbedürfnis des Getragenwerdens wurde erfüllt.

Für die ersten paar Wochen hatte ich mir eigentlich Stoffwindeln besorgt, da ich nicht wußte, ob es gleich von Geburt an mit der natürlichen Säuglingspflege klappen würde. Da wir uns diesmal für die Lotusgeburt entschieden hatten, wären Windeln zu Beginn wohl sehr hinderlich gewesen. Also ließ ich es von Anfang an sein. Elyah war von Geburt an immer nackt in eine Decke gewickelt bei mir, nur mit einem Moltontuch unter dem Po, falls ein Pipi danebenging. Ich hielt ihn jeweils über ein Asia-Töpfchen (speziell kleine Töpfchen für Neugeborene und Babys) oder eine Schüssel. Dies meist schon während des Stillens. Zu unserer Verwunderung und Freude hat dies gleich zu Beginn wunderbar geklappt. Es war noch einfacher als bei Leonie, da er es noch nicht gewohnt war, in seine Kleidung (Windeln) zu machen und so das natürliche Bewußtsein für seine Ausscheidungen behalten hatte.

Das große Geschäft machte er fast immer ins Töpfchen und das Kleine häufig. Ansonsten wurde nur der Molton naß, der ganz schnell auszuwechseln war. Im Alltag mit zwei Kindern war ich sehr froh über diese einfache und schnelle Lösung. Die Kleider für die erste Säuglingszeit benötigten wir gar nicht. Wenn es warm war, wickelte ich ihn in ein Tuch, bei kalten Temperaturen in eine wärmere Decke. Es fühlte sich so natürlich an.

Nachts brauchte ich selten einen neuen Molton. Er wurde durchschnittlich zweimal kurz wach zum Stillen und Pinkeln. Da er immer ganz nahe an mich gekuschelt schlief, bemerkte ich sofort, wenn er unruhig wurde, nahm ihn gleich hoch, gab ihm die Brust und hielt ihm sein Töpfchen unter. Er erwachte dabei nicht einmal richtig, sondern war im Halbschlaf, hielt seine Augen geschlossen und schlief danach einfach weiter, sobald ich ihn wieder hinlegte.

Mit etwa einem halben Jahr, als seine aktive Phase mit Krabbeln begann, trug er Kleidung, die schnell und praktisch auszuziehen war. Gerade in dieser Zeit gab es häufiger Pannen, da er nicht mehr ständig getragen wurde, sondern neben dem Tragen selber auf Entdeckungsreise ging. Die Bauchlage verstärkte zudem noch den Drang zum Pipimachen. Auch das Zahnen hatte einen merklichen Einfluß. Es war manchmal schwierig zu erkennen, ob er wegen des Zahnens unruhig war oder ob er mal mußte. Meine ersten Handlungen, wenn er einmal weinte, waren immer noch Stillen und aufs Töpfchen gehen oder ihn im Ergo herumtragen, wenn ich merkte, daß er müde war. Eines dieser Bedürfnisse war fast immer der Grund für sein Unwohlsein. Unser promptes Reagieren darauf brachte seine Welt wieder in Ordnung, was er uns durch seine große Zufriedenheit immer wieder bestätigte.

Windelfrei mit Anael

Bei Anael war es auch klar, daß wir ab Geburt Windelfrei praktizieren würden. Dies klappte von Geburt an sehr gut. Das erste, was im Töpfchen landete, war das schwarze, klebrige Mekonium gleich einen Tag nach der Geburt.

Neugeborene haben in den ersten Wochen noch das Gespür für ihr Ausscheidungsbedürfnis, wenn sie nicht an Windeln gewöhnt werden. Je älter das Baby ist, desto schwieriger wird es, dieses Bedürfnis wieder zu entdecken.

Die ersten Wochen mußte ich mich erst wieder an die Babyzeit gewöhnen, war es doch wieder drei Jahre her seit der Geburt von Elyah. Anfangs funktionierte Windelfrei sehr gut, dann gab es eine Zeit, wo er zwar offensichtlich mußte, aber trotzdem oft kein Gaga machte und sehr unruhig war. In dieser Zeit trug ich ihn noch mehr im Tragetuch als sonst und spazierte oft mit ihm in unserem Garten umher. Es war Sommer, und ich genoß es, barfuß auf der Erde umherzulaufen, dies half mir selber, zu entspannen und zur Ruhe zu kommen.

Eine weitere besondere Phase war erst wieder, als er zu krabbeln begann. Wie bei Elyah war es nun so, daß ich ihn weniger trug und er selber im Haus auf Entdeckungstour ging. Deshalb gab es in dieser Zeit wieder vermehrt nasse Wäsche, da ich manche Pipi ganz einfach verpaßte. Es gab auch immer wieder mal Pannen, wenn ich zu sehr beschäftigt oder gedanklich abwesend war. Trotzdem erwischte ich insgesamt viele Pipi, und es passierte sehr selten, daß mal ein Gaga in der Hose landete. Bereits einjährig war er somit fast immer trocken, er gab seine Bedürfnisse sehr gut zu verstehen, und wir entwickelten uns zu einem gut eingespielten Team.

Kommunikation Eltern – Kind

Wenn wir den Nahrungs- und Ausscheidungskreislauf betrachten, dann sehen wir, daß aufgrund eines Grundbedürfnisses das Kind ein Signal gibt (Aktion) und darauf jeweils eine Reaktion der Eltern erfolgen sollte. Das heißt, beim Grundbedürfnis »Hunger« gibt das Baby den Eltern ein Signal in der Erwartung einer entsprechenden Reaktion, welche in den meisten Fällen kommt, indem das Baby gestillt oder gefüttert wird.

Genauso ist es beim Ausscheidungsbedürfnis. Auch bei diesem Grundbedürfnis gibt das Baby wiederum Signale und erwartet ebenfalls eine Reaktion der Eltern. Dies ist der Punkt, an dem die Kommunikation bei Babys, die gewickelt werden, abbricht. Das heißt, die Kommunikation fließt nicht weiter, es bleibt beim Signalgeben des Babys (Aktion), worauf keine Reaktion folgt, beziehungsweise nicht die richtige, indem versucht wird, das Baby erfolglos anderweitig zu beruhigen. Folglich zeigt nicht nur das

Baby seinen Unmut und wird weinen bis hin zu Schreien (vermeintliche Koliken, »Schreikind«), auch die Eltern sind in solch einer Situation hilflos, da sie nicht wissen, wie sie damit umgehen sollen.

Der Schlüssel liegt ganz einfach darin, das Ausscheidungsbedürfnis zu erkennen, die gegenseitige Kommunikation wieder aufzunehmen und weiter fließen zu lassen. Das heißt, wenn das Baby entsprechend Signale gibt (Aktion) und zeigt, daß es womöglich ausscheiden muß, erfolgt darauf das Abhalten des Babys als natürliche Reaktion der Eltern. Der Nahrungs- und Ausscheidungskreislauf wird somit nicht unterbrochen, sondern bleibt im natürlichen Fluß, ebenfalls die Kommunikation zwischen Eltern und Kind. Infolgedessen werden beide Grundbedürfnisse gleichermaßen verstanden, beachtet und abgedeckt und das Baby ist folglich zufrieden.

Pro Windelfrei

- **Förderung der Kommunikation und Bindung**
  Natürliche Säuglingspflege bedeutet, dem Kind zuzuhören und auf seine Bedürfnisse einzugehen.
- **Körperliches Wohlbefinden des Babys und Motorik**
  Wie angenehm ist es doch für ein Baby, sich ohne dickes Windelpaket zwischen den Beinen zu bewegen. Es kann ungehindert krabbeln, sitzen und laufen. Windelfrei beschleunigt diese Entwicklungsprozesse und fördert seine ganze Motorik.

- **Kooperation anstelle Resignation**

  Die meisten Babys resignieren früher oder später, wenn sie gezwungen werden, in ihre eigene Wäsche zu machen. Dies muß nicht sein. Du kannst mit deinem Baby wunderbar kooperieren, wenn du auch das Ausscheidungsbedürfnis beachtest.

- **Ungehinderter Körperkontakt**

  Direkter Hautkontakt mit dem Baby ist wohltuend und wichtig für dessen Entwicklung. Dies wird in unserer Kultur stark unterschätzt.

- **Gesunde Haut**

  Windeldermatitis, Windelausschlag mit roten Flecken, Pusteln bis hin zu offenen Wunden ist eine häufige Hautkrankheit bei gewickelten Kindern. Die Ursache liegt – wie das Wort schon sagt – bei den Windeln.

- **Gesundes Körperbewußtsein**

  Das Baby erlebt die Ausscheidung von Anfang an als etwas Natürliches. Es behält ein gesundes Körperbewußtsein, kann die Bedürfnisse seines Körpers klar erkennen und ausdrücken und darauf vertrauen, daß diese auch beachtet, verstanden und erfüllt werden. Es gibt Kinder, die aufgrund von Windeln den Stuhl zurückhalten, unter Verstopfung oder Schmerzen im Bauch- und Pobereich leiden. Bei ärztlichen Untersuchen kann jedoch nichts festegestellt werden. Bei solchen Anzeichen im Baby- oder Kleinkindalter ist unbedingt das Weglassen der Windeln notwendig, damit das Kind ein natürliches Ausscheidungsverhalten entwickeln kann.

- **Hygiene**

  Das Baby muß nicht in seinen Ausscheidungen sitzen, ein Zeichen von Respekt und Achtung vor dem Kind.

- **Späteres Umlernen ist nicht nötig**

  Das Baby wird nicht darauf konditioniert in die Windel, seine »Unterwäsche« zu machen und muß dies später nicht umlernen. Manche Kinder haben mit dem Umtrainieren sehr große Mühe oder entwickeln kein gesundes Ausscheidungsverhalten.

  In seltenen Fällen können Neurosen im Zusammenhang mit der Ausscheidung und/oder Windeln entstehen, die bis ins Erwachsenenalter bestehen bleiben und eine psychologische Therapie erforderlich machen.

- **Spart Arbeit und Geld**

  Am günstigsten ist es, gar keine Windeln zu benützen. Somit entfallen Kosten für Wegwerfwindeln, Stoffwindeln, Windeleimer usw.

- **Umweltschutz**

  Der beste Beitrag zum Umweltschutz ist der, gar keine Windeln zu benützen. Insbesondere die Herstellung von Plastikwindeln und Zubehör wie Windeleimer, Kartuschen usw. verbraucht unnötig viel Material und Energie und produziert enorme Mengen an Abfall!

Sogenannte »Koliken« und Verdauungsprobleme (z. B. schmerzender Po) bei Babys und Kleinkindern sind in den wenigsten Fällen physiologisch bedingt, sondern weisen auf ein fehlendes Beachten des Ausscheidungsbedürfnisses hin.

In erster Linie muß bei der Ursache begonnen werden. Das heißt, die Kinder halten oft den Stuhl zurück, was zu den genannten Problemen führen kann. Der Verzicht auf Windeln und die Anwendung der natürlichen Säuglingspflege lösen oft das Problem und schaffen Abhilfe.

Sollten die Beschwerden weiterhin anhalten, sind genauere Abklärungen im medizinischen Bereich wie auch mit alternativen, heiltherapeutischen Ansätzen nötig.

Zu Windelfrei lasse ich sehr gerne Rita Messmer zu Wort kommen, denn sie war die erste, welche dieses Thema bereits in den neunziger Jahren in ihrem Buch »Ihr Baby kann's« veröffentlicht hatte. Vor kurzem hat sie zudem eine Studie mit windelfrei praktizierenden Eltern durchgeführt, worüber sie ebenfalls berichtet.

Interview Windelfrei-Studie
mit Rita Messmer (58), Schweiz
Cranio-Sacral-Therapeutin, Erwachsenenbildnerin, Autorin,
Mutter von Simone (25), Michèle (23) und Stefan (19)

Was beinhaltet die Windelfrei-Studie?

Die Studie zeigt erstens ganz klar, daß eine frühe Stimulation der Reinlichkeit möglich ist. Zweitens, je früher mit der Reinlichkeitsmethode begonnen wird (in den ersten Lebenstagen), um so weniger Pannen gibt es später. Die Studie erfaßt weiter, wie die Kommunikation der Eltern mit dem Baby ist, wie oft sie abhalten, ob das Baby getragen wird, ob sich die Eltern von ihrem Bauchgefühl leiten lassen usw.

Was verstehst du unter der sensiblen Phase, dem Entwicklungsfenster für die Reinlichkeit der Babys?

Eine sensible Phase ist neurologisch klar definiert. Für jede Entwicklungsphase im Leben gibt es eine bestimmte, ganz besonders geeignete Periode, wo das Gehirn offen ist, die entsprechende Vernetzungen zu bilden. Es gibt also Zeiten, wo ein Kind reif ist, einen bestimmten Entwicklungsschritt zu machen. Informationen fließen dann mit spielerischer Leichtigkeit durch »Fenster« in das Gehirn, die nur für eine kurze Zeit geöffnet bleiben. Verpaßt man den geeigneten Zeitpunkt für diesen Lernschritt, vollzieht das Kind den Schritt erst viel später und viel mühsamer (kognitiv). Das Fenster der sensiblen Phase der Reinlichkeit ist mit dem ersten Lebenstag geöffnet, schließt sich aber etwa gegen Ende des dritten Lebensmonates.

Was zeigte dazu die Studie?

Die Studie zeigt, dass jedes Baby dazu in der Lage ist.

Was für unangenehme Folgen entstehen aufgrund des Wickelns?

Es wird ein falsches Verhalten geprägt!

Jahrelanges Wickeln, was ökologisch wie ökonomisch ein Unsinn ist.

Jedes Baby wehrt sich früher oder später gegen das Gewickeltwerden. Es fällt in einen sogenannten Opisthotonus (Überstreckung der Halswirbelsäule).

Kinder werden nachts nicht mehr trocken, weil kein Signal mehr vom Gehirn kommt, das sie bei voller Blase wach werden läßt. So gibt es heute bereits einen Markt von Windeln für 8 – 12-Jährige, was ahnen läßt, welche Tragik dahintersteckt. Ich selbst habe in meiner Praxis immer wieder Kinder, die nachts zwar keine Windeln mehr anziehen wollen, dafür wechselt die Mutter tagtäglich die Wäsche…

Bekannt ist auch, daß Kinder ihren Stuhl zurückhalten und dann nur in eine Windel stuhlen und nicht aufs Klo wollen.

Es kommt auch vor, daß Kinder erschrecken, wenn sie mal nackt sind, und unbewußt urinieren, weil sie diesen natürlichen Vorgang als solches nicht kennen. So habe ich selbst einen dreijährigen Jungen erlebt, der nackt bei uns im Garten spielte: Er urinierte und erschrak darüber dermaßen, daß er zu seiner Mutter lief und sagte: »Abstellen, abstellen!«

Was sind die Vorteile von windelfreien Babys?

Diese Kinder vernetzen ihr Gehirn wie biologisch vorgesehen. Es findet eine optimale frühe Prägung statt. Die Babys sind Herr über ihren Körper und ihre Ausscheidungen. Sie lernen schon früh, die entsprechenden Muskeln zu benutzen und entwickeln eine Sensibilität für ihre Körperbedürfnisse. Die Eltern gehen den biologisch richtigen Weg, was grundsätzlich zu einer besseren Entwicklung des Kindes beiträgt. Es gibt keine Irritationen auf das genetische Programm. Denn diese sind letztlich ausschlaggebend für das Trotzalter.

Wie wichtig ist die Kommunikation zwischen Eltern und Kind bei der natürlichen Säuglingspflege (windelfrei)?

Es ist das A und O überhaupt!

Was hat Windelfrei mit Achtsamkeit und Respekt zu tun?

Sehr viel! Denn die Reinlichkeit ist ja auch sehr stark mit der Psyche gekoppelt. Wir alle wissen, wie schnell unser Bauch, Darm oder Blase reagiert, wenn unsere Psyche belastet ist – da reicht oft schon ein Gang zum Zahnarzt. Wenn wir also auf die Reinlichkeitsbedürfnisse des Babys gut reagieren, ist das bestimmt der Anfang für gegenseitiges Vertrauen, Achtsamkeit und Respekt.

Welche Rolle spielt Windelfrei in Bezug auf das von vielen gefürchtete Trotzalter des Kindes?

Wie schon kurz angetönt, haben wir ein sogenanntes genetisches Programm. Die sensiblen Phasen gehören zu diesem dazu. Werden sie entsprechend stimuliert, dann folgen wir diesem Programm. Werden diese Phasen nicht oder falsch stimuliert, ist das eine Irritation auf das genetische Programm. Bei Hunden sagt man: Wenn mehrere solche Irritationen auf sein genetisches Programm stattfinden, macht dies den Hund aggressiv. Bei uns spricht man hingegen vom Trotzalter.

Weshalb ist Windelfrei noch teilweise ein Tabuthema, wo liegt Aufklärungsbedarf?

Uns wurde von der Psychologie her jahrelang weisgemacht, daß man den Säugling ja nicht abhalten solle, ja keinen Druck ausüben, weil sonst die Psyche Schaden nehmen würde. Dies kam daher, daß man früher nur Stoffwindeln kannte und noch keine Waschmaschine hatte, was für die Mütter ein sehr großer Aufwand war. Deshalb versuchte man auf jede mögliche Art, eben auch mit Macht und Druck, das Kind sauberzubekommen. Das war natürlich falsch.

Als dann die Papierwindeln aufkamen, schien das Problem gelöst zu sein, und man ging davon aus, das Kind werde von selbst eines Tages sauber. Man ging auch immer davon aus, das Kind mache diesen Entwicklungsschritt kognitiv, also über das Bewußtsein. Die Erkenntnis der sensiblen Phase fehlte und damit auch die Vorstellung davon, was in einem Babygehirn vor sich geht. Heutzutage ist es natürlich auch ganz klar ein Problem der Werbung und Marktwirtschaft. Wir alle haben schon so viele zuckersüße in Windeln gepackte Babypopos gesehen. Wir können uns ein Baby ohne Windeln in unserem Kopf gar nicht mehr vorstellen. Selbst wenn die Leute die Fakten kennen, glauben können sie es dann doch oft erst, wenn sie Windelfrei bei einem Baby sehen!

Was sind die markantesten Erkenntnisse der Windelfrei-Studie?

Eine frühe Stimulation der Reinlichkeit ist möglich. Je früher mit der Reinlichkeitsmethode begonnen wird, um so weniger Pannen gibt es später. Gestillte Kinder reagieren sensibler auf verbale Signale der Eltern. Eltern, die sich auf ihr Bauchgefühl verlassen, wenden die Methode häufiger an. Sie fühlen sich weniger gestreßt, sehen keinen oder nur einen geringen Mehraufwand. Sie haben auch das Gefühl, daß Windelfrei die Entwicklung ihrer Kinder fördert.

Was möchtest du werdenden Eltern mit auf den Weg geben?

Oh, sehr viel! Ich möchte sie anhalten, neue Wege zu beschreiten, sich auf das »Experiment« Kind einzulassen – auf es zu achten, es ernstzunehmen, es zu lieben, es zu tragen. Das heißt auch, als Beobachter eher im Hintergrund zu stehen und wahrzunehmen, es selbst seine Erfahrungen machen lassen; es nur leicht zu führen, sich Zeit zu nehmen, nie aufzuhören zu staunen über das Wunder Mensch.

Anzeichen

Dein Baby kann sich auf sehr unterschiedliche Art bemerkbar machen, wenn es Pipi/Gaga machen muß. Dies variiert immer wieder und ändert sich auch mit zunehmendem Alter. Du wirst diese Signale immer besser verstehen, und die Kommunikation zwischen dir und deinem Kind wird durch Windelfrei vertieft.

Einige Signale habe ich hier aufgelistet:

Neugeborene
- Unruhe, vermeintliches »Quengeln«
- Durchstrecken des Rückens, vermeintliche »Koliken«
- Umherfuchteln mit den Armen
- Wildes Strampeln mit den Beinen
- Die Zunge immer wieder nach außen schieben
- An- und Abdocken an der Brust, Unruhe während des Stillens
- Laute von sich geben (Anael hat teilweise wie eine kleine Ziege »gemeckert«)
- Weinen

Babys und Kleinkinder
- Unruhe, vermeintliches »Quengeln«
- Durchstrecken des Rückens, vermeintliche »Koliken«
- Weinen
- Wenn sie still werden, z. B. längere Zeit in derselben Position ruhig stehenbleiben oder spielen, häufig mit einem ganz abwesenden Blick
- Hockhaltung am Boden
- Herumzupfen an oder Halten von Geschlechtsteilen oder Po
- Handzeichen geben (Leonie hat mich schon als kleines Baby jeweils ganz sanft am Handrücken gekratzt, wenn sie mal mußte. Anael und ich haben als Babyzeichen ein Auf- und Abwedeln mit dem Arm für das Abhalten benutzt.)
- Mündliche Mitteilung mit Lauten, später mit Wörtern wie z. B. »Pipi« oder »Gaga« (Anael sagte »Tata«, als er zu sprechen begann.)

Schlüsselwörter, Schlüssellaut, Signale

Während des Abhaltens kannst du dein Baby zusätzlich mit Lauten, Schlüsselwörtern oder Babyzeichen animieren. Diese **Signale** dienen dem Baby als Wiedererkennungsmerkmal. Es sind »Trigger«, wie du sie bereits im Kapitel Geburtsvorbereitung kennengelernt hast.

Sie sind hilfreich, aber nicht unbedingt notwendig. Wenn du sie benutzt, wird deinem Baby schon nach kurzer Zeit klar, daß dieses Signal oder Babyzeichen mit dem Abhalten zusammenhängt. Wenn es größer wird, kann es sich dir auch mit Hilfe dieses Signals mitteilen, wenn es abgehalten werden möchte. Die bekanntesten Signale, die überall auf der Welt eingesetzt werden sind:

Zischlaute: Schschsch..., Sss..., Bsbsbs... usw.

Schlüsselwörter: Pipi, Gaga usw.

Babyzeichen: Hand- oder Armbewegung

Wasser: Laufenlassen von Wasserhahn, Plätschern eines Brunnens oder Baches usw.

Das Abhalten des Babys

Als Elyah gerade ein paar Wochen alt war, kam meine hochschwangere Freundin Phoeby zu Besuch. Sie war fasziniert von Windelfrei und wollte es gerne ausprobieren. Also hat sie Elyah abgehalten, und er hat auch prompt ein Pipi gemacht. Dies war ihr erstes Erfolgserlebnis. Sie hat nach der Geburt ebenfalls mit Windelfrei begonnen und dies größtenteils weitergeführt. Inzwischen hat sie erfolgreich das dritte Windelfreibaby.

Bei Anael hat öfter mal die Großmutter das Abhalten erfolgreich übernommen. Mittlerweile kennt auch sie die Signale und Anzeichen, wenn er mal muß ganz gut. Leonie begleitet Anael ebenfalls regelmäßig zu seinem Topf oder hält ihn auch schon mal ganz alleine ab.

Für unsere Kinder ist das Abhalten eines Babys ganz normal und natürlich. Auch sie kennen die Signale von Anael und machen mich teilweise auch darauf aufmerksam, wenn ich gerade anderweitig beschäftigt bin.

Abhaltepositionen

Im Stehen

In dieser einfachen Position stehst du und hältst dein Baby über ein Lavabo, eine Kloschüssel oder Badewanne oder draußen ab.

Es kann dabei auf verschiedene Arten gehalten werden:

- Das Baby lehnt sich mit seinem Rücken zu dir. Mit deinen beiden Armen hältst du je ein Beinchen.
- Das Baby lehnt sich mit seinem Rücken zu dir. Mit einem Arm hältst du es unter den Achseln, der andere Arm hält die Beine.

- Das Baby lehnt mit seiner Seite an deinen Bauch. Mit einem Arm hältst du es unter den Achseln, der andere Arm hält die Beine.
- Das Baby hältst du an der Seite neben deiner Hüfte. Mit einem Arm hältst du es unter den Achseln, der andere Arm hält die Beine.

Abhaltepositionen im Stehen sind am einfachsten.

Natürlich können außer dir und deinem Partner auch andere Personen wie Geschwister, Großeltern oder Freunde dein größeres Baby problemlos abhalten, wenn dies dem Kind angenehm ist.

In der Hocke

Dieselben Abhaltepositionen wie beim Stehen kannst du genauso ausführen, wenn du in der Hocke bist.

Asiatöpfchen (Chinatöpfchen), Rührschüssel

Im Sitzen

Das Asiatöpfchen (Chinatöpfchen) ist ein speziell kleines Töpfchen für Neugeborene und Babys. Du kannst es direkt ab Geburt und je nach Größe des Kindes bis etwa zweijährig verwenden.

Inzwischen gibt es auch Töpfchen, welche in Europa hergestellt werden, wie beispielsweise die sogenannte »Rührschüssel« für Babys.

Damit das Töpfchen nicht so kalt ist, gibt es Topfrandbezüge in Universalgröße mit Gummizug.

Im Sitzen ist das Abhalten mit diesem Töpfchen am einfachsten. Du kannst dein Baby seitwärts wie hier im Bild oder auch mit seinem Rücken zu dir lehnend und nach vorne gerichtet über das Töpfchen halten.

Im Stehen

Gerade wenn ihr unterwegs seid, kann das Baby auch im Stehen über das Töpfchen gehalten werden.

Dabei hältst du dein Baby seitwärts oder mit seinem Rücken zu dir lehnend und nach vorne gerichtet über das Töpfchen.

Topf

Sitzen mit und ohne Hilfe

Solange dein Baby noch nicht alleine sitzen kann, muß es auf dem Topf gut gestützt werden. Dazu hältst du es am besten mit einem Arm unter den Achseln, der andere stützt die Beinchen.

Sobald es sitzen kann, darf es dies natürlich auch alleine auf dem Topf. Bleib dabei in seiner Nähe.

Auf dem Klo

Du kannst dein Baby im Stehen über dem Klo abhalten. Die bequemere Variante ist jedoch, dich hinter ihm hinzusetzen und es darüberzuhalten.

Wenn das Baby bereits selber sitzen kann, dann setze es einfach wie hier im Bild vor dich hin.

Für größere Kleinkinder gibt es Sitzverkleinerer für die Klobrille, mit oder ohne Treppchen.

Unterwegs

Auch unterwegs, wie hier in der Abflughalle des Flughafens ist windelfrei problemlos möglich.

Beschäftigung und Ablenkung

Größere Babys und Kleinkinder brauchen häufig eine Beschäftigung während einer längeren »Sitzung«. Du kannst deinem Baby etwas zum Spielen geben oder, wenn du es beispielsweise vor dem Badezimmerspiegel über dem Lavabo abhältst, auch mit Sprechen und Mimik unterhalten.

Es ist auch möglich, daß es im Gegenteil Ruhe braucht und ungestört sein möchte. Sei in diesem Fall einfach ganz unauffällig, ruhig und beobachte dein Kind nicht, sondern wende deinen Blick in eine andere Richtung, während du es abhältst.

Windelfrei und Stillen

Säuglinge und kleine Babys müssen naturgemäß sehr oft ausscheiden, häufig animiert auch gerade das Stillen dazu. Ich habe deshalb das Stillen sehr oft mit Windelfrei

kombiniert, insbesondere nachts, da gleichzeitig zwei der Grundbedürfnisse abgedeckt werden.

Sehr gut eignet sich dafür das Asiatöpfchen, welches du dank der kleinen Größe und Form problemlos während des Abhaltens und Stillens zwischen die Beine klemmst. Du kannst auch ein Tuch oder eine Decke rundherum legen, sei es wegen der Kälte oder für Privatsphäre in der Öffentlichkeit.

Windelfrei und Tragen

Naturgemäß machen Babys kein Pipi, solange sie im Tiefschlaf sind. Wenn sie jedoch gerade dabei sind, zu erwachen, ist es bei kleinen Babys und Neugeborenen oft bald nötig, sie abzuhalten.

Größere Kinder halten ihr Pipi länger zurück, und da bleibt meist genügend Zeit zum Aufwachen und Abhalten.

Ich habe Anael oft und teilweise bis zu drei Stunden am Stück oder mehr im Tragetuch getragen. Sobald er jedoch die ersten Anzeichen des Erwachens zeigte, ihn sofort aus dem Tuch genommen und abgehalten. Als er größer wurde, habe ich oft die Manduca als Tragehilfe benutzt, weil diese zusammen mit Windelfrei etwas einfacher war. So konnte ich ihn in kurzer Zeit nach dem Abhalten wieder hineinsetzen und mußte nicht erst noch das Tuch binden. Wenn er wach war und ich ihn in der Manduca trug, habe ich einfach zusätzlich als Schutz ein Moltontuch hineingelegt.

Hilfsmittel

Zu Hause oder je nach Situation auch unterwegs gibt es verschiedene Möglichkeiten und Hilfsmittel, damit du dein Baby abhalten kannst.

Für Neugeborene
- Asiatöpfchen
- Handtuch, Vlieswindel, Molton udgl.
- Schüssel, Gefäße
- Toilette, Lavabo, Badewanne
- Im Freien

Zeigt dein Baby Anzeichen, daß es mal muß, hältst du es einfach über das Töpfchen, Tuch, Lavabo oder Ähnliches. Gerade für Neugeborene ist es am einfachsten, ein

Asiatöpfchen oder eine weiche Unterlage wie etwa ein Molton zu verwenden. Der Molton ist sehr strapazierfähig und saugstark. Du kannst ihn im Sitzen über deine Beine legen und das Baby darüber abhalten. Nicht so, daß es in Kontakt ist mit dem Molton, sonst würde es wie bei der Windel in seine Wäsche machen. Es soll wirklich mit einem Abstand darüber gehalten werden, damit es den Unterschied spürt, ob es Kleider trägt oder unten nackt ist und sich frei bewegen kann.

Für Babys und Kleinkinder
- Topf
- Asiatöpfchen (Schüssel, Gefäße)
- Toilette mit Sitzverkleinerer (evt. Treppchen)
- Lavabo, Badewanne
- Im Freien

Mit dem Wachsen des Babys ändert sich auch das Abhalten etwas. Je nach Größe des Kindes wird das Asiatöpfchen irgendwann zu klein. Meist so im Alter von zwei bis drei Jahren. Bei Jungen kann es weiter verwendet werden, um das Pipi aufzufangen, indem sie dies im Stehen erledigen.

Solange das Baby ausschließlich gestillt wird, ist sein Gaga durch die Muttermilch flüssig und farblich je nachdem gelb bis grünlich. Sobald das Baby bereits feste Nahrung zu sich nimmt, verändert sich sein Stuhl entsprechend; je mehr feste Nahrung, desto kompakter. Deshalb sind auch nicht mehr unbedingt Schüsseln empfehlenswert, sondern eher der Topf für größere Kinder oder einen Sitzverkleinerer für das WC.

Oder du hältst dein Baby nach wie vor direkt über dem Lavabo oder dem Klo ab.

Baby-Gaga: gelb und flüssig

Ende der Sitzung

Im Gegensatz zum Pipi dauert das Gaga wie bei allen wesentlich länger. Bei Neugeborenen, Babys und kleinen Kindern ist es jedoch meist nicht nur mit einem Pups getan. Oft muß es mehrere Male drücken, bis es wirklich fertig ist. Dies kann gut einige Minuten oder auch länger dauern. Deshalb ist es auch einfach, das Abhalten mit dem Stillen zu verbinden.

Daß es die Sitzung beendet hat, merkst du an unterschiedlichen Zeichen, je nach Alter. Babys entspannen sich vielfach und schlafen an der Brust gleich wieder ein. Das Baby kann auch anfangen zu strampeln oder sich mit dem Kopf abwenden oder den Körper zur Seite drehen.

Bei Babys, die feste Nahrung zu sich nehmen, siehst du es am Gaga selber. Erst ist es sehr kompakt und dunkel, dann wird es immer heller und weicher, bis es ähnlich wie Durchfall aussieht oder sogar ganz flüssig ist. Dies ebenfalls in Abständen von drei, vier oder mehrmals drücken. Die Beschaffenheit hängt stark davon ab, wie viel das Baby trinkt und wie viel es ißt. So kann es sein, daß ein älteres Kind, welches beispielsweise krank ist und kaum ißt, dafür viel Muttermilch erhält, fast flüssiges Gaga ausscheidet.

Nicht immer ist es einfach, das Baby bis am Schluß bei Laune zu halten. Wie erwähnt, brauchen viele etwas Spannendes zum Spielen oder sonstige Ablenkung.

Bei Anael habe ich diesbezüglich eine besondere Technik entdeckt: Ich halte ihn mit dem Rücken an mich gelehnt übers Lavabo, meinen linken Arm unter seinen Achseln und den rechten Arm in den Kniekehlen. Nach dem ersten Pups drehe ich ihn weg auf die linke Seite und halte ihn nur noch mit dem Arm unter den Achseln. Das heißt, seine Beine hängen hinunter, während ich das erste Gaga wegwische. In dieser Position entspannt sein ganzer Unterkörper, das ist wie bei der Frau während der Geburt. Das Hängenlassen entspannt die untere Region des Körpers.

Sodann kann ich ihn erneut über das Lavabo halten, und er macht ein zweites Gaga. Dann wiederholt sich das ganze, insgesamt meist drei bis fünf Mal innerhalb einiger Minuten. Wenn der Stuhl zum Schluß hell und sehr weich ist, weiß ich, daß er fertig ist. Mittlerweile kann ich ihn auch fragen, und er antwortet mir mit Zeichen oder Worten. Sollte ich die Sitzung einmal zu früh abgebrochen haben, bleibt er unruhig und zappelig. Dies passiert oft bei kleineren Babys, da es da noch schwieriger ist abzuschätzen, wann sie nun fertig sind. Es ist wie beim Stillen ein Ausprobieren und Erfahrungensammeln. Immer kommen wieder neue Erkenntnisse und Bereicherungen dazu, gerade mit mehreren Kindern.

Kleidung und Schutz

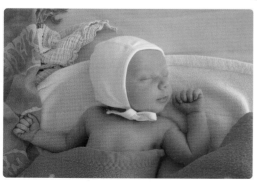

Wenn es das Wetter oder die Wohntemperatur erlaubt, ist es am Anfang am einfachsten, das Baby nackt in Tücher oder Decken zu hüllen. Unter den Po legst du ein Moltontuch, dieses saugt das Pipi auf, wenn etwas danebengeht, und ist rasch ausgewechselt.

Bodys und Strampelanzüge sind absolut ungeeignet, man kann sie höchstens verwenden, indem man sie zwischen den Beinen offen läßt wie ein T-Shirt. Doch die offenen Druckknöpfe können für das Baby unangenehm sein. Wir hatten bei jedem Kind massenhaft Bodys und Strampler geschenkt bekommen, doch aus diesem Grund kaum welche benutzt.

Unterhosen, kurz oder lang, und weiche Pyjamahosen sind hingegen sehr praktisch. Bei Leonie gab es dies noch kaum für Neugeborene und kleine Babys, da ja fast alle Windeln tragen und Bodys oder eben Strampelanzüge benutzen. Doch mittlerweile sind auch in den kleinsten Größen einzelne weiche Hosen erhältlich. Wenn es kalt ist, kannst du über diese dünnen Unterhosen/Pyjamahosen zusätzlich Hosen anziehen. Meine Schwiegermutter strickte die schönsten Kleider und auch Wollhosen, die gerade bei Windelfrei unglaublich praktisch waren zum darüber Anziehen.

Heiße Temperaturen

Elyah war ein Maikind, was das Windelfrei und die Kleidungsfrage sehr vereinfachte. Bei Sommerwetter reichten oft ein T-Shirt und ein Tuch, damit er es warm genug hatte und vor der Sonne geschützt war.

Für Pipi-Pannen hatten wir oft dazu noch ein Moltontuch unter dem Po, nicht zwischen den Beinen wie eine Windel, sondern wie das Tuch zum Halten oder darauf Hinlegen. Du kannst aber auch einfach Unterhosen oder einen Mokomini verwenden.

Kühle Temperaturen

Bei etwas kühleren Temperaturen sind Pullover und eine dickere Decke ganz praktisch, auch hier eventuell zusammen mit einem Moltontuch als Pannenhilfe.

Du kannst auch zusätzliche warme Unterhosen, Babylegs, Hosen oder Splitpants benutzen.

»Pucksack« aus Wolle und das Pucken

Anstelle von Decken ist beim Tragen im Arm in den ersten Lebenswochen auch ein Pucksack aus Naturwolle ganz praktisch, um dein Baby warmzuhalten. Er ist wie eine an den Beinen geschlossene Decke und hat zwei Träger. So kann sich das Baby mit den Armen ganz gewohnt frei bewegen.

Das »richtige« Pucken, das heißt die Wickeltechnik, bei der das Baby selbst mit den Armen bewegungsunfähig gemacht wird, würde ich selber nie anwenden. Für mich wäre das keine natürliche Begrenzung, sondern ein Ersatz für

Körpernähe und ein Ruhigstellen. Ein gepucktes Baby noch mit Schnuller im Mund ist jeglicher Mitteilungsmöglichkeit beraubt und für mich, ganz ehrlich gesagt, ein schrecklicher Anblick. Eltern sollen Kinder nicht ruhigstellen, sondern lernen, ihre Bedürfnisse zu verstehen! Nur daraus resultiert die wirkliche Zufriedenheit eines Babys.

Babylegs

Bei Anael habe ich mir bereits während der Schwangerschaft etwa 15 verschiedene Paar Babylegs in allen Farben und Mustern zugelegt. Erst nachdem die Nabelschnur einige Tage nach der Geburt abgefallen war, habe ich ihm das erste Mal Kleider angezogen. Das heißt ein Hemdchen, Babylegs und Socken, vorher war er einfach in Decken gehüllt.

Babylegs sind einfach überaus praktisch, da ich Anael auch so immer wieder schnell aufs Töpfchen setzen kann, ohne ihn groß aus Kleidern auszupacken. Sie halten auch heute noch seine Beinchen schön warm. Gerade im Winter benutze ich sie oft, da Hosen beim Tragen oft nach oben rutschen und die Beine nicht mehr vollständig bedecken.

Babylegs sind Multitalente und in jedem Alter zu verwenden. Ich habe immer welche in meinem Rucksack dabei, wenn wir unterwegs sind. Schon oft waren auch noch Elyah oder Leonie darüber froh, wenn es mal unerwartet kalt wurde oder die Kleider beim Spielen mit Wasser am Ärmel oder an den Beinen naß wurden. Denn Babylegs lassen sich auch von großen Kindern oder selbst Erwachsenen an Armen oder Waden tragen, da sie dehnbar sind.

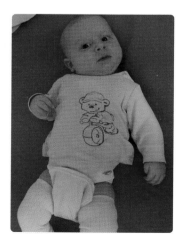

Mokomini als »Backup«

Als eine Art Sicherung kannst du den Mokomini verwenden. Dies ist eine Art Stoff-Sumogürtel, der mit einer Einlage (z. B. Vlies) getragen wird. Er kann ganz einfach heruntergeklappt werden, um das Baby abzuhalten und ist als zusätzliche Sicherheit gedacht und nicht als Windel. Das heißt, daß du trotz dieses »Backups« dein Baby weiterhin abhältst.

Der Mokomini kann selber genäht oder fertig gekauft werden, ist jedoch im deutschsprachigen Raum kaum erhältlich. Es reicht auch ein größeres Stoff-Haarband mit einer Vlieswindel dazu.

Es können auch Damenbinden oder Einlagen aus Baumwollstoff oder Seide verwendet werden, zusammen mit Unterhosen oder Trainingshosen.

Bei Anael hatte ich mir ein Band mit einigen Einlagen dazu angeschafft, dies jedoch äußerst selten verwendet. Es ist praktisch, neigt jedoch dazu, daß es bei häufiger Verwendung dein Baby verwirrt und zu Kommunikationsschwierigkeiten führt. Es ist nicht ganz klar, ob es nun sein Pipi ins Backup machen soll oder ob es abgehalten wird. Sind die Backups so saugstark wie gewöhnliche Windeln, merken weder dein Baby noch du, wenn ein Pipi danebenging. So ist es möglich, daß es die Fähigkeit, dies wahrzunehmen und dir mitzuteilen, verliert.

Splitpants

Splitpants sind Hosen, die im Schritt eine Öffnung haben. Die Stoffe der einzelnen Beine liegen etwas übereinander, damit sich die Hose nur beim Auseinanderziehen öffnet. Das Baby kann so rascher abgehalten werden, ohne langes An- und Ausziehen. Für den Winter oder kalte Tage ist dies sicher eine praktische Variante.

Nachthemden für Babys (Baby Gown, Frugi Gown und Ähnliches)

Dies sind überlange T-Shirts beziehungsweise lange Nachthemden für Babys und Kleinkinder. Sie erleichtern das nächtliche Abhalten des Kindes und halten es trotzdem während des Schlafens schön warm.

Clip Ho-Gürtel

Meistens sind Hosen für Babys und Kleinkinder im Pobereich sehr weit geschnitten, damit ein dickes Windelpaket darin Platz findet. Für Windelfreikinder oder zierlich gebaute Kinder sind sie deshalb meist viel zu weit. Für Kleinkinder gibt es eine witzige Abhilfe: den Clip Ho, einen speziellen Gürtel ohne Gurtschnalle.

Zum Schließen werden vorne die beiden Gürtelenden durch die Gurtschlaufen der Kleidung nach hinten umgeklappt und mit Druckknöpfen befestigt. So bleibt die vordere Hosenpartie frei. Das Kleinkind kann zum Pipimachen und aufs Töpfchen Gehen seine Hosen problemlos selber schnell herunterziehen, ohne daß es wegen einer schwer zu öffnenden Schnalle daran scheitert und das Pipi dadurch verpaßt.

Moltontücher

Moltontücher eignen sich sehr als saugstarke Unterlage im Bett oder beim Tragen, die Moltontücher sind rasch ausgewechselt und können auch gut zum Aufwischen benutzt werden, wenn etwas danebengeht. Auch als Schutz für die Tragehilfe (z. B. Ergo) haben sie sich bewährt.

Windelfrei bei Jungen

Bei Jungen gibt es aus anatomischer Sicht wenige Punkte, die bei Windelfrei beachtet werden sollten:

- Wenn du für das Abhalten das kleine Asiatöpfchen verwendest, geht häufig Pipi daneben. Um dies zu verhindern, verwendest du zusätzlich vorne deine Hand oder eine Mullwindel als Schutz. Bitte den »Piephahn« nicht runter drücken, sondern das Töpfchen so in Schräglage halten, daß das Pipi da hineinlaufen kann.
- Anstelle des Töpfchens kannst du dein Baby tagsüber auch einfach über dem Waschbecken abhalten.
- Tragen ohne Windeln im Hüftsitz ist, wenn das Baby bereits sitzen kann, auch bei Jungs kein Problem. Die Genitalien werden dabei nicht beeinträchtigt, denn das Gewicht des Babys liegt hauptsächlich auf dem Pobereich. Sollte die Haltung dennoch einmal ungünstig sein, wird es sich dir bestimmt mitteilen.

Windelfrei in Kombination mit Windeln

Natürlich kannst du generell Windelfrei auch »Teilzeit« machen und nachts, außer Haus oder in bestimmten Situationen Windeln verwenden. Dies ist grundsätzlich möglich, nur ist es wesentlich schwieriger! Denn für dein Baby wird es verwirrend sein, einerseits sein Ausscheidungsbedürfnis wahrzunehmen und abgehalten zu werden und dann wieder in die Windeln machen zu müssen. Dies führt zu Mißverständnissen in der gegenseitigen Kommunikation.

Daher würde ich Windeln nur in seltenen Situationen verwenden, wenn es nicht anders möglich ist und dann Stoffwindeln verwenden oder, noch besser, den Moko-mini oder ein Backup verwenden.

Was für euch schlußendlich stimmt, ob ganz windelfrei oder Teilzeit, müßt ihr ausprobieren. Es gibt nicht *den* Weg, sondern viele verschiedene Möglichkeiten.

Windelfrei nachts

Wie schon Leonie und Elyah, ist Anael nachts ebenfalls windelfrei. Er muß erst gar nicht schreien, da er ja gleich neben mir liegt und ich erwache, sobald er unruhig wird, sich hin und her wälzt und Laute von sich gibt. Dann setze ich mich auf, nehme den kleinen Spatz an die Brust zum Stillen und halte das Asiatöpfchen (es geht auch jede sonstige Unterlage, Fließ, Tuch, Windel usw.) unter den Po. Meist macht er gleich zu Beginn des Stillens sein Pipi. Dann nehme ich das Töpfchen weg, und Anael trinkt noch zu Ende. Danach lege ich ihn einfach wieder hin, kuschle mich daneben und schlafe weiter. Im Tiefschlaf müssen Babys auch nachts kein Pipi machen. Dies geschieht immer erst, wenn sie sich bereits unruhig im Halbschlaf bewegen oder bereits ganz aufgewacht sind.

Damit ich Anael und das Töpfchen rasch finde, lasse ich die ganze Nacht eine kleine Salzkristalllampe brennen. Mittlerweile sind für mich diese Handlungen so selbstverständlich und eingespielt, daß ich sie auch bei völliger Dunkelheit im Halbschlaf ausführen kann.

Nur im ersten Lebensjahr waren Moltontücher als Sicherheit nachts noch nötig. Diese habe ich einfach ausgewechselt, wenn er nachts doch mal naß wurde. Mittlerweile, mit fast zwei Jahren, macht er nachts oft gar kein Pipi mehr, sondern erst am Morgen nach dem Aufwachen.

Der Unterschied von Mädchen zu Jungen ist hierbei markant. Leonie mußte nachts sehr oft Pipi machen und war regelmäßig naß, da sie bereits Pipi gemacht hatte, bevor ich sie aufnehmen konnte. Da gab es einfach vermehrt Wäsche zu waschen. Bei Elyah und Anael war es anders. Sie hielten das Pipi viel länger zurück, was wohl naturbedingt ist, denn auch bei Erwachsenen sind es oft die Frauen, die vermehrt die Toilette aufsuchen müssen, da gegenüber Männern ihr Harndrang bereits bei geringer gefüllter Blase einsetzt.

Morgendliche Sitzung

Die wichtigste »Sitzung« ist die allererste am Morgen. Nehmt euch deshalb dafür viel Zeit. In den ersten Lebensmonaten sind mehrere große Sitzungen normal. Wird dein Baby älter, ändert sich dies auf etwa ein bis zwei Mal täglich. Dies ist auch wichtig und gut so, damit es nicht zu Verstopfungen kommt.

Dabei liegt das Hauptaugenmerk auf der allerersten morgendlichen Sitzung. Steht ihr in Ruhe auf, ohne Hektik, kommt beim Abhalten sehr oft ein Gaga, auch bei Kleinkindern. Wenn ihr diese morgendliche große Ausscheidung verpaßt, so jedenfalls meine Erfahrung, ist das Kind den ganzen Tag über unruhiger und zappeliger als gewöhnlich, bis es dann endlich im Laufe des Tages sein großes Geschäft erledigen kann. Die tägliche Darmentleerung ist auch für größere Kinder und Erwachsene von Vorteil, somit bleibt die Verdauung in Schwung und der Körper kann sich von Schad- und Abfallstoffen entledigen.

Windelfrei in der Öffentlichkeit
oder: Wie man mit dem Baby »Gassi« geht

Hierzulande ist es üblich, den Vierbeiner für sein Geschäft an einen geeigneten Ort zu bringen, und es wird ungern gesehen, wenn er in sein Körbchen macht. Babys hingegen leben jahrelang mit der Toilette am Po. Nur wenigen kommt es in den Sinn, mit ihm »Gassi zu gehen«, es also abzuhalten. Es ist einfach nicht üblich. Erziehung und Werbung lassen uns glauben, Windeln seien eine Notwendigkeit.

Oder warum nur erregt ein Baby so viel Aufmerksamkeit, wenn es dasselbe tut wie ein Hund? Ich bemühe mich, möglichst diskret ein passendes Örtchen zu finden, wenn ich unterwegs bin. Trotzdem gibt es immer wieder Passanten, die ungläubig große Augen machen, wenn sie ein Baby sehen, wie es Pipi macht. Ich wünsche mir, daß dies einfach normal und unspektakulär wird, dadurch würde ich mich dabei viel wohler fühlen. Nun, immerhin fühle ich mich wohler, als wenn ich andere Mütter sehe, die ihr Kleinkind in der Öffentlichkeit vor sich hinlegen, ihm den Po reinigen und neue Windeln anziehen. Dies erinnert mich wieder an die »Käfer auf dem Rücken«-Haltung bei der Geburt. Es ist eine demütigende, hilflose Position, in der man der anderen Person ausgeliefert ist und diese automatisch eine Machtstellung einnimmt. Häufig wehren sich Kinder instinktiv gegen diesen »Übergriff« und wollen nicht in solcher Weise gewickelt werden, jedoch ohne Erfolg, das Wickelpaket muß ja trotzdem wieder dran. Mir widerstrebt dies sehr. Dann also lieber die aktive Sitzposition zum Abhalten des Kindes sowie Reinigen und Kleider Hochziehen.

Die beste Variante in der Öffentlichkeit ist für mich das Asiatöpfchen. Da kann ich Anael während des Stillens draufsetzen und ihn mit einem Tuch oder Decke soweit bedecken, daß das Töpfchen kaum sichtbar ist. Wie hier, als wir wieder einmal im Europapark unterwegs waren:

Fazit: Es wäre schön, wenn in unsere Kultur Windelfrei so normal wird wie mit dem Hund gassi zu gehen!

Windelfrei und Zeitaufwand

Oft werde ich gefragt, ob Windelfrei nicht aufwendig sei. Diese Frage kann ich einerseits gut verstehen, hätte ich sie mir früher doch vermutlich auch gestellt. Aus meinem heutigen Verständnis ist es jedoch so, als würde mich jemand fragen, ob »Stillen« aufwendig sei. Es kommt darauf an, aus welchem Blickwinkel man es betrachtet. Stillen braucht Zeit, Windelfrei braucht Zeit, Wickeln braucht Zeit. Wenn man die

Tätigkeit in linearem Zeitraum betrachtet, dann ist Windelfrei mit Aufwand verbunden, genauso wie Stillen oder Wickeln.

Vor allem in den ersten Lebensmonaten brauchte es sehr viel Zeit, z. B. wenn Anael Gaga machen mußte. Ich saß oft auf dem Bett, Anael auf dem Topf und an der Brust, und las ein Buch. Anhand der Bücher, die ich dabei gelesen habe, merke ich, daß es wirklich Zeit benötigt. Mußte er hingegen Pipi machen, hielt ich ihn nur kurz über das Lavabo und ließ dabei den Wasserhahn laufen. Dies animierte ihn zum Pipimachen und war meist rasch erledigt.

Nun muß ein Neugeborenes oder noch kleines Baby, wenn es wach ist, sehr häufig Pipi machen, dies war bei allen drei Kindern so. Konkret hieß es bei Anael als Säugling, etwa alle zehn Minuten ein Pipi, manchmal auch weniger, z. B. wenn er schläfrig wurde und bald wieder einnickte. Insgesamt betrachtet, brauchte ich für das Windelfrei in den ersten Lebensmonaten sicher genauso viel Zeit wie für das Stillen, wobei ich beides ja immer auch kombinierte.

Da frage ich mich, wie viel Zeit erfordert es, um ein Baby sauberzubekommen und zu wechseln, wenn es in die Windeln gemacht hat? Vermutlich etwas länger, da ja der ganze Po verschmiert ist. Oder ganz generell, wie viel Zeit widme ich dem Baby? – Wie lange bin ich früher vor der Flimmerkiste gesessen? Ist dies nicht auch aufwendig? – Seit wir Kinder haben und unser Fernseher entsorgt wurde, staune ich immer wieder, wie viel Zeit mir doch bleibt.

Windelfrei integriert sich ganz einfach in den Alltag, das hat für mich nichts mit »Mehraufwand« zu tun, es ist einfach eine Tätigkeit wie das Stillen auch. Es ist ein Grundbedürfnis, dem ich gerne nachkomme. Würde ich es ignorieren, hätte ich ganz einfach ein weinendes Kind. Anael weint nicht aus Langeweile, sondern weil er mir etwas mitteilen möchte. Es kann sein, daß er Hunger hat, aufs Töpfchen muß, müde ist oder einfach meine Nähe und das Getragenwerden braucht. Dies sind alles Grundbedürfnisse eines jeden Babys. Es liegt jedoch an mir, sofort zu reagieren und darauf einzugehen.

Wie ich bereits berichtet habe, hatte ich bei Leonie Windelfrei erst mit 2 ½ Monaten entdeckt und mich die erste Zeit um ein »Schreibaby« gekümmert. Es war für mich mental unglaublich anstrengend und zermürbend, und ich wußte nicht mehr ein noch aus. Dies war nicht nur einfach »aufwendig«, es war Streß pur. Bis ich mit Windelfrei begonnen habe und merkte, daß Leonie einfach mal »mußte«.

Nach dem Lesen des Buches »Topffit« war es ganz klar. Leonies wildes Gestrampel und Gefuchtel, ihr »Durchstrecken des Körpers«, ihr Weinen und schließlich Schreien wollte mir sagen: »Mama, ich muß mal!«

Tut mir leid, mein liebes Kind, daß ich so viele Wochen brauchte, um das zu begreifen. Danke, daß du nicht aufgegeben und resigniert hast, sondern so lange immer wieder geweint hast, bis ich die Lösung fand. Windelfrei war kein Mehraufwand,

Windelfrei war für mich eine Er-Lösung! Es war das Entdecken eines zufriedenen Babys. Sie brauchte das Schreien nicht mehr, um mir zu sagen, daß sie Pipi oder Gaga machen muß, der Wink mit dem Zaunpfahl über Wochen hatte ausgedient. Leonie war ganz einfach zufrieden. Sie fand Frieden und ich auch.

Aufgrund dieser Erfahrung mit unserer Tochter war bei Elyah und ist auch jetzt bei Anael ganz klar, Windelfrei gehört von Geburt an einfach dazu wie das Stillen, das Tragen oder die Nähe der Mama während des Schlafens. Windelfrei ist für mich gar keine Frage des Aufwandes, sondern einfach eine natürliche Gegebenheit.

Über meine Website ergeben sich immer wieder spannende Kontakte mit anderen Familien, die ähnliche Wege gehen. Dieser Austausch weit über Landesgrenzen hinaus ist für mich immer eine schöne Bereicherung. So war es auch bei Dominique der Fall, die sich mit den gleichen Themen beschäftigt. Auch Nadia und ihr Partner haben bei ihrem Baby von Geburt an mit der natürlichen Säuglingspflege begonnen.

Das Interview, in dem sie von ihren eigenen Erfahrungen erzählen, habe ich mit beiden Frauen geführt.

Interview Windelfrei

mit **Dominique Artel** (31), **Slowenien**
Krankenschwester und Mutter von Noah (21 Monate)

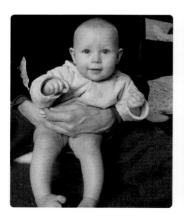

und mit Nadia Chronodolsky (30), Deutschland
Mutter von Lotus Celeste (6 Monate)

D = Dominique N = Nadia

Wie bist du zum Thema windelfrei gelangt?
D: Durch das Buch »Geborgene Babys«.
N: Durch unsere Freunde in Costa Rica, die wir im Frühjahr 2008 besucht hatten. Sie hatten zu der Zeit ein Baby, mit dem sie Windelfrei praktizierten.
Bei welchem Kind und in welchem Alter hast du damit begonnen?
D: Bei unserem ersten Kind quasi ab Geburt, wobei ich aber in den ersten paar Wochen nur regelmäßig abgehalten habe und unser Sohn noch nicht vollkommen windelfrei war.

N: Beim ersten Kind von Geburt an.

Hat es von Anfang an geklappt? Wie hast du die erste Zeit mit Windelfrei erlebt?

D: Das erste Abhalten war in der ersten Lebenswoche, und es klappte wunderbar! Auch sonst ließ uns der Erfolg immer mutiger werden, und wir wurden immer »sauberer«. Anfangs war ich etwas ängstlich, daß empfindliche Unterlagen oder ich selber naß werden würden, aber als ich einmal erfahren hatte, daß dies auch nicht schmerzt, konnte ich lockerer werden.

Ich habe mich die ersten Monate sehr intensiv mit unserem Sohn beschäftigt. Gleichzeitig empfand ich das Windelfreisein als etwas sehr Schönes und Natürliches.

N: Es war einfach wunderbar. Lotus hat von Geburt an ein erstaunliches Körpergefühl entwickelt. Sie war in der Lage, ihr Pipi oder Poop für ein paar Minuten zu halten, wenn wir z. B. im Auto gefahren sind und wir ihr gesagt haben, daß sie gleich auf den Topf kann, aber noch ein paar Minuten warten muß. Unglaublich, aber wahr!

War dein Baby komplett windelfrei oder teils in Windeln?

D: Anfänglich in Stoffwindeln, zwischenzeitlich mit minimalen Backups und seit dem 8. Lebensmonat vollkommen windelfrei.

N: Am Anfang, die ersten 2 1/2 Monate komplett windelfrei, außer die wenigen Male, wenn wir außer Haus waren. Jetzt im Winter, vor allem in der Nacht, ziehen wir eine Windel an.

Hast du spezielle Windelfreikleidung (z. B. Splitpants, Mokomini usw.) oder das Asiatöpfchen benutzt?

D: Ja, wir benützen Splitpants, Babylegs, Mokominis und die Rührschüssel aus dem Mokoshop.

N: Wir benützen fast ausschließlich das Asiatöpfchen. Kleidung haben wir keine spezielle, trotzdem achten wir beim Kleiderkauf, daß die Kleidung einfach und schnell an- und auszuziehen ist.

Wie hat dir dein Baby mitgeteilt, daß es mal muß?

D: Sehr unterschiedlich. In den verschiedenen Altersphasen haben sich die Signale auch geändert: nervöses Beinestrampeln, Unruhe beim Tragen, Weinen beim Aufwachen mit voller Blase, später auch auf die Geschlechtsteile zeigen und mittlerweile ein verbal geäußertes »Lulu«. Oft war es einfach Intuition.

N: Es gab und gibt für uns mit Lotus vier Hauptsignale:

1.) In einer Situation, in der Lotus ruhig und entspannt ist und sie sich von einer auf die andere Sekunde mit einem Schrei, der Unwohlsein signalisiert, meldet, wissen wir, daß sie mal »muß«.

2.) Wenn Lotus an der Brust trinkt und sie innerhalb kurzer Zeit immer wieder aufhört und anfängt zu trinken, oftmals begleitet von einem Laut.

3.) Reine Intuition, der Gedanke, daß Lotus mal »muß« taucht aus dem »Nichts« auf.

4.) Wenn Lotus innehält, was immer sie auch macht, und einen etwas abwesenden Blick bekommt.

Gab es bevorzugte Orte, um das Baby abzuhalten (Klo, Badewanne, Lavabo, draußen…?)

D: Um schlechte Stimmung zu vermeiden, mußten wir die Orte immer abwechseln. Sein absoluter Lieblingsort war immer draußen, ins Gras oder auf den Miststock, sonst Lavabo, Badewanne, Bidet, Töpfchen und Topf.

N: Asiatöpfchen, Waschbecken

Hast du beim Abhalten auch Zeichensprache benützt oder Schlüsselwörter oder -laute, um mit deinem Baby zu kommunizieren?

D: Ja, wir haben das Signalwort »Bisi« verwendet.

N: Ja, wir haben von Geburt an einen Schlüssellaut ver-
wendet. Das hat sofort sehr gut geklappt.

Haben auch dein Mann oder andere Bezugspersonen das Baby abgehalten?

D: Ja, der Vater des Kindes sowie vor allem meine Mutter.

N: Ich teilte diese Aufgabe zur Hälfte mit meinem Mann.

Wie hast du Windelfrei nachts praktiziert?

D: Das klappte von Anfang an prima, mit sehr wenigen Pannen. Er schlief einige Zeit mit minimalem Backup, und ich hielt ihn ein bis vier Mal pro Nacht mit der Rühr-schüssel ab.

N: Wir praktizieren nachts nicht wirklich Windelfrei, da unser Baby dann kein Gaga machen muß, und Pipi lassen wir in der Windel.

Nadias Mann mit Tochter Lotus

Gab es auch Herausforderungen? Wie konntest du diese meistern?

D: Ich hatte teils sehr durchzogene Nächte und war müde.

N: Ja eine Herausforderung ist die Kälte, da unser Baby dann mehr Kleidung und oft eine Windel trägt, außer in der täglichen »Nacktzeit« in einem gut beheizten Raum. Es ist dann für uns schwieriger, Windelfrei zu praktizieren, da unser Baby dazu neigt, einfach in die Windel zu pinkeln und nicht immer ein Signal gibt. Es gibt Phasen, da geht vieles daneben. Das haben wir gelernt zu akzeptieren.

Wie wichtig waren die Verbindung zum Kind und die eigene Gemütsverfassung?

D: Sehr wichtig. Die Verbindung zum Kind profitierte hundertprozentig davon und machte den guten Erfolg erst möglich.

N: Die Verbindung und die Zeit, die wir unserem Baby damit bewußt schenken, ist uns sehr wichtig.

Hast du Windelfrei auch in der Öffentlichkeit praktiziert?

D: Ja, immer, auch in der Stadt (an einen Baum, Gebüsch). Ab einem gewissen Niveau an Windelfreiheit bin ich nie einen Schritt Richtung Windeln zurück, sondern habe ver-sucht, ein effektiveres Management auszuüben.

N: Ja, für uns ist daß absolut kein Problem. Autobahnraststätte, Badesee, sogar in der Stadt unter einem Baum.

Gab es da witzige, schöne, herausfordernde oder sonst prägende Momente oder Reaktionen?

D: Jedes gelungene Geschäft, ob groß oder klein, erfüllte mich mit Freude und Stolz und ließ unsere Beziehung zueinander wachsen. Schön waren auch die fast ausschließlich positiven Reaktionen aus dem Umfeld.

N: Jedes Mal, wenn unsere Lotus auf dem Topf sitzt und sie dann tatsächlich Gaga machen muß, macht sie es sich so richtig »gemütlich« auf dem Töpfchen, während wir sie halten. Es kann schon mal ein paar Minuten dauern, und sie scheint diese Zeit richtig zu genießen und läßt dabei ihren Kopf in den Nacken fallen, um uns in die Augen zu schauen, was sehr süß ist. Und die Geräusche, die sie von sich gibt, sind wirklich zum Lachen, wir haben alle sehr viel Spaß damit

In welchem Alter war das Kind vorwiegend »trocken«?

D: Trocken, definiert wie im Lehrbuch, mit sechs Monaten. Praktisch unfallfrei und ganz windelfrei mit acht Monaten.

N: Das kommt noch.

Worin siehst du die größten Vorteile von Windelfrei?

D: Beziehung zum Kind, hygienischer Aspekt, Umweltschutz, und es ist auch einfach praktisch.

N: Das Baby entwickelt von Anfang an ein sehr gutes Körpergefühl, was sehr wichtig ist!
  Man muß sich, wenn man Windelfrei praktizieren will, sehr intensiv mit seinem Baby beschäftigen. Mit der Zeit entwickeln sich die eigene Intuition und eine fast telepathische Kommunikation mit dem Baby. Natürlich spart man auch Geld und Ressourcen.

Was möchtest du anderen Eltern als Tip mit auf den Weg geben?

D: Versucht es, glaubt an euch und euer Kind, seid mutig und nehmt die Sache mit viel Humor!

N: Go for it! Man muß immer bedenken, irgendwann muß das Baby bzw. Kind umtrainiert werden, und warum dann nicht einfach von Anfang an Windelfrei.
Die Vorteile überwiegen, man beschäftigt sich intensiver mit dem Baby, um die Signale zu verstehen, und dadurch wird die gegenseitige Bindung stärker.

Tragen

Der Mensch ist von Natur aus wie die verwandt-
schaftlich nahestehenden Menschenaffen ein aktiver
»Tragling«. Babys ziehen reflexartig ihre Beine an,
wenn man sie hochnimmt, in die sogenannte Spreiz-
Anhock-Haltung, in Erwartung, daß sie getragen werden.

Anatomisch und physiologisch gesehen sind unsere
Körper als Säuglinge an den Sitz auf der Hüfte angepaßt. Eine für die Entwicklung des Hüftgelenks
ideale Beinhaltung, bei der die Oberschenkel im rechten Winkel oder stärker angezogen werden und der
Abspreizwinkel etwa 45° beträgt. Dies erklärt auch,
weshalb Tragehilfen, bei denen die Beine gerade hinunter hängen, absolut ungeeignet sind. Das Getragenwerden in gespreizter und stark angehockter
Beinhaltung ist die ideale Stellung von Oberschen-
kelkopf zur Hüftgelenkpfanne. Durch die ständigen Bewegungsreize werden die noch
knorpeligen Strukturen des Babykörpers gefördert und seine Entwicklung unterstützt.

**Der intensive Körper- und Hautkontakt sind Grundbedürfnisse eines Babys,
die erfüllt werden wollen. Der ständige Kontakt insbesondere mit der Mutter
ist lebenswichtig.**

**Die Bewegungsabläufe wecken die Sinne des Babys, und es erhält die not-
wendigen Impulse und Eindrücke für seine Erwartungen an das Leben.**

Das Tragen beruhigt und wirkt sich positiv auf die Atem- und Herztätigkeit sowie
den kindlichen Muskeltonus aus. Diese taktile und proprio-vestibuläre Stimulation,
also die Anregung des Tastsinns und der Gleichgewichtswahrnehmung, fördert die
kindliche Entwicklung.

Insbesondere in den ersten drei Lebensmonaten bewirkt sie eine erhöhte Bildung
von Synapsen, d.h. Vernetzungen der Hirnzellen, was maßgeblich ist für seine Motorik, sprachliche Fähigkeit und die Entwicklung von Intelligenz und aktivem Bewußtsein. Das Gehirn erhält die dazu nötigen Impulse über das Ohr, das heißt zum größten
Teil über die Aufnahme hochfrequenter Klänge, andererseits über den Gleichgewichtssinn durch das Tragen und die Bewegung.

Ein Baby verfügt noch nicht über ein Gefühl für die Zeit. Erst mit etwa neun Monaten entwickelt es ein Gespür für die Objektpermanenz, das heißt, es lernt zu begreifen, daß Objekte und Personen auch dann weiterexistieren, wenn sie nicht zu sehen, zu hören oder zu greifen sind. Deshalb sind Babys in den ersten Lebensmonaten auf ständigen Körperkontakt angewiesen, damit für sie die elterliche Fürsorge dauernd bestätigt wird und sie sich einfach »richtig«, geborgen und beschützt fühlen. Ein nicht getragenes Baby erlebt hilflos einen Zustand des unerfüllten Verlangens, der öden Verlassenheit und Angst. Sein Leiden ist nicht mal durch Hoffen gemildert, da dies ein Zeitgefühl voraussetzt.

Ein Baby ist auch noch nicht in der Lage, seine überschüssige Energie zu entladen. Dies geschieht, solange es noch nicht krabbelt, über die Person, von der es getragen wird. Das setzt natürlich voraus, daß die tragende Bezugsperson selbst auch aktiv ist und während des Tragens seinen alltäglichen Beschäftigungen nachgeht.

Durch die intensive Hautstimulation und Bewegung sind getragene Kinder besonders ausgeglichen und zufrieden und aktiv an der Umgebung und den Bezugspersonen interessiert.

Bei Leonie habe ich mit dem intensiven Tragen nach den ersten zwei Lebensmonaten begonnen, zusammen mit Windelfrei. Dadurch wurde sie ein rundum glückliches und zufriedenes Baby. Deshalb wurde Elyah von Geburt an immer getragen, anfangs im Tragetuch oder auf dem Arm. Als er größer war, hatte ich ihn oft in der Tragehilfe (Ergo) zum Schlafen, ansonsten hielt ich ihn einfach im Arm, während ich mich um den Haushalt kümmerte.

Er konnte so meine Nähe spüren, alle Bewegungen wahrnehmen, war passiv mitten im Geschehen und beobachtete meine Handlungen und die seiner Schwester sowie die Umgebung. Sein Körper lernte die ganzen motorischen Bewegungsabläufe kennen wie aufstehen, laufen, bücken, drehen, springen, sitzen, hochheben usw. Durch diese ganzen Eindrücke sammelte er die notwendige Lebenserfahrung und bekam wichtige Impulse für seine Entwicklung, und das Grundbedürfnis des Getragenwerdens wurde erfüllt. Genauso war es bei Anael.

Elyah zeigte bereits einjährig eine markante Entwicklung in der Motorik, ebenso Anael. Er sprang sicher und zielbewußt von hohen Möbeln herunter. Im Alter von vier folgten bereits Saltos und waagerechte Schrauben in der Luft. Anael macht bereits jetzt, mit knapp zwei Jahren, Saltos vom Bettgestell hinunter aufs Bett.

Auch die Feinmotorik und das logische Denken sind stark ausgeprägt, wie bei Leonie auch. Sie löste schon als Kleinkind schwierige Puzzles, die für ältere Kinder gedacht waren. Elyah konstruiert vollkommen selbstständig Lego-Fahrzeuge nach genauem Bauplan, die ebenfalls für wesentlich ältere Kinder gedacht sind.

Meinen Erfahrungen nach ist das Tragen eine wichtige Komponente in der Entwicklung der Kinder und fördert diese in unterschiedlichen Bereichen maßgeblich.

Pro Tragen

Entwicklung – Die Entwicklung deines Babys wird durch das Tragen positiv beeinflußt, indem sein Gehirn über den Gleichgewichtssinn wichtige Impulse erhält.

Nähe und Präsenz – Durch das Tragen gibst du einem Baby die benötigte Nähe sowie Sicht- und Hautkontakt. Es spürt deine Anwesenheit und weiß, daß du da bist.

Hilfe – Das Tragen wird für dich eine Hilfe sein, da du dadurch die Hände frei hast, um alltägliche Aufgaben zu erledigen.

Einschlafen – Babys schlafen in der Tragehilfe oft erstaunlich gut und länger, als wenn du es alleine hinlegen würdest. Das Tragen deines Babys hilft auch beim Einschlafen.

Tragen in der Praxis

Eine korrekte Trageweise ist Vorraussetzung dafür, daß dein Baby auch wirklich vom Tragen profitiert. Dazu gibt es einige Punkte zu beachten, die ein Tragetuch oder eine Tragehilfe erfüllen muß:

Korrektes Tragen

- Tragen in der Spreiz-Anhock-Haltung: Die Oberschenkel des Babys sollen im rechten Winkel von etwa 45% angehockt werden.
- Das Rückenteil der Tragehilfe soll das Kind eng umschließen, damit es nicht in sich zusammenfällt. Ein Tragetuch muß also genügend fest gebunden und die Tragehilfe eng eingestellt sein, doch so, daß es euch

beiden noch angenehm ist. Bei Neugeborenen lohnt sich ein dehnbares Jersey-tuch, da sich dieses dem winzigen und leichten Körper noch besser anpaßt.

- Der Bauch des Babys soll deinem Körper zugewandt sein, damit es nicht von zu vielen äußeren Reizen überflutet wird und deine Nähe spürt. In dieser Position kannst du dein Baby während des Tragens auch stillen.

Ungeeignete Tragehilfe!

Es gibt viele ungeeignete Tragehilfen mit falscher Trageweise auf dem Markt, auf deren Nachteile ich hier zuerst noch hinweisen möchte.

In dieser Position ist der Rücken des Kindes ganz gerade und die Beine hängen ebenfalls gerade herunter. Es fehlt demnach die natürliche Rundung des Rückens. Dies kann zu Haltungsschäden und Rückenschmerzen beim Kind führen.

Durch die fehlende Spreiz-Anhock-Haltung kann sich die Hüfte nicht richtig entwickeln. Durch den zu schmalen Mittelsteg gibt es eine Druckbelastung auf den Schambereich, was gerade bei Jungen zu Hodenquetschung führen kann.

Das Kind ist dem äußeren Umfeld ausgesetzt, ohne die Möglichkeit, sich bei Bedarf zurückzuziehen. Babys brauchen immer wieder die Nähe und Sichtkontakt zur tragenden Person, damit sie sich geborgen fühlen und nicht von zu vielen Reizen überwältigt werden.

Schmale, oft schlecht gepolsterte Schultergurte führen bei der tragenden Person zu Unwohlsein, Schulterverspannungen oder Rückenschmerzen.

FALSCH

RICHTIG

Die Unterschiede sind auf diesen beiden Photos sehr gut zu sehen. Anael konnte ich nur gerade ein paar Sekunden für das Foto in die ungeeignete Tragehilfe setzen, er hat sich dagegen richtiggehend gesträubt und wollte sofort wieder hinaus, was er natürlich auch gleich durfte.

265

Tragehilfen und Tragepositionen

Aus den genannten Gründen ist es wichtig, daß du dich eingehend mit den verschiedenen Tragehilfen auseinandersetzt. Tragetücher bieten gerade da den Vorteil, daß sie durch korrektes Binden individuell auf jedes Baby und die tragende Person angepaßt werden. Tragetücher bekommst du in unterschiedlichen Materialien, Größen und Mustern, z. B. von Didymos, Hoppediz, Lana, Storchenwiege und anderen. Dazu gibt es sehr viele unterschiedliche Bindetechniken und Trageweisen. Du kannst dein Baby vorne, seitlich auf der Hüfte oder auf dem Rücken tragen. Auch das Tragen von Zwillingen oder zwei Kindern ist mit einem Tuch möglich. Am einfachsten läßt du dich von einer ausgebildeten Trageberaterin über die verschiedenen Tragehilfen und Bindetechniken beraten.

Natürlich kannst du die Anleitungen auch selber lesen und ausprobieren. Dies ist nicht immer ganz einfach, wie ich später noch berichten werde.

Wenn dein Baby bereits größer ist, gibt es auch verschiedene andere Tragehilfen, wie beispielsweise Beco, Bondolino, Ergo, Manduca, Marsupi, Mei Tai, Sling und andere. In Kombination mit Windelfrei oder Stillen sind diese bei älteren Babys sehr praktisch. Wichtig ist, daß die Tragehilfe die obengenannten Anforderungen für eine korrekte Traghaltung erfüllt. Die Vorlieben bei den Tragehilfen und Tragetüchern sind verschieden. Am besten probierst du verschiedene Modelle bei einer Trageberaterin aus oder bestellst dir ein Testpaket mit unterschiedlichen Tragehilfen.

Elastisches Tuch – Kängurutrage

Ein elastisches Tuch, wie hier der Moby Wrap, ist gerade bei Neugeborenen und in den ersten Monaten zu empfehlen. Es kann praktischerweise vorgebunden werden, ohne daß danach noch Falten nachgezogen werden müssen. Dies vereinfacht den Umgang mit einem Säugling enorm, da diese noch keine Geduld für lange Wickeltechniken haben, solange du noch nicht so geübt bist.

Das Tuch ist weicher und dehnbarer, es paßt sich dem winzigen Körper entsprechend sehr gut an.

Tragetuch – Kreuztrage

Hier sitzt dein Baby aufrecht deinem Bauch zugewandt. Es ist eine einfach Bindevariante und nicht schwer zu erlernen. Bei kleinen Babys werden die Tuchbahnen so weit hochgezogen, daß sie das Köpfchen stützen.

Tragetuch – Hüftsitz

Diese Variante im seitlichen Hüftsitz ist für Babys ab etwa dem dritten Lebensmonat geeignet. Auch das Tragen von größeren Kindern mit mehr Gewicht fällt leichter als in der Trageweise vorne. Die Bindetechnik benötigt meiner Erfahrung nach zu Beginn etwas Übung.

Tragehilfe – frontal

Dein Baby sitzt aufrecht vor der Brust in der Tragehilfe. Wichtig ist wie bei allen Varianten mit einer Trage, daß die Spreiz-

Anhock- Haltung stimmt, der Rücken leicht gerundet ist und die Tragehilfe eng anliegt. Bei dieser Variante kannst du dein Baby auch während des Tragens stillen.

Tragehilfe – Rücken

Bei dieser Variante sitzt dein Baby in der Tragehilfe auf dem Rücken. Das Gewicht ist auch bei größeren Babys viel leichter zu tragen als vorne. Diese Variante ist je nach Tragehilfe für Babys ab ungefähr sechs Monaten geeignet.

Tragehilfe – Hüfte

Bei manchen Tragehilfen ist es auch möglich, das Baby auf der Hüfte zu tra-gen. Besser für diese Tragevariante ist meiner Meinung nach jedoch eindeutig das Tragetuch.

Tragen und Stillen

Bei einer aufrechten Tragevariante vor der Brust ist es sehr gut möglich zu stil-len (außer vielleicht bei sehr großen Brü-sten). Das ist sehr praktisch, wenn ihr unterwegs seid oder dein Baby müde ist und beim Tragen zum Einschlafen auch gestillt werden möchte. Gerade bei unseren vielen Ausflügen fand ich diese Variante immer sehr angenehm.

Arm

Die ursprünglichste Form des Tragens ist wohl ganz einfach auf dem Arm im Hüftsitz. Bereits wenige Wochen alte Babys klammern sich mit den Beinchen fest. Geeignet ist diese Variante ohne Tuch ab dem Alter, da das Baby sitzen kann.

Kinder

Kleinere Geschwister dürfen selbstverständlich ihre Puppen ebenfalls tragen. Dazu nimmst du einfach ein gewöhnliches Tuch oder ein richtiges Puppentragetuch. Leonie hatte sehr viel Freude daran und ihre Puppenkinder häufig so getragen. Somit lernen die Kinder schon von klein an, wie wichtig und schön es ist, ein Baby zu tragen.

Zubehör

Tragejacke oder Mamaponcho

Damit du auch mit dem Tragetuch bei kaltem Wetter nicht frierst und deine Jacke offen tragen mußt, gibt es spezielle Tragejacken und »Mama-Ponchos«. Diese haben zwei Kopföffnungen, eine für dich und die andere für dein Kind. Du kannst die Jacke oder den Poncho über dich und dein Kind anziehen, egal, ob du es vorne am Bauch oder auf dem Rücken trägst.

Ich habe einen Mamaponcho aus dicker Wolle und fand ihn gerade in der Übergangszeit im Herbst beim Tragen von Anael besonders praktisch.

Tragecover

Das Tragecover ist ein Fleecestoff mit Gummizug und Kapuze, welchen du zusätzlich zum Tragetuch über dein Baby ziehen kannst. So sind auch seine Arme und Beine schön zugedeckt und es wird zusätzlich durch den weichen Stoff gewärmt.

Anael hatte ich sehr oft im Tragetuch und war bei kalten Temperaturen und gerade im Winter sehr froh um den zusätzlichen Schutz und die Wärme des Fleececovers. Ich habe es sehr oft benutzt.

Wie vielen anderen Eltern auch, hatte ich beim Tragen von Anael erst etwas Mühe, mich mit dem Tragetuch zurechtzufinden. Denn der Tragekurs lag schon wieder ein paar Jahre zurück, und ich habe bei Leonie und Elyah ab halbjährig fast ausschließlich die Ergo-Tragehilfe benutzt. Die Manduca-Tragehilfe war für Anael die ersten Wochen trotz Sitzverkleinerer absolut ungeeignet, die Beinchen viel zu fest gespreizt. Erst später konnte ich ihn benützen, was ich auch sehr oft und gerne tat.

Doch meine anfänglich kläglichen Versuche mit dem Tragetuch möchte ich dir natürlich nicht vorenthalten, damit du siehst, daß ich auch immer wieder Hürden zu überwinden hatte und es Tage gibt, die einfach zum Davonrennen sind. Dazu folgen hier wieder zwei Einblicke in mein Tagebuch:

Tragetuch-Salat – 09. Juli 2010

Gibt es Tage, die man einfach streichen kann? Dieser ist definitiv so einer. Anael war schon morgens ständig sehr unruhig. Das Problem: Die Beruhigungstaktik mit dem Umhertragen in der Manduca ist keine geeignete Lösung aufgrund der falschen Beinhaltung. Alternative: Tragetuch! Nur habe ich Elyah und Leonie in den ersten Monaten immer auf dem Arm und wenig im Tragetuch getragen, später immer im Ergo. Zudem liegt dies fast drei Jahre zurück, ebenfalls der Tragetuchkurs. Wie war dies also wieder mit den Bindetechniken?

Noch einmal im Internet nach Bindeanleitungen googeln, mit einem schreienden Baby im Arm. Ausdrucken, anschauen, durchdenken, mit einem immer noch weinenden Kind.

Zwischendurch mal versuchen zu stillen: Fehlalarm! – Umhertragen? – Auch nicht besser. Abhalten auf dem Topf, geht auch nicht. Wieder mit den Anleitungen herumschlagen, dann das Tuch hervornehmen.

Dieses Ding ist einfach zehnmal zu lang! Ein Tuch von 5,20 m Länge geht ja wohl für meinen Mann mit der Wickelkreuztrage, aber ich bin nicht so groß und will die Känguru-Trage binden. So hilft mir doch einfach mal jemand mit diesem Tuchgewurschtel in Überlänge und einem weinenden und fuchtelnden Kind?! Ich krieg gleich die Krise…

Kurz gesagt: Ich war an diesem Tag am Schimpfen, Heulen und Wettern, versuchte dabei immer wieder Anael ins Tuch zu kriegen, unternahm etwa sieben Anläufe und probierte verschiedene Bindearten. Dazwischen hat viermal das Telefon geklingelt, was ich nicht entgegennehmen konnte, jedoch Leonie freundlich abnahm. Irgendwann zwischen Weinen und den Kindern mal kurz Teigwaren vom Vortag aufwärmen stand ich ratlos da. Chaos pur!

Ich hab es irgendwann doch noch geschafft, Anael so halbpatzig ins Tuch zu nehmen. Unten war das Tuch etwas eng, oben zu locker, aber was soll's, der Kleine schlief friedlich darin, und ich hatte eine Verschnaufpause. Später ging das ganze von vorne los.

In der Nacht zuvor habe ich noch bis morgens um 2.00 Uhr im Internet nach kur-
zen Tragetüchern gesucht und mir drei verschiedene bestellt. Wie soll ich das nur
aushalten, bis die endlich kommen?!

Um 17.00 Uhr lag mein Nervenkostüm blank, ein Hilferuf per Telefon an Patrick,
er möge doch bitte rasch nach Hause eilen. Eine halbe Stunde später war er da.
Wir brauchten auch zusammen mehrere Anläufe, bis wir Anael gut gebunden im
Tuch hatten. Aber es klappte und er schlief ein. Endlich, ...was für ein Tag!

MobiWrap, mein Favorit – 16. Juli 2010

Endlich, endlich sind sie da, meine neuen Tragetücher.
Eines von Didymos in sehr schöner Struktur und Farbe,
angenehm zu tragen. Eines von Storchenwiege, wunderschönes Design, doch noch etwas starr. Und dann noch
mein absoluter Favorit für Neugeborene: der MobiWrap,
ein wunderbar angenehm zu tragendes Tuch aus Jersey. Das
heißt, es ist ganz weich und schmiegt sich an den Körper
wie eine zweite Haut.

Mit den anderen Tüchern hatte ich Mühe, die Stoffbah-
nen richtig schön zu binden, damit sie an den richtigen
Stellen satt anliegen. Mit dem MobiWrap ist dies nicht
nötig, der liegt einfach gleich richtig. Ich kann ihn auch
schon vorbinden und zum Schluß Anael hineinlegen, das ist
wirklich toll. Lana hat neben den klassisch gewebten Tüchern nun auch eines aus Jersey für Neugeborene, mit dem gleichen Prinzip.

Also ich bin happy und ganz begeistert! Anael schlief gleich zu Beginn friedlich drei
Stunden darin. Ich kann mir vorstellen, daß für ältere und somit schwerere Babys ein
klassisches Tuch besser geeignet ist, aufgrund des Gewichtes. So werde ich sicher
auch die beiden anderen Tücher noch benutzen. Aber solange Anael noch so klein ist,
fühle ich mich viel wohler mit dem MobiWrap.

Anmerkung: Schlußendlich trug ich Anael bis er weit über ein Jahr alt war immer im
MobiWrap. Er war ein leichtes Baby, und das Tuch saß immer perfekt. Ab etwa einem
halben Jahr benützte ich außerdem sehr oft die Manduca. Jetzt mit knapp zwei Jahren
verwende ich das Tuch kaum noch, dafür immer noch die Manduca als Tragehilfe.

Einen Kinderwagen haben wir selbstverständlich auch, obwohl wir uns diese
Anschaffung auch hätten sparen können. Er ist sehr groß und geräumig und als Trans-
portwagen für allerlei Gepäck perfekt geeignet, wenn wir beispielsweise einen ganzen Tag zu Fuß unterwegs sind. In diesem Fall haben wir auch schon mal eines der

älteren Kinder darin umhergefahren oder den Kinderwagen als Schlafgelegenheit für den Mittagsschlaf benutzt.

Bevor ihr euch also auf die neusten, teuren Kinderwagenmodelle mit x Zubehör stürzt: Probiert erst mal verschiedene Tragetücher und geeignete Tragehilfen aus. Und falls ihr doch einen Kinderwagen benötigt: Es gibt sehr günstige Gebrauchtwagen. Im Nachhinein hätte dies für unsere wenigen Male, da wir ihn benutzen, auch vollkommen ausgereicht.

Mütter und Väter mit Babys in Tragetüchern sieht man erfreulicherweise mittlerweile oft. Als wir Karin und ihre Familie kennenlernten, war das erste, was mir auffiel, ihr zufrieden schlafendes Kind im Tragetuch auf dem Rücken. Auch Judith ist zu Hause und unterwegs ihr Kind tragend anzutreffen, deshalb berichten beide Frauen von ihren Erfahrungen.

Interview Tragen
mit Karin Kneubühl (30), Schweiz
Mutter von Sandro (6) und Simon (3)
und mit Judith Schmid, (38), Österreich
Mutter von Timo (2)

K = Karin J = Judith

Was war für dich ausschlaggebend, dein Baby zu tragen?

K: Unsere Kinder genossen die Nähe, weinten viel weniger und ich hatte die volle Bewegungsfreiheit im Alltag, z. B. beim Einkaufen oder bei der Arbeit im Haushalt.

J: Ich hatte mir bereits in der Schwangerschaft ein Tragetuch besorgt. Es war für mich klar, daß ich meinem Kind so näher sein, es spüren, riechen und streicheln kann. Auch meine Naturverbundenheit und das Interesse an Naturvölkern trugen dazu bei. Ich stieß auf das Buch von Jean Liedloff »Auf der Suche nach dem verlorenen Glück«. Letztendlich hat es mich darin bestätigt, mein Baby zu tragen, wobei es zwischen Theorie und Praxis einen Unterschied gab, und im Nachhinein wurde mir klar, daß sich durch das Buch ein unterschwelliger Dogmatismus eingeschlichen hatte. Eine wahre Befreiung erfuhr ich erst, nachdem ich das Buch von Carola Eder zum gleichen Thema gelesen habe.

271

Wie oft hast du dein Baby getragen?

K: Jeden Tag je nach unserem Bedürfnis – manchmal nur ein bis zwei Stunden – manchmal auch sechs bis sieben Stunden oder mehr.

J: Es war sehr unterschiedlich, als Säugling im Freien draußen war er immer bei mir im Tragetuch. Anfangs mochte er das Tragetuch gar nicht so gerne, vielleicht war es ihm manchmal auch zu eng und zu warm. Ich wußte zu diesem Zeitpunkt noch nichts von windelfreiem Aufwachsen. Timo signalisierte vielleicht, daß er mußte. Im Laufe der Zeit aber fühlte er sich im Tuch sehr wohl und schlief auch oft darin. Als er etwas größer war, schlief er auch in der Manducatrage während des Staubsaugens ein.

Welche Hilfsmittel hast du dabei benützt?

K: Nur das Tragetuch.

J: Tragetuch, Babytuch, Manducatrage. Mein Mann trug ihn ohne Tuch gerne einfach so in der Wohnung herum, beispielsweise auch zum Einschlafen. Er benutzte eine Weile das Babytuch; für die Wickeltechnik eines klassischen Tragetuches konnte ich ihn nicht begeistern.

Welche Tragevarianten haben dir besonders zugesagt?

K: Ich benutzte die klassischen Tragevarianten. Während der ersten Monate habe ich die Kinder vorne getragen und nach drei Monaten hinten auf dem Rücken.

J: Im Säuglingsalter verwendete ich das Tragetuch, da man es exakt an die Größe anpassen kann. Die Manduca gefiel ihm in diesem Alter nicht, und ich hatte den Eindruck, daß seine Beinchen zu sehr in einer Spreizhaltung waren. Als er älter war, trug ich ihn ab und zu im Hüftsitz im Tuch, was aber beim Kochen unpraktisch war, da man trotzdem nur eine Hand frei hat. Um mehr Tätigkeiten nachgehen zu können, trug ich ihn oft auf dem Rücken in der Manduca.

Hattest du trotzdem einen Kinderwagen für das Baby?

K: Ja, wir hatten einen Kinderwagen, brauchten diesen aber erst mit zunehmendem Kindesalter.

J: Ja, wir haben ihn jedoch selten benützt, da Timo ihn ohnehin verweigerte bzw. nur kurz drinnen blieb. Mein Mann ging ab und zu mit Timo im Wagen spazieren, aber sobald er hinaus wollte, war der Spaziergang beendet. Als mein Mann und ich Timo einmal im Kinderwagen hatten, lag er wach da und blickte auf das aufgedruckte Logo des Wagens. Wir hatten beide das Gefühl, daß Timo ins »Leere« blickte, einsam und ohne den Körperkontakt zu uns. Wir waren uns einig, es fühlt sich richtiger an, ihn zu tragen.

Konntest du auch stillen während des Tragens?

K: Stillen während des Tragens habe ich erst beim zweiten Kind ausprobiert, und es ging ganz gut, wenn es auch nicht so komfortabel war. Ich hätte gerne mehr Tips dazu gehabt.

J: Ja, das ging in der Manduca am besten. Während des Kochens hatte ich ihn vorne in der Trage und stillte ihn, wenn er das brauchte. Das war super! In diesem Moment dachte ich, wie viele Mamis oft unnötigen Kochstreß mit ihrem Kind haben. So geht alles auf einmal.

Hast du Tragen auch mit Windelfrei kombiniert?

K: Nein.

J: Ja. Ich habe mit Windelfrei angefangen, als er viereinhalb Monate alt war.

Haben auch andere Bezugspersonen das Baby regelmäßig getragen?

K: Ja, der Papi und die Patin, ab und zu auch die Großmutter.

J: Ja, mein Mann.

Bis in welchem Alter hast du dein Kind regelmäßig getragen?

K: Ich habe unsere Kinder regelmäßig bis sie etwa zwanzig Monate alt waren getragen, danach seltener. Für den Mittagsschlaf auswärts habe ich das ältere Kind bis ins Alter von knapp fünf Jahren ab und zu getragen. Mein Patenkind Marc, das drei Monate alt ist, trage ich nun auch oft im Tuch.

J: Kann ich nicht so genau sagen, das hat langsam abgenommen. Die Manducatrage nehme ich meistens noch mit, wenn wir unterwegs sind. Die Kraxe benutzt ab und zu mein Mann.

Welche Vorteile siehst du im Tragen?

K: Die Kinder sind auf meiner Höhe, wenn ich mit ihnen spreche. Sie sind ausgeglichener durch die ständige Körpernähe und -wärme. Ihre Verdauung funktioniert bestens. Schlafprobleme reduzierten sich. Die Kinder hatten zudem weniger Überfluß an Alltagseindrücken.

Ich genoß die Bewegungsfreiheit und die Nähe zum Kind. Wenn ich das zweite Kind trug, hatte ich auch die Hände frei für das Ältere, so war beiden gedient. Zudem hatte ich keine Rückenschmerzen.

J: Verwandte, Freunde und Nachbarn sagen immer, unser Sohn Timo weine fast nie und sei zufriedener, er habe eine ausgeglichene Ausstrahlung. Ich führe das auf das Tragen, den Körperkontakt, das Familienbett, Windelfrei und Langzeitstillen zurück.

Ich vergleiche das Tragen mit einem Baum: Gib ihm gute Wurzeln, damit er hoch hinaus wachsen kann!

Gab es auch Herausforderungen?

K: Am Anfang war es ein wenig knifflig, bis ich den Dreh heraus und die Unsicherheit überwunden hatte. Dank einer kurzen Instruktion einer Fachfrau war dies aber sofort geschafft und kürzlich habe ich sogar eine Kollegin erfolgreich instruiert.

Da die Kinder sehr viel schliefen, hatte ich erst Bedenken, ob sie nachts den Schlaf auch noch finden würden, aber es ging alles gut.

J: Nicht wirklich. Wie beschrieben, brauchte Timo anscheinend eine gewisse »Eingewöhnungszeit«, dann aber liebte er es, getragen zu werden. Die Wickeltechnik hatte ich bereits in der Schwangerschaft mit einer Puppe geübt.

Konntest du beobachten, daß sich das Tragen positiv auf die Entwicklung des Kindes ausgewirkt hat?

K: Ich hatte das Gefühl, daß das Kind sehr viele aufmerksame Momente erlebte und vieles sehr schnell lernte, wenn ich beispielsweise mit ihm durch die Natur spazierte und Dinge, die wir sahen, erklärte. Es war toll, daß mein Kind im Tuch immer »auf gleicher Ebene« war. Dies genieße ich auch, wenn ich nun mit meinem Patenkind unterwegs bin.

J: Wir haben definitiv eine starke Bindung zu unserem Sohn. Ich denke, das Tragen ist ein entscheidender Faktor dafür, aber auch andere Dinge wie Familienbett, Langzeitstillen, Windelfrei sind genauso wichtig. Anfangs habe ich oft von anderen Müttern mitbekommen, daß sie ihre Babys schon öfter oder sogar regelmäßig an Omas oder Verwandte abgeben, damit sie mal schnell einkaufen gehen können. Das schien bei ihnen zu klappen, bei meinem Sohn endeten solche »Abgabeversuche« jedes Mal in einem Desaster. Er weinte hysterisch, und es war für alle Beteiligten ein Drama. Nachdem ich merkte, daß dies nicht funktionierte, taten wir das auch nie mehr, um sein Urvertrauen wieder zu wecken.

Er war, was das Tragen betrifft, hauptsächlich mich gewohnt. Wenn er mich also nicht riechen und spüren konnte, war ich für ihn auch nicht da.

Manchmal hatte ich Zweifel, ob diese starke Bindung wirklich so gut ist. Aber jetzt mit zwei Jahren beginnt er, sich aus eigenem Impuls zu lösen: Er möchte jetzt öfter mal zu seinem Großonkel gehen – ohne uns. Er weiß, daß wir im gleichen Haus und erreichbar sind.

Würdest du ein weiteres Kind wieder möglichst oft tragen?

K: Sofort.

J: Ja, auf jeden Fall! Ich würde meinen Mann auch besser auf das Tragen (idealerweise mit Tuch) »vorbereiten«, wenn er das möchte.

Was für Ratschläge möchtest du anderen Eltern mit auf den Weg geben?

K: Jedes Kind ist individuell und hat andere Bedürfnisse und Vorlieben, dies ist zu respektieren. Falls es das Tragen mag, was meistens der Fall ist, soll man dies als Eltern berücksichtigen, und wenn man sich auch wohl dabei fühlt, möglichst oft praktizieren. Es entsteht eine wunderbare Nähe, die im Kinderwagen ihresgleichen sucht.

J: Werdenden Eltern würde ich raten, sich wirklich gut beraten zu lassen, welche Trage ergonomisch gut ist. Leider sieht man immer wieder »Tragesünden«. Schade, daß es auf dem Markt noch ergonomisch ungeeignete Tragen zu kaufen gibt. Viele Eltern wissen nicht, daß z. B. ein zu schmaler Steg bei Jungs auf die Hoden und bei Mädchen auf das Schambein drückt.

Nach meiner Erfahrung eignet sich für Säuglinge am besten noch das altbewährte Tragetuch, da es perfekt an die jeweilige Größe des Kindes angepaßt werden kann, es wächst sozusagen mit.

Das Tragen ist außerdem auch ein großer Vorteil, wenn man sein Baby windelfrei aufwachsen läßt.

Tragen und Verwöhnen

Als ich mit unserem ersten Baby in einem Babyshop war und mich nach einer bestimmten Tragehilfe erkundigte, wurde ich von der älteren Verkäuferin freundlich darauf hingewiesen, daß sie erstens diese nicht im Sortiment hätten und zweitens dies doch eigentlich überflüssig sei und ich das Kind nur unnötig verwöhnen würde. Sie fragte, ob es denn sehr viel schreie und es wirklich nötig sei, das Kind zu tragen und verwies mich auf die unzähligen aneinandergereihten Kinderwagen in unterschiedlichster Ausführung. Ich winkte dankend ab und bestellte mir den Ergo im Internet, das Tragetuch hatte ich bereits.

Auf die Wichtigkeit und die Vorteile des Tragens muß ich an dieser Stelle gar nicht mehr weiter eingehen, es geht um das Thema Verwöhnen:

Ein Baby kann man nicht verwöhnen, es gibt ganz einfach Grundbedürfnisse, die es zum Leben und Überleben braucht.

Dazu gehört auch das Tragen. Es weint nicht, damit es verwöhnt wird, es weint, wenn eines seiner Grundbedürfnisse fortwährend ignoriert wird.

Babys dürfen und sollen immer unsere Liebe spüren, unsere Zuwendung, Anteilnahme und Fürsorge. Nur so entwickeln sie die innere Stärke, die sie im späteren Leben brauchen, um selbstbewußt und unabhängig zu sein.

Ich beobachte sehr viele Menschen, besonders Mütter, im Laden oder auf der Straße,

die ihr Kleinkind partout nicht tragen wollen. Es wird beiseitegeschoben, auf den Boden gestellt und zurechtgewiesen, daß es jetzt zu groß sei, um getragen zu werden. Dies, obwohl das Kind gerade mal ein oder zwei Jahre alt ist.

Ich glaube kaum, daß es daran liegt, daß die Eltern dermaßen unter Rückenschmerzen leiden oder sonst gesundheitlich so angeschlagen sind, daß sie ihr Kind nicht tragen könnten. Es steckt viel mehr Unwille dahinter oder die Angst, sie müßten ihr Kind noch jahrelang weiter tragen.

Eine besorgte Mutter fragte bei mir per Mail an, wie das ist, wenn sie in einigen Monaten ihr zweites Kind bekäme und im Moment das erste noch so oft getragen werden möchte.

Bei beiden Situationen geht es um das gleiche: Kinder entwickeln eine Selbständigkeit, wenn sie vorher genügend Zuwendung bekommen haben. Ein Kind zu tragen bedeutet, »Halt geben« und »Getragen sein im Leben«. Wie auch beim Stillen ist es beim Tragen so, daß das Kind mit zunehmendem Alter selber laufen möchte und immer weniger danach fragt, getragen zu werden.

Das Tragen vermittelt Kleinkindern Geborgenheit und Schutz. Nehmen wir noch einmal die Situation im Laden: Das kleine Kind ist in einer ungewohnten Umgebung unter vielen Menschen, die es nicht kennt. Wenn es in erster Linie darum ginge, daß es nicht laufen möchte, könnte man es ja zumindest im Einkaufswagen umherfahren. Doch meistens liegt der Grund woanders: Es sucht ganz einfach Nähe und Schutz bei seinen Eltern! Das Tragen im Kleinkindalter hat eine wichtige Bedeutung: »Du bist mir willkommen, ich gebe dir Schutz und Geborgenheit.« Kinder möchten solange getragen werden, wie sie diesen Halt und Schutz emotional benötigen. Wenn du dein Kind weiter stillst, erfährt es durch das Stillen bereits sehr viel Nähe und Geborgenheit. Ein Kind, welches im Kleinkindalter nicht mehr gestillt wird, sucht diese Nähe beim Tragen oder auch beim Schlafen im Familienbett.

Wenn Kinder die Notwendigkeit erkennen, daß in einer Situation gerade nicht getragen werden kann, dann sind sie von Natur aus sehr einfühlsam und kooperativ. Als ich Leonie im Alter von eineinhalb bis zwei Jahren während der Schwangerschaft mit Elyah noch oft getragen hatte, fragte ich sie, wie wir es denn machen sollen, wenn Elyah auf der Welt sei. Sie schaute mich an und meinte nur, dann soll ich natürlich das Baby tragen, denn dieses brauche mich! Aber jetzt, wo er noch nicht da sei, möchte sie gerne noch getragen werden. Das habe ich auch weiterhin getan, gegen Ende der Schwangerschaft mit großem Bauch und viel mehr Gewicht nur sehr kurze Zeit, aber dies hat ihr vollkommen gereicht. Als Elyah geboren wurde, war es für sie ganz klar und in Ordnung, daß ich sie kaum mehr tragen würde. Nur wenn wir mit Patrick unterwegs waren, genoß sie es ab und zu, auf seinen Schultern zu sitzen.

In ungewohnten Situationen, wo sie Schutz brauchte, gab ich ihr diesen in der Form, daß ich ihr meine Hand reichte oder Sicherheit durch entsprechende Worte geben konnte.

Wie dein Kind sich selber nach seinem eigenen Entwicklungsplan abstillen wird, so wird auch die Bereitschaft kommen, wo das Tragen immer weniger und dann gar nicht mehr gebraucht wird. Die Natur hat es sich nicht so ausgedacht, daß wir ständig einen Teenager auf dem Rücken umhertragen.

Vertraut eurem Baby und gebt ihm all eure Kraft, Hingabe und Liebe, die es benötigt, um zu wachsen. Gebt ihm starke Wurzeln, und es wird wie ein kräftiger Baum unerschütterlich wachsen und jedem rauhen Wind des Lebens unbeeindruckt standhalten.

Schlafen

Spätestens beim ersten Kind wird der nächtliche Schlaf zum Thema. Was ist das Geheimrezept für ausreichenden, erholsamen Schlaf? Gibt es das überhaupt? Ja, das gibt es tatsächlich!

Ich spreche hier allerdings nicht von Schlafprogrammen, die dies auf Kosten des Babys tun. Beispielsweise die vielen Bücher und Ratgeber mit Durchschlafprogrammen wie das »Ferbern« (z. B. Buch: »Jedes Kind kann schlafen lernen«) aus den achtziger Jahren. Dabei werden die Signale und das Weinen bewußt ignoriert. Das Baby hört irgendwann damit auf, sich mitzuteilen, und resigniert. Das sind die Kinder, deren Eltern die Methode loben, weil nun das Baby durchschläft. Sie haben nicht begriffen, daß ihr Kind lediglich aufgegeben hat, sich ihnen mitzuteilen!

Ein fataler Fehler! Die Bedürfnisse sind damit nicht verschwunden, das Baby wird vielmehr gleichgültig, da es auf keine Reaktion stößt. Kurzfristig gesehen, scheint dies vielleicht zu »funktionieren«, doch um welchen Preis?

Der Wille des Babys, mit seinen Eltern zu kommunizieren, wird durch solche Durchschlafprogramme *gebrochen* und Hilfe untersagt.

Dieses Schreienlassen bringt langfristig gesehen *lebenslange Folgen und Schäden* für alle Beteiligten mit sich!

Eltern berichten, wie grausam die Methode ist, daß sich ihr Baby vor lauter Schreien, Angst und Panik übergeben hat und die Brust oder Fütterung verweigert.

Wir sind wohl die einzigen Lebewesen, die auf die Idee kommen, unsere Neugeborenen »aus dem Nest« zu stoßen und zu separieren. Babys brauchen unsere Nähe! Nach neun Monaten Rund-um-die-Uhr-Mama-Bauchhöhle-Paradies ist der Übergang in unsere Welt erst einmal ein Schock. Um so mehr brauchen die Kleinen weiterhin die Nähe und Geborgenheit von uns Eltern. Tagsüber wird diesem Bedürfnis mit dem

Tragen entsprochen. Nachts braucht das Baby die Sicherheit, daß jemand da ist, der sich liebevoll um seine Bedürfnisse kümmert, genauso.

Jedes Tier sucht instinktiv die Nähe seiner Mutter und verläßt diese sichere Umgebung erst nach einiger Zeit, indem es den Radius Tag für Tag oder Woche für Woche etwas erweitert, um das neue Umfeld kennenzulernen. Nicht anders verhält es sich bei unseren Babys.

Es ist von Natur aus vorgesehen, daß es die ersten Lebensmonate in unmittelbarer Nähe und im Körperkontakt zu den Eltern, insbesondere der Mutter verbringt!

Es wird von sich aus in seinem Tempo den eigenen Lebensraum erkunden und im Kleinkindalter zunehmend Distanz schaffen. Die Initiative geht dabei immer vom Kind aus. Dies ist ein natürlicher Abnabelungsprozeß, der schrittweise erfolgt. Dafür braucht es unser Zutun überhaupt nicht. Wie es lernt, selber zu essen, zu laufen und zu sprechen, wird es auch zeigen, wann es bereit ist, ein eigenes Bett zu beziehen. Dieses Bedürfnis nach Eigenständigkeit ist von Kind zu Kind verschieden und taucht von sich aus wohl frühestens im Kleinkindalter auf.

Dies ist dann kein abruptes Ereignis, sondern eher ein fließender Übergang vom Familienbett zum eigenen, wobei auch immer wieder gewechselt wird und dies auch so sein darf.

Es ist nicht das Bedürfnis des Kindes nach Nähe, was falsch ist, sondern die irrige Vorstellung der Eltern, daß Kinder oder bereits Babys separiert werden; und traurigerweise oft nicht nur in ein einsames Bett, sondern auch in ein anderes Zimmer.

Wir sind nicht dafür konzipiert, als Babys alleinegelassen zu werden, schon gar nicht nachts. Was wir alle als Neugeborene, Babys und Kleinkinder dringend benötigen, ist Nähe, Schutz und Geborgenheit!

Viele Erwachsene durften diese Nähe als Kind nie erfahren, wurden bereits mit wenigen Wochen oder gleich nach der Geburt in ein Kinderbett »abgestellt« und mußten mit der unerträglichen Einsamkeit irgendwie fertigwerden. Es gab Schnuller zur Beruhigung und leblose Stofftiere. Viele haben dieses Gefühl des Verlassenseins bis heute noch verinnerlicht. Es ist nicht nötig, daß wir dies nun an unsere eigenen Kindern weitergeben!

Verwendet bitte nie Babyschlafsäcke, um euer Kind darin festzuschnallen und an sein Kinderbett zu fesseln. Fesseln klingt hart, trifft es aber ganz genau, denn es hat keine Möglichkeit mehr, sich zu drehen und ist dieser Situation hilflos ausgeliefert! Meine Schwester kann sich heute noch daran erinnern, wie sie als Kleinkind in solch einem Schlafsack lag und verzweifelt versuchte, mit den Händen an den Reißverschluß zu kommen, um dieser beängstigenden Zwangslage zu entrinnen.

Mir selber ist folgende Szene aus der frühsten Kindheit ins Gedächtnis eingebrannt: Ich liege im dunklen Zimmer in meinem Gitterbettchen auf dem Rücken. Ich habe wahnsinnig Angst und sehe am Ende des Zimmers ein grünes Licht leuchten, den Babynachtlichtstecker. Ich bin ganz starr, getraue mich kaum, mich zu bewegen, und fühle mich einsam und verlassen. Noch bis ins Erwachsenenalter hatte ich jedes Mal Alpträume, wenn ich aus Versehen in Rückenlage einschlief. Dies änderte sich interessanterweise erst mit der Geburt der Kinder und dem gemeinsamen Familienbett. Indem meine Kinder neben mir lagen, konnte ich auf einmal ohne Alpträume auch auf dem Rücken schlafen. Ich vermute, daß ich mit dem Familienbett ein Stück weit die eigene Baby- und Kindheit heilen konnte, indem ich dieses Verlassensein und die Angst meinen Kindern nicht weitergebe. Die Nähe und Geborgenheit ist nicht nur für die Kinder wichtig, sondern auch für mich, und hat eine heilsame Wirkung.

Eigentlich ist es ganz einfach: Während der ganzen Schwangerschaft war das Baby im Bauch seiner Mutter eingebettet, umhüllt und beschützt in diesem kleinen Paradies. Es fühlte sich so absolut sicher, geborgen und angenommen. Diese Nähe braucht es auch nach der Geburt weiterhin.

Deshalb lieben es viele Babys, während des Stillens an Mamas Brust einzuschlafen. Andere kuscheln sich gerne an Mama oder Papa und lassen sich umhertragen, wieder andere suchen einfach den Hautkontakt und liegen am liebsten ganz nahe bei den Eltern. Das ist wunderschön und zeigt, welch tiefe Verbindung zwischen Eltern und dem Baby besteht.

Es ist mir immer wieder aufgefallen, daß unsere Kinder im Baby- und Kleinkindalter viel besser schlafen und weniger aufwachen, wenn ich danebenliege. Immer, wenn ich nachts an der Website oder am Buch arbeitete, mußte ich mehrere Male unterbrechen, weil das kleinste Kind wieder wach war. Dies war schon bei Leonie so, bei Elyah und jetzt auch bei Anael. Babys spüren die An- und Abwesenheit der Mutter ganz genau. Wenn sie sich im Halbschlaf befinden und merken, daß Mama danebenliegt, fallen sie vielfach wieder in den Tiefschlaf. Wenn niemand da ist, werden sie ganz wach und weinen. So ist es auch jetzt noch bei Anael mit bald zwei Jahren. Schlafe ich friedlich neben ihm, wacht er in der Nacht noch ein bis zwei Mal auf um zu stillen und teilweise Pipi zu machen. Bin ich hingegen am Arbeiten, wacht er bestimmt drei bis fünf Mal auf und schläft auch nicht gleich wieder ein, da er nicht sicher ist, ob ich da bleibe.

Auch das Erwachen am Morgen ist ganz anders. Bin ich bereits auf und er sucht mich, dann kommt er oft weinend aus dem Zimmer gelaufen, außer Leonie und Elyah sind schon wach und begrüßen ihn. Wenn ich dagegen neben ihm liege, wenn er morgens aufwacht, dann blinzeln mich zwei schläfrige Augen an, und ein verschmitztes

Lächeln huscht über sein Gesicht. Dann ist immer erst mal Zeit, um in Ruhe zu schmusen, zu stillen und manchmal auch Gute-Morgen-Geschichten zu erzählen. Auch Elyah und Leonie lieben es, morgens noch lange im Bett liegenzubleiben, zu kuscheln, miteinander zu schwatzen und den Tag ganz in Ruhe angehen zu können. Ein großer Vorteil ist dabei natürlich, daß unsere Kinder keine Schule besuchen müssen und nicht bereits frühmorgens aus dem Bett gerissen werden. Lernen zu Hause im Alltag kennt keine zeitliche Begrenzung und findet immer und überall statt. Somit gibt es auch keine Trennung der größeren Kinder von Anael. Sie spielen alle zusammen, und wir starten gemeinsam in den neuen Tag.

Für euch wird es einfach und leicht, ein harmonisches Miteinander zu leben, wenn ihr alle falschen Muster und Vorstellungen über Bord werft und sie durch positive Muster ersetzt:

❖ **Unser Baby darf bei mir, bei uns einschlafen.**

❖ **Es darf während des Stillens einschlafen.**

❖ **Unser Kind darf einschlafen, wenn es wirklich müde ist.**

❖ **Es darf während der Nacht mehrmals gestillt werden und Pipi machen.**

❖ **Unser Baby darf die ganze Nacht sicher und geborgen neben mir, neben uns liegen.**

❖ **Unser Kind darf solange bei mir, bei uns schlafen, bis es aus eigenem Antrieb ein eigenes Bett möchte.**

Pro Familienbett

- Dein Baby braucht dich auch nachts, da es noch kein Zeitgefühl oder Verständnis dafür hat, wie lange und warum seine engste Bezugsperson nicht anwesend ist. Wie die Monate zuvor im Bauch, braucht es auch außerhalb des Mutterleibes den Schutz, Hautkontakt und Lebensimpuls durch deine Nähe.

- Nächtliches Stillen und Windelfrei wird einfach und entspannt, wenn dein Baby gleich neben dir liegt. Das erspart unnötiges Schreien und ermöglicht dir und deinem Kind ein rasches Weiterschlafen. Oft kannst du so im Halbschlaf stillen.

- Die Atemgeräusche der Mutter oder des Vaters geben auch dem Baby den Impuls zum Atmen, falls es nachts natürliche Atemaussetzer hätte. Die Nähe bietet Schutz, da ihr rasch reagieren könntet, falls etwas nicht in Ordnung wäre.

- Das Familienbett fördert die Verbundenheit zwischen euch und dem Baby, aber auch zwischen den Geschwistern!

An dieser Stelle berichten unsere lieben Freunde Corinne und Mark aus dem Alltag mit ihrer Tochter Sophia und wie sie das Familienbett ganz konkret umsetzten:

Interview Familienbett
mit Corinne Keller (37) und Mark Von Gunten (34), Schweiz
Eltern von Sophia Lale (3 ½)

Habt ihr euch bereits vor der Geburt mit dem Thema Familienbett befaßt?

Uns war nicht ganz klar, wie wir das alles umsetzen sollen. Wir wollten uns alle Optionen offenlassen. Jedoch fühlte es sich völlig unnatürlich an, das kleine Wesen, kaum war es da, heraus aus dem geborgenen Mamibauch, alleine in einem Bett in ein anderes Zimmer zu stellen. Da ich sehr viel Platz beim Schlafen benötige, mieteten wir ein Babybay-Bett. Dieses kann direkt am eigenen Bett befestigt werden.

Habt ihr euch ein Kinderbett angeschafft?

Wir hatten auch ein kleines Kinderbett von Mark. Sein Vater, sein Onkel, er und seine Geschwister schliefen auch schon in diesem Bett, klassisch durch Stäbe von den Eltern getrennt. Für uns war es nach dem Babybay ein weiteres »Beistellbett«. Wir entfernten allerdings die Stäbe auf einer Seite.

Schlief euer Kind von Geburt an bei euch im Bett?

Zuerst im Babybay-Bett, das zu meiner Seite hin offen war. Ehrlich gesagt, war ich etwas nervös, Sophia direkt neben mir schlafen zu lassen. Leider vertraute ich in der ersten Zeit nicht meinem Herzen, sondern meinem Kopf. Ich dachte, daß ich mich wegen meinem unruhigen Schlaf auf Sophia wälzen könnte.

Mit der Zeit bauten wir unsere »Schlafzimmersituation« immer wieder um, bis wir das Optimum für alle erreichten. Es war ein Ausprobieren und Fühlen. Jetzt schlafen wir am Boden mit Matratzen auf Lattenrost. Einmal 180er Bett, einmal 160er Bett und noch Sophias Kinderbett 80 x 170. Alles an einem Stück. An der Decke hängen Tücher und an den Bettenden farbige Vorhänge. So erschufen wir ein überdimensionales Himmelbett.

Was war ausschlaggebend dafür?

Um Sophia zu stillen, konnte ich sie einfach zu mir hindrehen. Für uns war das Gefühl, daß Sophia uns riechen, hören, fühlen und sehen kann, schön und richtig. Aber so einfach war es manchmal trotzdem nicht.

Als Sophia zeitweise unruhig schlief, hörten wir von vielen Seiten, daß wir Sophia beim Schlafen stören und sie alleine in einem Zimmer ruhiger wäre. Das versuchten wir, es brachte aber keine Besserung.

Ich bleibe morgens gerne noch etwas länger liegen. Wenn das Kind im selben Bett schläft, macht es das einfacher. Zudem stille ich Sophia schon dreieinhalb Jahre lang. Unser Morgenritual: Sie wacht auf, dreht sich zu mir oder krabbelt zu mir, weckte mich und »püpälät« (so nannten wir das Stillen) noch etwa eine Viertel Stunde; ein sehr schöner Start in den Tag.

Seht ihr das Schlafen des Babys oder Kleinkindes bei der Mutter, den Eltern als ein Grundbedürfnis eines jeden Kindes an?

Darauf können wir einfach ein ganz stark gefühltes Ja antworten. In der Tierwelt sind die Jungtiere auch oft schlafend bei der Mutter oder alle Geschwister zusammengekuschelt auf einem »Haufen«, auch bei vielen Naturvölkern.

Welche positiven Auswirkungen zeigt das Familienbett?

Wir sind uns nicht sicher, ob man das verallgemeinern kann und bei allen ein Familienbett positiv ist. Wir dachten nicht so viel über positive Auswirkungen nach. Wir lebten es einfach und sind glücklich damit. Ich habe es nicht untersucht oder darüber philosophiert. Es war für uns einfach klar, Sophia bei uns zu haben.

Welche Vorteile siehst du beim Familienbett in Bezug auf das Stillen?

Ganz klar, ich muß nicht bei jedem Pips aufstehen, hinüberrennen, Kind aus dem Bett nehmen, stillen, Kind wieder zurückbringen, hinlegen, wieder einschlafen… und Hopp das ganze von vorne.

Wenn ich jedes Mal aufstehen muß zum Stillen, »fahre« ich meinen Körper in den Totalwachmodus »hoch«. Wenn das Kindlein neben mir liegt, kann ich unter Umständen noch während des Stillens wieder wegdösen. Manchmal hat sich Sophia auch nur »suchend« nach mir umgedreht, und als sie mich fühlte oder hörte, wieder Ruhe gefunden. Das ist noch heute so.

Wie wirkte sich dies auf die Bindung zum Kind aus?

Ich glaube, es hat Sophia geholfen, ein gutes Urvertrauen aufzubauen. Kein Aufwachen alleine im Dunkeln. Das Gefühl zu wissen, daß Mama und Papa im gleichen Raum ruhen, ist für ein Kind sicherlich schön, natürlich und wird seinem Bedürfnis nach Nähe gerecht.

Würdet ihr bei einem weiteren Baby dieses auch bei euch schlafen lassen, zusammen mit dem älteren Kind?

Ja. Das wäre ja ganz seltsam für das Erstgeborene, wenn es nach der Geburt des Geschwisterchens seines Platzes im Familienbett beraubt würde.

Natürlich lassen wir auch da alles offen. In Sophias Zimmer steht auch ein Bett. Sie kann jederzeit selber entscheiden, wo sie schlafen möchte.

Wenn Sophia in der Nacht geweckt würde vom Baby und das irgendwann störend wäre, würden wir einfach eine zweite Familienschlafstelle in einem anderen Zimmer einrichten. So könnte Papa mit Sophia dort schlafen.

Welche Tips möchtet ihr Eltern gerne mit auf den Weg geben?

Vertraut auf das innere Gefühl. Denn eigentlich sind wir alle mit einem »Mama-Papa-Selbstverständlichkeitsgefühl-Kit« ausgerüstet.

Nur vergessen wir leider in der Hektik des Alltags und zwischen den ganzen Ratschlägen von all den anderen oft, auf *uns* zu hören. Probiert aus und setzt euch nicht unter Druck.

Wir freuen uns, wenn es einmal ein zweites Kind bei uns gibt. Da sind auch wir freier von störenden einengenden Gesellschaftsgedanken oder Konventionen.

Co-Sleeping in der Praxis

Familienbett oder Mama-Kind-Bett

In erster Linie braucht ihr grundsätzlich einmal genügend Platz! Es macht keinen Spaß, sich gemeinsam in ein viel zu kleines Bett zu zwängen. Das übliche Doppelbett ist für Paare konzipiert, für Familien ist es jedoch meist zu klein oder allenfalls

als Mama-Kind-Bett zu verwenden. Ich sehe hier schon eine Marktlücke: das »Familienbett« als überdimensional große Schlafstelle.

Meistens ist es am einfachsten, mehrere Betten zusammenzuschieben oder sich mit Matratzen am Boden eine »Schlafwiese« einzurichten. Der Kreativität könnt ihr freien Lauf lassen und euch auch mit Schlafhimmel, Tücher an Decken oder Wänden eine richtig kuschelige Höhle einrichten. Auch Kinder lieben das und fühlen sich darin geborgen.

Daß ein großes Bett aber auch ganz einfach selber gezimmert werden kann und nicht teuer sein muß, beweist das Photo unserer Freunde Kanuka und Phoeby. Kanuka hat das Familienbett selber gebaut, ist weder Zimmermann noch Architekt, sondern einfach nur gerne kreativ und künstlerisch in vielen Bereichen tätig.

Es ist gar nicht so schwer: ein paar Bretter in der Wand verschrauben, dazu Stützen, aus dünnen Sperrholzplatten eine hübsche Front zurechtsägen und mit Motiven verzieren und passend dazu noch zwei Treppenstufen. Das Ergebnis ist absolut toll und kann sich sehen lassen! Ich wünsche hier allen schon viel Spaß beim kreativen Wirken.

Das 1 x 1 des Co-Sleepings

Beim Co-Sleeping gibt es einige einfache Punkte, die zu beachten sind:
- Ziehe das Baby nicht zu warm an, damit es nicht überhitzt. Sind seine Hände sehr warm oder schwitzt es sogar, ist es definitiv zu warm angezogen.
- Dein Baby sollte mit einer eigenen Decke zugedeckt werden, dann besteht nicht die Gefahr, daß es während des Schlafes durch dicke Federbetten ganz überdeckt wird. Im Sommer hingegen reicht auch eine leichte Wolldecke für euch beide.

- Zwischen beiden Eltern zu schlafen, würde ich weniger empfehlen, da es von beiden Seiten zusätzlich gewärmt wird und so möglicherweise viel zu heiß bekommt.
- Du kannst oben am Kopfende des Bettes und auf der Seite Stillkissen neben dein Baby legen, damit es nicht herunterfällt.
- Babys benötigen kein Kissen unter dem Kopf!
- Die Liegefläche sollte nicht zu weich sein, beispielsweise Sofa, Wasserbett.
- Als Alternative bietet sich auch eine Erweiterung des Doppelbettes an, der sogenannte »Babybalkon«. Dazu wird ein Babybalkon oder auch ein Kinderbett dazugestellt und fixiert. Somit schläft dein Baby unmittelbar in der Nähe und trotzdem finden alle genügend Platz im Bett.
- In dem Zimmer nicht zu rauchen, sollte eigentlich klar sein, trotzdem sei es hier erwähnt. Das Rauchen ist in der Umgebung der Babys generell äußerst schädlich. Weise deshalb auch andere darauf hin, im Umfeld deines Babys nicht zu rauchen!
- Der Hinweis, daß Eltern keine Drogen, Alkohol, starke Medikamente einnehmen sollten, ist auch klar, es sei trotzdem hier ebenfalls erwähnt. In solch einem Zustand besteht die Gefahr des Überrollens des Kindes, was sonst nicht der Fall ist.

In diesem Zusammenhang wird gerade in den USA immer wieder von der Gefahr von SIDS (plötzlicher Kindstod) gewarnt und das Thema kontrovers diskutiert. Meistens wird dabei außer acht gelassen, daß gerade Babys, die im Familienbett schlafen, zur kleineren Risikogruppe gehören. Es kann also einen Kindstod verhindern.

Dies macht für mich Sinn. Ich konnte selber beobachten, daß unsere Kinder in den ersten Lebenswochen öfters mal längere »Atem-Aussetzer« hatten. Das ist eigentlich nichts Ungewöhnliches. Aber wenn ich dann daneben bewußt hörbar einatmete, atmeten auch die Kinder sogleich weiter. Vielen mag diese Tatsache gar nie aufgefallen sein. Ich denke, das Wahrnehmen der Babys, daß ihre Eltern da sind, fördert insgesamt alle lebenswichtigen Körperfunktionen, wie eben auch das Atmen. Dies scheint für uns eine Selbstverständlichkeit, ist es aber im Bezug auf Neugeborene nicht, wenn man bedenkt, daß sie im Bauch neun Monate lang mit Fruchtwasser umgeben waren und das Atmen erst nach der Geburt notwendig wurde.

Erfahrungsbericht mit Mama-Kind-Bett

Was gibt es Schöneres, als ein friedlich schlafendes Kind neben sich? Diese Frage hätte ich vor meiner Zeit als Mutter anders beantwortet als ich dies jetzt tue: »Die Geborgenheit und Nähe zum Baby oder Kleinkind, wenn es wohlig warm neben mir schläft, ist einfach wundervoll und einmalig.«

Doch wie dachte ich noch während der ersten Schwangerschaft darüber? – Ich wußte sehr wenig über Babys, über ihre Bedürfnisse, über ihre natürlichen Rhythmen und meine Rolle als Mutter. Damals glaubte ich allen Ernstes, ein Baby brauche ein eigenes Zimmer mit Babybettchen. Wir kauften selbstverständlich ein wunderschönes Holzbettchen mit einer lachenden Sonne vorne darauf und einem hellblauen »Himmel«. Dazu kamen noch die passende Wickelkommode, der Schrank und einiges mehr. Es sah richtig hübsch aus, und ich machte hochschwanger ganz stolz einige Photos davon.

Nun, unsere Katzen liebten das Bettchen, und so fand es zumindest teilweise Verwendung. Als Leonie geboren wurde, waren zum Glück meine natürlichen Urinstinkte als Mutter und Beschützerin erwacht, und ich

konnte mir überhaupt nicht vorstellen, dieses winzige Wesen, das ich neun Monate unter meinem Herzen trug, in ein einsames kaltes Bettchen zu legen.

Nein, ich wußte, Leonie braucht meine Nähe, meinen Geruch, den Hautkontakt, das Stillen, das gemeinsame Atmen während der Nacht. Es fiel mir auf, wenn ich noch wach neben ihr lag, daß sie teilweise Atemaussetzer hatte. Sobald sie jedoch mein Atmen hörte, atmete auch sie ruhig weiter.

Ich hatte das Gefühl, ihr Leben sei noch so zerbrechlich und könnte aufhören, wenn ich nicht in ihrer Nähe wäre und ihr die Lebensimpulse und meine Liebe geben würde.

Ich genoß es, ihrem Atem zu lauschen, ihre weiche, warme Haut zu spüren und ihr schlafendes Gesicht zu betrachten, bevor ich selber einschlief. Es waren Momente der inneren Glückseligkeit.

Dazu kam, daß ich sehr praktisch veranlagt bin und mir selber und auch Leonie das Schlafen möglichst einfach gestalten wollte. Es ergab für mich absolut keinen Sinn, sie in ein anderes Bett oder gar in ein getrenntes Zimmer zu verfrachten, wo ich jedes Mal nachts mühsam hätte aufstehen müssen, um zu stillen. Da wäre ich ja hellwach geworden und hätte erst einmal den eigenen Schlaf wiederfinden müssen. Und das mehrmals in der Nacht? Darauf hatte ich absolut keine Lust. Ich stillte meist im Liegen, im Halbschlaf und dämmerte danach gleich wieder in den Schlaf.

Patrick schlief die ersten Monate auch im Familienbett. Mit der Zeit wurde uns dies allerdings zu stressig, da wir andere Schlaf-Rhythmen hatten. Er ging früher zu Bett, brauchte seine Ruhe in der Nacht und mußte morgens früh raus. Leonie und ich gingen spät ins Bett und genossen es, morgens lange auszuschlafen. Aus diesem Grund entschieden wir uns, daß er besser im anderen Zimmer schlief. So kamen alle zu ihrem Schlaf, und es hat sich bis heute ganz gut bewährt.

Als Elyah geboren wurde, war es ganz klar, daß er auch bei mir und Leonie schlafen würde. Beide Kinder haben sich schnell aneinander gewöhnt und schliefen weiter, wenn das andere nachts wach wurde. Es waren trotzdem anstrengende Nächte, da ich mehrmals von beiden zum Stillen geweckt wurde. Um so mehr schätzte ich es, daß die beiden gleich neben mir lagen und ich nicht noch in andere Zimmer laufen mußte.

An Tagen, wo mein Mann geschäftlich unterwegs war, hat es einige Zeit gebraucht, bis beide einschlafen konnten, dies funktionierte teilweise nur mit Tandemstillen. Wenn er da war, kümmerte er sich meist um Leonie, und ich legte Elyah ins Bett, nachdem er an der Brust eingeschlafen war, danach konnte ich mich Leonie widmen. Dies funktionierte wunderbar.

Mit etwa dreieinhalb Jahren wollte Leonie von sich aus im eigenen Bett im Spielzimmer schlafen. Es war für mich schön zu sehen, daß sie diesen Schritt ganz von sich aus machte. Einige Monate später hatte ich unser Schlafzimmer neu umgestellt und hübsch eingerichtet, was Leonie ganz gut gefiel. Sie bat darum, wieder bei mir und Elyah schlafen zu dürfen, da es da ja jetzt so schön aussehe. Ich mußte schmunzeln und war aber innerlich irgendwie froh, daß es nochmals eine Zeit geben würde, wo sie friedlich neben mir schlafen würde. Ihr eigenes Bett steht nun also wieder leer und wartet auf den Zeitpunkt, wo sie es sich wieder anders überlegt. Bis dahin genieße ich einfach die Nähe der beiden ohne irgendwelchen Druck, daß es anders sein »müßte«. Ich weiß nun ja bereits, daß Leonie auch ganz gut im eigenen Bett schläft und es ihre freie Entscheidung ist, wann sie dies auch wieder tun möchte.

Es gibt bei uns absolut gar keinen Streß, wenn es um das Zu-Bett-Gehen geht. Leonie geht ins Bett, wenn sie müde ist, und schläft auch gleich ein. Ich sehe keinen Grund, sie ins Bett zu zwingen, wenn sie noch munter und voller Energie und Tatendrang ist. Häufig ist die Zeit abends, wenn Elyah bereits schläft, die Zeit, in der sie in Ruhe für sich noch Bücher anschaut, etwas malt oder sehr kreativ am basteln ist. Ich selbst habe abends beziehungsweise nachts auch meine aktivsten und kreativsten Phasen, also warum sollte dies nicht auch bei meiner Tochter so sein? Zeitraster sind mir selber ein Greuel, und ich lebe gerne aus dem Moment heraus, möglichst ungebunden von irgendwelchen Terminen. Solange es geht, möchte ich es auch Leonie ermöglichen, nach ihrem eigenen Rhythmus zu schlafen und aktiv zu sein. Es gibt somit auch keine langen Einschlafrituale oder sonstigen Prozeduren vor dem Zu-Bett-Gehen. Jedes Familienmitglied schläft ganz einfach dankbar ein, wenn es müde ist.

Inzwischen sind wieder ein paar Jahre vergangen und Anael hat mit seiner Geburt im Juni 2010 unsere Familie nochmals erweitert. Damit änderte sich die Verteilung der Schlafzimmer erneut. In den ersten Monaten nach der Geburt schliefen Leonie und Elyah je nach Laune im Kinderzimmer oder bei Papa, manchmal auch bei mir.

Inzwischen sind wir wieder umgezogen, und aktuell schlafen alle drei Kinder bei mir, die beiden Jungs mit mir im großen Bett, und Leonie hat sich selber ihr Kinderbett danebengestellt und genießt ebenfalls noch die Nähe zu mir und den Geschwistern.

Fazit: Wir schlafen alle bestens! ☺

Neben den vielen positiven Aspekten möchte ich abschließend einfach nochmals sagen:

Es gibt wohl nichts Schöneres, als das eigene friedlich schlafende Baby neben sich gekuschelt zu haben. Dies ist einfach Frieden und Glück pur!

Zum Abschluß dieses Themas gebe ich gerne das Wort an Sibylle weiter. Sie hat sich eingehend mit Co-Sleeping auseinandergesetzt und auch ein wunderbares Buch dazu veröffentlicht.

Interview Co-Sleeping
mit Sibylle Lüpold (36), Schweiz
Stillberaterin LLL, Krankenschwester, Autorin und Mutter von drei Kindern

Brauchen Babys die Nähe der Eltern auch nachts?

Ja, unbedingt! Über die ganze Menschheitsgeschichte hinweg haben Babys und Kleinkinder immer im engen Körperkontakt zur Mutter (und später zu anderen Familienangehörigen) geschlafen. Unser westliches Modell, bei dem Kinder schon ganz früh alleine schlafen, ist historisch und geographisch gesehen eine Ausnahme. Ein Baby, das vor über 10.000 Jahren nachts alleine gelassen worden wäre, hätte vermutlich nicht eine einzige Nacht überlebt.

Es ist eine unlogische Annahme, daß das Bedürfnis des Kindes nach Nähe und Geborgenheit abends um sieben Uhr einfach aufhört.

Weshalb ist dies so wichtig?

Wie gesagt, geht es beim Bedürfnis des kleinen Kindes, nachts ganz nahe bei den Eltern zu sein, primär um Sicherheit. Im Dunkeln alleinegelassen zu werden, führt beim kleinen Kind zu Panik. Ein gesundes Kind wird schreien, um seine Bezugspersonen dazu zu bewegen, es zu sich zu nehmen. Babys, die (scheinbar) ohne Probleme abends alleine im Bettchen einschlafen und auch nachts, wenn sie aufwachen, nicht nach den Eltern rufen, sind erstens eine große Ausnahme, zweitens ist ihr Verhalten aus der Sicht der kindlichen Entwicklung nicht wünschenswert. Das kindliche Gehirn verdoppelt seine Größe im ersten Lebensjahr und ist rund um die Uhr auf Nahrung angewiesen. Kinder, welche nachts regelmäßig gestillt werden und sich nahe der Mutter (oder des Vaters) befinden, gedeihen besser.

Eltern, die auch nachts auf das Rufen ihres Kindes reagieren (im Idealfall muß es gar nicht rufen, weil es gleich daneben liegt), stärken sein Selbstvertrauen. Es lernt dadurch: Meine Eltern kommen, wenn ich sie brauche! Ich werde geliebt! Nächtliche Zuwendung ist ein enorm wichtiger Teil der Eltern-Kind-Beziehung!

Weshalb wird dieses Grundbedürfnis bei uns im Westen noch nicht weitgehend umgesetzt?

Die Angst davor, das Kind mit zu viel Zuwendung zu verwöhnen, sitzt immer noch tief. Gewisse Ammenmärchen wie: »Du kannst dein Kind schon von Anfang an daran gewöhnen, zeitweise alleine klarzukommen!« halten sich hartnäckig, obschon ihnen jede wissenschaftliche Grundlage fehlt. Selbständigkeit läßt sich nicht anerziehen – sie muß sich aus einer sicheren Bindung des Kindes von sich aus entwickeln.

Nach über fünfzig Jahren Bindungsforschung haben wir ganz eindeutige Belege dafür, daß ein Kind in den ersten Jahren auf feinfühlige Bezugspersonen, welche zuverlässig und prompt seine Bedürfnisse erfüllen, angewiesen ist, um sich in jeder Hinsicht optimal zu entwickeln. Dieses Wissen ist aber leider noch nicht überall angekommen. Eltern werden durch Unmengen von sich häufig widersprechenden Ratschlägen verwirrt.

Auf der anderen Seite lassen Leistungsdruck und berufliche Anforderungen eine kindgerechte Betreuung kaum zu. Wenn Eltern jeden Morgen früh aufstehen müssen und einen anstrengenden Arbeitstag vor sich haben, fehlt abends und nachts die Kraft, für das Kind da zu sein. Da wird dann lieber das Kind so weit trainiert, daß es seine Bedürfnisse nicht mehr anmeldet, anstatt etwas an der Lebenssituation zu ändern. Es ist ein gesellschaftliches Problem, und Eltern werden dabei zu sehr alleinegelassen.

Werden Mütter im Spital darauf sensibilisiert?

In fortschrittlichen Spitälern bestimmt. Da wird heute weitgehend »rooming-in« praktiziert, und Mütter werden dazu motiviert, ihrem Kind viel Nähe und Körperkontakt zu vermitteln. Dadurch kommt es dann auch weniger zu Stillproblemen.

In vielen Spitälern werden Themen wie Co-Sleeping jedoch gar nicht oder kontrovers besprochen. Man will den Müttern auf keinen Fall etwas aufdrängen oder man hält sie sogar davon ab, das Baby zu sich ins Bett zu nehmen, aus Angst vor dem plötzlichen Kindstod. Dabei ist es enorm wertvoll, wenn Mütter hilfreiche Informationen vermittelt bekommen; zum Beispiel, daß »Stillen nach Bedarf« bedeutet, daß ein Kind auch häufiger als alle zwei Stunden gestillt werden darf und daß die Mutter es nicht erst schreien lassen muß, bis sie es an die Brust nimmt. Oder daß es die Lebensqualität enorm verbessert, wenn eine Mutter lernt, bequem liegend zu stillen und so nachts nicht aufstehen muß, sondern im Idealfall ihr Kind ansetzt und weiterdöst. Das hat nichts mit Bevormundung zu tun. Im Gegenteil: Eltern können erst dann eine individuell passende Entscheidung treffen, wenn sie korrekt informiert sind.

Wie sieht die Praxis aus im Familienbett oder Mama-Kind-Bett?

Am besten läßt die Mutter ihr neugeborenes Kind von Anfang an bei sich schlafen. So werden häufige Stillprobleme vermieden und die beiden können sich optimal kennenlernen und gegenseitiges Vertrauen aufbauen. Ob das Baby zwischen den Eltern oder am Rand neben der Mutter liegt, sollen Eltern selbst entscheiden. Wichtig ist, daß alle genügend Platz haben und sich wohlfühlen.

Wenn die Eltern ihr Baby nicht in ihrem Bett haben wollen, können sie es auch im Babybalkon oder Kinderbettchen gleich daneben stellen. Wichtig ist, daß das Kind nicht weiter als eine Armlänge entfernt liegt, so daß die Mutter es ohne aufzustehen berühren kann.

Wenn es direkt neben der Mutter im Bett liegt, ist das nächtliche Stillen am einfachsten, da die Mutter es nur an die Brust nehmen muß. Untersuchungen haben gezeigt, daß nebeneinander schlafende Mutter-Kind-Paare die gleichen Schlafmuster aufweisen, das heißt, sie befinden sich gleichzeitig in den Tief- und Leichtschlafphasen. Das wirkt sich enorm positiv auf die Schlafqualität der ganzen Familie aus.

Welche Punkte gilt es beim Familienbett zu beachten?

Es ist auf jeden Fall wichtig, gewisse Sicherheitsvorkehrungen zu treffen, um den plötzlichen Kindstod oder ein Ersticken des Babys zu verhindern. Einerseits sind da die drei R: Rückenlage, rauchfrei und richtige Temperatur (das Kind darf nicht zu warm haben oder zu sehr zugedeckt sein). Das Bett sollte so abgesichert sein, daß das Baby weder herunterfallen noch in einen Spalt rutschen kann. Eltern sollten mit ihrem Kind nicht auf einem Sofa oder Wasserbett schlafen. Sie sollten, wenn sie Co-Sleeping praktizieren, nur ganz wenig Alkohol und keine Drogen zu sich nehmen. Werden diese Punkte berücksichtigt, ist Co-Sleeping eine sehr sichere Schlafform. Mehr Informationen dazu finden sich in meinem Buch.

Nun ist es aber so, daß viele Eltern sich zu viele Sorgen machen. Untersuchungen haben ergeben, daß sich Eltern auch im Schlaf nicht auf ihr Kind legen. Wir sind ja, während wir schlafen, nicht einfach bewußtlos. Genauso, wie wir nicht vom Bett fallen, erdrücken wir auch nicht einfach ein neben uns schlafendes Kind.

Welche positiven Auswirkungen hat das Familienbett?

Co-Sleeping hat ganz viele Vorteile. Zu nennen sind hier unter anderem:

- Stillen und Körperkontakt verbessern das Gedeihen des Kindes.
- Die Mutter kann schneller und ohne großen Aufwand ihr Kind stillen oder beruhigen.
- Das Kind muß gar nicht erst schreien, um auf sich aufmerksam zu machen.
- Die ganze Familie kommt zu mehr Schlaf.
- Die nächtliche Nähe und Zuwendung wirkt sich positiv auf die Eltern-Kind-Beziehung aus.
- Das Kind lernt von Anfang an, daß sowohl die Nacht als auch das Schlafen etwas Schönes ist.
- Kinder, die bei den Eltern schlafen, haben weniger Albträume.
- Geschwister, die bei den Eltern oder beieinander schlafen, verstehen sich besser.
- Kinder, die bei den Eltern schlafen, finden auch unterwegs und in den Ferien gut in den Schlaf.
- Wenn die Sicherheitsvorkehrungen beachtet werden, sind Babys bei Co-Sleeping weniger durch den plötzlichen Kindstod gefährdet.

Welche Vorteile siehst du beim Familienbett in Bezug auf das Stillen?

Wir wissen heute, daß Mütter, die ihr Kind bei sich schlafen lassen, länger stillen. Das ist logisch, da sie eher bereit sind, es auch nachts zu stillen und dadurch die Milchproduktion länger aufrechterhalten können. In Bezug auf das Stillen ist Co-Sleeping also sehr wünschenswert.

Wie schon gesagt, ist es enorm wertvoll, wenn eine Mutter gut und bequem liegend stillen kann, so daß sie gar nicht erst aufstehen (oder ganz aufwachen) muß. Das klappt meistens nicht von Anfang an und muß immer wieder geübt werden.

Hattest du deine Kinder von Geburt an nachts in deinem Bett?

Unser erster Sohn verbrachte seine ersten drei Lebensmonate im Spital. Wenn er auf der Intensivstation lag, konnte ich nachts nicht bei ihm schlafen. Erst auf der Abteilung stellten sie mir ein Klappbett hin. Ich habe ihn dann zu mir genommen und werde nie seinen erstaunten Blick in unserer ersten gemeinsamen Nacht vergessen. Von da an hat er immer bei mir oder meinem Mann geschlafen, bis er von sich aus nicht mehr wollte. Unsere beiden anderen Söhne durften von Anfang an bei uns schlafen. Sie haben nachts (außer wenn sie krank waren) nie geschrien – wir waren ja immer da. Das hat unsere Beziehung sehr positiv beeinflußt.

Bei Eltern, deren Kind zuerst alleine schläft und dann erst bei den Eltern schlafen darf, weil es nachts immer schreit, dauert es eine gewisse Zeit, bis es das Vertrauen aufgebaut hat, daß es auch nachts nicht alleingelassen wird. Da können die gemeinsamen Nächte anfangs noch unruhig sein.

Wie wirkte sich dies auf deine Bindung zu den Kindern aus?

Unsere Kinder sind alle sehr selbständig, hilfsbereit und abgesehen von einigen Nachwehen, die unser erster Sohn aus seiner Nachgeburtszeit mit sich trägt, innerlich gut gefestigt. Wenn etwas sie beschäftigt, kommen sie zu uns und sprechen darüber. Wenn sie das Bedürfnis nach Nähe haben, melden sie es an, wissend, daß wir immer darauf eingehen. Dadurch entstand ein äußerst wertvolles Beziehungsfundament, das auf gegenseitigem Vertrauen und Verständnis basiert. Ein Säugling mag noch sehr fordernd erscheinen; werden seine Bedürfnisse aber zuverlässig erfüllt, kommt spätestens im Kleinkindalter ganz viel zu den Eltern zurück.

Ich habe viele so unvergeßlich schöne Erinnerungen an die Einschlafsituationen mit unseren Kindern. Zum Beispiel hat mir unser mittlerer Sohn über Wochen hinweg abends über den Kopf gestreichelt und immer wieder gesagt: So schön, daß du bei mir bist, Mami! Gerade in diesen manchmal ewig lange erscheinenden Einschlafmomenten kam so vieles zur Sprache, wofür tagsüber in der Alltagshektik einfach keine Zeit war. Ich bedaure im Nachhinein keine einzige Nacht, die ich für meine Kinder da war, auch wenn ich in dem Moment selbst nicht immer geduldig war.

Siehst du das eigene Bett im Baby- oder Kleinkindalter überhaupt als notwendig?

Es gibt aus meiner Sicht keinen Grund, warum ein Baby oder Kleinkind im eigenen Bettchen schlafen sollte. Früher oder später wird es alleine schlafen *wollen*, und es ist doch schön, wenn wir diese Entscheidung dem Kind überlassen können. Aber klar, wenn die Eltern mit dem Kind im Bett einfach schlecht schlafen oder das Kind im eigenen Bett sicherer ist, kann das die bessere Lösung sein.

Wir haben auf jeden Fall alle unsere ungebrauchten Kinderbetten weiterverschenkt. Für uns hat sich diese Investition überhaupt nicht gelohnt. Wenn schon, kaufen Eltern besser gleich ein großes Bett, wo sie sich bei Bedarf auch gut dazulegen können.

Geht deiner eigenen Erfahrung nach die Initiative vom Kind selber aus, wann es im eigenen Bett schlafen möchte?

Ja, das ist tatsächlich so! Darauf dürfen Eltern wirklich vertrauen, aber es kann je nach Kind und je nach Lebensgeschichte einige Jahre dauern. Viele Eltern haben weder die Geduld noch die Zuversicht. Hier fehlen wichtige Vorbilder und die Erfahrung, daß es gut kommt. Eltern können ja erst richtig sicher sein, daß es klappt, wenn sie es bei ihrem Kind so erlebt haben.

Aus Erfahrung würde ich sagen, daß Kinder, die von Anfang an bei den Eltern schlafen durften, am schnellsten bereit sind, alleine zu schlafen; eben deshalb, weil sie die Nacht und das Schlafen nie mit Ängsten oder Alleinsein verknüpft haben. Da macht es dann richtig Spaß, auf einmal ein eigenes Bett zu haben.

Interessant ist jedoch, daß es für viele Eltern, die einige Zeit Co-Sleeping praktizieren, gar nicht mehr erstrebenswert ist, daß ihr Kind alleine schläft. Sie genießen die nächtliche Nähe zum Kind genauso – und das hat nichts damit zu tun, daß sie nicht loslassen können. Warum soll man etwas, das schön ist, nicht genießen dürfen? Längerfristig geht es in der Kindererziehung nicht darum, daß Kinder lernen, alleine zu schlafen oder anständig zu essen (das lernen sie sowieso).

Es geht vielmehr darum, daß sie lernen, tragfähige Beziehungen aufzubauen und sich in andere einfühlen zu können. Das ist es, was eine qualitativ gute Gesellschaft ausmacht: für einander da sein und eigene Bedürfnisse ausdrücken dürfen.

Welche Gefahren siehst du in Schlafprogrammen, z. B. den Ferber-Methoden?

Ein Kind schreien zu lassen, auch mit kurzen Zuwendungszeiten, wie das in Schlaflernprogrammen praktiziert wird, ist aus heutiger Sicht höchst bedenklich. Wir wissen aus zahlreichen Untersuchungen, daß das kindliche Gehirn und der Aufbau seines Ur- und Selbstvertrauens Schaden nehmen, wenn es häufig oder über längere Zeit schreien gelassen wird. Die Panik, die es dabei empfindet, führt zu einer Streßreaktion im Körper und diese wiederum hat eine krankmachende Wirkung.

Wenn Eltern ihr Kind nachts sich selbst überlassen und nicht auf sein Schreien eingehen, erlebt es dadurch einen massiven Vertrauensbruch. Wenn es dann tatsächlich einschläft, dann nicht, weil es das Schlafen *gelernt* hat, sondern weil es aus Erschöpfung und Frustration eingeschlafen ist. Was es dabei jedoch lernt, ist: Ich bin nicht wichtig genug! Wenn ich schreie und Angst habe, kommt niemand. So ein Kind wird später viel mehr Mühe haben, Bindungen zu anderen Menschen einzugehen, als ein Kind, dessen Bedürfnisse immer erfüllt wurden.

Wo besteht Informationsbedarf, um Eltern darauf aufmerksam zu machen?

Eltern sollten unbedingt über diese Zusammenhänge informiert werden (im Spital, vom Kinderarzt, der Mütterberaterin und so weiter…). Sie sollten die kindliche Schlafentwicklung und die Wichtigkeit eines sicheren Bindungsaufbaus verstehen und wissen, daß sie ihr Kind nicht trainieren müssen. Es kommt alles von allein, aber es braucht natürlich Zeit. Sie sollen darin bestärkt werden, intuitiv mit ihrem Kind umzugehen und bei Bedarf Unterstützung suchen.

Was wünschst du dir für die Zukunft der Babys?

Daß alle Babys so lange, wie sie es brauchen, auch nachts liebevolle Zuwendung erhalten! Wenn ein Kind am besten schon während der Schwangerschaft, spätestens aber nach der Geburt fühlt, daß es geliebt wird und daß seine Eltern gerne für es da sind, wird es sich zu einem liebenswerten und hilfsbereiten Menschen entwickeln.

Welche Tips möchtest du Eltern gerne mit auf den Weg geben?

Genießt die Zeit mit eurem Kind in vollen Zügen – sie ist so schnell vorbei! Habt keine Angst, es zu verwöhnen: Ein Kind kann in emotionaler Hinsicht nicht zu viel Zuwendung erhalten! Es lohnt sich alles; es ist wie das Einzahlen auf ein Beziehungskonto, von dem später alle Beteiligten wieder abheben können.

Wenn ihr aber an eure Grenzen kommt und die Ressourcen fehlen, eurem Kind das zu geben, was es braucht, sucht bitte dringend helfende Hände und verständnisvolle Ohren! Eltern waren immer schon auf Unterstützung anderer Menschen angewiesen und dürfen diese auch einfordern.

Continuum-Concept und Kommunikation

Junge Indiofrau, Bolivien

Die bekannte amerikanische Forscherin und Autorin Jean Liedloff war insgesamt zweieinhalb Jahre im Dschungel Venezuelas bei den Yequana-Indianern. Dieses Volk zeichnet sich durch ungewöhnliche Freundlichkeit und Friedfertigkeit aus. Die Menschen verfügen über ein starkes Selbstvertrauen und innere Zufriedenheit. Liedloff entdeckte die Ursache dieses harmonischen Zusammenlebens im Umgang dieser Menschen mit ihren Kindern.

Sie schrieb ihre Beobachtungen in dem Buch »Auf der Suche nach dem verlorenen Glück« nieder und faßte sie unter dem Begriff »Continuum Concept« zusammen. Liedloff zufolge benötigen Säuglinge und kleine Kinder, wenn sie sich physisch, mental und emotional optimal entwickeln sollen, unterschiedliche, im folgenden Text zusammengefaßten Erfahrungen.

Werden diese Erfahrungen erfüllt, während das Kind heranwächst, wird es den natürlichen Zustand von Selbstsicherheit, Wohlgefühl und Freude an den Tag legen. Die Weichen für einen Menschen mit Selbstachtung und Unabhängigkeit werden gestellt, da es von Geburt an ein Urvertrauen entwickeln konnte.

Für ein Baby gehören zu diesen Erfahrungen…

- … konstanter Körperkontakt mit seiner Mutter (oder einer anderen vertrauten Bezugsperson, wenn nötig) vom Zeitpunkt seiner Geburt an.
- … das Schlafen im Familienbett in ständigem Körperkontakt, bis es aus eigenem Entschluß einen eigenen Schlafplatz wünscht.
- … das Stillen nach Bedarf.
- … das ständige Tragen auf dem Arm oder auf andere Art (größtenteils bei seiner Mutter). Dabei soll es die Möglichkeit haben, alles zu beobachten, aber auch sich zurückzuziehen und zu schlafen, während die Person, die es trägt, ihrer Arbeit nachgeht.

- … das überwiegende Tragen von Geburt an bis ins Krabbel- oder Laufalter, wenn es selber auf Entdeckungsreise geht.
- … eine Betreuungsperson zu haben, die unmittelbar auf seine Signale eingeht, ohne diese negativ zu bewerten, ohne Unlust oder Mißfallen zu zeigen oder es zum ständigen Mittelpunkt ihrer Aufmerksamkeit zu machen.
- … die Erwartungen, die die Eltern (oder Bezugspersonen) haben, zu spüren, nämlich, daß es von Geburt an sozial und kooperativ ist und über starke Selbstschutzmechanismen verfügt und daß es willkommen und wertvoll ist.

Der natürliche Selbstschutzmechanismus

Diesen letztgenannten Punkt über den natürlichen Schutzmechanismus möchte ich gerne etwas ausführlicher beleuchten. Es geht darum, daß Liedloff beobachten konnte, daß die kleinen Kinder der Yequanas in ihrem täglichen Umfeld gewissen Gefahren ausgesetzt waren, diese aber selber einschätzen und meistern konnten. Es geht hier um die bereits vorhandene Selbstkompetenz der kleinen Kinder. Beispielsweise konnten kleinere Kinder an steil abfallenden Gruben vorbeikrabbeln, ohne hineinzufallen, größere Kinder spielten mit Pfeilspitzen, ohne sich dabei ernsthaft zu verletzen.

In unserer westlichen Welt gibt es ebenfalls eine Menge an größeren und kleineren Gefahrenquellen. Aus meiner Erfahrung ist es tatsächlich wichtig, den Kindern die größtmöglichste Freiheit zu geben, damit sie ihr Umfeld ungestört selbständig entdecken dürfen, ohne sie jedoch ernsthaft in Gefahr zu bringen. Dies fordert von den Eltern oder Betreuungspersonen Vertrauen und Fingerspitzengefühl.

Um dies besser zu veranschaulichen, gebe ich hier ein paar Beispiele:

Treppen

Treppen sind eine mögliche Gefahrenquelle, je nach Material, Neigung oder Länge. Ich habe bei allen Kindern weder Absperrgitter noch sonstige Sperren verwendet. Als Anael im Krabbelalter war, wohnten wir in einem Holzhaus mit kurviger, steiler Holztreppe. Ich habe nie etwas zur Absperrung benutzt, da er sonst nicht gelernt hätte, mit dieser Gefahr umzugehen. Er konnte bereits seine eigenen Fähigkeiten nicht ganz einjährig so weit einschätzen, daß er die Treppe zum Hochkrabbeln benützte. Wenn er in den unteren Stock wollte, rief er, damit ich ihm half, hinunterzusteigen, oder ihn hinuntertrug. Erst später hat er begonnen, erst sitzend, dann auch stehend die Treppe selbständig hinunterzusteigen. In dieser Zeitspanne ist er zwei Mal einige Stufen die Treppe hinuntergefallen, hat sich dabei jedoch nie ernsthaft verletzt.

Wichtig ist, daß die Gefahr, also die Treppe vom Kind ganz klar erkannt wird. Hätte ich vor dem Abgang beispielsweise Kisten als Schutz hingestellt, wäre dies wohl um einiges gefährlicher gewesen. Anael hätte nicht gesehen, daß dahinter ein Abgrund ist und hätte auf die Kisten klettern und schwer herunterfallen können.

Wäre es eine Stein- oder Plattentreppe gewesen, hätte ich doch zum Absperrgitter greifen müssen, denn gegenüber Holz sind diese Treppen steinhart und wären eine zu große Gefahrenquelle gewesen.

Kleine Kinder gehen meist sehr langsam und bedacht die Treppen hinauf und hinunter, im Gegensatz zu älteren Kindern oder Erwachsenen, die sich darüber gar keine Gedanken mehr machen. In unserem jetzigen Haus gibt es eine sehr steile Holztreppe, die Anael mit fast zwei Jahren problemlos meistert. Er ist da noch nie heruntergefallen, ganz im Gegensatz zu Elyah, Leonie oder älteren Kindern, die zu Besuch waren. Selbst mir ist das schon passiert.

Die Unfallgefahr hängt nicht vorwiegend vom Alter des Menschen ab, sondern von der Gefahrenquelle, dem eigenen Einschätzungsvermögen und der eigenen Achtsamkeit.

Kleine Gegenstände, Murmeln und dergleichen

Immer wieder wird auf die Gefährlichkeit von kleinen Gegenständen hingewiesen und den Eltern mit der Verschluckungsgefahr Angst gemacht. Meine eigene Mutter ist ein Paradebeispiel dafür. Doch gerade die Phase, in der das kleine Kind alles in den Mund steckt, um den Gegenstand zu erforschen, ist enorm wichtig für seine Entwicklung. Indem es Steinchen oder sonstige Gegenstände in den Mund schiebt, erhält es durch Berührung, Geschmack, Geruch und Oberflächenbeschaffenheit eine Vielzahl an Sinneseindrücken, die es verarbeitet und sich einprägt. Es ist wichtig, daß es diese Erfahrungen in dem Alter machen kann, wo dies auch vorgesehen ist. Wird dieses Lernfenster unterdrückt, muß es später nachgeholt werden. Dies erklärt auch das unnatürliche Verhalten von einigen größeren Kindern, die immer noch alles in den Mund stecken, manchmal auch Dinge, die es nicht sollte.

Wir haben alle drei Kinder immer alles in den Mund nehmen lassen, was nicht gerade spitzig oder sonstwie gefährlich war, das heißt auch kleine Gegenstände wie Steinchen oder Murmeln. Nie haben sie sich daran verschluckt. Anael hatte als Baby lediglich einmal ein Steinchen im Gaga, konnte es also bereits hinunterschlucken. Was hingegen gefährlich werden kann, sind sehr spitze kleine Gegenstände wie Scherben. In der

Natur ist dies nicht so ein Problem, in Städten mit entsprechend verschmutzten Parks und Straßen hingegen schon.

Medikamente, Putzmittel usw.

Dies ist eine Gefahrengruppe, die je nach Medikament oder Putzmittel ernsthafte Folgen haben könnte. Aus diesem Grund sollten solche Dinge tatsächlich unerreichbar weggesperrt werden.

Es ist nicht weiter tragisch, wenn kleine Kinder Shampoo, Sonnencreme, Zahnpasta und Pflaster und dergleichen erkunden. Diese Dinge habe ich kaum weggeräumt. Natürlich muß man da damit rechnen, daß auch hin und wieder einmal andere Gegenstände wie Teppich oder Wände etwas von diesen Dingen abbekommen, das ist eben Forscherdrang pur.

Krabbeln, Laufen, Springen, Klettern

Krabbeln, Laufen lernen, Springen, Hüpfen und Klettern sind natürliche Fähigkeiten, die sich Kinder aneignen. Diese bergen während des Lernprozesses auch ihre Tücken. Als Elyah in der Lauflernphase war, wohnten wir in einer Wohnung mit Steinplatten-Boden, sehr ungeeignet mit kleinen Kindern. Dementsprechend hat er sich beim Hinfallen auch oft sehr weh getan. Bei Leonie hatten wir den gleichen Boden, doch da ich beim ersten Kind noch sehr ängstlich war, ließ ich sie vorwiegend in den Zimmern mit Parkett frei gehen und half ihr immer beim Fliesenboden. Bei einem Kind geht dies gut, doch schon beim zweiten ist es nicht mehr möglich, immer hinterherzulaufen, und auch wenig sinnvoll.

Dementsprechend entwickelten sich die Kinder auch anders in der Fortbewegung. Leonie hat nie groß gekrabbelt, lief dafür mit acht Monaten an der Hand, dies für die nächsten zwei bis drei Monate. Elyah ließ ich bewußt krabbeln und gehen lernen, ohne daß ich ihm dabei oft half, außer es war wirklich nötig. Es war auch sein Bedürfnis und Wille, alles selbst zu lernen und selber zu versuchen, es lag mehr daran, ruhig zu bleiben, wenn er mit noch unsicheren Schritten die Wohnung erforschte. Er hatte auch eine Vorliebe dafür, bereits einjährig von der hohen Sofakante auf den Boden zu springen. Für mich war dies kein Problem, aber Besucher oder Familienmitglieder hielten jedes Mal den Atem an. Mit vier Jahren waren es dann Saltos auf dem Sofa.

Anael hatte das Glück, daß wir bei seiner Lauflernphase in einem Haus mit Teppich- und Parkettboden wohnten. So konnte ich ihn ungestört sein lassen. Er konnte sehr flink und schnell krabbeln und lernte in dieser optimalen Umgebung sehr schnell selber laufen, ohne sich dabei wehzutun, wenn er mal hinfiel.

Alle drei Kinder waren in ihrer Art sehr agil, grob- und feinmotorisch sehr fortgeschritten. Dies ist vor allem auch dem vielen Tragen und Windelfrei zugutezuhalten, was genau diese Aspekte fördert.

Eines muß man auch als Eltern erst lernen: Kinder wollen lernen, Kinder wollen selber entdecken und alles erforschen. Man muß sie nur lassen. Kinder brauchen Raum und Freiheit für ihre Entwicklung!

Tiere

Der Umgang mit Tieren ist etwas, was Kinder sehr rasch lernen und von den Eltern übernehmen. Für mich war ein respektvolles Verhalten gegenüber allen Tieren, von

den großen bis zu kleinsten Käfern oder Mücken, immer eine Selbstverständlichkeit. Tiere bereichern das Leben eines Kindes durch so viel Positives. Für uns sind Tiere, ganz gleich welcher Art, immer eine besondere Freude. Sie sind ganz einfach unsere Freunde.

Nun kann ein Tier auch ein gewisses Gefahrenmoment bedeuten, wenn man falsch mit ihm umgeht. Dies ist bereits bei Katzen der Fall, je nach Temperament des Tieres. Kinder lernen schnell zu unterscheiden, welche man unbesorgt knuddeln kann und bei welchen Vorsicht geboten ist, da sie sonst Krallen oder Zähne zeigen.

Wichtig ist, ihnen vorzuleben, wie sie sich in den unterschiedlichen Situationen und Stimmungen der Tiere richtig verhalten. Tiere geben ebenfalls viele Zeichen und Signale. Kinder lernen diese zu verstehen und darauf entsprechend zu reagieren oder sie auch in Ruhe zu lassen.

Feuer

Feuer ist ein gutes Beispiel dafür, wie unterschiedlich Situationen auf Menschen wirken. Ich hatte selber als Kind fast panische Angst vor Feuer und hielt mich auch als Erwachsener sehr zurück. Mittlerweile ist mir der Umgang damit geläufig, da ich durch die Holzfeuerung sehr viel selber feuere, trotzdem bleibt immer ein gewisses

Unbehagen. Aus diesem Grund habe ich unseren Kindern von klein auf beigebracht: »Heiß! Finger weg!« und sie nie hinfassen lassen.

Der ältere Sohn meiner nahen Freundin hat sich hingegen mehrmals sehr stark an einer Kerze verbrannt, da er einfach neugierig war und sie ihn gewähren ließ. Kinder sind unterschiedlich, es gibt solche, die versuchen es erst gar nicht, andere versuchen es einmal und andere wiederum mehrmals. Es liegt immer im eigenen Ermessen, wie weit der Forscherdrang vom Kind ausgelebt werden darf.

Gewässer

Unterschiedliche Gewässer bergen unterschiedliche Risiken. Tiefe Gewässer sind ganz klar eine große Gefahr, die immer ausgeschlossen werden muß. Planschen in der Badewanne bedarf bis zu einem gewissen Alter ständiger Aufsicht, und Spielen am Seeufer in seichtem Wasser ist sicher für alle eine entspannte Situation. Die Spannbreite reicht also von Spaß bis hin zu echter Gefahr.

Messer, Scheren

Gerade dieses Thema wird sehr unterschiedlich angegangen. Es gibt Kinder, die mit sieben Jahren noch eine Kinderschere benützen müssen, da andere zu gefährlich wären, andere Kleinkinder spielen bereits von klein auf mit Messern oder Scheren.

Auch hier kommt es auf die Beschaffenheit der Gegenstände und das Kind an. Leonie beispielsweise war bereits als Kleinkind überaus vorsichtig, handelte überlegt und sehr bedacht. So hantierte sie bereits als Baby mit Gabeln und unscharfen Besteckmessern und lernte schon als kleines Kind selbst, mit Küchenmessern Gemüse zu schneiden.

Bei Elyah war dies anders. Er fuchtelte einfach zu wild herum, deshalb durfte er mit Scheren und Besteckmessern umgehen, die spitzen Küchenmesser waren jedoch lange tabu.

Anael ist jetzt noch nicht ganz zwei, bekommt auch Scheren und Besteck und beginnt seit kurzem auch, Rüstmesser zu benutzen. Am Anfang einer solchen Phase geschieht dies immer unter meiner Aufsicht, bis ich selber auch die Gewissheit habe, daß er achtsam damit umgeht.

Manchmal geht es weniger um die Angst vor Verletzungen, sondern mehr um die Sorge, die Kinder könnten etwas kaputtmachen. Doch auch wenn es mal Scherben gibt, sie sollen doch früh lernen dürfen, aus einer Tasse oder einem Glas zu trinken oder heikle Gegenstände anzufassen und zu tragen.

Am einfachsten ist es, die Umgebung kindgerecht zu gestalten und Dinge, die uns selber sehr wichtig sind, einfach an einem sicheren, nicht sichtbaren Ort zu verstauen, damit der Reiz, danach zu greifen, gar nicht erst aufkommt.

Anstelle vieler Neins (»Das darfst du nicht.«) sollen wann immer möglich Jas kommen, da viele unserer Entscheidungen gerade für Kleinkinder noch nicht nachvollziehbar sind.

Straßenverkehr

Die Straßen sind heutzutage je nach Verkehrslage eine große Gefahr. Es hat mich selber sehr berührt, als wir eine neue Nachbarin frisch kennenlernten und sie uns erzählte, daß sie gerade einige Wochen zuvor ihr jüngstes dreijähriges Kind im Straßenverkehr verloren hatte, da es angefahren wurde. Viele Menschen sterben täglich im Straßenverkehr. Der Weg zum Kindergarten oder in die Schule, Fußgängerüberwege und Bürgersteige sind keine wirklich sicheren Wege. Sie erfordern je nach Alter und Verkehrslage die Begleitung durch einen Erwachsenen.

Fazit

Jeder Mensch hat seine ganz eigenen Grenzen und zieht diese in heiklen Situationen ganz anders. In manchen Ländern lernen Kinder zwangsläufig bereits sehr früh, mit Gefahren umzugehen. Wir sind in unserer Gesellschaft gut organisiert, sicherheitsorientiert und eher übervorsichtig bis ängstlich und trauen unsern Kindern weniger zu.

Vertrauen, daß bereits Babys über einen Schutzmechanismus verfügen, der bei jedem Kind wieder anders ausgeprägt ist, gibt die notwendige Sicherheit, loszulassen und ihnen den Freiraum zu geben, den sie brauchen. Ob wir uns vorstellen, dieser Schutzmechanismus sei instinktives Verhalten oder der Schutzengel, der die Kinder begleitet, das sei jedem Menschen selbst überlassen.

Findet für euch bei jedem Kind euren eigenen Weg und habt Vertrauen in seine Fähigkeiten.

Gebt euren Kindern Flügel, um die Welt zu entdecken, über den eigenen Schatten zu springen und über sich selber hinauszuwachsen!

»Schrei-Babys« und Kommunikation

Außer dem Glück, das du als frischgebackene Mutter erlebst, wirst du auch Momenten mit großen Herausforderungen begegnen. Ein Kind, welches aus Leibeskräften schreit, weckt automatisch deinen Beschützerinstinkt und läßt deine Alarmglocken schrillen. Das soll auch so sein, denn offensichtlich hat es Bedürfnisse, die darauf warten, beachtet zu werden: Es besteht akuter Handlungsbedarf!

Im täglichen Umfeld läßt mich ein schreiendes Baby immer gleich aufhorchen. Es scheint nicht allen Eltern klar zu sein, wie wichtig ein promptes Reagieren ist. Es gab auch schon Situationen, wo ich die Eltern erst auf ihr Kind aufmerksam machen mußte, bis sie eine Reaktion zeigten. Offenbar herrschen hier noch sehr viele Mißverständnisse zwischen Eltern und Babys.

Babys, die durch ihr Schreien keine Beachtung finden und ihrer Hilflosigkeit ausgeliefert sind, werden irgendwann resignieren. Manche früher, andere später. In Urzeiten hätte dies bei Babys womöglich den Tod bedeuten können, wenn ihre Eltern nicht auf ihr Schreien reagiert hätten, da unmittelbare Gefahren drohten. Heutzutage drohen ganz andere Gefahren: Wut, Ärger, Resignation, Depression, Verlust des Vertrauens in die Bezugspersonen und die eigene Existenz, vollkommene Machtlosigkeit.

In der umgekehrten Handlung hingegen, wenn du als Mutter oder Vater auf die Signale des Babys eingehst und prompt darauf reagierst, erfährt es seine Umwelt als Resonanz auf sein eigenes Verhalten. Es spürt, daß eine liebevolle Verbindung da ist und eine gegenseitige Kommunikation stattfindet. Es wird in seinem Urvertrauen gestärkt und nimmt freudig und aktiv am Leben teil.

Dein Baby versucht immer, sich dir mitzuteilen, so wie es gemäß seinen Fähigkeiten möglich ist. Es zeigt sich immer erst kooperativ und wird alles versuchen, dir Zeichen zu geben.

Weinen bis hin zu schrillem Schreien sind gesteigerte Formen der Mittelung, welche du größtenteils vermeiden kannst, wenn du achtsam gegenüber deinem Kind bist und unmittelbar auf diese Signale eingehst. Mit der Zeit erkennst du die verschiedenen und auch sehr individuellen Zeichen deines Babys ganz genau und kannst bereits vor dem Weinen auf diese reagieren.

Mögliche Anzeichen *vor* dem Weinen:
- Unmutslaute, Wimmern
- wildes Strampeln
- Grimassen schneiden, Gesicht verziehen
- Fuchteln und Wedeln mit Armen oder Beinen
- sich strecken und winden
- Gegenstände frustriert wegwerfen

An diesem Punkt liegt es an dir, prompt zu reagieren. Was braucht mein Kind? Seine Bedürfnisse wirst du schon bald sehr genau kennen. Neben den individuellen Gewohnheiten und Vorlieben eines Kindes haben alle Babys Grundbedürfnisse, die für ihr Leben wichtig sind. Sie sind von Natur aus angelegt, um das Überleben der Menschheit zu sichern.

Es gibt in diesem Sinne keine Schreibabys, sondern nur eine Mißverstehen der Bedürfnisse des Babys. Nicht immer wird es dir gelingen, die Ursache auf Anhieb herauszufinden. Es kommt, wie ich im Kapitel Tragen mit meinem Tagebucheintrag beschrieben habe, auch vor, daß das Bedürfnis nicht genau erkannt wird und trotzdem ein Handeln stattfindet. Ich wußte in dieser speziellen Situation nicht, weshalb Anael schrie, konnte ihn dennoch durch das Tragen im Tragetuch schlußendlich beruhigen. Es geht also zuerst einmal darum, auf dein Baby zu reagieren und mit verschiedenen Ansätzen (z. B. Stillen, Windelfrei, Tragen) nach einer Lösung zu suchen.

Je mehr du mit deinem Baby kommunizierst und auf seine Signale eingehst, desto mehr wirst du die Bedürfnisse erkennen und entsprechend handeln und umso zufriedener wird dein Kind sein, was sich wiederum auf dich selber und auf eure Familie als Ganzes positiv auswirkt.

Kommunikation mittels Babyzeichen

Im Continuum Concept finden wir ebenfalls das prompte Reagieren und das Erkennen von Signalen der Babys. Nicht immer fällt das so einfach. Als Hilfe zur gegenseitigen Verständigung kannst du Handzeichen benutzen. Sie werden unter dem Begriff »Babyzeichen« oder »Zwergensprache« gelernt. Sie sind ganz einfach dazu da, daß sie euch helfen, miteinander zu kommunizieren, bevor dein Kind das Sprechen erlernt. Dies wird euch einerseits alltägliche Situationen erleichtern, und andererseits bekommst du einen ganz anderen Einblick in die Welt deines Babys.

Erst bei Anael habe ich die Babyzeichen entdeckt und hätte sie gerne bereits früher angewandt. Handzeichen geben war mir vorher nur im Zusammenhang mit Windelfrei bekannt. Dies klappte ja bereits sehr gut. Babyzeichen jedoch erstrecken sich auf alle Lebensbereiche. Dein Baby kann sich mit Hilfe der Zeichen so weit verständlich machen, daß es nicht nur Bedürfnisse mitteilt, sondern auch Erfahrungen wiedergibt und »erzählt«, was es erlebt hat und was ihm gefällt, oder Fragen stellt. Eure Kommunikation erhält dadurch eine ganz andere Tiefe.

Zum besseren Verständnis, wie das im Alltag aussehen kann, habe ich Karin Patton interviewt. Sie ist Regionalleiterin in der Schweiz für die Zwergensprache:

Interview Babyzeichen und Zwergensprache
mit Karin Patton (36), Schweiz
Anästhesiepflegefachfrau, Regionalleitung Zwergensprache,
Mutter von Elijah (4), Liam (♥) und Caelan (8 Monate)

Wie bist du zu der Babyzeichensprache gekommen?

Als ich mit meinem ersten Sohn schwanger war, besuchte ich eine australische Kollegin. Sie hatte in der Küche Bilder einer Frau, welche Gebärden machte, aufgehängt. Als ich sie fragte, was das sollte, erklärte sie mir, daß sie Babyzeichensprache mit ihrer damals dreizehn Monate alten Tochter machte. Ich starrte sie nur fassungslos an und fragte mich, was das denn wieder sollte... Dies so lange, bis am Abend der Vater des Mädchens nach Hause kam und sie ihm mit Zeichen und Geräuschen erklärte, was sie alles gesehen hatte während des Tages. Sie erzählte vom Baum und den Vögeln und daß wir spazieren waren. Ich habe nur noch gestaunt und beschloß, daß ich nichts verurteilen kann, von dem ich keine Ahnung habe. Habe mich dann via Internet weiter informiert und einen Workshop besucht, und wir haben die Babyzeichen mit unserem Sohn angewendet. Weil es mich so begeisterte, habe ich mich dann zur Ausbildung als Kursleiterin für Zwergensprache bei Vivian König entschlossen.

Wie funktioniert die Babyzeichensprache?

Babyzeichensprache dient der Verständigung zwischen Eltern und deren Babys, bevor die Kleinen sprechen können. Die sogenannten BZ werden parallel zur normalen Sprache benutzt. Sie symbolisieren Gegenstände (beispielsweise »Buch«), Tätigkeiten (»trinken«, »schlafen«), Eigenschaften und so weiter aus dem Babyalltag.

Die Zeichen beruhen auf der Gebärdensprache, sind aber für die Babyhände vereinfacht.

Es funktioniert genauso wie das Winken: Die meisten Babys winken, dies machen sie nicht aus Instinkt, sondern weil die Eltern ihnen immer beim Tschüß-Sagen vorwinken. Ein Baby kopiert die Mimik, Körpersprache und auch die Gesten seiner Bezugspersonen und beginnt ebenfalls zu winken, dies auch weil die Handmotorik früher als die Mundmotorik entwickelt wird. Es kann eher mit der Hand winken, als mit dem Mund »Tschüß« sagen. Wenn so ein kleines Baby winkt, lächeln die meisten Leute zurück und winken auch. Das Baby erhält eine positive Rückmeldung und wird darum wieder winken.

Mit den Babyzeichen machen wir uns dieses natürliche Kopieren der Kinder zunutze. Nur geben wir ihm viel mehr Ausdrucksmöglichkeiten in die Hände. Es kann mit Babyzeichen nun nicht nur winken oder »Psst – leise« sagen, sondern auch zeigen, daß es einen Apfel möchte, Angst vor dem Lärm hat, ein Buch vorgelesen haben möchte und vieles mehr. Es kann auch Dinge ausdrücken, welche es gerade nicht sieht. So kann es erzählen, daß etwa die Oma heute zu Besuch war, auch wenn die Oma schon nach Hause gegangen ist.

Was sind dabei die Vorteile für Eltern und Baby?

Unsere Zwergensprache ist nicht darauf ausgerichtet, kleine Genies zu züchten oder Lerndruck auf das Baby auszuüben. Das Ziel der Babyzeichen ist es, den Alltag mit einem Kleinkind zu vereinfachen und die gemeinsame Kommunikation zu fördern.

Durch Zwergensprache wird die erste Zeit mit deinem Baby noch interaktiver und entspannter. Dein Kind wird die intensive Zuwendung und Resonanz von dir sehr genießen und du wirst staunen, wie viel von so kleinen Menschen schon zurückkommt.

Es gibt aber ein paar konkrete Vorteile, die ich erwähnenswert finde:

- Das Baby kann mit den Eltern kommunizieren, bevor es sprechen kann.
- Der Austausch bereichert die Eltern-Kind-Beziehung und erleichtert den Alltag.
- Ein leichteres gegenseitiges Verstehen reduziert Frust und Wutanfälle. Dies wiederum macht Babys zufrieden und selbstsicher.
- Das Nachahmen der Gesten verbessert die Motorik und das Körpergefühl der Kinder.
- Die Gehirnentwicklung wird durch das Anregen der akustischen, visuellen sowie auch motorischen Lernebene gefördert.
- Es hilft beim Sprechenlernen und vergrößert den aktiven Wortschatz.
- Zweisprachige Familien und die Integration fremdsprachiger Kinder werden unterstützt.

Vor allem aber macht es enorm Spaß!

Ab welchem Alter kann damit begonnen werden?

Es ist nie zu früh, mit Babyzeichen anzufangen. Es hilft schon ganz kleinen Babys, das Schlüsselwort eines Satzes leichter zu erkennen und zu verstehen. Von der Motorik her machen aber die meisten Babys frühestens mit sechs Monaten eigene Zeichen. Darum empfehlen wir einen Beginn ab sechs bis neun Monaten, damit die Zeit vom ersten Zeigen bis zum Anwenden des ersten Zeichens nicht so lange dauert und die Geduld der Eltern nicht allzu lange auf die Probe gestellt wird.

Wie und in welchem Alter deines Kindes hast du selber damit begonnen?

Wir begannen bei Elijah mit knapp acht Monaten mit den Zeichen für »Milch«, »mehr« und »Lampe«.

Mit Caelan haben wir mit zwei Monaten angefangen mit »Milch« und »Nuggi«.

Bei beiden haben wir immer wieder die Zeichen und das gesprochene Wort dazu angewendet, und sie haben es jeweils relativ rasch verstanden und dann auch selber damit kommuniziert.

Wie hat sich daraus eure Kommunikation entwickelt und verändert?

Die Kommunikation wurde dadurch viel intensiver und vor allem zweiseitig. Ich habe mehr mit meinen Kindern geredet und konnte viel individueller auf sie eingehen. Ich habe immer gesagt, daß ich situativ, von der Art des Weinens, von ihrer Körpersprache und im Ausschlußverfahren auch schon viel verstanden habe, was mir meine Kinder sagen wollten. Ich habe zum Beispiel schon verstanden, daß Elijah mit zehn Monaten beim Spazieren einen Baumstumpf sehr spannend fand. *Aber*: Dank Babyzeichen weiß ich auch, *wieso* er ihn spannend fand: weil er wie ein Krokodil aussah. Babyzeichen gaben uns einen genaueren Einblick in die kindliche Erlebniswelt unserer Söhne.

Wenden auch andere Personen in der Familie oder im Umfeld deines Babys die Babyzeichen an?

Unsere Kinder wachsen zweisprachig auf, die Zeichen fungieren dabei auch als Brücke zwischen den Sprachen. Mein Mann hat die Zeichen auch angewendet, ebenso die Großeltern, selbst der anfangs sehr skeptische Großvater erzählt heute noch begeistert von schönen Kommunikationsmomenten mit seinen Enkeln. Ich habe auch Kolleginnen, welche die Zeichen mit ihren Kindern und entsprechend auch mit meinen anwenden.

Gab es mit den Zeichen auch lustige Momente, besondere Erlebnisse?

Da gäbe es ganz, ganz viele, hier zwei meiner Lieblingserlebnisse:

Ich ging mit Elijah ein paar Tage nach seinem ersten Geburtstag in den Zoo. Am Abend hat ihn sein Vater gefragt: »Was hast du im Zoo gesehen?« – Elijah antwortete mit Zeichen: »Nikolaus Nein Nein Essen.« Mein Mann schaute mich verwundert an, und ich erklärte ihm, daß der Nikolaus im Zoo war und an alle Kinder Erdnüsse verteilt hat. Einem einjährigen Kind gebe ich aber noch keine Erdnüsse zu essen, darum habe ich ihm die Nüsschen wieder weggenommen. Im Zoo selber gab es kein Geschrei, als ich ihm die Nüsse wegnahm. Aber nach dem Zoo hat er noch wochenlang davon »erzählt«, daß er die vom Nikolaus geschenkten Nüsse nicht essen durfte.

Beispiel 2: Während des Essens sagte Elijah (elf Monate) immer wieder: »Fauer, fauer…«. Ich verstand ihn nicht, da hat er das Zeichen dazu gemacht: Blume. Aha: »Flower.« Das kommt davon, wenn man zweisprachig aufwächst, und »flower« war anscheinend für ihn einfacher auszusprechen als Blume. Er wollte mich darauf hinweisen, daß unsere Amaryllis blüht.

Weshalb hast du dich für eine Ausbildung zur Kursleiterin von Babyzeichen entschieden?

Da es bei uns super geklappt hat mit den Zeichen und sie unseren Familienalltag so sehr bereichert haben, wollte ich diese wunderbare Sache mit anderen Familien teilen.

Zudem wollte ich schon immer etwas machen, das sich gut mit der Familie vereinbaren läßt. Dazu bin ich als Kursleiterin der Zwergensprache sehr selbständig und kann bestimmen, an welchen Tagen ich arbeiten möchte, und meine Kinder kommen oft mit in die Kurse. Zudem habe ich bei der Zwergensprache ein großes Netzwerk an Kursleiterinnen aus der Schweiz, Österreich und Deutschland im Rücken für Anregungen und Ideen oder fachlichen Austausch.

Wie ist die Resonanz der Eltern, die den Kurs besucht haben?

Ich mache die Kurse nun seit bald vier Jahren und habe durchwegs positive Rückmeldungen von den Kursteilnehmern. Ich bleibe mit den meisten auch nach dem Kurs noch lange in Kontakt und darf sie oft auch mit dem zweiten und dieses Jahr sogar jemanden mit dem dritten Kind im Kurs begrüßen.

Wer eignet sich dafür, selber eine Ausbildung als Kursleiterin zu machen?

Am wichtigsten ist die eigene Erfahrung und Begeisterung für Babyzeichen. Vorkenntnisse im Unterrichten, im Umgang mit Babys, zur Sprachentwicklung oder in der Kursleitung und so weiter sind von Vorteil aber nicht Bedingung.

Kinder brauchen Eltern!
– Fremdbetreuung –

Bei uns in der Schweiz ist die Gesellschaft wenig väterfreundlich eingerichtet. Es gibt einige Länder, die etwas fortschrittlicher sind und auch den Vätern mehrere Monate Vaterschaftsurlaub ermöglichen. Diese erste Zeit ist für das gemeinsame Bilden einer starken, liebevollen Familie immens wichtig.

In eher seltenen Fällen teilen sich Vater und Mutter die Aufgabe, zu Hause bei den Kindern zu sein. Dies macht jedoch erst Sinn, wenn die Kinder etwas älter sind, denn im Baby- und Kleinkindalter sind sie von Natur aus mit dem Stillen und dem Bedürfnis nach Mutternähe an die Mutter gebunden, wenn sie sich nicht von sich aus vorher zurückzieht und ihr Kind abgibt.

Da liegt auch bereits das zweite Problem: Viele Mütter möchten so schnell als möglich wieder arbeiten gehen und überlassen bereits kleine Kinder oder gar Babys den Kindertagesstätten. Die Wartelisten dieser Einrichtungen sind lang. Wenn dies aus finanziellen Gründen für das Überleben als Familie notwendig ist, dann hat dies auch seine Berechtigung. Doch was ist mit den vielen Frauen, die nicht unbedingt arbeiten müßten, jedoch froh sind, etwas Abstand zu haben oder Abwechslung suchen? Der Wunsch nach Abwechslung ist durchaus nachvollziehbar, nur hat ein Baby oder Kleinkind natürlicherweise ein Bedürfnis nach Mama und Papa und nicht nach Fremdpersonen. Wenn dem nicht so ist, dann ist bereits die Bindung zu den Eltern wenig stark.

Damit ein Kind seinem Bedürfnis gerecht fremdbetreut werden kann, gibt es wichtige Punkte zu beachten:

Zeitgefühl

Das Kind soll in einem Alter sein (meist ab etwa eineinhalb bis zwei Jahren), in dem du feststellen kannst, daß es ein Gefühl für ein Zeitkontinuum hat. Das heißt, daß es ihm ganz bewußt ist, daß du wiederkommen wirst, wenn du wegfährst. Somit kannst du dir von Mal zu Mal etwas mehr Freiheit gönnen und etwas für dich machen.

Dauer

Beginne mit kurzen Abwesenheitszeiten von einigen Minuten bis zu einer halben Stunde. Wenn das Kind zufrieden ist, dann kannst du die Dauer kontinuierlich steigern.

Häufigkeit

Es ist sinnvoller, wenn du am Anfang nur ab und zu weggehst und dies, wenn nötig, ebenfalls mit der Zeit steigerst.

Bezugsperson

Die Bezugsperson soll ihm absolut vertraut sein (Papa oder Großeltern zum Beispiel). Wenn es eine fremde Person ist, muß über einen Zeitraum zuerst eine Bindung geknüpft werden, während du anwesend bist. Nur so entwickelt sich eine gesunde Vertrauensbasis, ohne daß das Kind das Gefühl hat, verlassen zu werden.

Rückversicherung

Versichere dich immer, daß es dem Kind wirklich gut geht und die Trennung kein Problem ist, mit dem es fertig werden muß. Wenn es Tage gibt, wo es nicht geht, dann geh zu deinem Kind zurück und bleibe bei ihm. So wird es innerlich stark, denn es erfährt, daß du immer für dein Kind da bist.

Bindung

Sei dir selber immer wieder bewußt, daß die Zeit, die du in dem Alter in dein Kind investierst, wo es dich unmittelbar braucht, kostbar ist; kostbar für seine Entwicklung und eure gemeinsame Bindung. Gib ihm dann deine Zuwendung und Präsenz, wenn es sie am nötigsten hat: in der Baby- und Kleinkindzeit. Denn sie geht so schnell dahin! Dein Kind wird sich bald von selber seinen eigenen Freiraum suchen, und du wirst mit zunehmendem Alter immer mehr an freier Zeit für dich haben. Deshalb genieße einfach das Zusammensein, solange dein Kind diese Nähe und Geborgenheit so intensiv braucht. Dadurch werden sein Vertrauen, die innere Stärke und seine

Persönlichkeit entwickelt, hin zu einem eigenständigen, kraftvollen Wesen. Deine Hingabe, Zeit und Liebe machen sich in Hinblick auf die kommenden Jahre und den Lebensweg deines Kindes in mannigfacher Weise bezahlt!

Als Elyah knapp zwei Jahre alt war, begann ich langsam wieder, stundenweise zu unterrichten. In dieser Zeit hat Patrick die Kinder betreut. Das ging wunderbar. Das heißt, ich war zu Beginn eine Stunde abwesend und Patrick mit Elyah gleich in der Nähe, falls etwas wäre. Mit wenigen Ausnahmen war dies nie ein Problem. Einige Monate später konnte ich schon länger weg und hatte während zwei Wochen jeden Nachmittag einen kurzen Einsatz. In der Zeit blieben die Kinder bei ihrer Großmutter, was auch wunderbar klappte. Noch ein Jahr später, als Elyah drei Jahre alt war, habe ich mit einer Musicalausbildung begonnen, wo ich einmal die Woche einen ganzen Tag und teilweise abends einige Stunden weg war. Tagsüber schaute Patrick nach den Kindern, was kein Problem war. Abends waren sie bei einer guten Freundin, die ebenfalls Kinder hatte. Meistens ging es gut, doch es gab auch Tage, wo Elyah weinte und zu mir wollte. In solchen Fällen fuhr ich jedes Mal zurück und sagte den Abend ab. Es war mir wichtiger, er wußte, daß er stets darauf vertrauen kann, daß ich für ihn da bin, wenn er mich braucht.

Mittlerweile sind Leonie und Elyah bald sieben und fünf Jahre alt, und beide haben zu mir und Patrick immer noch eine ganz starke Verbindung. Das heißt, sie lieben unsere Nähe nach wie vor und tragen von sich aus sehr viel zu einem harmonischen Familienleben bei. Anael wird nun bald zwei, das heißt, es beginnt wieder eine Phase, wo ich mir mehr Freiheiten nehmen kann. Da mir genau bewußt ist, daß diese Zeit so oder so kommen wird, bin ich sehr gelassen und sehe das Muttersein als eine schöne Aufgabe, die ich genieße.

In meinen Augen fehlt nur noch ein wichtiger Teil: der Vater! Nicht, daß er sich zu wenig um die Kinder kümmern würde, im Gegenteil. Die gesellschaftliche Form ist einfach unnatürlich, welche die meisten Väter dazu zwingt, jeden Tag zur Arbeit zu gehen und nur an Abenden oder Wochenenden Zeit für die Familie zu haben. Hier wäre ein wichtiger Ansatz für ein Umdenken. Meines Erachtens brauchen wir alle mehr Zeit für uns, als Mensch und als Familie, damit wir nicht zum Roboter werden in den Zangen eines Systems.

Die Stärkung der Familie und der daraus hervorgehenden Kinder sollte besondere Beachtung und Wertschätzung finden, denn daraus resultiert eine starke, gesund funktionierende Gesellschaft. Es ist an der Zeit, neue Lebensformen zu suchen und Gemeinschaften zu bilden, wo dies in größerem Maße umsetzbar ist.

Ernährung und Natur

Babyernährung

Die Frage der besten Ernährung für dein Baby ist zunächst einmal einfach beantwortet: Muttermilch! Sie stellt dem kleinen Körper alles zur Verfügung, was er braucht. Somit ist es auch einfach und natürlich, diese nicht durch Kuhmilch oder Babybrei zu ersetzen, sondern das Kind so lange zu stillen, wie es das Verlangen danach hat.

Wann beginne ich mit »Beikost«?

Wenn dein Kind die Bereitschaft und das Interesse an Nahrungsmittel zeigt und selber fähig ist, diese zu essen. Meist mit sechs bis neun Monaten stoßen die ersten Zähnchen durch, und das Baby interessiert sich langsam für unsere Nahrung.

Es entdeckt freudig mit seinen ganzen Sinnen, was du ihm gibst. Mit den Händen erkundet es vielleicht die Beschaffenheit eines Apfels, seine Nase nimmt den würzigen Duft einer Selleriestange wahr, oder es kaut genüßlich auf einer Banane herum.

Solange du dein Baby voll stillst, ist es nicht nötig, Nahrungsmittel zu Brei zu kochen. Wenn es selber dazu bereit ist, wird es sich ganz allmählich für die Nahrung interessieren, die du zu dir nimmst. Es wird ein wenig davon versuchen und schließlich immer mehr davon essen.

Es erhält durch die Muttermilch weiterhin alles, was es braucht, und lernt so langsam die Ergänzung mit fester Nahrung. Naturbelassene rohe Früchte und Gemüse sind für den Anfang am besten geeignet. Sie sind schmackhaft, gesund und auch einfach einzupacken für unterwegs.

Ob dein Kind bereit ist, Beikost zu sich zu nehmen, hängt von folgenden Kriterien ab:

- Es ist in der Lage, alleine aufrecht zu sitzen.
- Der Zungenstoßreflex, durch den dein Baby feste Nahrung automatisch wieder aus dem Mund hinausschiebt, hat sich abgeschwächt.
- Es zeigt Bereitschaft zum Kauen.
- Es kann selbständig Nahrung aufnehmen und in den Mund stecken.

Welche Nahrung soll ich meinem Baby geben?

- **Muttermilch, so lange wie möglich.** Unicef und die Weltgesundheitsorganisation WHO empfehlen mindestens zwei Jahre zu stillen mit langsamer Einführung von Beikost.

- **Beginne mit biologischer, naturbelassener Rohkost** – Vitamine, Spurenelemente, Mineralien, und so weiter kommen in Obst und Gemüse reichlich vor und sind vom menschlichen Körper optimal aufnehmbar. Was deinem Babys guttut, ist natürlich auch für dich gerade in der Stillzeit von Vorteil. Also integriere in deine Eßgewohnheiten viel frisches Obst und Gemüse. Ergänze dies durch Sprossen, Keimlinge und Wildkräuter.

Powerdrink, Früchtecreme

Seit vielen Jahren ist bei uns das allmorgendliche Frappé oder die Früchtecreme die erste Powernahrung des Tages. Dazu mixe ich nach Belieben:

- 2 Bananen
- 1 Fruchtportion (Beeren, Mango, Papaya, Kaki, Nektarinen und dergleichen)
- 1 - 2 EL Mandelmus in Rohkostqualität (z.B. von Soyana)
- Wasser (etwa 2 EL für Creme oder ½ - 1 Liter für Frappé)

Dieses Grundrezept variiert je nach Früchtesorte und kann durch Fruchtsäfte, Chi (Bio-Gärgetränk von Soyana), Getreidemilch, Reismilch, Sojamilch, Joghurt, Braunhirsemehl und dergleichen ergänzt werden.

Naturbelassen und unverarbeitet

Aus Bequemlichkeit und um Zeit zu sparen, scheint es einfach, Lebensmittel, wie zum Beispiel Gemüsebrei im voraus zuzubereiten und einzufrieren. Manchmal wird teilweise sogar für eine ganze Woche vorgekocht, ganz abgesehen von »toter« Gläschenkost in den Regalen der Supermärkte.

Bereits durch das Kochen verlieren jedoch Nahrungsmittel viele ihrer lebenswichtigen Vitalstoffe. Durch das zusätzliche Einfrieren sind sie nochmals einer starken Wertminderung unterworfen.

Das Leben ist etwas sehr Sensibles und überlebt keine Temperaturen über 50°. Ab 42° beginnen Enzyme abzusterben. Die meisten Vitamine sind nicht hitzebeständig, deshalb hat es wenig Sinn, Babys vorwiegend mit gekochter, »toter« Nahrung zu füttern.

Gekochte Nahrungsmittel kannst du in den folgenden Monaten langsam mit einbeziehen, wenn du das möchtest. Ab etwa einjährig wird dein Kind ungefähr den gleichen Speisplan haben wie der Rest der Familie.

Mittels »Thesigraphie« konnte Friedrich-Vincenz von Hahn bereits 1962 Veränderungen in der biologischen Wirksamkeit aller pflanzlichen und tierischen Stoffe nachweisen. Diese Methode zeigt bildlich die unnatürlichen Veränderungen der Nahrungsmittel, welche mit Kunstdünger oder Insektiziden behandelt oder durch Kochen, Tiefkühlen, Bestrahlen oder Ultrabeschallung verändert wurden. Wie stark die Matrix einzelner Lebensmittel durch verschiedene Konservierungsmethoden und chemischer Düngung verändert wird, zeigten die Fotografien sehr eindrücklich.

Möglichst frische, unverarbeitete naturbelassene Nahrungsmittel sind die besten Lieferanten für die benötigten Nährstoffe. Der Geschmackssinn der Babys nimmt Lebensmittel sehr differenziert wahr. Gerade in diesem Alter ist es bedeutend, was sie zu sich nehmen, denn sehr schnell entwickeln sich Vorlieben und Gewohnheiten. Bereits Kleinkinder, die oft mit Süßem oder stark gewürzter gekochter Nahrung gefüttert werden, gewöhnen sich daran. Wenn du jedoch mit rohem Gemüse und Früchten beginnst, dann behalten sie weitgehendst die Sensibilität, den Geschmack ungewürzter, roher Speisen intensiv wahrzunehmen. Unser eigener Geschmackssinn ist dagegen oft stark abgestumpft und liebt sehr süße und salzige Speisen.

Bei Elyah war dies sehr markant zu sehen. Er verzog bis etwa zweijährig bei Schokolade sein Gesicht und konnte mit solchen Zuckerkeulen nichts anfangen. Dies ist wohl ein natürlicher Schutz, den die meisten durch entsprechende Eßgewohnheiten sehr schnell verlieren.

Für dich ist es wichtig zu wissen, daß sich dein Kind mit seinem Eßverhalten deinen Eßgewohnheiten anpassen wird. Das heißt, Fleischesser werden kaum einen Rohköstler heranziehen und umgekehrt. Kaum? Es gibt da sicher auch einige Ausnahmen. Sei dir einfach bewußt, daß sich die Kinder deinem Eßverhalten anpassen werden. Überlege dir also gut, was du selber zu dir nimmst und ob du dies bei deinen Kindern wünschst. Es hat absolut keinen Sinn, Süßes, Chips oder sonstige Nahrungsmittel zu verbieten oder einzuschränken, wenn man sie selber regelmäßig konsumiert.

Zuckerkonsum

Zucker ist aus der Nahrung kaum wegzudenken und wird in fast allen verarbeiteten Lebensmitteln in kleinen bis sehr großen Mengen verwendet. Doch nicht nur für die Zähne ist Zucker schädlich, ein Zuviel schädigt die Darmflora, überfordert die Bauchspeicheldrüse, führt zu alkoholischer Gärung im Darm und entzieht dem Körper Kalzium, Vitamine und Mineralien.

Wissenschaftler haben Zucker, Lebensmittelfarben und Konservierungsstoffe in Verbindung mit ADHS- und ADS-Verhalten gebracht. Es besteht gemäß Studien ein Zusammenhang zwischen Lebensmittelfarben, Schlaflosigkeit und Hyperaktivität, insbesondere bei Kleinkindern. Es ist bekannt, daß Lernschwierigkeiten bei Kindern oft in Zusammenhang mit erhöhtem Zuckerkonsum stehen.

Wird zu viel Zucker zugeführt, schüttet der Körper sehr viel Insulin aus, wodurch der Blutzuckerspiegel unter den Normalwert fällt. Es folgt ein starker Leistungsabfall, wobei die Organe, das Gehirn und alle Zellen in eine Unterversorgung an Energie geraten. Man nennt dies Unterzuckerung (Hypoglykämie). Das Gehirn arbeitet dabei mit massiv verringerter Leistung, wodurch verschiedene Störungen wie Gereiztheit, depressive Stimmung, Ungeduld, übermäßige Müdigkeit, Seh- und Gedächtnisstörungen, Schwierigkeiten mit der Konzentration sowie Reaktionsfähigkeit auftreten können.

Jede Art von isoliertem Zucker, sei es in Schokolade, Gummibärchen, Keksen, künstlich hergestellter Babynahrung oder Süßgetränken ist ein Suchtmittel, das keinerlei lebensnotwendige Stoffe enthält. Wenn es dem Körper zugeführt wird, verlangt dieser laufend nach mehr.

Greifen Kinder sehr oft zu Gummibärchen und Co. und trinken vorwiegend künstliche Süßgetränke, wird es problematisch. Tragisch ist es, wenn bereits Babys oft mit zuckerhaltiger Fertignahrung gefüttert werden oder Neugeborene bereits in den ersten Lebenstagen mit Glukoselösungen. Bei Neugeborenen reicht eindeutig die Muttermilch, deshalb teile dem Personal im Krankenhaus bereits am Anfang mit, wenn du stillen möchtest und sie dein Baby nicht zufüttern sollen.

Aspartam und Süßstoffe

Als Alternative zu Zucker werden oft künstliche Süßstoffe verwendet und entsprechend vermarktet. Doch diese täuschen Zucker vor, wo keiner ist und können vom Körper nicht aufgeschlossen werden, wodurch sie als Fremdkörper wahrgenommen und wie Gift behandelt und ausgeschieden werden.

Insbesondere Aspartam sollte ganz von der Nahrungsliste verschwinden. Es wird in vielen Light- und Diätprodukten, Süßgetränken, Kaugummis und so weiter verwendet. Wird Aspartam nach dem Verzehr im Körper aufgespalten, entsteht Methanol, welches wiederum im Organismus weiter zu Formaldehyd und Ameisensäure zerfällt. Formaldehyd ist ein Gift, welches beim Thema »Impfen« näher beschrieben wird.

Aspartam wird in Zusammenhang gebracht mit folgenden und etwa neunzig weiteren »Nebenwirkungen«: Hirnschäden, Kopfschmerzen, der Multiplen Sklerose (MS) ähnliche Symptome, Epilepsie, Stimmungswechsel, Depressionen und vielem mehr.

Aspartam verändert den Stoffwechsel der Hirnnervenzellen, was zu epilepsieähnlichen Erscheinungen führen kann. Es wurde ursprünglich als Mastmittel entwickelt, da es das Sättigungszentrum im Gehirn außer Funktion setzt. Aspartam ist somit kein Diätprodukt, sondern fördert im Gegenteil die Fettablagerung!

Alternativen zum Süßen

Anstelle künstlicher Süßstoffe wäre Zucker sicher vorzuziehen. Das heißt, dann doch lieber ein Stück Kuchen, selbstgemacht aus Omas Backstube als eine Cola Light! Bei uns wird Schokolade eher weniger gegessen, weil ich den Konsum überhaupt nicht einschränke und auch nicht viel davon kaufe. Da Schokolade wie auch andere Nahrungsmittel für die Kinder stets frei zugänglich ist, hat diese auch keinen besonderen Reiz. Gerade diese Woche kam eine ältere Frau vorbei und wollte den Kindern etwas schenken. Auf die Frage, ob sie Schokolade mögen, meinte Leonie achselzuckend: »Nicht so sehr!« Anael hingegen ist gerade in einer Phase, wo er sich auf Schokolade stürzt, da bin ich froh um eine Alternative.

Carobpulver

Dies ist ein fein zermahlenes Pulver aus dem Fruchtmark der Hülsenfrüchte von Johannisbrotbäumen. Ich verwende es anstelle Schokoladepulver zum Backen, Dekorieren oder für Trinkschokolade.

Rezept für zwei Tassen Trinkschokolade
- 5 dl Hafermilch (z. B. von Soyana)
- 1 - 2 EL Carobpulver in der Milch auflösen, Milch erwärmen, nicht kochen.
- 2 EL Sojarahm beifügen zum Verfeinern.

Agavendicksaft, Birnel, Melasse

Dicksäfte oder Melasse sind zum Süßen von allen möglichen Speisen Alternativen. Ich verwende sie zum Beispiel in Cremes, Birchermüesli, Frappés und dergleichen einfach anstelle von herkömmlichem Zucker.

Stevia ist eine Pflanze aus Paraguay und gewinnt immer mehr Aufmerksamkeit und stärkere Verwendung. In Japan werden die Nahrungsmittel bereits zur Hälfte mit Stevia gesüßt. Stevia ist 100% natürlich, ohne Nebenwirkungen oder suchtmachende Wirkung und dazu noch gesundheitsfördernd. Es löst sich in warmen und kalten Flüssigkeiten auf und ist hitzebeständig. Stevia kann man als getrocknete Blätter (für Tee), als Tabs oder konzentrierten Süßstoff in flüssiger Form von Tropfen kaufen.

Getreide und Milchprodukte

Bekannte Pioniere wie Helmut Wandmaker oder Walter Sommer warnten vor dem Genuss von Stärkemehlen. Stärkehaltige Nahrungsmittel wie Getreide in Form von Breien, Müesli oder Brötchen, Kuchen, Riegel und dergleichen, aber auch gekochte Kartoffeln (rohe sind giftig!) oder Reis sind insbesondere für Babys nicht geeignet. Zur Verdauung ist das stärkespaltende Enzym Ptyalin notwendig, welches im Mundspeichel enthalten ist und erst nach langem, intensiven Kauen einen Teil der Stärke aufzulösen vermag.

Eine gleichzeitige Einnahme von Obst (z. B. bei Müesli) verhindert mit seiner Säure sofort die Wirkung des basischen Ptyalins, womit das Getreide auch für Erwachsene zu einem schwerverdaubaren Brocken wird. Durch die Hitzebehandlung wie Kochen und Backen verwandelt sich Stärke in zähen Kleister, der kaum verdaubar ist. Diese Stärke muß entweder ausgeschieden oder abgelagert werden.

Die Milch einer Kuh ist perfekt auf den Bedarf ihres eigenen Kindes, also für ihr Kälbchen abgestimmt und nicht für menschliche Babys. In der Natur ist es nicht

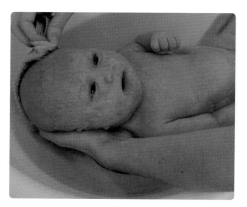

Leonie – als ich selber wenig Milchprodukte konsumierte und sie stillte. Mit Windeln.

Leonie wenige Wochen später – als ich mich konsequent vegan ernährte und sie stillte. Dazu Windelfrei.

vorgesehen, daß ein Tier (oder der Mensch) artfremde Milch konsumiert. Der Mensch ist das einzige Lebewesen, das sich noch im Erwachsenenalter von Milch ernährt.

Seit vielen Jahren weisen Ernährungsspezialisten wie Dr. Herbert Shelton oder Dr. Urs Hochstrasser in ihren Büchern darauf hin, daß Milch ein schlechter Kalziumlieferant ist, da sie Phosphate enthält, die unter dem Einfluß menschlicher Magensäure in einer chemischen Reaktion Kalzium binden. Außerdem scheidet der Körper um so mehr Kalzium über die Nieren aus, je mehr tierisches Eiweiß verzehrt wird.

Studien haben ergeben, daß die Länder mit dem höchsten Milchkonsum auch das höchste Vorkommen von Osteoporose aufweisen.

Viele Babys reagieren auch sehr empfindlich mit Allergien auf Kuhmilch. Ich konnte bei Leonie eine markante Veränderung feststellen, als ich sie zu 100 % stillte und selber von wenig Milchkonsum auf ganz vegane Ernährung ohne Milchprodukte umgestellt hatte. Ihre Haut hatte zuvor Ausschlag, war rauh und teils verkrustet. Innerhalb weniger Wochen verheilte sie komplett. Die Ernährungsumstellung fiel gleichzeitig mit dem Beginn von Windelfrei zusammen. Das heißt, das Weglassen von Windeln und Eingehen auf ihr Ausscheidungsbedürfnis hatten sicher auch maßgeblich zu diesem Erfolg beigetragen.

Es ist sicher sinnvoll, wenn du so lange wie möglich auf Getreide und Milchprodukte verzichtest und den Speiseplan deines Babys erst später damit ergänzt. Ich habe bei allen Kindern versucht, erst ab dem ersten Lebensjahr nach und nach Getreide einzuführen. Doch haben sie bereits etwas früher mit Brot, Teigwaren und dergleichen begonnen. Das heißt, ich habe dies nicht aktiv angeboten, aber bei Interesse dem Baby auch ein wenig gegeben. Dies war bei jedem Kind verschieden, etwa ab dem achten bis elften Lebensmonat.

Auf Milchprodukte habe ich jedoch länger als ein Jahr verzichtet. Bei Leonie und Elyah haben wir uns die ersten Jahre vorwiegend vegan ernährt, erst später vegetarisch. Anael hingegen hat ab einjährig bereits Milchprodukte konsumiert, da wir so abgelegen gewohnt haben und nicht gerade ein Bioladen in der Nähe war.

Alternativen zu Kuhmilch

Mittlerweile gibt es eine ganze Palette von alternativen Möglichkeiten anstelle von Produkten aus Kuhmilch. Soja oder bei älteren Babys auch Getreidemilch gibt es in verschiedenen Varianten. Auf der Basis von Soja sind ebenfalls Joghurt, Quark, Cremes, Butter und Rahm erhältlich. Rahm schmeckt je nach Hersteller sehr unterschiedlich und ist auch in der Anwendung verschieden. Manche eignen sich gut für kalte Speisen und Getränke, andere auch zum

Backen oder Kochen, wobei Sojarahm selber nie gekocht, sondern erst nach dem Kochen beigemengt werden sollte.

- Sojamilch (Rahm, Butter, Joghurt, Cremes, Früchte-, Vanilledrinks und dergleichen)
- Getreidemilch: Hafer, Hirse, Dinkel, Gerste, Sieben-Korn
- Reismilch
- Mandelmilch (Mandelpüree)

Wichtig ist auch da die Qualität, das heißt: Produkte aus biologischer Herstellung.

Es gibt auch einige Alternativen zu Käse. Viele schmecken eigenartig und sind kaum eßbar, aber es gibt auch solche, die sind wirklich sehr lecker! Da heißt es einfach: Probieren geht über Studieren.

Diese Produkte sind nicht als Muttermilchersatz gedacht, sondern sollen deinem Baby, wenn es bereits größer ist und anfängt, feste Nahrung zu sich zu nehmen, als Ergänzung dienen. Das heißt, im ersten Lebensjahr ist nach wie vor Muttermilch die Hauptnahrungsquelle.

Nährwerte in Lebensmitteln

Vitamin A   Vitamin A kann aus Beta-Carotin gebildet werden. Beta-Carotin ist eines der über 400 in der Natur vorkommenden pflanzlichen Farbstoffe (Carotinoide). Der Körper wandelt etwa ein Drittel des aufgenommenen Beta-Carotins (Provitamin A) in Vitamin A um. Durch Hydrierung von Pflanzenfetten oder Trocknen von Obst und Gemüse nimmt die Aktivität der Carotinoide erheblich ab. Frische, schonende Zubereitung oder roher Verzehr ist deshalb empfehlenswert.

Als gute Lieferanten für Beta-Carotin eigenen sich tiefgelbe und orange Früchte und Gemüse sowie dunkelgrünes Blattgemüse.
Gelb/Orange:
Möhren, Kürbisse, Süsskartoffeln, Paprika
Aprikosen, Cantaloupe-Melonen, Mango, Nektarinen, Pfirsiche, Papaya
Grün:
Brokkoli, Endivien, Grünkohl, Kopfsalat, Kresse, Mangold, Spinat, Rosenkohl
Weitere Quellen für Vitamin A:
Erbsen, Mais, Tomaten, Spargel, Sauerkirschen, Pflaumen
Blätter von Rote Beete und Löwenzahn
Käse, Eier, Butter

Vitamin B1 Thiamin (Vitamin B1) ist ein wichtiges Vitamin im Kohlenhydrat- und Energiestoffwechsel. Sämtliche Zellsysteme, die Glucose als Energielieferant benötigen, haben einen hohen Thiaminbedarf, insbesondere die Nervenzellen.

Thiamin befindet sich in Randschichten und im Keim der Getreidekörner, weshalb Vollkornprodukte und Kerne dieses Vitamin liefern. Beim durchschnittlichen Zubereiten gehen etwa 30% verloren. Beim Erhitzen über 100 Grad wird Thiamin zerstört. Weitere Störfaktoren sind Tannin (Tee, Kaffee) oder Sulfit (Kartoffelfertigprodukte, Trockenfrüchte).

Thiamin-Lieferanten sind:
Vollkorngetreide, Vollkornnudeln, Vollkornreis, Haferflocken, Hülsenfrüchte, Nüsse, Sonnenblumenkerne, Weizenkeime
Blumenkohl, Erbsen, Bananen, Orangen, Steinobst
Hefeflocken, Hefeextrakt
Sojadrinks

Vitamin B2 Riboflavin (Vitamin B2) ist der Motor aller Zellen, der die Energieproduktion ankurbelt. Es ist auch wichtig bei der Entgiftung von Schadstoffen und Medikamenten. Gerade in Wachstumsphasen ist der Bedarf deutlich erhöht.

Im Gegensatz zu Thiamin (Vitamin B1) ist Riboflavin sehr hitze- und säurebeständig, dafür enorm lichtempfindlich. Wird beispielsweise eine Milchflasche drei Stunden lang im Licht stehengelassen, werden bis zu 70% der Riboflavinmoleküle zerstört. Deshalb ist ein baldiger Verzehr der Produkte oder Lagerung im Kühlschrank wichtig.

Riboflavin-Lieferanten sind:
Vollkorngetreide, Vollkornbrot, Hirse, Mandeln, Nüsse, Weizenkeime
Avocados, Brokkoli, Blumenkohl, Champignons, Spinat, Rosenkohl
Hefeflocken, Hefeextrakt
Milchprodukte

Vitamin B6 Pyridoxin (Vitamin B6) ist die Bezeichnung für eine Gruppe von sechs Verbindungen. Seine wichtigste Aufgabe liegt im Stoffwechsel der Eiweißbausteine (Aminosäuren). Bei erhöhter Eiweißzufuhr wird auch mehr Pyridoxin benötigt. Wenn Pyridoxin fehlt, etwa aufgrund von vorwiegend stark verarbeiteten Lebensmitteln (polierter Reis, Weißmehl, Süßes, Pommes…) werden große Mengen der nur teilweise verarbeiteten Aminosäureprodukte vom Körper ausgeschieden. Somit hat das Eiweiß keine aufbauende Wirkung mehr, sondern wirkt als Abfallprodukt sogar eher schädlich. Insbesondere gilt dies für die Eiweißbaustoffe, die im Hirn-, Nerven- und Hormonstoffwechsel bei uns die Begeisterung, den Optimismus, die Liebesfähigkeit und den Tatendrang positiv beeinflussen sollten.

Pyrodoxin-Lieferanten sind:

Hülsenfrüchte (z. B. Linsen, grüne Bohnen, Sojabohnen)
Vollkorngetreide, Walnüsse, Erdnüsse, Cashewnüsse, Hirse, Mais
Avocado, Feldsalat, Kartoffeln, Spinat, Bananen, Honigmelonen
Hefeflocken, Hefeextrakt

Vitamin B12 Cobalamin (Vitamin B12) ist ein großes, kompliziert gebautes Biomolekül aus verschiedenen Verbindungen. Es wird von Mikroorganismen hergestellt, die im Verdauungstrakt oder auf ungewaschener Nahrung vorkommen. Geringe Mengen sollen in Algen (Spirulina, Chlorella), fermentierten Sojaprodukten oder durch Milchsäuregärung konserviertes Gemüse (Sauerkraut) vorkommen, die jedoch den menschlichen Bedarf nicht decken. In anderen Ländern mit weniger akribischer Hygiene wird dieses Vitamin mit dem für unsere Begriffe nicht ganz sauberen Wasser oder eben ungewaschener Nahrung aufgenommen. Dies ist hierzulande nur bei selbst angepflanzter, biologischer Nahrung empfehlenswert. Ansonsten überwiegen die Nachteile aufgrund der Behandlung durch Pestizide in Lebensmitteln.

Vitamin B12 entstammt demnach hauptsächlich aus tierischer Quelle und findet sich auch in Milchprodukten. Möchtest du darauf dennoch verzichten, gibt es heutzutage auch die Möglichkeit der Nahrungsergänzung durch Vitamin B12-Tabletten.

Cobalamin-Lieferanten sind:

Milchprodukte (Hüttenkäse, Quark, Kefir, Joghurt, verschiedene Käsesorten)

Folsäure Folsäure ist ein Oberbegriff einer Gruppe aus etwa hundert verschiedenen Verbindungen. Der Körper benötigt Folsäure für die Zellteilung und Zellneubildung, und sie ist unerläßlich für die Entwicklung eines gesunden Embryos.

Aufgrund der Wasserlöslichkeit gehen Folsäureverbindungen im Wasch- und Kochwasser verloren. Das heißt, Einweichen und Kochen vermindert bereits den Nährwert.

Folsäure-Lieferanten sind:
Dunkles Blattgemüse, Vollkornprodukte, Nüsse, Hefe- und Hefeextrakte

Vitamin C   Vitamin C kommt in Nahrungsmitteln weit verbreitet vor. Es verbessert die körperliche Abwehr sowie die Eisenaufnahme aus pflanzlichen Nahrungsquellen und unterstützt die Entgiftungsreaktion der Leber.
Vitamin C-Lieferanten sind:
Frisches Obst und Gemüse und die daraus hergestellten Säfte.
Insbesondere: Hagebutten, schwarze Johannisbeeren, Zitrusfrüchte, Kiwi, Kohl, grüne Gemüsesorten

Vitamin D   Vitamin D kommt in Lebensmitteln relativ wenig vor. Der Bedarf kann jedoch auch über die Vitamin D-Synthese der Haut gedeckt werden, wenn ausreichend UV-B-Strahlen an die Haut gelangen. Das heißt, regelmäßiger Aufenthalt in der Natur mit gemäßigter Sonneneinstrahlung und Tageslicht sind dafür wichtig.
Vitamin D-Lieferanten sind:
Sonnenlicht (Tageslicht), Avocado, Champignons

Vitamin E   Vitamin E ist vor allem ein Antioxidant, welches wichtige Zellschutzfunktionen ausübt.
Vitamin E-Lieferanten sind:
Öle (Weizenkeimöl, Sonnenblumenöl, Olivenöl), Nüsse, Hülsenfrüchte, Vollkornprodukte, grünes Gemüse, Tofu

Vitamin K   Vitamin K wird für die Blutgerinnung sowie für die Mineralisation und Regulation des Knochengewebes benötigt. Die Muttermilch enthält natürlicherweise wenig Vitamin K, da die Aufnahme von der Mutterbrust gebremst wird. Von Natur aus soll das Neugeborene offensichtlich vor zu viel Vitamin K geschützt werden. Das Kolostrum ist im Vergleich zur reifen Muttermilch reicher an Vitamin K. Das heißt, für den ausreichenden Bedarf ist vorgesorgt und zusätzliche Gaben unnötig oder gar schädlich.
Vitamin K-Lieferanten sind:
Grünes Gemüse, Hülsenfrüchte, Getreide

Kalzium   Milchprodukte werden nach wie vor als gute Kalziumlieferanten beworben. Wie jedoch bereits beschrieben, ist genau das Gegenteil der

Fall. Milchprodukte sind Kalziumräuber. Ein zu hoher Kochsalz- und Eiweißkonsum scheidet auch ein erhöhter Teil des Kalziums über den Urin wieder aus. Deshalb sind Kochsalz und Eiweiß sparsam zu verwenden.

Kalzium-Lieferanten sind:

Grünes Gemüse, Mandeln, Melasse, Sonnenblumenkerne, getrocknetes Obst, Vollkornbrot, Hülsenfrüchte, Carobpulver, Tofu, eßbare Algen

Magnesium Magnesium ist ein Aktivator von zahlreichen Enzymen im Energiestoffwechsel. Es wird für die Muskelkontraktion und die Weiterleitung des Nervenreizes benötigt. Es ist der Antistreß-Mineralstoff. Ein Mangel führt zu Muskelkrämpfen, erhöhter Nervosität und Gereiztheit. In der Schwangerschaft sind häufig Muskelkrämpfe ein Thema. Versuche, Magnesium weitgehendst mit natürlichen Lieferanten zuzuführen, bevor du zu Tabletten greifst.

Magnesium-Lieferanten sind:

Grüne Blattsalate und Gemüse (da Magnesium Bestandteil des grünen Pflanzenfarbstoffes Chlorophyll ist)

Haferflocken, Vollkornbrot, Nüsse, Sonnenblumenkerne

Kupfer und Eisen

Zweifelsfrei werden beide Spurenelemente, Kupfer wie Eisen vom Körper benötigt, damit er in gewohnter Weise funktionieren kann. Doch schauen wir uns dies einmal aus einem ganz anderen Blickwinkel an.

Naturgemäß haben Schwangere wie auch Vegetarier oder Veganer oft niedrige Eisenwerte. Wie ich bereits im Kapitel »Schwangerschaft« beschrieben habe, hat dies bei Schwangeren durchaus seine Berechtigung. Offensichtlich hat es die Natur so eingerichtet, daß durch mehr Kupfer und weniger Eisen ihre Widerstandskraft gestärkt wird und die Themen, die mit Eisen zusammenhängen, also Wut, Aggressivität und Gewalt, weniger ausgeprägt sind. Hat es nicht einen Sinn, daß dies auch für Babys und Kinder zutrifft und ein natürlicher Schutz vor einem Zuviel an Eisen gut ist?

Dr. Friedrich Graf nennt die erhöhte Widerstandskraft *nach* der Menstruation! Das würde bedeuten, daß Frauen durch den natürlichen Blut- und Eisenverlust monatlich ein Zuviel an Eisen ausscheiden können. Männer aber nicht! Demzufolge hätten Männer von Natur aus höhere Eisenwerte, vielleicht deshalb eine höhere Neigung zu Wut oder Gewalt?

Dies trifft tatsächlich zu, denn sie erkranken viel häufiger an der Hämochromatose (Überladung von Eisen) als Frauen. Diese Krankheit ist in der westlichen Welt mit dem hohen Fleischkonsum eine der häufigsten Erbkrankheiten und entsteht durch eine erhöhte Eisenaufnahme aus dem Darm ins Blut. Der natürliche Schutz bei Frauen ist die Menstruation, bei Männern gibt es die Möglichkeit des Aderlasses oder eben Umstellung auf weniger eisenreiche Kost.

Ich konnte selber bei meinem Mann miterleben, daß die Umstellung von Fleisch auf vegetarische Nahrung das Verhalten und den Gemütszustand wie auch sein Körperbild sehr positiv beeinflußt haben. Er verzichtete zu Beginn meiner Schwangerschaft mit Anael gänzlich auf Fleisch. Ursprünglich, um so diese Zeit sowie neun Monate nach der Geburt in erhöhtem Zustand der Liebe und Harmonie als Familie und mit dem Baby zu erleben. Diese Ernährungsweise sagte ihm jedoch so zu, daß er dabei blieb und sich auch jetzt noch vegetarisch ernährt.

Was ist nun also mit den Menschen, die kein Fleisch essen und deren Eisenwert niedriger ist? Vielleicht wäre dies der eigentliche »Normalzustand«, und was darüber ist, ist so betrachtet ein Zuviel an Eisen, an Gewalt, Aggressivität und Tod, der ja mit dem Fleischkonsum einhergeht. Demzufolge müßten die Normtabellen angepaßt werden, was ein ganz anderes Bild zeigen würde.

Weshalb wird Eisenmangel dermaßen hochgeschaukelt und dramatisiert? Sollen denn unsere Kinder bereits in jungen Jahren mit Eisen vollgepumpt werden, um ihr Verhalten in eine negative Richtung zu beeinflussen? Liegt eine der Ursachen für kindliche Aggressivität und Gewaltbereitschaft von Jugendlichen bei erhöhten Eisenwerten infolge Fleischkonsums? Wem würde dies dienen? Der Fleischindustrie, dem militärischen Sektor, der gerade in sich zusammenfallenden Macht-Elite? Es sei dahingestellt und reine Spekulation. Jeder kann sich selber seinen Reim darauf machen.

Das Spurenelement Kupfer wird unter anderem für Wachstum, Immunsystem, Knochenfestigkeit, Hirnentwicklung, Energiestoffwechsel und Synthese von Neurotransmittern benötigt.

Gute Kupferlieferanten sind: Hülsenfrüchte, Nüsse und Vollkornprodukte. Das Element Kupfer steht in der Astrologie für den Planeten Venus, die Liebe. Kupfer- und Eisenwerte stehen in einer Wechselbeziehung, fällt der Eisenwert, steigt der Kupferwert an und umgekehrt.

Wenn ich mir die derzeitige Weltsituation anschaue, die gerade im Umbruch ist, paßt das Bild von Eisen und Kupfer ziemlich gut. Vielleicht sind wir ja gerade dabei, von der Eisen-Zeit in die Kupfer-Zeit zu wechseln. Von Gewalt, Wut und Krieg hin zu Liebe, Schöpfung und Gemeinsamkeit.

Dies soll ein Denkanstoß sein, banale Dinge zu hinterfragen und nach dem größeren Zusammenhang zu suchen.

Status der Nahrungsmittel

Auch Verhaltensmuster übertragen sich oft bereits auf Kleinkinder. Das hängt damit zusammen, wie du bestimmten Nahrungsmitteln selber begegnest. Wenn du mit deinem Gewicht kämpfst, Süßes als Feind Nummer eins betrachtest und dir doch ab und zu mal was »gönnst«, dann hast du bereits ein klassisches Muster. Denn Süßes dient in diesem Fall als Kampfobjekt und als Belohnungsmittel, es bekommt also einen besonderen Status. Deine Gedanken, die sich um Süßes oder sonstige Genußmittel drehen, wird auch dein Kind wahrnehmen. Es wird schnell merken, daß diese Nahrungsmittel für dich etwas Besonderes sind, und dementsprechend das Muster übernehmen.

Bekommt ein Nahrungsmittel, beispielsweise Chips, einen Sonderstatus, kann dies zum Suchtmittel werden. Abgesehen von den Inhaltsstoffen, die ein solches Verhalten unterstützen, ist bereits das Verlangen, etwas zu bekommen, was sie sonst nicht dürfen oder nur an besonderen Anlässen oder nach bestimmten Tischritualen (Feste, Sonntag, Besuch, Nachtisch und so weiter) für Kinder ein negativ prägendes Muster.

Auch Kommentare von Außenstehenden können Kleinkinder beeinflussen, wenn du dem nicht entgegenwirkst. Als klassisches Beispiel ist die gutgemeinte Schokolade als »Belohnung« oder »Dessert«. Der Begriff Dessert impliziert im Kind bereits, daß nach der Hauptspeise noch etwas »Besseres« kommt. Sätze wie: »Iß erst den Salat fertig, dann bekommst du ein Stück Kuchen«, degradieren den Salat bereits und stellen den Kuchen auf ein Podest. Sei also sehr achtsam und weise gegebenenfalls auch Verwandte darauf hin. Man kann sich ganz gut gleichermaßen auf Salat wie Kuchen freuen.

Das Wichtigste ist es, Nahrungsmitteln keinen Extrastatus zu geben, den Konsum weder zu dramatisieren noch als etwas ganz außergewöhnlich Tolles darzustellen. Entfallen da beispielsweise die Osterhasen? Zumindest müssen es nicht mehrere prall gefüllte Nestchen sein und so viele Osterhasen, daß sie noch an Weihnachten im Zimmer verstauben. Den Fokus auf das Eiersuchen zu lenken oder auch mal etwas anderes als Schokolade ins Nestchen zu setzen, ist auch eine Idee.

In erster Linie ist es von Vorteil, mit solchen Nahrungsmitteln so spät wie möglich zu beginnen, also sicher nach dem ersten Lebensjahr. Nur: Sollte es doch passieren, daß dein Baby damit in Kontakt kommt, weil du selber oder ein größeres Geschwister diese ißt, dann nimm sie nicht weg, sondern laß es sie versuchen. Durch das Wegnehmen würdest du nur das Verlangen danach unterstützen! Das heißt, ändere dein eigenes Eßverhalten so weit, daß es auch für deine Kinder akzeptabel ist. Bereite Mahlzeiten zu, die für euch alle förderlich sind.

Naschecke und Getränketisch

Was ist, wenn dein Kind zu viel ißt? Ein ungesättigtes Verlangen hat oft zwei Komponenten. Einerseits deutet es darauf hin, daß dein Kind zwar viel ißt, aber vermutlich nicht die Nährstoffe bekommt, nach denen sein Körper verlangt. Das heißt, es ist dann gerade wichtig, stark verarbeitete Nahrungsmittel, (Teigwaren, weißes Brot, polierter Reis und dergleichen) in den Mahlzeiten zu reduzieren oder ganz wegzulassen und dafür vermehrt nährstoffreiche, rohe, biologische Kost zu integrieren. Das ist nicht immer einfach, wenn es sich bereits an anderes gewöhnt hat. Aus diesem Grund achte bereits in der Babyzeit auf gesunde Nahrung.

Der andere Aspekt ist das Machtverhalten. Solange den Kindern nicht die Möglichkeit gegeben wird, selber an Eßbares zu gelangen, sind sie immer in der Position des Bittenden und von unserem Willen abhängig. Wenn dein Kind dich immer erst um etwas bitten muß, damit es Nahrung bekommt, entsteht ein ungünstiges Machtverhältnis. Du wirst unbemerkt eine Machtposition einnehmen und diese durch Sätze wie z. B.: »Was, schon wieder? Du hast doch erst gerade zu Mittag gegessen!« oder: »Es gibt jetzt kein XY, wir essen gleich das Abendbrot und wir warten mit dem Abendbrot, bis Papa zu Hause ist!« noch verstärken.

Eine gute Idee ist es deshalb, für Kleinkinder, die sich noch keinen Zugang zu hohen Regalen und Schubladen verschaffen können, eine eigene »Naschecke« einzurichten. Diese sollte immer mit gesunden Eßwaren gefüllt sein, beispielsweise frischen Früchten, Reiswaffeln, biologische Früchteriegel und dergleichen. So kann es sich selbständig bedienen und ist nicht auf dich angewiesen. Es entwickelt selber die Kompetenz, seinem Nahrungsbedürfnis nachzukommen. Dies ist, wie das Stillen nach Bedarf, das Essen nach Bedarf. Denn unsere gesellschaftsbedingte Gewohnheit von drei Mahlzeiten am Tag entspricht überhaupt nicht dem körperlichen Bedürfnis, sondern ist unseren Arbeitsgewohnheiten angepaßt. Der Körper braucht eigentlich viel mehr, dafür aber kleine Mahlzeiten. Mit der Kinderschublade kann sich dein Kind so bedienen, wie es sein Körper verlangt. Hingegen wird es natürlicherweise wohl bei den übrigen Mahlzeiten nicht mehr ganz so viel essen. Für Kleinkinder ist dies ideal. Sobald du die Kinder in ein Schulsystem steckst, sind sie, wie die meisten Erwachsenen, in ein zeitliches Korsett gespannt, das durch Pausen etwas gelockert wird.

Noch eine Anmerkung: Falls du die Kinderschublade erst einführst, nachdem es gewohnt war, Nahrung nur auf Bitten zu bekommen, ist es gut möglich, daß es sich in der ersten Zeit regelrecht daraufstürzt; so lange, bis es merkt, daß sie immer gefüllt ist und es auch die Erlaubnis hat, sich, wann immer es möchte, zu bedienen. So verliert die neu entdeckte Nahrungsquelle ihren anfänglichen Reiz, und dein Kind wird sich nur noch bedienen, wenn es wirklich Hunger verspürt.

Bei Kindern, die eher wenig essen oder zumindest kaum an Gewicht zunehmen, wie es bei uns der Fall war, animiert die Kinderschublade dazu, auch während des Spielens mal etwas zu knabbern.

Nicht nur das Essen, sondern auch das Trinken ist wichtig und wird oft auch von uns Erwachsenen zu wenig beachtet. Gerade Kopfschmerzen entstehen oft durch Flüssigkeitsmangel. Ausreichend Wasser ohne irgendwelche Zusätze zu trinken, ist für den Körper von großer Bedeutung.

So habe ich bei uns erst kürzlich den »Getränketisch« eingeführt. Da steht den ganzen Tag über frisches, mit Heilsteinen energetisiertes Wasser, Fruchtsäfte sowie ein Thermoskrug mit heißem Wasser für Tee und für uns Erwachsene zusätzlich noch Getreidekaffee und Kaffee aus dem Bioladen. Wir trinken dadurch wesentlich mehr, insbesondere Wasser, einfach, weil wir daran vorbeigehen und es geradezu einlädt, sich zu bedienen.

Interview Ernährung
mit Urs Hochstrasser, Schweiz
Rohkostfachmann, Dr. MD. MA. Ac., Autor
Vater von zwei erwachsenen Kindern

Was ist wichtig in der Ernährung während der Schwangerschaft?

Es ist wichtig, daß man sich möglichst vital ernährt und daß man nicht glaubt, man müsse für zwei Personen essen. Man sollte Quantität gegen Qualität eintauschen. Viele Kinder in der westlichen Welt werden nämlich bereits im Mutterleib gemästet und werden daher schon übergewichtig geboren. Dies wirkt sich sicher nicht positiv auf das spätere Leben aus. Eigentlich müßte man mit Rohkost schon vor der Familienplanung anfangen, damit man während der Schwangerschaft keine großen Umstellungen machen muß und eventuell in eine heftige Entgiftung gerät, was das werdende Leben belasten würde. Eine ausgewogene qualitativ hochstehende Ernährung besteht aus Gemüse, wobei ich auch Blattgrün dazuzähle, baumreifen Früchten, Nüssen, Kernen, Samen am besten in Form von Keimlingen und Sprossen und das ganze möglichst in Rohkostqualität.

Sind zusätzliche künstliche Vitaminpräparate während der Schwangerschaft angebracht oder eher schädlich?

Natürliche Vitamine findet man in allen naturbelassenen Nahrungsmitteln. Sie sind in einer natürlichen Struktur, z. B. den Bioflavonoiden, eingebunden und werden mit Hilfe von Enzymen und anderen Hilfsstoffen aus dieser Struktur ausgelöst. Damit garantiert das System eine kontrollierte Aufnahme der benötigten Vitamine, sei es zum sofortigen Gebrauch oder als Reservedepot. Wenn ein Überschuß an natürlichen Vitaminen durch die Nahrung in den Organismus gelangt, stoppt das System das Auslösen und die Vitamine verlassen unproblematisch den Körper.

Künstliche oder synthetische Vitamine sind auf eine riskante Anzahl Einzelteile reduziert und vor allem fehlen die natürlichen Begleitstoffe. Sie sind nicht in eine Struktur eingebettet und können so vom Körper nicht kontrolliert an den Stoffwechsel abgegeben werden. Es kommt zu einer Umgehung der natürlichen Resorptionskontrolle im Darm, und dies kann zu einer Problematik im Stoffwechsel und in den immunrelevanten Verdauungsvorgängen führen.

Die natürlichen Vitamine sind mit ihren Begleitstoffen weit mehr als die Summe der Einzelteile, denn sie bilden eine hochkomplexe Ergänzung im gegenseitigen Zusammenspiel. Synthetische Vitamine können auf der einen Seite eine Überversorgung und auf der andern gleichzeitig einen Mangel hervorrufen.

Viele Studien haben bewiesen, daß künstliche Vitamine ihr Versprechen bei weitem nicht halten konnten – sondern im Gegenteil eher langfristig gesundheitliche Probleme hervorgerufen haben. Eine Ernährung wie bei der ersten Frage geschildert, ist in der Lage, bei durchschnittlicher Gesundheit den Vitaminbedarf auch bei schwangeren Frauen zu decken.

Weshalb ist es sinnvoll zu stillen und auf künstliche Säuglingsnahrung und Kuhmilch zu verzichten?

Milch ist das beste und vollkommenste Nahrungsmittel, das man sich vorstellen kann. Jedoch immer nur von Mutter zu Kind im Säuglingsalter. Ein artübergreifender Milchkonsum ist nicht nur unnatürlich, sondern auch deshalb nicht empfehlenswert, weil sich die Milch während der Laktationsperiode verändert und laufend den Bedürfnissen des Säuglings anpaßt. Eine Kuhmilch zum Beispiel ist so zusammengesetzt, daß ein Kalb sein Gewicht innerhalb der ersten 45 Tage verdoppeln kann. Ich glaube nicht, daß es viele Mütter gibt, die das von ihren Kindern erwarten.

Muttermilch kann durch keine künstliche Säuglingsmilch ersetzt werden. Deshalb ist es ratsam, das Kind so lange wie möglich zu stillen. Künstliche Säuglingsnahrung oder Kuh-, Ziegen- oder andere Milch sollte nur in absoluten Notfällen eingesetzt werden. Es ist aber natürlich besser, das Kind falsch zu ernähren, als es verhungern zu lassen. Damit wir uns hier klar verstehen: Die Menschheit hat sich in ihrer Zivilisierung in eine

Situation hineinmanövriert, wo auch in dieser Hinsicht Notlösungen als normales Handeln gelten. Da müssen wir den Ausweg finden.

Mit welchen Lebensmitteln und in welchem Alter des Babys beginne ich das Stillen zu ergänzen?

In der Regel zeigt dies das Baby selbst an. Dafür eignen sich dann gewöhnlich Äpfel, Bananen, Avocado, was nach und nach auch mit Gemüse (wie Karotten, Kohlrabi, Zucchini und verschiedenen Blattgemüse wie Feldsalat, Spinat, Kräuter) erweitert werden kann. Diese Gemüse werden vorteilhafterweise roh und püriert dargereicht. Sowohl in Früchten als auch in Gemüse kann z. B. Mandelpüree (ab dem 7. Monat) eingearbeitet werden. Mandel-Nußmilch oder Buchweizenmilch aus angekeimtem Buchweizen sind ebenfalls geeignet, um das Stillen zu ergänzen und anschließend zu ersetzen.

Welche zusätzlichen Lebensmittel und ab welchem Alter können Eltern ihren Babys und Kindern anbieten, wenn auf Milchprodukte ganz verzichtet wird (z. B. Mandelmilch, Getreidemilch, Reismilch, Soyaprodukte)?

Nebst den obengenannten Produkten kann auch Kokosmus oder Kokosöl in die Nahrung eingebaut werden, da dies, wie die Muttermilch, Laurinsäure enthält und wichtig für den Aufbau des Immunsystems ist. Dabei ist darauf zu achten, daß das Kokosöl beziehungsweise Kokosmus weder vor, während noch nach der Produktion über 45° C erhitzt wurde, da sonst die wichtigsten Bestandteile in ihrer Struktur beschädigt, verformt oder gar zerstört würden.

Fertige Soyamilch und ähnliche Produkte sollten vorsichtig gewählt und moderat eingesetzt werden, sind aber in der Regel bekömmlicher als tierische, artfremde Milch.

Welche positiven Eigenschaften liegen in Mandeln beziehungsweise Mandelpüree/ Mandelmilch im Gegensatz zu sonstigen Nüssen?

Die Mandel ist ein Riesengeschenk der Natur an die Menschen. Im Gegensatz zu sonstigen Nüssen, ist die Mandel basisch. Die Mandel enthält eine hohe Nährstoffdichte in einem ausgewogenen Verhältnis. Das Öl der Mandel hat einen hohen Vitamin E-Gehalt und ist sehr bekömmlich. Mandelpüree kann mit Sesampüree ergänzt werden. Diese Kombination ergibt eine harmonische Ergänzung wichtiger Mineralien und weiterer Nährstoffe.

Sind Sprossen, Keimlinge oder Algen auch in der Kinderernährung zu empfehlen und ab wann?

Sprossen und Keimlinge sind Samen, die eben angefangen haben, eine Pflanze zu werden und eine enorme Expansionskraft sowie die Information des Wachstums enthalten. Schon alleine aus dieser Sicht sind Sprossen und Keimlinge eine großartige Nahrungsressource. Keimlinge und Sprossen können den Kindern üblicherweise ab dem 1. Lebensjahr angeboten werden. Diese Altersangabe kann individuell nach oben oder unten variieren. Der richtige Zeitpunkt wird meistens vom Baby selber angezeigt.

Algen können den Ernährungsplan von Kindern ab einem bis eineinhalb Jahren bereichern, sind aber nicht gezwungenermaßen erforderlich. Algen enthalten nebst Chlorophyll auch viele Mineralien, Vitamine und weitere wichtige Spurenelemente.

Welchen Stellenwert hat die Zubereitung der Lebensmittel?

Die Zubereitung hat eigentlich eine Schlüsselposition inne. Zubereitung heißt, wir bereiten ein Lebensmittel zur freudigen, vorteilhaften Aufnahme zu. In diesem Ablauf kann je nachdem eine Nahrung auf- oder abgewertet werden.

Was ist der Vorteil von roher Kost gegenüber gekochten Nahrungsmitteln?

In der Rohkost sind die Lebensenergien und die Lebensinformationen noch enthalten. Die Enzym-, Protein-, Vitamin- und Fettsäureverbindungen sind so erhalten, daß sie bioverfügbar sind, das heißt für den Stoffwechsel leicht verarbeitbar. Durch Hitzeeinfluß werden diese Verbindungen verändert und teilweise zerstört, unter Umständen bis hin zur Unbrauchbarkeit, deshalb benötigt man bei gekochten Nahrungsmitteln größere Mengen als bei Rohkost. Die Quantität der gekochten Nahrungsmittel kann die Qualität der Rohkost nicht wettmachen.

Ist biologisches Gemüse und Früchte dem herkömmlichen Anbau vorzuziehen?

Ja. Die Strukturen und Ordnungsinformationen haben auf den Bildern aus dem Vision Lab der Firma Soyana gezeigt, daß biologisch angebaute Pflanzen denen des konventionellen Anbaus weit überlegen sind. Vision Lab ermöglicht mikroskopische Kristallisationsbilder sichtbar zu machen, und damit wird Ordnungsinformation und Energie sichtbar.

Was sind die Unterschiede zwischen Bio-Linien der Großverteiler gegenüber Bio-Labels wie z. B. Demeter? Wo bekomme ich möglichst natürliche, unverarbeitete Lebensmittel her?

Diese Frage kann nicht generell beantwortet werden, sondern müßte möglichst individuell abgeklärt sein. Es gibt auch in der Bioproduktion hervorragende Persönlichkeiten, die ihre Arbeit gewissenhaft erledigen und ihre Produkte an Großverteiler liefern. Demgegenüber gibt es auch Produzenten, die – unter Umständen durch den Preisdruck, der oft vom Großhandel ausgeübt wird – geneigt sind, gewisse Zugeständnisse zu machen. Es gibt sicherlich einzelne Biolinien, die nicht beispielhaft sind, aber es wäre falsch, einfach generell alle Biolinien der Großverteiler in einen Topf zu werfen. Am besten ist, wenn man den Produzenten persönlich kennt und sich vergewissern kann, daß er seine Arbeit gewissenhaft erledigt. Es ist bedeutend, daß man aus gegebenen Umständen immer das Bestmögliche macht, mit klarem Bewußtsein die optimale Wahl trifft und darauf achtet, daß keine Hysterie aufkommt.

Was unterscheiden Früchte und Gemüse, die im Treibhaus wachsen, von denen, die im Freiland angebaut werden? Wie wichtig ist das Sonnenlicht für die Lebensmittel beziehungsweise für uns Menschen?

Früchte und Gemüse im Freiland erhalten ein größeres Lichtspektrum als jene im Treibhaus, da Glas- oder Kunststoff immer einen Teil des Lichtes zurückwirft. Dadurch enthalten sie mehr Biophotonen und besitzen mehr Abwehrkraft. Treibhäuser haben den

Vorteil, daß Früchte und Gemüse in einem geschützteren Rahmen angebaut werden können. Die Kulturen sind daher weniger der Gefahr von Witterungsschäden oder gar Verlust ausgesetzt, und außerdem kann die Anbausaison ausgedehnt werden. Gerade bei Setzlingen können Treibhäuser tolle Möglichkeiten bieten und den Freilandanbau unterstützen. Treibhäuser können meiner Meinung nach Freilandkulturen hervorragend dienen, aber nicht ersetzen. Sonnenlicht ist lebenswichtig, sowohl für Mensch und Tier wie auch für Pflanzen.

Was für ein Salz ist empfehlenswert und weshalb?

Als Speisesalz sollte ein Vollspektrumsalz wie z. B. Halit oder unraffiniertes Meersalz aus sauberen Gewässern verwendet werden. Dieses Vollspektrumsalz enthält laut Untersuchungen 84 bis jetzt bekannte Mineralien und Spurenelemente, die im gegenseitigen Verhältnis auch im gesunden menschlichen Organismus gleichsam vorhanden sind. Das herkömmliche Kochsalz ist auf eine Natrium-Chlorid-Verbindung reduziert und kann dadurch ein Mineralungleichgewicht hervorrufen. Jodiertes und fluoridiertes Kochsalz ist aus meiner Sicht für den menschlichen Verzehr nicht geeignet.

Weshalb sollte auf Glutamat verzichtet werden?

Das weiße Pulver, das man auch Mononatrium-Glutamat nennt, ist einer der umstrittensten Zusatzstoffe der Nahrungsmittelindustrie. Glutaminsäuren oder die Salze der Glutamate kommen in vielen Pflanzen und Meeralgen vor. Auch der Körper produziert eine erhebliche Menge dieser Aminosäure. Diese Aminosäure spielt eine wichtige Rolle als Botenstoff im Gehirn. Die Zellen des Gehirns produzieren die benötigte Glutaminsäure als Neurotransmitter in der Regel in genügendem Ausmaß. Einige Wissenschaftler sind sich einig, daß Glutamat als Zusatz in den Speisen zu einer solchen Konzentration führt, daß es als Nervengift bezeichnet werden kann. Prof. Konrad Beyreuther bringt Glutamat in Zusammenhang mit Alzheimer und Parkinson. Ich persönlich empfehle, diese sogenannten Geschmacksverstärker soweit wie möglich zu meiden. Ein gut gewürztes Gericht ist auch für Kinder ohne die Verfälschung des Geschmacks durch Beeinträchtigung der Wahrnehmung mit Hilfe des Glutamat-Zusatzes angenehm zu essen.

Weshalb ist Aspartam als Zuckerersatz nicht zu empfehlen?

Aspartam täuscht dem Körpersystem Zucker vor, wo keiner ist. Im menschlichen Körper zerfällt Aspartam in seine Ausgangsstoffe Phenylalanin, Asparaginsäure und Methanol. Methanol z. B. zerfällt im Organismus weiter in Formaldehyd und Ameisensäure. Vor kurzem noch galt Formaldehyd offiziell als erbgutverändernde Substanz. Die amerikanische Zulassungsbehörde für Lebensmittel hat eine Liste veröffentlicht mit 92 dokumentierten Symptomen, die auf Aspartam-Vergiftung zurückgeführt wurden. Ich würde meine Kinder nicht freiwillig solchen Risiken aussetzen.

Wie siehst du die Gefahr von Jod- und Fluor-Zusätzen in Nahrungsmitteln und Trinkwasser?

Jod ist ein Abfallprodukt des Druckfarbenrecyclings und gilt als Zellgift. Es müßte als Sondermüll entsorgt werden und hat meines Erachtens als Nahrungsmittelzusatz in der menschlichen Ernährung nichts zu suchen. Jod ist ein Spurenelement, das heißt, es kommt im Organismus in kleinsten Spuren vor und nicht in solch hohen Konzentrationen.

Fluor ist ein Abfallprodukt der Aluminium-Verarbeitung, müßte ebenfalls als Sondermüll entsorgt werden und dürfte in dieser Verbindung meines Erachtens Nahrungsmitteln unter keinen Umständen zugesetzt werden. Fluor ist ebenfalls ein Spurenelement. Spurenelemente kommen in der Natur in kleinsten Mengen, in ausgewogener Verbindung mit anderen Elementen vor. Als Isolat und in veränderten Strukturen können diese Stoffe im menschlichen Körper jedoch erheblichen Schaden anrichten.

Wie kann ich schrittweise vorgehen, den eigenen Nahrungsmittelkonsum und den meiner Kinder umzustellen, um dem Körper möglichst viel aufbauende Lebensmittel zuzuführen?

Es ist schwierig, diese Frage generell zu beantworten, da nicht jeder Mensch auf dem gleichen Stand ist. Jedenfalls finde ich wichtig, daß der Kopf dem Körper vorausgeht. Das heißt, daß man den Gewinn der Umstellung sieht und begreift. Hierbei denke ich nicht nur an den persönlichen Gewinn, sondern auch an den Gewinn für die Umwelt. Wichtig ist auch, daß die Eltern den Kindern vorausgehen und als Beispiel dienen. Wenn von gekochter Nahrung auf Rohkost umgestiegen wird, empfehle ich gekochte und rohe Nahrung nicht in der gleichen Mahlzeit zu mischen.

Sollte ich bei rein veganer Ernährung noch zusätzlich Vitamin B12 zuführen? Gibt es sonst wichtige Aspekte zu beachten?

Das Vitamin B12 ist ein bakteriologisch hergestelltes Vitamin. Es kann nicht synthetisch aufgebaut werden, deshalb stammt jedes Vitamin B12 von Bakterien. In tierischen Nahrungsmitteln kommt dieses Vitamin vor, weil es durch die Mikroorganismen im Körper der entsprechenden Tiere gebildet wurde oder aber über die Nahrung in den Körper gelangt. Im allgemeinen enthalten Pflanzen selbst kaum Vitamin B12. In einem gesunden Boden hingegen ist das B12 durch die Bakterien angereichert. Dieses B12 bleibt auf Pflanzenoberflächen haften und gelangt bei nicht übertriebener Hygiene über die Nahrung in den Körper. B12 wird auch bei Menschen genauso wie bei den Tieren durch diese Mikroorganismen im Körper produziert, vor allem in einer gesunden Darmflora. Die körpereigene bakterielle Vitamin B12-Versorgung setzt eine gesunde Darmflora voraus und daher wiederum eine gesunde Nahrung.

Ein B12-Mangel resultiert nicht zwingend auf eine ernährungsbedingte Unterversorgung, sondern kann auch seelische Ursachen haben. Eine zusätzliche B12-Zufuhr kann in dringenden Fällen hilfreich sein, ist aber nicht generell notwendig.

Wasserkristalle – sichtbar gewordene Schwingungen

Da unser Körper größtenteils aus Wasser besteht und Wasser der Grundstein unseres Lebens ist, möchte ich darauf näher eingehen. Dem japanischen Wissenschaftler **Masaru Emoto** ist es nach jahrelanger Forschung gelungen, Wasserkristalle zu fotografieren und damit Schwingungen sichtbar zu machen. Seine Erkenntnisse sind nicht nur für uns selber von Bedeutung, sondern auch für unsere Handlungen im Alltag mit den Kindern.

Schwingung – Wasser natürlichen Ursprungs (Quellwasser)

Zu Beginn wurde Leitungswasser von verschiedenen Städten und natürliches Wasser verschiedenen Ursprungs untersucht. Es zeigte sich, daß natürliches Wasser wunderschöne kristalline Formen bildet.

Schweiz: Brienzersee   *Rocky Mountains*

Schwingung – Leitungswasser in Städten

Leitungswasser vermag nur in seltenen Fällen schöne Kristalle auszubilden, meistens zeigt sich eine zerstörte Form. Dies weißt darauf hin, daß ein sich gegen das natürliche Phänomen des Lebens richtender Giftstoff hinzugegeben wird (z.B. Desinfektionsmittel). Wie wir hier sehen, ist das Leitungswasser bei uns, zumindest hier in Bern noch weitgehend gut. Eigenes Quellwasser ist heutzutage Gold wert!

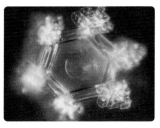 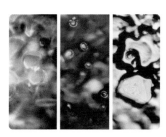

Bern   *Paris – London – Tokyo*

Trotzdem konnte ich selber einen markanten Unterschied feststellen zwischen Leitungswasser und eigenem Quellwasser. Bei frischem, eigenem Quellwasser setzte der Kalk kaum an, Blumen gediehen besser, die Wäsche war auch ohne Weichspülung merklich weicher, ebenfalls Haut und Haare. Natürliches Wasser, frisch von der Quelle hat demnach noch einen weitaus größeren Effekt auf unsere Gesundheit. So ist es kein Wunder, daß weltweit Quellen und Wasserrechte von großen Firmen aufgekauft werden. Wasser ist wohl das »Gold« der Zukunft.

Es gibt auch verschiedene Produkte auf dem Markt, welche das Wasser beleben und energetisieren können. Dies ist eine Variante, wenn kein direkter Quellzugang vorhanden ist. Ob und welche Geräte eine entsprechend positive Wirkung zeigen, muß ausprobiert werden. Ein guter Indikator sind beispielsweise auch Pflanzen, Tiere oder der eigene Körper, indem bei Anwendung eines Gerätes zur Wasserbelebung Veränderungen im Organismus beobachtet werden können.

Das schlichte Gebet erzielt ebenfalls eine große Wirkung zur Wiederherstellung der natürlichen Ordnung im Wasser. Dies zeigten ebenfalls Photos von Emoto von Wasserkristallen vor und nach einem Gebet.

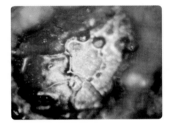 

Vor einem Gebet *Nach einem Gebet*

Schwingung – Musik

In weiteren Untersuchungen wurde destilliertes Wasser mit verschiedenen Musikstücken beschallt. Tatsächlich kann die Musik Schwingungen übertragen und verändert dabei die Qualität des Wassers, was sich in den Wasserkristallen widerspiegelt.

 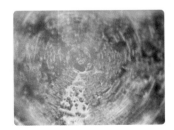

Mozart, Symphonie Nr. 40 *Heavy Metal,*
in G-Moll *voller Kraftausdrücke, Wut*

Diese Bilder bestätigen die Auswirkung des Klanges, welche ich im Zusammenhang mit dem Wissenschaftler Alfred Tomatis im Kapitel Schwangerschaft beschrieben habe. Seine jahrelangen Studien zeigten den Nutzen hochfrequenter Musik, insbesondere von Mozart auf.

Schwingung – Gedanken und Worte

Masaru Emoto forschte weiter und untersuchte, ob Wasser Gefühle und Worte aufnehmen kann und wie es auf Fotografien reagiert. Folgende Bilder machen deutlich, daß auch Worte und Gefühle die Matrix des Wassers verändert.

  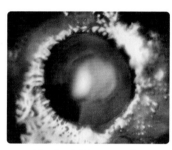

Liebe, Dankbarkeit   *Danke (Japanisch)*   *Tu das! (Japanisch)*

Auf Babys und Kinder übertragen wird ersichtlich, wie wichtig der respektvolle Umgang mit dem Kind ist. Liebevolle Worte, Gedanken und Gefühle wirken ganz anders als herzlose Befehle.

Körperliche Gewalt, dazu gehören auch Klaps auf den Po, am Ohr ziehen und dergleichen gehören schon seit Jahrzehnten nicht mehr in die Kindererziehung. Erziehung ist da auch das falsche Wort, denn heute geht es um Begleitung unserer Kinder. Diese geht weit über die körperliche Ebene hinaus. Unsere Gefühle, Gedanken und Worte können genauso verletzen. Babys und Kinder nehmen diese noch viel stärker wahr als wir Erwachsene.

Die Erde ist geradezu übersät mit ganz bewußten, wachen Seelen, die eine starke Verbindung zu ihrem eigenen Ursprung haben. Viele zeigen bereits in jungem Alter ihre sensitiven Fähigkeiten. Wir sind dabei, solche Fähigkeiten und ein Bewußtsein zu entwickeln, mit welchem viele Kinder heute bereits geboren werden. Aus diesem Grund ist es Zeit für ein neues System, das diesen Kindern gerecht wird und auch uns, denn wir hatten ursprünglich dieselben Fähigkeiten und sind dabei, sie wieder zum Leben zu erwecken. Überall sind die Veränderungen spürbar. Wir beginnen uns als Teil der Natur wahrzunehmen, um in Einklang mit ihr anstatt gegen sie zu leben.

Auch deine Gedanken und Handlungen formen diese Welt und ganz besonders die deiner Kinder und nachkommender Generationen. Achte einfach täglich immer wieder auf deine Gefühle, Gedanken und Worte gegenüber den Mitmenschen, der Natur, den Tieren und vor allem gegenüber deinem eigenen Kind.

Die Wasserkristallfotografie ist ein einzigartiges Instrument, welches diese unsichtbaren Schwingungen für unsere Augen sichtbar und für unseren Intellekt erfaßbar macht.

Wie das Wasser ein Bewußtsein hat, so sind auch wir alle ein Bewußtsein und miteinander verbunden. Wir beeinflussen uns selbst und alle anderen mit unseren Schwingungen, Gefühlen und Worten, die wir tagtäglich aussenden.

Schwingung – Elektromagnetische Wellen

Geräte wie Fernseher, Mobiltelefon, Computer oder Mikrowellenherd zerstören massiv die Kristalle im Wasser, insbesondere Handystrahlen und Mikrowelle.

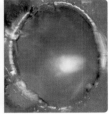

Es ist jedoch möglich, Wasser mit Liebe zu »imprägnieren«, um es vor schädlichen Strahlungen zu schützen. Links sehen wir mit »Liebe, Dankbarkeit« imprägnierte Wasser, rechts gewöhnliches, destilliertes Wasser.

Wir sehen hier ebenfalls sehr eindrücklich die negativen Auswirkungen von Verschmutzung und Strahlung der Geräte, die wir im Alltag benutzen, und daß wir darauf selber mit unseren Gedanken und Gefühlen Einfluß nehmen können.

Elektrogeräte (Fernseher, Schnurlostelefon, Babyphone und dergleichen) gehören aufgrund der Strahlung auf keinen Fall ins Kinderzimmer. Selbst für uns sind sie schädlich, doch Babys und Kinder reagieren noch viel sensibler. Schlafstörungen oder gesundheitliche Probleme und Unruhe können die Folge sein. Bei Babys ist es eine Gefahrenquelle auch im Zusammenhang mit dem plötzlichen Kindstod.

Zur Entstrahlung von Computer, Fernseher und Co. können Heilsteine wie Rosenquarz oder Baryt eingesetzt werden. Es werden auch allerlei sonstige Gegenstände zur Entstrahlung angeboten. Ich konnte mit einigen sehr gute Ergebnisse erzielen, bei anderen blieb die Wirkung aus. Da muß sich wohl jeder selber im Dschungel der vielen Angebote das Richtige herauspicken.

Nebenbei bemerkt, ist die Entsorgung des Fernsehers die beste Investition in eine aktive Zeit mit den Kindern. Du wirst mit Erstaunen feststellen, wie viel Zeit dir plötzlich für deine Kinder und andere Dinge zur Verfügung steht. Hätten wir den Fernseher behalten, wäre dieses Buch wohl nie entstanden.

Eine Mikrowelle würde ich persönlich nie benutzen, da sie nicht nur die Nährstoffe im Essen zerstört, sondern der Körper direkt und durch den Verzehr der bestrahlten Nahrung geschädigt wird. Die Liste der Nebenwirkungen ist sehr umfangreich. Dazu gibt es ausreichend Literatur. Ein Informationsvideo trägt den provokanten Titel »Schneller sterben mit Mikrowelle«. Das trifft es ziemlich genau.

Gerade auch Milch und Muttermilch sollte *niemals* in der Mikrowelle aufgewärmt werden. Selbst bei niedrigen Temperaturen wurde nachgewiesen, daß Aufwärmen durch Bestrahlung molekulare Veränderungen in den Aminosäuren des Milcheiweißes verursachte. Ein Rückgang der Antikörper in der Milch und eine massive Minderung des Nährwertes konnte festgestellt werden. Wenn ich mir dazu die Kristallbilder von Emoto anschaue, erstaunt mich dies keinesfalls.

> **Die Kristallbilder schenken uns wieder ein wenig Demut vor dem Wunder des Lebens und lassen uns wahrnehmen, was Liebe und Dankbarkeit in unserer Welt bewirken können.**

Garten und Teich

Der eigene Garten ist einfach ein Wunderding an Möglichkeiten! Du kannst selber alle möglichen Gemüse, Kräuter, Früchte, Beeren, Blumen, Getreide und Pflanzen anbauen, die frei sind von chemischen Düngemitteln, Pestiziden, Gülle, tierischen Abfällen (Horn-, Blut-, Fischmehl) oder Genmanipulation. Verwende anstelle gezüchteter Hybridsorten biologische samenfeste Sorten. Du kannst daraus für das folgende Jahr dein eigenes Saatgut herstellen.

Kinder lieben es, im Garten zu spielen, zu pflanzen und das eigene Gemüse zu ernten. Was gibt es Schöneres als ein Mittagessen, frisch geerntet aus dem eigenen Garten? Für Leonie und Elyah war es immer ein besonderes Vergnügen, wenn sie vor dem Zubereiten der Mahlzeiten erst einmal mit Schüssel und Messer ausgerüstet in den Garten konnten und ihr Gemüse, Kräuter und Beeren selber ernteten. Elyah war, kaum konnte er laufen, immer wieder bei den Johannisbeeren anzutreffen, die er sich genüßlich in den Mund schob. Sobald Anael krabbeln konnte, erkundete auch er den Garten und bearbeitete die Erde mit seinen Händen. Er war immer wieder fasziniert davon, was es alles dabei zu entdecken gab, beispielsweise eine kümmerliche Lauchstange vom Vorjahr, wie hier auf dem Photo.

Auch wenn ihr keinen Garten habt, kannst du auf einem Balkon eine Vielzahl von Pflanzen, Gemüse und Blumen setzen. Verwandle zusammen mit den Kindern den Balkon in eine grüne Oase und Abenteuerplatz. Der Kreativität sind keine Grenzen

gesetzt. Leonie und Elyah haben sogar vom Meerschweinchenfutter Sonnenblumensamen genommen und diese in Blumentöpfe gepflanzt. So hatten sie im Sommer ihre ganz eigenen Sonnenblumen.

Auch ein Miniteich läßt sich gut auf der Terrasse oder dem Balkon anlegen. Dazu reicht sogar ein großer, winterharter Blumentopf. Mit solch einem kleinen Wasserparadies lassen sich nicht nur Kinder begeistern, ich hatte selber meine helle Freude daran. Es ist ein erster Schritt, um Wasser und seine Gestaltung als Teichlandschaft kennenzulernen.

Größere, natürlich angelegte Teichlandschaften, wie sie in der Permakultur angewandt werden, sind ein wichtiger Bestandteil eines harmonischen Ökosystems. Kinder erhalten durch einen eigenen Teich, egal wie groß dieser ist, einen ersten Berührungspunkt und Einblicke in eine faszinierende Wasserwelt mit eigenem Mikroklima. Der Grundstein für ein Begreifen biologischer Zusammenhänge wird damit bereits gelegt. Ältere Kinder entdecken diese selber oder stellen Fragen. Kleine Kinder entdecken mit ihren Händen und durch aufmerksames Beobachten.

Tiere

Ich lehre unsere Kinder von klein auf den liebevollen Umgang mit Tieren, bis hin zu den kleinsten Lebewesen. Wir hatten beispielsweise nie eine »Schneckenplage«, obwohl der Garten eben und nicht eingezäunt war, direkt neben Wiesen. Vielmehr hatten wir einen speziellen »Schneckenfütterungsplatz«, etwas abseits vom Garten.

Dort stand immer unser Kübel mit Grünabfall, auf dem sich die Schnecken tummelten.

Ich spreche auch immer mit allen Tieren, sei es laut oder in Gedanken. Die telepathische Kommunikation mit Tieren funktioniert sehr gut. Ich hatte immer wieder positive Resultate, auch mit kleinen Tieren wie Schnecken, Ameisen oder Mücken. Sie sind keine Plage, sondern gehören zu einem gesunden, funktionierenden Ökosystem dazu, und jedes hat seine eigene Aufgabe. Ohne Bienen gäbe es keine Befruchtung der Pflanzen, keine Fortpflanzung, keine Nahrung, keine Menschen. Tiere sind wie wir Teil der Natur, auch die kleinsten. Sie sind äußerst kooperativ, wenn wir lernen, nicht *gegen* sie zu leben sondern *mit* ihnen.

Da ich alle Kinder lange gestillt habe, begann ich bei beiden langsam mit Beikost: Fingerfood, zuerst Früchte, dann Gemüse, gemixte Früchtecremes mit Mandelmus und dann so langsam immer mehr auch vom Tisch. Leonie und Elyah aßen bis etwa zweijährig vegan. Anael hat schon etwa einjährig Milchprodukte zu sich genommen. Ich selber lebe seit zwanzig Jahren vegetarisch, teils vegan. Patrick hat mit der Schwangerschaft von Anael ebenfalls aufgehört, Tiere zu essen. So lebt aktuell die ganze Familie vegetarisch.

Fleisch oder Fisch habe ich im Baby- und Kleinkindalter nie gegeben. Es war mir wichtig, daß die Kinder wissen, daß Fleisch ein Teil toter Tiere ist, bevor ich ihnen die Möglichkeit gebe, selber zu entscheiden, ob sie es essen möchten oder nicht. Es war mir auch wichtig, daß ich ihnen dies ohne zu dramatisieren mitteilen konnte, wenn sich die Situation von selber ergeben würde. Diese bot sich im Herbst während der Jagdsaison. Ich habe sie in meinem Tagebuchblog festgehalten, davon hier ein Auszug:

Jagdsaison – Oktober 2010
Es ist gerade Jagdsaison. Da wir am Waldrand wohnen, bekommen wir dies auch hautnah mit. Gestern sprangen zuerst einmal zwei Hunde wild durchs Gelände. Zuerst dachte ich an verirrte Hunde, doch dann kam mir in den Sinn, daß ja die Wildsaison begonnen hat. Kurze Zeit später kam ein Jäger in Grün mit Gewehr unsere Zufahrtsstraße hinauf und verschwand neben unserem Garten ins Dickicht des Waldes. Dies beobachteten auch Leonie und Elyah.

»Mami, was macht dieser Mann?«. – »Er geht in den Wald, um Tiere zu schießen.« – »Warum Tiere schießen?« – »Die Tiere werden dabei getötet.« – »Warum denn?« – »Es gibt Menschen, die essen tote Tiere.« – Elyah und Leonie schauten mich an, und Elyah rief angewidert: »Das will ich nie, nie, nieeeee!« – »Ich auch nicht«, sagte Leonie betroffen. »Das müßt ihr auch nicht! Wir essen ja keine Tiere. Sie sind unsere Freunde«, sagte ich. Damit war das Gespräch beendet.

Etwas später, als ich in der Küche zum Fenster hinausschaute, erblickte ich gleich neben unserem Garten ein wunderschönes Reh. Es schaute zurück in meine Richtung, wedelte mit seinem Schwänzchen und verschwand im Wald. Ich sah es an diesem Tag noch zwei Mal, immer in der Nähe unseres Hauses. Ich hoffte, daß der Jäger es nicht erwischt, und bat die Naturwesen um Schutz.

Abends erzählte ich die Geschichte Patrick. Er meinte nur, er habe bereits einige Jäger gesehen mit ihren Metallwannen voller Blut. Mir blieb dieser Anblick erspart. Nun herrscht bei uns gerade dichter Nebel. Wunderbar für die Tiere, um sich zu verstecken.

Den Menschen hat man früher auch als Fleischesser bezeichnet. Der schwedische Professor und Naturwissenschaftler Carl von Linné hingegen war überzeugt, der Mensch sei ein Früchteesser. Der französische Naturforscher Georg Luis Leclerc war der Meinung, der Mensch könne allein von Gemüse leben.

Ehrlich gesagt, ist es mir eigentlich ziemlich »Wurscht« :-), was, wer, wie, wo oder wann behauptet. Es gibt für jede erdenkliche Ernährungsweise immer wieder Thesen, die diese dann bestätigen können. Ich vertraue lieber auf meine eigenen Erfahrungen und Vorlieben. Aus diesem Grund ernähre ich mich selber vorwiegend vegetarisch, teilweise vegan. Einerseits aus Liebe zu den Tieren, andererseits im Bewußtsein einer ökologischen Sichtweise im Zusammenleben mit Mutter Erde.

Unsere Kinder wachsen mit Tieren auf und gehen liebevoll mit ihnen um. Aus diesem Grund käme es ihnen nie in den Sinn, diese zu essen.

Familienlandsitz

Ich möchte gerne die Idee des Familienlandsitzes weitergeben, da sie mir zum Glück einer jeden Familie als essentiell wichtig erscheint. Der Begriff »Familienlandsitz« als solcher entstammt den Büchern des russischen Autors Wladimir Megre, welcher über seine Begegnung mit der Taiga-Einsiedlerin »Anastasia« schreibt. Anastasia erzählt von der Bestimmung des Menschen und zeigt eine Lebenshaltung vollkommen im Einklang mit der Natur. Damit die Erde sich erneut in ein Paradies verwandeln kann und jede Familie zu ihrem Glück findet, ist es erforderlich, daß alle Menschen sich ein Stück wirkliche Heimat erschaffen in Form eines Familienlandsitzes.

Bevor ich überhaupt mit dem Wissen Anastasias in Berührung kam, spürte ich intuitiv, daß ich in der heutigen industriellen, westlichen Welt eines vermisse: die Natur! Es reichte mir nicht, ab und zu draußen zu spielen oder im Wald spazierenzugehen und Geranien zu gießen. Dies war vielleicht nur ein winziger Anfang.

Schrittweise zogen wir uns daher immer mehr zurück. Der Wandel kam mit Ankunft unseres ersten Kindes Leonie. Damals bewohnten wir noch eine Etagenwohnung mit Balkon in der Nähe eines Einkaufszentrums umgeben von anderen Wohnblöcken. Es folgte eine Parterrewohnung mit großem Sitzplatz, Rasen und einige Quadratmeter Land für Garten. Darin haben wir begonnen, unser eigenes Gemüse und Sträucher zu pflanzen. Wie anders schmecken doch Beeren und Gemüse aus dem eigenen Garten! Wir benutzten weder Dünger noch Gifte, sondern ließen den Garten so, wie er war. Auch »Unkräuter« ließ ich größtenteils wachsen. Heute kehrt das Verständnis zurück, daß gerade diese Unkräuter einen wichtigen Teil für das natürliche Gleichgewicht der Biosphäre ausmachen. Es gibt keine Kräuter, keine Pflanzen, kein Insekt oder Lebewesen, daß nicht seine Bestimmung in der Welt hätte. Man braucht nur offen zu sein, diese zu entdecken.

Nach einigen Umzügen lebten wir ein Jahr lang in einem wunderschönen Holzhaus im Herzen der Schweiz weitab von jeglichen Häusern, Straßen und Lärm auf einer kleinen Alm am Rande eines Waldes. In diesem Jahr haben sich unsere Vorstellungen über die Lebensart der Menschen nochmals grundlegend verändert.

Wir haben eigenhändig zusammen mit den Kindern einen Garten angelegt. Morgens hieß es immer erst einmal selber Feuer machen im Ofen, damit das Haus gemütlich warm wurde. Draußen hörten wir das Zirpen der Grillen, das Rauschen des Windes in den Blättern, das Rufen eines Uhus, das Plätschern des Brunnens und abends die Glocken der weidenden Kühe. Wir konnten so viele Tiere beobachten, von kleinsten Insekten, Blindschleichen, Fröschen, Vögeln, Eichhörnchen, Gartenschläfern bis hin zu Rehen und Hirschen, die sich bis zu unserem Garten vor dem Haus heranwagten.

In diesem Paradies konnte ich auch unser drittes Kind Anael zur Welt bringen.

Welch ein Glück und welche Freude! Die Verbindung zur Mutter Erde war intensiver, als wir uns dies je hätten vorstellen können.

Was war so besonders? – Wir hatten ein Stück Land für uns und formten dies zu unserem eigenen Paradies. Mit den Händen berührten wir die Erde beim Pflanzen und Ernten im eigenen Garten. Wir aßen Früchte und Gemüse, welches wir selber liebevoll gehegt hatten. Die Pflanzen enthielten wiederum die feinen Schwingungen unserer positiven Gedanken und ernährten unseren Körper auf optimale Weise.

Ist dir schon einmal aufgefallen, daß ein zubereitetes Essen je nach Stimmungslage beim Kochen ganz anders schmeckt? – Ich habe schon mehrmals die Erfahrung gemacht, daß Mahlzeiten in Wut oder Streß gekocht, überhaupt nicht schmecken, hingegen Gerichte, die ich koche, während ich schönen Gedanken nachgehe, einfach köstlich sind. Am besten schmecken die Mahlzeiten, die meine Kinder zubereiten. Sie sind dabei so in den Vorgang vertieft, leben absolut im Jetzt und können auf ihre Weise mit ihrer inneren Freude und positiven Kraft ein Essen zubereiten, welches mich immer wieder sprachlos macht. Es liegt nicht einfach nur an den Gewürzen oder der Zubereitungsart, es geht vielmehr weit darüber hinaus. Wären die Schwingungen eines Lebensmittels sichtbar, das Essen von unseren Kindern in Liebe zubereitet wäre wohl ein Regenbogen. So darf ich zumindest geschmacklich jedes Mal in Entzücken geraten.

Es ergibt sich daraus gleich eine Kette von Handlungen, die bedeutungsvoll sind:
- Erwerb eines eigenen mindestens ein Hektar großen Grundstückes als Familienlandsitz
- Selber bepflanzen mit Sträuchern, Bäumen und einem Garten mit Blumen, Beeren und Gemüse – am besten noch Anlegen eines Teiches
- Eigene Ernte, jeweils frisch vor dem Verzehr
- Selber zubereiten der Lebensmittel, auch viel roher Verzehr
- Dem Land wieder etwas zurückgeben: Dies reicht vom den Boden natürlich Mulchen bis hin zu Dankfesten, positive Gedanken setzen, liebevoll berühren oder Kristallheilarbeit. Es gibt unendlich viele kreative Möglichkeiten. Wir haben gerade deshalb uns auch entschlossen, bei der Baumpflanzung nach der Geburt von unseren Kindern jeweils die Plazenta der Erde zurückzugeben, damit daraus wieder neues Kleinstleben entsteht. Im Besonderen möchte ich hier die von dem japanischen Professor Dr. Teruo Higa entdeckten Effektiven Mikroorganismen erwähnen, welche vor allem zur Wiederherstellung eines gesunden, lebendigen Bodens dienen. Mit der EM-Technologie wird nichts bekämpft, sondern ein Milieu, sei es im Körper, im Umfeld (z. B. Haus) oder im Boden positiv so beeinflußt, daß aufbauende, regenerative Prozesse möglich sind und sich der Körper beziehungsweise der Boden erholt und ins Gleichgewicht kommt. Auch in der Belebung des

Trinkwassers oder Abwassers oder von Teichen und anderen Gewässern findet EM ihre Anwendung.

Wenn wir verstehen, daß die Nahrung, welche wir in dieser Weise anbauen und zu uns nehmen, unseren Körper nicht nur physisch sondern auch energetisch ernährt, können wir zurückfinden zu Gesundheit und jugendlicher Kraft.

Ein solches kleines Paradies soll sich jede Familie verwirklichen können und damit den Grundstein setzen für die eigene Heimat und die der Nachkommen. Nicht jeder kann zu diesem Zeitpunkt bereits sein eigenes Land in Empfang nehmen. Am Anfang steht jedoch immer ein Traum.

Einzelne, liebevolle Gedanken an das künftige Land reihen sich aneinander zu einer Gedankenkette. Schließlich bilden diese ein immer stärker werdendes mentales Bild, bis es sich verwirklicht. Gleichzeitig können alle bereits jetzt beginnen, ihre Samen zu säen, Pflanzen in Töpfen da zu ziehen, wo sie gerade jetzt wohnen, um diese täglich zu stärken und dann auf dem eigenen Land einzupflanzen, wenn die Zeit dafür gekommen ist.

Es geht darum gedanklich und physisch Samen zu säen, sie täglich zu hegen und pflegen und deren Wachstum mitzuerleben.

Schlußendlich werden überall auf der Erde Paradiesgärten entstehen, welche die ganze Welt in ein Paradies verwandeln.

Gerade zu diesem Zeitpunkt sind wir selber dabei, unseren Familienlandsitz zu erschaffen. In ein paar Monaten werden wir ein großes Stück Land erwerben. Bereits jetzt ziehe ich Samen von großen Sequoia-Bäumen, Zedern, und habe auch schon einige Sträucher gepflanzt. Dazu erträume ich täglich unseren blühenden Garten und male mir aus, wie wir diesen gestalten können. Je detaillierter, desto wirkungsvoller. Vom einzelnen Gemüse, Rosen, Magerwiesen, vielfältigen Blumenarten, Obst und Beeren bis hin zum Teich und Brunnen umgeben von Hecken und Wald ist gedanklich bereits alles erschaffen. Physisch ist der Grundstein gelegt, wir haben letzten Herbst bereits die ersten Frühlingsblumen als symbolischer Anfang gesetzt. In wenigen Wochen möchten wir mit dem Pflanzen beginnen und damit die bereits dort stehenden Bäume und die wunderschöne Landschaft ergänzen.

Zur Anpflanzung möchte ich auch noch die Hinweise von Anastasia weitergeben:

Pflanzen haben das Potential, für unseren Körper hilfreiche und benötigte Wirkstoffe zu produzieren, wenn sie von uns die Information über unseren Gesundheitszustand erhalten. Dies kann folgendermaßen geschehen:

- Indem wir die Pflanzensamen vorher etwa zehn Minuten unter der Zunge einspeicheln. (Speichel enthält unsere DNA und alle nötigen Informationen zu unserem gesundheitlichen Befinden.) Danach in die Erde geben und erst etwas später gießen.
- Indem wir oft barfuß über die Erde unseres eigenen Gartens gehen
- Indem wir die Pflanzen sanft berühren

Die Pflanzen, welche damit Informationen unseres menschlichen Körpers erhalten, werden darauf genau die Stoffe produzieren, die unser gesundheitliches Gleichgewicht wieder herstellen und aufrechterhalten.

In der schamanischen Pflanzenheilkunde wird davon ausgegangen, daß eine Handvoll Kräuter, welche in unserer nächsten Umgebung wachsen, durchaus imstande wären, uns gesund zu erhalten. Dabei sind gerade auch sogenannte »Unkräuter« von großer Bedeutung. Gerade deshalb ist es wichtig, so zu wohnen, daß wir selber von Natur umgeben sind, wo Pflanzen in einem gesunden Klima gedeihen können.

Während Schwangerschaft und Geburt erhält das eigene Stück Land und die darauf wachsenden Lebensmittel eine neue Bedeutung. Denn gerade in dieser Zeit soll der Körper mit aufbauenden Nährstoffen versorgt werden. Kein biologisch angepflanztes Gemüse aus dem Laden ist mit dem Gemüse vom eigenen Familienlandsitz, welches auf obengenannte Weise angebaut wurde, zu vergleichen.

Der Körper einer werdenden Mutter erzeugt die Baustoffe für das neue Leben, für das eigene Kind. Diese Baustoffe entnimmt er physisch der Nahrung, welche sie zu sich nimmt, und ätherisch der Gedankenwelt und den Schwingungen, mit welcher sich die Mutter umgibt. Es sind nicht nur die Gedanken, es sind auch äußere Einflüsse, welche eine Rolle spielen, sei es durch eigene oder fremde Gedanken, Emotionen, Gespräche, Nachrichten, Bücher, Musik, Filme oder Handlungen.

Zum Abschluß möchte ich hier jedoch noch unsere Ahnen und künftigen Generationen erwähnen. Wir sind mit ihnen, ob wir nun möchten oder nicht, energetisch verbunden. Ob die Kraft unserer Ahnen fließen kann, hängt davon ab, ob und wie wir Zugang zu ihnen finden.

Ein Gedanke von Anastasia bezüglich Ahnen und Familienlandsitz hat mich selber nachdenklich gemacht. Sie selber bezeichnet Friedhöfe als menschliche Müllhalden. Sie sind Erinnerungen an den Tod der Menschen, nicht an das Leben, welches sie geführt haben. Da gebe ich ihr durchaus recht. Außer Tod und Trauer ist bei den meisten Friedhöfen wenig zu finden.

Anastasia sieht für den Übergang ein ganz anderes Vorgehen. Ihrer Meinung nach, sollten die Menschen nach ihrem Tod auf dem eigenen Land begraben werden, ohne Denkmal, Stein oder Ähnlichem. Der Körper zerfällt zu Erde, es entsteht wieder neues Leben. Ohne Grabstein wird nicht dem Tod, sondern dem Leben des Menschen Würdigung erwiesen. Die Kraft des Menschen bleibt auf dem von ihm in Liebe angelegten Land erhalten und schützt und unterstützt die nachfolgenden Generationen. Welch wunderschöner Gedanke!

Auch hier entsteht wieder eine Kette von Handlungen, welche **alle am selben Ort stattfinden, auf dem eigenen Familienlandsitz:**

- Gedanklicher Wunsch und Erschaffung des Familienlandsitzes eines sich liebenden Paares
- Physische Umsetzung und Gründung des Familienlandsitzes
- Pflanzen, Anlegen des Gartens, Hochzeit
- Wunsch und gemeinsame gedankliche Formung des künftigen Babys des Paares
- physische Vereinigung, Zeugung des Babys
- Geburt des Babys
- Kindheit, Erwachsenwerden
- Leben auf dem eigenen Land
- Übergang (Tod) und Begraben

Was in solch einem Kreislauf geschieht, ist die Bündelung der Kraft und das schöpferische Wirken eines Menschen an einen Ort, der fortan Heimat genannt wird.

Eine Heimat für den Menschen selber, seine Ahnen und alle kommenden Generationen.

Menschen sind Hüter der Erde. Es liegt an jedem Einzelnen, ob er die ihm zugedachte Aufgabe annehmen möchte als Teil des gesamten Schöpfungsplanes.

Hüter der Erde zu sein bedeutet:

- Alles dafür zu tun, damit das natürliche Gleichgewicht der Natur und der Erde wieder hergestellt wird und erhalten bleibt.
- Den Weg in Achtsamkeit und Respekt zu gehen, nicht nur unseren Kindern gegenüber, sondern jeglichem Leben.
- Es ist das Ehren von Mutter Erde als lebendigem Wesen, wie es unsere Ahnen schon immer getan haben.
- Es ist die Dankbarkeit für unser Leben hier auf Erden.
- Es ist die Absicht, hier unser größtmöglichstes Potential zu entfalten und Träger der Liebe zu sein.

Erschaffen immer mehr Menschen und Familien ihre eigene Heimat, wird unsere Welt, Mutter Erde, zu dem, was ihre Bestimmung ist: ein Paradies!

Vom Staatsbürger zum Weltbürger

Kinder lernen auf diese Weise den Zusammenhang zwischen der Natur, der Nahrung und dem Jahreskreislauf kennen und sehen auch sich selber als Teil davon. In Hinsicht auf die Zukunft der Menschheit und die des Planeten ist es unumgänglich, daß wir unsere eigene Lebensweise ändern und bereits bei den Kindern den Samen für einen bewußten Umgang mit allen Facetten der Natur legen. Es liegt in unseren Händen als Eltern, ob wir ihre natürlich gegebene Verbundenheit mit Mutter Natur fördern oder sie davon entfernen mit einem künstlich geschaffenen Umfeld. Sind es Fernseher, Plastikspielzeuge und Kleidermarken, womit sich die Kinder beschäftigen, oder ist es der Aufenthalt in der Natur, das Spielen mit Tieren, Pflanzen und den natürlichen Elementen wie Wasser oder Erde?

Das soll nicht bedeuten, daß du nur noch Holzspielzeug kaufen mußt und von der Stadtwohnung aufs Land ziehst, wobei dies sicher ein positiver Effekt hätte. Es geht viel mehr darum, daß ihr genau da, wie und wo ihr lebt, euch ein Stückchen Natur erschafft. Wenn immer mehr Familien gerade auch in Städten ihr eigenes Naturparadies verwirklichen, werden graue Betonhaufen erblühen, und es wird mit wahrem Leben gefüllt. Seit langem gibt es Technologien und Lösungen für alternative Energiequellen und die innovativsten Häuser, die gänzlich aus Naturmaterialien bestehen oder den Abfall der Konsumgesellschaft intelligent recyceln. Dies zeigen beispielsweise Häuser im Strohballen- oder Lehmbau oder die sogenannten »Earthships«. Es sind keine Architekten, die mit diesen einfachen Verfahren eigene Häuser bauen, sondern Menschen wie du und ich, die sich zu mehreren zusammenfinden, um ein solches Projekt zu verwirklichen. Gegenüber herkömmlichen Häusern ist diese einfache Bauweise kostengünstig und absolut umweltfreundlich.

Es hat nur dann Sinn Kinder zu haben, wenn wir ihnen auch einen Planeten hinterlassen, der lebenswert ist!

Die Zeiten der Geld-, Macht- und Konsumgesellschaft sind gezählt. Die Welt ist im Umbruch, und immer mehr Menschen sind es leid, in einem veralteten System zu leben. Die Zukunft hat bereits begonnen. Überall auf der Welt bilden sich immer größere Gruppen und Netzwerke, die ein Leben in gegenseitiger Kooperation und in Frieden und Rücksicht anstreben im Einklang mit unserer Erde. Das Erbe, das wir den kommenden Generationen hinterlassen, soll ein Paradies sein, das wir nun Stück für Stück verwirklichen.

Michel Odent hat sich im Interview explizit als Weltbürger bezeichnet. Das sollte unser aller Entwicklung sein. Vom Staatsbürger innerhalb eigener Begrenzung hin zum Weltbürger und zurück zu einem schöpferischen Bewußtsein innerhalb des gesamten Universums.

Lausche stets auf die Welt wie ein Kind, das über alles staunt.
Hege ein Gefühl der Liebe und Bewunderung,
für die gesamte Schöpfung,
vom winzigsten Grashalm bis zum größten Gestirn.

Die Natur erneuert sich unaufhörlich,
die Tausende von Tagen, die vergehen,
kehren in neuer Gestalt zurück.
Lerne, die Ewigkeit in jedem Augenblick zu erfassen.
Die Ewigkeit des Augenblicks ist wie ein reiner,
unveränderlicher Edelstein im Herzen der Welt.

– INDIANISCHE WEISHEIT –

Gesundheit

Gesundheit ist wohl ein Buch mit sieben Siegeln. Jeder hat seine ganz persönlichen Tricks und Tips, um sich mehr oder weniger schlecht oder recht gesund zu halten. Ich kann nur von uns erzählen, wie wir in Hinblick auf unsere Kinder uns mit der Gesundheit auseinandersetzen.

In erster Linie gehen wir nie zum Arzt, außer es bestünde die absolute Notwendigkeit dazu. Leonie war die einzige, die nach dem Geburtshaus eine Kinderärztin zu Gesicht bekam. Die war leider sehr unfreundlich und ging mit unserem Neugeborenen um wie mit einem Stück Holz. Wir waren nur bei ihr, weil eine der Hebammen Bedenken äußerte wegen möglicher Gelbsucht (Ikterus), Nabelbruch und Hüftdysplasie. Nichts von alldem wurde durch die Ärztin bestätigt, und so war dies der einzige Arztbesuch in ihrem Leben. Elyah und Anael waren beide nie beim Arzt. Ich sehe absolut keine Notwendigkeit, alle paar Monate da hinzurennen, um ihr Gewicht oder ihre Größe mit Tabellen abzugleichen. Aus demselben Grund habe ich bereits während den Schwangerschaften darauf verzichtet.

Wenn unsere Kinder einmal krank sind oder Kinderkrankheiten durchmachen, dann unterstützen wir den Selbstheilungsprozeß des Körpers mit natürlichen Mitteln und alternativen Methoden. Wickel beispielsweise sind sehr effektiv in Kombination mit Kräutern. Dazu gibt es gute Bücher, die einem die Anwendung leichtmachen.

Es gibt so viele Möglichkeiten, anstelle von Medikamenten und deren Nebenwirkungen auf die Mittel der Natur zurückzugreifen. Jeder Mensch kann davon das anwenden, was für ihn stimmig ist. Meine Tante ist begeisterte Benützerin des Rechtsregulates, welches ich demnächst auch ausprobieren möchte. Meine Freundin hatte mit der äußerlichen Anwendung von kollodialem Silber bei Pilzinfektion der Brustwarzen Erfolg. Die Liste ist endlos… Letztendlich geht es immer darum, daß jeder Mensch selber seine Methoden und seinen Weg findet.

Zur körperlichen Ebene kommt auch immer noch die seelische Ebene hinzu. Das heißt, der Körper zeigt Symptome einer Disharmonie im seelischen Bereich. Deshalb ist es auch wichtig, ein langandauerndes Gesundheitsproblem ganzheitlich anzugehen und nach der tatsächlichen Ursache zu forschen.

Mentale Techniken wie die russischen Heilmethoden nach Grigori Grabovoi oder Quantenheilung und andere geben wieder ganz andere Möglichkeiten. Wir lernen damit, uns selber zu ermächtigen und unsere Gesundheit nicht abhängig von Medikamenten zu machen oder Ärzten zu übergeben. Heilung findet auf zwei Ebenen statt. Wir begrenzen Heilung nicht länger auf die körperliche Ebene, sondern stellen wieder ein natürliches Gleichgewicht von Seele und Körper her. Es ist der natürliche, perfekte Bauplan, der durch konzentrierte Gedanken und Übungen wieder hergestellt wird. Wie gut uns dies gelingt, hängt vom der eigenen Lernfähigkeit ab. Je mehr wir uns daran gewöhnen, in diese Richtung zu arbeiten, desto besser sind die Resultate auch gesundheitlich zu sehen.

Abschließend möchte ich sagen: Bevor ihr zum nächsten Medikament greift oder zum Telefonhörer für einen Arzttermin, überlegt erst, ob es tatsächlich nötig ist und ob es nicht Alternativen gibt, die dem Körper helfen, sich selbst zu heilen.

Impfen

Das Thema Impfen löst nach wie vor kontroverse Diskussionen aus, da sich bis anhin Impfpropaganda seitens der Pharmaindustrie und Impflobby hartnäckig halten konnten. Doch sehr viele Menschen sind wacher geworden und viele beginnen, den medizinischen Bereich mit seinen dahinterstehenden Absichten und Machenschaften zu durchschauen und zu hinterfragen.

Hintergrundinformationen und wichtige Dokumentationen zur Aufklärung sind glücklicherweise bereits zahlreich vorhanden, dank jahrelanger Arbeit kritischer Gegner der gängigen Impfpraxis. Einer davon war Dr. med. Gerhard Buchwald, der darüber mehrere Bücher geschrieben hat. Buchwald betonte, daß der Rückgang aller früher gefährlichen Krankheiten wie z. B. Pocken, Diphtherie oder Kinderlähmung nicht auf die Impfungen zurückzuführen sind, sondern auf eine Verbesserung der sozialen Verhältnisse wie sauberes Trinkwasser, ausreichende Ernährung und insbesondere die Hygiene. Er zeigte mittels Statistiken und fachlichem Wissen, daß Impfungen nicht nur nutzlos sind, weil oft Geimpfte wie Ungeimpfte erkranken, sondern auch, welche leichten und schweren Schäden Impfungen anrichten können.

Die Liste der Erkrankungen aufgrund von Impfungen ist lang. Insbesondere Impfungen, welche direkt in den Muskel gespritzt werden, gelangen über die Blutbahn in alle Organe der Kinder. Die so wichtige Blut-Hirn-Schranke, welche das Baby vor schädlichen Fremdstoffen und Giften schützt, ist noch nicht ausgebildet und daher durchlässig. So gelangen die Nervengifte direkt ins Gehirn, und Schwermetalle werden deponiert.

Einige Babys reagieren auf Impfungen mit schrillem, stundenlang anhaltendem Schreien. In der Fachliteratur wird dieser Schrei als »Hirnschrei« bezeichnet und ist im Zusammenhang mit Impfungen längst bekannt. Es ist die einzige Möglichkeit, wie dieses winzige Wesen seine Schmerzen und Qualen nach einer Impfung ausdrücken kann. Die Hirnreifung wird während der sehr wichtigen ersten Lebensmonate und -jahre durch Impfungen nachhaltig beeinträchtigt. Seit Jahrzehnten weisen kompetente Kritiker auf den Zusammenhang zwischen leichten und schweren Hirnschäden und Impfungen hin.

Kinder und schon Babys zeigen teilweise Gemütsverstimmungen wie innere Unruhe, Interesselosigkeit, Depression, chronische Müdigkeit oder Gewalttätigkeit. Auf körperlicher Ebene beginnt die Liste der Impfschäden bei Allergien, Asthma, Neurodermitis, Heuschnupfen, häufigen Mandel- und Mittelohrenentzündungen, kindlicher Diabetes, Sprach- und Verhaltensstörungen, Krampf-und Fieberanfällen, Lähmungen, Epilepsie, Nerven- und Nierenschäden, Augen-, Ohren- und Stimmdefekte, Autoimmunkrankheiten, Hirnschäden und reicht bis zu Todesfällen.

Den Zusammenhang von Impfungen und plötzlichem Kindstod (»SIDS«) hat die australische Biologin Dr. Vera Scheibner erforscht. Sie entwickelte zusammen mit einem Ingenieur einen »Wiegenwächter«, um die Atemrhythmen der Säuglinge zu überwachen. Es stellte sich heraus, daß der Streß der Impfungen bei den Babys während 45 bis 60 Tagen danach zu regelmäßigen Atemaussetzern führte. Die Studie zeigt des weiteren, daß Fälle von SIDS in den verschiedenen Ländern immer in der Altersgruppe der Säuglinge auftreten, bei denen mit Impfen begonnen wird. In Japan wurde das Impfalter bereits 1975 auf zwei Jahre angehoben, womit der plötzliche Kindstod praktisch nicht mehr existiert. Diese Tatsache sollte auch uns zu denken geben.

Zur Gewinnung der Impfstoffe werden nach wie vor Tiere bzw. Tierorgane benötigt, dies bedeutet Tod und Leid für Millionen von Tieren. Zur Züchtung der Impfstoffe auf Zellkulturen werden nicht nur lebende Tiere und deren Organe verwendet, sondern auch Blut, befruchtete Hühnereier (Embryonen) oder Zelllinien abgetriebener, menschlicher Föten! In manchen Kulturkreisen besteht deshalb nicht nur aus ethischen, sondern auch aus religiösen Gründen eine Ablehnung dieser letztgenannten Methode.

Außerdem werden insbesondere gentechnische Impfstoffe auf sogenannten »HeLa«-Zellen gezüchtet. Bei diesen HeLa-Zellen oder »HDC« (Zellreihen, Zelllinien) handelt es sich um menschliche Krebszellen, die von der durch Gebärmutterhalskrebs verstorbenen Frau Henrietta Lacks stammen. Daß kleine Kinder, die mit auf diese Weise hergestellten Impfstoffen geimpft wurden, eine markante Zunahme an Krebserkrankungen aufweisen, überrascht kaum. Wenn wir uns mit der Quantenphysik befassen, können wir erkennen, daß Information jeglicher Art im Zellgedächtnis gespeichert wird, also auch die des Krebses.

Die Impfstoffe bestehen aus jeweils 80 bis 100 verschiedenen Stoffen, wovon bis zu 98 % reine Nervengifte sind. Viele der Inhaltsstoffe sind nicht einmal deklarationspflichtig. Es werden dabei Zusätze verwendet wie Quecksilber, Aluminium, Antibiotika oder auch Formaldehyd, welches bereits beim Einatmen krebserregend ist. Ohne diese Zusatzstoffe bildet unser Organismus keine Antikörper. Diese Antikörper haben nichts mit Schutz zu tun, sondern sagen lediglich aus, daß der Körper in Kontakt mit einer Mikrobe war.

Zusätze in Impfstoffen

Aluminiumhydroxyd

Aluminiumhydroxyd gelangt als Ablagerung ins Gehirn und zerstört die Schutzschicht der Nervenbahnen (Myelin), welche bei Babys noch kaum ausgebildet ist.

Auswirkungen: Autoimmunerkrankungen, Allergien, Fieber, Krämpfe, Lähmungen, Taubheitsgefühl, Hirnschädigungen.

Der Neurowissenschaftler Chris Shaw aus Vancouver erforscht in neueren Studien Auswirkungen von Aluminiumhydroxyd als Ursache für neurologische Erkrankungen. Offenbar gibt es da direkte Verbindungen zu Symptomen der Parkinson-Krankheit, Alzheimer und Autismusspektrumstörung.

Aluminium begegnet uns überall im täglichen Leben, sei es in vermeintlich harmlosen Aluminium-Getränkedosen, Kosmetik und Hygieneartikeln (z.B. als Aluminium Chlorohydrat in Deodorants), in der Küche (Pfannen, Schalen, Folie) bis hin zu den hochgiftigen Chemtrails. Gerade bei Kosmetik und Hygieneartikeln kannst du gut auf natürliche, biologische Präparate ohne giftige Inhaltsstoffe umsteigen (z.B. Mineralkristalldeo).

Thiomersal (Quecksilber)

Thiomersal ist eine Quecksilberverbindung, welche als Konservierungsmittel bei Impfungen eingesetzt wird. Nach Uran ist es das giftigste Schwermetall, welches in der Landwirtschaft seit über zwanzig Jahren verboten ist. Bei Impfungen hingegen wird es direkt ins Blut des Babys oder Kindes gespritzt!

Auch heute noch wird Quecksilber unter dieser oder einer anderen Bezeichnung in den meisten Impfungen verwendet. Als Ersatz wird auch **Phenoxyethanol** eingesetzt, welches jedoch als schwer nerven- und nierenschädigend bekannt ist.

Auswirkungen: Zentralnervöse Störungen, Gleichgewichtsstörungen, Kreislaufversagen, Schock, Sehstörungen, Juckreiz, Allergien, Störung der Gehirnaktivität, Lähmungen, Krämpfe.

Formaldehyd (Formalin, Methanal)

Diese chemische Verbindung wurde früher häufig bedenkenlos und auch heute noch vielfältig eingesetzt. Insbesondere wurde es in der Möbelindustrie bei Möbeln, Täfelungen, Sperrholz, Spanplatten, aber auch Reinigungsmitteln, Desinfektionsmitteln, Farbstoffen, Textilveredelung oder Kosmetika verwendet. Heute vielfach erfolgreich aus solchen Waren verbannt, ist dieses Gift nach wie vor Bestandteil von Impfungen.

Auswirkungen: Formaldehyd gilt als krebserregend, Allergieauslöser, Asthma, Bronchitis.

Aus all diesen Gründen war für mich und meinen Mann schon von Anfang an klar, daß wir unsere Kinder nie impfen lassen würden! Dieselbe Entscheidung trafen viele in unserem Familien- und Freundeskreis, und weltweit gibt es eine markante Zunahme an bewußt ungeimpften Kindern.

Interessant dabei ist, daß gerade Kinder der sogenannten »Oberschicht« viel weniger geimpft werden als in der sozialen »Mittel«- und »Unterschicht«. Zu dieser Erkenntnis kam Angelika Kögel-Schauz, Autorin, Mathematikerin, Informatikerin und Mutter von vier ungeimpften Kindern, welche sich der umfangreichen Statistik der obersten deutschen Gesundheitsbehörde namens KIGGS angenommen hatte. Diese Studie wurde von Mai 2003 bis Mai 2006 mit fast 18.000 Kindern und Jugendlichen von 0 – 17 Jahren durchgeführt. Fragebögen, Interviews mit einem Arzt, Blut- und Urinproben sowie Impfpaß dienten bei jedem einzelnen Teilnehmer als Grundlage für die Auswertung. Die vielen Datensätze hat Angelika Kögel-Schauz ausgewertet und bestätigte damit:

Impfen macht krank! Geimpfte Kinder haben um ein Vielfaches mehr Allergien, Entwicklungsstörungen (Hyperaktivität, ADHS) und wesentlich mehr Infekte und chronische Krankheiten.

Auch denke ich hier an die vielen Mütter und Väter, deren Kinder durch die Impfungen lebenslänglich geschädigt oder behindert wurden oder in der Folge sogar starben. Dies soll nicht umsonst gewesen sein. Die Informationen darüber sollen uns wachrütteln und als Eltern unserer Verantwortung bewußt werden lassen.

Es gibt keinen gesunden Impfstoff.
Der einzige, der gesund ist, ist der, welcher nicht geimpft wird!

In all den zahlreichen Informationen und Publikationen wirst du vorwiegend mit Material überhäuft, welches dich dazu bewegen soll, dein Kind zu impfen. Wenn ich selber mit Informationen überflutet werde, ganz gleich, in welchem Zusammenhang, dann kehre ich gedanklich immer zu den Anfängen, zur Natur zurück. Hat es es einen Sinn, der Natur zu unterstellen, der menschliche Körper sei ungenügend ausgerüstet? Können Impfcocktails unserem Organismus helfen, gesund zu sein? Hat die Natur vorgesehen, daß bereits in Säuglinge Gift gespritzt werden soll? Gift für Gesundheit? Für mich ist dies, ganz ehrlich gesagt, paradox und bar jeder Logik. Wir haben das Potential, uns selber und unsere Umwelt zu vergiften und zu zerstören.

Wir verfügen aber in uns drinnen über einen Funken, der nicht zuläßt, daß wir dies vollständig tun. Dieser Funke ist die Erinnerung an unseren Ursprung. Wenn wir verstehen, daß wir ein Teil der Natur sind und nur existieren können, wenn wir uns selber als solchen betrachten, handeln wir automatisch im Einklang mit ihr und mit uns selber. Was liegt also näher, als dein Baby als vollkommen zu betrachten, so wie es zur Welt gekommen ist?

Im Zusammenhang mit dem Impfen und insbesondere dem Inhaltstoff Aluminium habe ich meine Fragen direkt an den kanadischen Wissenschaftler Chris Shaw gerichtet. Er gibt gerne Auskunft über seine Erkenntnisse.

Interview Impfen – Aluminium
mit Dr. Christopher Shaw (61), Kanada
Neurowissenschaftler, Vater von Ariel (21) und Emma (8)

Wann haben Sie zusammen mit anderen Wissenschaftlern begonnen, den in jeder Impfung enthaltenen Impfstoffzusatz Aluminiumhydroxid zu untersuchen?

Soweit ich weiß, gibt es zur Zeit nur zwei Gruppen, die aktiv daran arbeiten. Die erste Studie war unsere eigene (Petrik et al. 2007). Wir beschäftigten uns im Jahre 2009 mit einer kleinen Nachfolgestudie (Shaw und Petrik). Prof. Romain Gherards Gruppe in Paris kam offenbar zu denselben grundlegenden Erkenntnissen, die Daten habe ich jedoch nicht gesehen.

Was war der Grund dafür?

Wir folgten der Spur der ALS-Erkrankung (Amyotrophe Lateralsklerose) und fanden die Ursache im Zusammenhang mit dem Golfkriegssyndrom. Verschiedene Verbindungen führten weiter zum AVA-Impfstoff (Milzbrand) und schließlich zum Aluminiumhydroxid.

Welche Zusammenhänge haben Sie untersucht?

In unserer jüngsten Studie im »Journal of Inorganic Biochemistry« produzieren die Injektionen dieses Impfstoffes bei Mäusen die Merkmale von ALS.

Bei Menschen gibt es einen statistisch hochsignifikanten Zusammenhang zwischen der Zahl der aluminiumhaltigen Impfstoffe in Impfprogrammen für Kinder verschiedener westlicher Länder und dem Anstieg von autistischer Spektrumsstörung (ASD). Viele Kriterien deuten auf einen kausalen Zusammenhang hin.

Welche Krankheiten stehen somit in direkter Verbindung mit Aluminiumhydroxid?

Es besteht der starke Verdacht auf den Zusammenhang verschiedener Aluminium-Hilfsstoffen und autistischer Spektrumsstörung (ASD). Studien von Tomljenovic und anderen Wissenschaftlern verbinden Aluminium ursächlich mit Alzheimer.

Weshalb wird Aluminiumhydroxid als Zusatzstoff bei allen Impfungen eingesetzt?

Dieser und andere Aluminium-Hilfsstoffe sind Stimulatoren des Immunsystems. Kurz gesagt, ohne diese Hilfsstoffe funktionieren viele Impfstoffe überhaupt nicht oder zumindest nicht über einen längeren Zeitraum.

Was hat dies weltweit für Folgen?

Das kommt drauf an. Je mehr wir die Menge an Aluminium im zentralen Nervensystem erhöhen, desto wahrscheinlicher sind neurologischen Störungen!

Wir haben festgestellt, daß ein signifikanter Zusammenhang zwischen den Ländern mit der höchsten Anzahl an Impfstoffen für Kinder und der höchsten Anzahl autistischer Spektrumsstörung (ASD) besteht.

Weshalb zeigt sich die Pharmaindustrie davon bis anhin unbeeindruckt?

Schwer zu sagen. Ein Grund könnte sein, daß sie noch nicht viele alternative Hilfsstoffe besitzen, welche genauso funktionieren wie Aluminium. Verschiedene Rezepturen mit dem Hilfsstoff Squalen sind im Einsatz, aber die Sicherheitsprofile fehlen noch in vielen Fällen. Ich weiß nicht, ob es andere Alternativen gibt. Würde aus heutiger Sicht Aluminium aus dem Impfstoff entfernt, wäre dieser unwirksam.

Welche Schritte sind infolgedessen notwendig, damit diesen Ergebnissen konkrete Handlungen folgen?

Wir versuchen nun das Impfprogramm der Kinder bei Mäusen zu duplizieren. Wie es scheint, entstehen dadurch bei den Mäusen eine ganze Reihe von Defiziten.

Eine sehr nützliche Studie wäre es, injizierte Aluminiumsalze beim Menschen nach der Injektion zu verfolgen. Die Arbeiten der Professoren Gherardi und Autier aus Paris gehen bereits in diese Richtung.

Gibt es Ihres Erachtens Fortschritte im Verständnis der Eltern in Bezug auf die Gefahren von Impfungen?

Ich glaube, viele Eltern sind wegen der offensichtlichen Schäden zunehmend skeptischer gegenüber Ärzteschaft und Pharmaindustrie.

Würden Sie sich oder Ihre Kinder impfen lassen?

Auf der Grundlage meines Wissensstandes: Nein!

Es mag Ausnahmen geben, je nachdem, wie schwerwiegend eine Erkrankung ausfällt. Aber im Grunde müßte diese so schwerwiegend sein, daß ich die Erkrankung mehr fürchte als den Impfstoff.

Mein Sohn wurde damals bis zu seinem 16. Lebensjahr geimpft und ist gesund.

Meine Tochter (8) hat keine Impfstoffe erhalten, da ihre Geburt mit unseren Studien über Aluminium zusammenfiel. Zukünftige Kinder mit meiner neuen Frau würde ich ebenfalls ungeimpft lassen.

Zahnen

Die Entwicklung der Milchzähne ist ein Prozeß, der bereits in der Schwangerschaft beginnt und bis zum dritten Geburtstag abgeschlossen ist. Häufig treten die ersten Zähnchen um das Alter von etwa sieben Monaten hervor. Doch Zahnen tut das Baby schon vorher, da der Zahn erst langsam vorrücken muß, bis er durch die Oberfläche des Zahnfleisches bricht. Das heißt, dein Baby ist immer wieder phasenweise am Zahnen, bevor du das Zähnchen überhaupt zu Gesicht bekommst.

Anzeichen für das Zahnen sind
- starkes Sabbern
- gerötete Wangen
- rotes oder geschwollenes Zahnfleisch
- Unruhe, Weinen
- vermehrtes langes Stillen, Dauernuckeln oder Stillverweigerung
- Beißen, Lutschen, Kauen an Fingern, Händen, Brust oder Gegenständen
- Reiben an der Wange oder am Ohr auf der Seite, wo ein Zahn durchbricht
- häufiges Nach-innen-Stülpen der Lippen
- Schlaflosigkeit
- Durchfall oder erhöhte Temperatur bis hin zu hohem Fieber ohne Anzeichen einer Erkältung

In erster Linie braucht dein Baby während dieser Phasen mehr Zuwendung, Geduld und Nähe. Möglicherweise möchte es sehr oft gestillt und viel getragen werden oder sucht sonst vermehrt deine Nähe tagsüber wie auch nachts. Damit hilfst du ihm am meisten.

Wenn die ersten Zähnchen kommen, kann es schon einmal vorkommen, daß dich dein Baby beißt. Der kritische Moment ist dann, wenn es gerade dabei ist, einzuschlafen. Um dich davor zu schützen, kannst du, wenn es gerade so tief schläft, daß es nicht wieder aufwacht, deinen kleinen Finger in den Mundwinkel schieben und das Baby so sanft von der Brust lösen.

Was hilft beim Zahnen
- Veilchenwurzel zum Beißen und Lutschen
- rohes Gemüse wie Karotte, Selleriestange oder getrockneter Ananasring zum Beißen
- Bernsteinkette zum Tragen
- homöopathische Globuli, Plazentanosoden
- Zahnungsöl zum Einreiben der Wangen
- vermehrtes Stillen

- Tragen
- Nähe

Bei allen meinen Kindern habe ich oft ein fertig gemischtes Zahnungsöl aus der Drogerie benutzt und, wenn sie ganz stark am Zahnen waren, homöopathische Zahnungsglobuli oder von den Plazentanosoden. Sie trugen alle schon von sehr klein an Bernsteinkettchen. Ich hatte das Gefühl, es verlangsame den Wachstumsprozeß und mache ihn so erträglicher, denn immer, wenn ich die Kette eine Weile abnahm, haben sie mit starkem Zahnen reagiert und ein neuer Zahn brach bald durch.

Wir gaben ihnen die Gemüsestengel zum Beißen aus dem Kühlschrank, da sie so schön kühlten. Es waren teilweise intensive Zeiten, und sie forderten mich um einiges mehr mit häufigem und langem Stillen sowie unruhigen Nächten und weniger Schlaf. Aber auch diese Tage gehen vorbei, und die Freude über ein neues Zähnchen groß!

Leonie   Elyah   Anael

Zahnpflege und Fluor

Es gibt sehr viele Gründe, auf Fluoride in Wasser, Nahrungsmitteln, Tablettenform und Zahnpasta zu verzichten. Fluoride sind nicht zu verwechseln mit dem natürlichen Spurenelement Fluor, welches in Nahrungsmitteln wie Mandeln oder Blattgemüse vorkommt.

Fluoride sind hochgiftige chemische Abfallprodukte der Aluminium-, Phosphat- und Stahlindustrie. Es ist ein biologisch nicht abbaubares Umweltgift, welches sich im Körper ablagert und über längere Zeiträume hinweg seine schädigende Wirkung entfaltet.

Fluorid schädigt das Nervensystem und wichtige Enzyme im Körper. Dies betrifft auch Enzyme mit DNA- reparierender Funktion!

Fluorid ist in allen relevanten Beruhigungsmitteln enthalten, da es eine der stärksten anti-psychotischen Substanzen ist. Aus diesem Grund wurde es vor allem in

Deutschland und USA gezielt eingesetzt, um den Willen von Kriegsgefangenen zu kontrollieren und sie willensschwach zu machen.

Durch den Mythos der Kariesprophylaxe gelangt Fluorid ins Trinkwasser und in Nahrungsmittel und Hygieneartikel, und es vergiftet mit Abgabe von Tabletten bereits Babys und Kinder.

Ich erinnere mich noch an die jährlichen Besuche der »Zahnfrauen« in der Schule, die jedem Kind Fluortabletten zum gemeinsamen Spülen verabreichten. Da ich bereits damals dem gegenüber solch einen Widerwillen zeigte, ließ mich meine Mutter mit einem entsprechenden Schreiben davon suspendieren. Es ist kaum zu übersehen, mit welcher Hartnäckigkeit Fluoride in jeglicher Form eingeführt wurden und an ihrem scheinbaren Nutzen festgehalten wird. Entsprechende Broschüren, Werbung und Internetplattformen sind voll davon. Laßt euch davon nicht blenden!

Fluor hilft nicht, Zahnschäden vorzubeugen, im Gegenteil werden stark fluoridierte Zähne besonders leicht kariös. Eine stetige Einnahme von Fluoriden führt zu nicht reparierbaren Zahnschmelzdefekten (Dentalfluorose). Die unauslöslichen Zahnschmelzflecken sind zerstörte Zahnschmelzkristalle, ein Signal für eine Überladung, ein Zuviel an Fluor. Diese Flecken können weißlich, gelblich bis hin zu braun gut zu erkennen sein. Kinder sind besonders anfällig für Dentalfluorose, da ihre sich entwickelnden Zähne viel empfindlicher auf Fluoride reagieren. Fluoretten für Babys (als Tropfen oder Tabletten), die über das ganze Blutsystem im Körper verteilt werden, sind besonders schädlich.

Wir benutzen deshalb auch für die Kinder seit etwa zwei Jahren Zahnpasten ohne Fluoride, wenn möglich auch ohne Tenside. Zuvor nahmen wir übliche Kinderzahncremes aus dem Supermarkt mit Fluor, da ich mich bis dahin mit dieser Thematik leider nicht befaßt hatte. Wenigstens kamen wir nie auf die Idee, unseren Kindern im Babyalter Fluoridtabletten zu verabreichen. Wir verwenden Meersalz oder Salz aus dem Bioladen, ohne Fluor.

Beim Trinkwasser ist man abhängig von der öffentlichen Wasserversorgung, solange man keine eigene Wasserquelle hat. Deshalb wissen wir es sehr zu schätzen, daß uns eigenes Quellwasser ohne schädigende Zusätze wie Fluor zur Verfügung steht!

Ich kann jedem nur anraten, Fluoride bei Kindern und sich selber konsequent zu verbannen und andere Produkte ohne diesen Inhaltsstoff zu verwenden, auch während der Schwangerschaft, da diese in den Blutkreislauf des Babys gelangen würden.

Fluoridabgaben für Babys in Form von Tabletten oder Tropfen sollten ein absolutes Tabu sein!

Plazentanosoden, Muttermilchnosoden

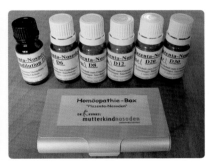

Plazenta- oder Muttermilchnosoden sind homöopathische Arzneimittel in Form von Globuli oder Tropfen, welche aus eigenem »Material«, wie der Plazenta oder Muttermilch, hergestellt werden. Auch die Nabelschnur oder Nabelschnurblut kann als Ausgangsmaterial verwendet werden. Dafür erhältst du beim Hersteller ein kleines Glasgefäß und schickst das Material an ihn zurück. Daraus können im Labor homöopathische Arzneimittel wie Globuli in den gewünschten Potenzen oder Salben hergestellt werden.

Die Anwendungsgebiete der Globuli sind sehr vielfältig. Sie können sowohl nach der Geburt, während der Stillzeit für Mutter und Baby als auch in der Kinderheilkunde oder Allgemeinmedizin verwendet werden. Selbst Geschwister oder andere Familienmitglieder können die homöopathischen Mittel einsetzen.

Ich habe bei allen drei Kindern jeweils ein Set mit den wichtigsten Potenzen aus Plazentamaterial herstellen lassen. Dies war auch bei den beiden Lotusgeburten möglich, wobei ich das Material der getrockneten Plazenta entnahm, nachdem die Nabelschnur von selber abgefallen war.

Ayurvedische Babymassage (Baby-Abhyanga)

Babys lieben es, berührt und massiert zu werden. Jedes Kind braucht liebevolle Berührung und Zuwendung. Sie genießen den Hautkontakt und das freie Bewegen ohne Kleider. Gerade wenn Babys im Winter draußen dick eingepackt sind, bietet es sich an, zu Hause ein warmes Bad zu nehmen und das Kleine zu massieren.

Es gibt spezielle Babymassagekurse. Mir waren ehrlich gesagt Kurse mit vielen Müttern und Babys zu stressig mit einem kleinen Baby. Ich versuchte es nur einmal mit Leonie bei einem Pekip-Kurs, bin aber nach dem ersten Mal nicht mehr hingegangen.

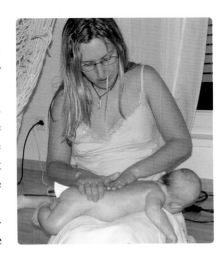

Ob du einen Kurs besuchen, ein Buch darüber lesen oder einfach intuitiv massieren möchtest, spielt keine große Rolle. Schlußendlich geht es nicht um reine Techniken, sondern um die Berührung, den Kontakt zu deinem Baby und die Energie, die durch deine Hände fließt.

Wenn du dich vertieft mit der Massage auseinandersetzen möchtest, gibt es zum Thema Babymassage eine Vielzahl von Büchern. Mir hat besonders das Buch von Frédérick Leboyer gefallen mit der traditionellen indischen Massage. Im Ayurveda nennt man die Massage Baby-Ölbad: Baby-Abhyanga.

Wichtig ist ein warmer Raum, damit dein Baby nicht friert. Für die Massage deines Kindes verwendest du am besten ein reines naturbelassenes Öl (Mandelöl, Arganöl, Olivenöl, Sesamöl, Zedernöl, Moringaöl, Jojobaöl, Schwarzkümmelöl, Weizenkeimöl, Aprikosenkernöl, Traubenkernöl, Sonnenblumenöl). Es geht nicht nur um die Berührung, sondern auch um die Nährung der Haut. Viele der üblichen Babyöle aus dem Supermarkt enthalten in der Grundlage Paraffin, Silikon oder andere Erdölprodukte. Das Öl dringt durch die Hautgefäße tief in das Gewebe ein. Ölbestandteile sind bereits nach kurzer Zeit im Blut nachweisbar, deshalb ist es wichtig, ein naturbelassenes, kaltgepreßtes Öl zu kaufen.

Sesam ist eine der ältesten kultivierten Ölpflanzen der Welt. Das Sesamöl hat eine wichtige Bedeutung im Ayurveda, da es von allen Ölen am leichtesten in die feinen Haargefäße der Haut eindringt und fettlösende Toxine an sich binden kann.

Ein anschließendes Bad bei 38° vertieft diese Wirkung und öffnet die Poren der Haut, damit die gelösten Unreinheiten abtransportiert werden können. Verzichte dabei auf Zusätze im Bad, damit der Schutzfilm nicht ganz abgewaschen wird, sondern etwas auf der Haut zurückbleibt.

Die meisten Babys und auch Kinder lieben es, wenn sie massiert oder geknuddelt werden. Dein Baby war während der ganzen Schwangerschaft in deinem Bauch und empfand Berührung, Bewegung und eine Begrenzung durch die enge Umhüllung des Mutterbauches. Bei der Babymassage mögen es deshalb viele Babys, nicht nur ganz sanft, sondern auch kräftiger massiert zu werden.

Einige Babys ziehen in den ersten Wochen ihre Arme zum Schutz an den Körper. Strecke sie nicht zwanghaft während der Massage, sondern massiere einfach die runden, angewinkelten Gelenke, Arme und Beine, so wie dein Kind sie ganz natürlich hält. Probier einfach aus, in welcher Weise dein Baby am meisten entspannt und die Berührung genießt.

Leonie habe ich oft massiert, häufig in Kombination mit dem Baden. Es entstand dabei immer eine angenehme Ruhe und Verbundenheit, ähnlich wie beim Stillen. Deshalb ist dies auch für Väter eine schöne Möglichkeit, um Nähe und Verbindung aufzubauen.

Mit zunehmendem Alter gerät auch die Massage etwas in den Hintergrund. Doch tägliche Schmuserunden sind in den ersten Lebensjahren nach wie vor sehr wichtig.

Kinder zeigen von sich aus den Wunsch nach Nähe, in dem Maße, wie sie diese benötigen, um sich geborgen und angenommen zu fühlen.

Die neun Schlüssel zum Babyglück

Euer Baby genießt eine wunderbare Welt der Vollkommenheit, wenn es getragen und nach Bedarf gestillt wird, wenn du auf sein Ausscheidungsbedürfnis eingehst, prompt auf seine Zeichen reagierst, es nachts deine Nähe spürt, geliebt wird und Wärme und Geborgenheit erfahren darf.

Das Leben deines Kindes wird so von all den Dingen erfüllt, die du selber vielleicht als Baby nicht bekommen hast und die in dir bis ins Erwachsenenalter eine Leere, eine fehlende Lücke hinterließen. Diesen Mangel versuchen wir unbewußt mit vielerlei Ersatz zu füllen, doch kommen wir nie in unserer Mitte an, wenn wir die Ursache nicht durch innere Arbeit heilen und die Lücken mit Liebe füllen.

Wenn du dir erst einmal bewußt wirst, was dein Baby wirklich benötigt, und du dies umsetzen kannst, wird dein Baby sich ohne Lücken in einer Ganzheit entwickeln können. Diese Ganzheit setzt sich aus verschiedenen Grundpfeilern zusammen und bildet die Basis einer harmonischen Familie. Insgesamt gibt es neun verschiedene Aspekte, ich nenne sie die Schlüssel zum Babyglück.

1. Schlüssel: LIEBE

Liebe ist die allumfassende Essenz, das, was uns überhaupt befähigt zu leben. Sie ist der Grundstein für jedes Lebewesen. Die Liebe ist das pulsierende Band, welches dich mit deinem Baby und Partner verbindet. Sie hält eure Familie zusammen und führt euch zurück zur Schöpfung. Die Liebe ist der erste Impuls des Lebens, der Funke im Bewußtsein deines Babys. Die Liebe wächst und hilft euch, als Familie einen gemeinsamen Weg zu finden. Haltet euch fest an diesem Band der Liebe und findet immer wieder zusammen. Hüllt euch in der Partnerschaft ein, in einen schützenden Mantel der Liebe und nehmt euer Baby in die Mitte. Ihr seid ein Anker und wunderbares Licht hier auf Erden. Ihr strahlt diese Liebe gemeinsam ins unendliche Universum hinaus und berührt damit alle Menschen und Lebewesen, da wir alle miteinander verbunden sind.

2. Schlüssel: GEBURT (Empfängnis, Schwangerschaft, Geburt)

Die erste Prägung erfährt die hereinkommende Seele durch die Empfängnis, die Zeit in deinem Bauch während der Schwangerschaft und bei der Geburt. In diesen Phasen finden die ersten Kontakte zwischen Seele und Materie statt. Es ist das Ankommen auf unserer Welt. Mit welcher Energie wurde euer Baby gezeugt? Wie habt ihr beide

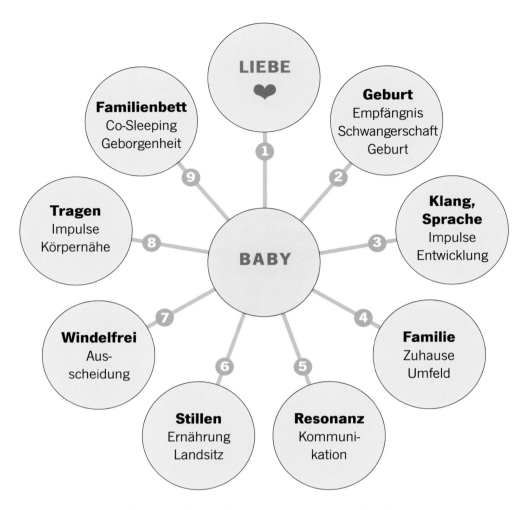

Neun Schlüssel für eine harmonische Familie

die Schwangerschaft erlebt? Wie und in welcher Weise wurde euer Kind geboren? All diese ersten Erfahrungen prägen das Baby für seinen bewußt selbstgewählten Lebensweg.

3. Schlüssel: KLANG, MUSIK, SPRACHE

Klang ist Schwingung, Klang ist Leben. Damit sich dein Baby entwickeln kann, bedarf es der nötigen Impulse. Hochfrequentige Musik ist geistige Nahrung. Das Gehirn erhält die benötigte Energiezufuhr bis zu 90% durch die Stimulation des Gehörs mit hochfrequenten Tönen. Obertonreiche Musik, Mozartmusik und die liebevolle Mutterstimme beinhalten diese Töne, welche dein Kind während der Zeit im Bauch und auch danach zu einer gesunden, aktiven Entwicklung anregen.

4. Schlüssel: FAMILIE, ZUHAUSE, UMFELD

Die Partnerschaft steht am Anfang eurer sich bildenden Familie. Gemeinsam erschafft ihr auf kreative, schöpferische Weise neues Leben. Kinder sind ein Geschenk an das Leben selbst. Ihr dürft sie als Geschenk in Dankbarkeit annehmen und auf ihrem Weg begleiten.

Eure Aufgabe als Eltern ist nicht, einen Weg vorzugeben und Kinder zu »erziehen«. Es ist eure Aufgabe, ein Nest der Geborgenheit aufzubauen; ein vertrautes, harmonisches Zuhause mit anregendem Umfeld, damit eure Kinder starke Wurzeln aufbauen können und neugierig bleiben auf das Abenteuer Leben, was sie von Geburt an sind. Entdecken, Lernen, Erforschen sind Grundanlagen, die jedes Kind von klein an mitbringt.

Spätestens mit der Einschulung entstehen früher oder später Konflikte mit dem heute veralteten Schulsystem und dem Grundbedürfnis des freien Lernens eines Kindes. Habt auch da Mut, andere Wege zu gehen. Manche Kinder lassen sich besser in ein starres System pressen, andere fordern auch da die Beachtung ihrer Rechte als Kind: die Welt selber entdecken zu können!

Neben den staatlichen Schulen gibt es eine Reihe anderer Bildungseinrichtungen. Montessori- und Steinerschulen sind bekannt und bieten andere Schwerpunkte. Ganz neue Ansätze bieten Schulen, die das freie Lernen in altersdurchmischten Gruppen anbieten. Als Inspirationsquellen und pädagogischen Hintergrund dienen Sudbury-Valley Schulen in den USA oder Erfahrungen von Pionieren wie Mauricio und Rebecca Wild, Emmi Pikler, Jean Piaget oder Remo Largo. In vielen Ländern bietet sich auch die Möglichkeit an, das freie Lernen in Form von »Homeschooling« oder »Unschooling« (Unterricht zu Hause) umzusetzen. Seid unvoreingenommen und erkundet selbst den geeigneten Weg für jedes einzelne Kind mit seinem ganz eigenen inneren Lehrplan.

Wir geben unseren Kindern die Möglichkeit des freien Lernens, weil wir täglich miterleben, wie Lernen ein natürliches Bedürfnis ist. Lesen, Schreiben, Rechnen sind Fertigkeiten, die wir im Alltag immer wieder gebrauchen. Deshalb eignen sie sich diese aus dem natürlichen Zusammenhang selber an. Lernen ist Wissenwollen, weil sie neugierig sind und von sich aus entdecken möchten. Ja, es funktioniert wirklich! Leonie, Elyah und Anael sind alle drei sehr aktiv und wißbegierig und lernen aus Freude und eigenem Interesse an ihrem Umfeld.

Zum Umfeld des kleinen Kindes gehört auch, daß es dieses entdecken darf. Es braucht für seine Entwicklung direkte Erfahrungen in der Natur. Wie bereits beim Continuum Concept erklärt, verfügen Kinder über einen Selbstschutzmechanismus. Sie können bereits gewisse Gefahren abschätzen und erkunden ihr Umfeld gemäß ihren Möglichkeiten. Das Vertrauen in ihre bereits vorhandenen Kompetenzen und das Gewähren des natürlichen Entdeckerdranges sind wichtige Komponenten im Leben eines Kindes.

5. Schlüssel: RESONANZ, KOMMUNIKATION, BABYZEICHEN

Dein Kind ist darauf angewiesen, daß sein Umfeld und insbesondere du als Mutter oder Vater auf seine Bedürfnisse reagieren. Mit dem prompten Reagieren auf seine Signale entwickelt es Vertrauen in sich selber und seine Umwelt. Es wird aktiv am Leben teilnehmen und sich geborgen und verstanden fühlen. Wenn wir mit jemandem kommunizieren, erwarten wir ganz selbstverständlich vom Gegenüber eine Reaktion. Auch dein Baby möchte sich dir mitteilen und seinen Bedürfnissen Ausdruck verleihen. Als Selbstverständlichkeit gilt auch da die unmittelbare Reaktion darauf, das heißt dein Wahrnehmen und Reagieren auf dein Baby.

Durch das Anwenden der Babyzeichen könnt ihr bereits vor dem Sprechenlernen des Kindes mit ihm eingehend kommunizieren. Mittels Handzeichen kann es sich auf eindrückliche Weise mitteilen und oftmals Alltagssituationen enorm erleichtern. Ihr erhaltet einen viel tieferen Einblick in das Leben eures Kindes, was beidseitig viel Freude schenkt.

6. Schlüssel: STILLEN, ERNÄHRUNG, FAMILIENLANDSITZ

Stillen deckt nicht nur das Bedürfnis deines Babys nach Nahrung, sondern auch nach Köpernähe, vertrautem Geruch, Geborgenheit und Liebe. Durch das Stillen hast du immer und überall die auf dein Kind abgestimmte Nahrung griffbereit. Es vereinfacht viele Situationen, wie Unruhe, Ärger, Müdigkeit oder Trostsuche beim Kind und ist eine sehr einfache und effektive Einschlafhilfe.

Unsere Gesundheit hängt wesentlich von der Ernährung ab. Insbesondere bei Kindern wirkt sich dies sehr rasch auf ihr Befinden und Gemüt aus. Unzufriedenheit, Zappeligkeit, Quengeln gehen häufig mit dem körperlichen Bedürfnis nach nährstoffreicher Nahrung einher. So sollen Lebensmittel einen möglichst hohen Gehalt an aufbauenden Nährstoffen aufweisen. Mit der Idee des eigenen Familienlandsitzes, ob im großen oder kleineren Rahmen, haben wir selber die Möglichkeit, solche Nahrung anzubauen und unser eigenes Stückchen Paradies für uns selber, unsere Kinder und künftige Generationen zu verwirklichen.

7. Schlüssel: WINDELFREI – NATÜRLICHE SÄUGLINGSPFLEGE

Genauso wie die Ernährung gehören die Ausscheidungen zum Alltag eines Babys. Es wird immer versuchen, dir Signale zu geben, damit du es abhalten kannst. Mit Windelfrei nimmst du auch dieses Bedürfnis zur Kenntnis und reagierst auf dein Kind mit einer entsprechenden Handlung. Die Kommunikation zwischen euch kann fließen, dein Baby fühlt sich verstanden und zeigt dies wiederum durch seine Zufriedenheit.

8. Schlüssel: TRAGEN

Bereits in den Anfängen der Menschheit sicherte das Tragen der Babys sein Überleben. Durch das Tragen wird der Gleichgewichtssinn über das Ohr stimuliert, was wiederum die nötigen Impulse gibt für die Entwicklung deines Babys. Dein Baby wird sich bei dir immer geborgen und wohl fühlen, es fühlt sich wortwörtlich im Leben »getragen«!

9. Schlüssel: CO-SLEEPING (FAMILIENBETT, MAMA-KIND-BETT)

Dein Baby braucht dich rund um die Uhr, also auch nachts! Es ist die natürlichste Sache der Welt, daß Babys bei ihren Müttern schlafen. Bei Tieren ist dies eine Selbstverständlichkeit, bei uns Menschen hat sich da teilweise ein unnatürliches Verhalten eingeschlichen: das Separieren der Kinder in eigene Betten oder gar Zimmer. Glücklicherweise möchten immer mehr Mütter ihre Babys bei sich schlafen lassen. Dein Baby braucht dich. Es spürt, wenn du da bist, es fühlt und riecht dich. Es hört deinen Atem. So soll es auch sein. Ob ihr ein großes Familienbett oder ein Mama-Kind-Bett habt, dein Baby fühlt sich auch nachts behütet und mit euch verbunden. Als stillende Mutter wirst du schnell die Vorteile darin sehen, daß du nachts nie aufzustehen brauchst und teilweise im Halbschlaf weiter vor dich hindösen kannst. Das Zu-Bett-Gehen wird so auch für Kleinkinder oder ältere Kinder selten ein Drama, sondern eine einfache, unspektakuläre Angelegenheit.

> **Wohin euer Lebensweg euch führen mag und was immer ihr für Wege und Erfahrungen wählt, der Weg selber ist das Ziel und bringt euch immer näher zusammen in ein harmonisches Familiengefüge.**
>
> **Ihr werdet mit jedem Schritt, mit jedem Umweg oder jeder Abkürzung eine Stufe weiter gelangen hin zu einem Leben in innerem Reichtum, in Gefühlstiefe, Weisheit, Freude und Liebe.**

Wellness

Während Schwangerschaft, Geburt und der Zeit danach gibt es verschiedene Möglichkeiten, sich selber und dem Baby etwas Gutes zu tun. Vielleicht entdeckst du hier ja etwas, was dich anspricht und dich während dieser besonderen Zeit unterstützt. Mich selber hat die Welt der Düfte, Öle, Farben und Steine schon immer fasziniert, und ich konnte besonders während der Schwangerschaft und bei der Geburt davon profitieren. Es bereitet mir einfach Freude, mich damit zu umgeben, möglicherweise geht es dir ja ebenso.

Bachblüten

Wie andere Formen natürlicher Heilmittel auch, entfalten die Blüten ihre Wirkung durch die Behandlung des individuellen Menschen. Unangenehme Empfindungen sollen nicht unterdrückt, sondern in positive Grundhaltungen umgewandelt werden. Dies fördert das eigene Potential zur Selbstheilung, indem eigene Abwehrkräfte freigesetzt werden.

Die von Dr. Bach entdeckten 38 Blüten zielen jede für sich auf einen speziellen Gefühls- und Gemütszustand ab. Hinzu kommt eine aus fünf Blüten bestehende Kombination (»Rescue Remedy«), die von ihm speziell für schwierige und anspruchsvolle Situationen entwickelt wurde.

Von den 38 Bach-Blüten beruhen 37 auf einzelnen Wildblumen oder Baumblüten. Die Ausnahme ist Rock Water, welches aus natürlichem Quellwasser zubereitet wird, das heilende Eigenschaften hat.

Gerade auch in den sensiblen Phasen von Schwangerschaft, Geburt und Stillzeit kannst du von der positiven Wirkung der Bach-Blüten profitieren, welche einen wertvollen Beitrag leisten, indem sie das innere Gleichgewicht wiederherstellen, bevor überhaupt körperliche Symptome auftreten.

Bachblüten wirken besonders auf den Gefühlszustand, deshalb wird die Bachblüte diesem entsprechend gewählt. Es gibt auch bereits Mischungen für Schwangerschaft, Geburt und Stillzeit. Du kannst selber wählen, ob du lieber mit den Mischungen oder einzelnen Bachblüten arbeiten möchtest.

Phytodor Bachblütenmischung »Schwangerschaft«

Hilfreich bei Unwohlsein und Stimmungsschwankungen.

Stabilisiert und hilft der werdenden Mutter, gelassen und vertrauensvoll zu bleiben.

Diese Mischung habe ich in der Schwangerschaft häufiger benützt, wenn ich gereizt war, um in alltäglichen Streßsituationen zur Ruhe zu kommen.

Phytodor Bachblütenmischung »Geburt«

Diese Mischung unterstützt Mutter und Kind bei der Geburt.

Hilft durchzuhalten, schenkt Ruhe, Wärme und Zuversicht.

Ich hatte diese Blütenmischung für die Geburt auch zu Hause und zu Beginn der Geburt von Anael versprüht. Während der aktiven Geburt jedoch war ich mit der Geburt selber beschäftigt und habe sie nicht mehr benützt. Dies könnte jedoch gut der Partner oder die Hebamme als Geburtsbegleiter übernehmen.

Phytodor Bachblütenmischung »Nach der Geburt«

Wirkt aufhellend und ermunternd, fördert das Vertrauen und die Sicherheit ins eigene Handeln.

Gerade in der Zeit des Wochenbettes habe ich diese Mischung oft verwendet, da das Umstellen der Hormone die Gefühle durcheinanderbringt. Sie half mir, ins Gleichgewicht zu kommen und die Zeit mit dem Baby zu genießen.

Phytodor Bachblütenmischung »Baby-Care«

Wirkt beruhigend und harmonisierend auf das Baby.

Diese Mischung habe ich verwendet, wenn mein Baby unruhig war und ich nicht gleich herausfand, weshalb. Sie half uns beiden dabei, wieder ins Gleichgewicht zu kommen und zur Ruhe zu finden. Eine tolle Mischung auch für unterwegs oder gemeinsames Übernachten an fremden Orten.

Gesundheit ist unser Erbe, ein uns zustehendes Recht.
Sie ist die vollständige Einheit von Seele, Geist und Körper.
Und das ist kein schwer erreichbarer, in weiter Ferne
liegender Idealzustand, sondern vielmehr so einfach und
natürlich, daß viele von uns dies einfach übersehen haben.«

DR. EDWARD BACH

Heilsteine und Kristalle

Die Anwendung von Edelsteinen und Kristallen entspringt einer uralten Tradition. Ob Steine aufgelegt oder getragen werden, ob damit Wasser energetisiert wird – Edelsteine harmonisieren und sind für ihre positiven und heilenden Eigenschaften bekannt.

Wenn du dich für einen Stein entscheidest, wähle einen, der dir intuitiv spontan gefällt. Trage während der Schwangerschaft Edelsteine. Auch während der Geburt werden sie dich unterstützen und dich daran erinnern, die Verbindung zum Kind aufrechtzuhalten. Sie können als Schmuckstück getragen werden oder auch einfach in der Hand liegen. Am wirkungsvollsten sind Steine in Kugelform ohne Metalleinfassungen. Du kannst Kugelketten um den Hals oder als Armband tragen.

Als Inspiration werde ich hier einige vorstellen:

Amazonit – stimmungsausgleichend, Geburtshelfer

Amazonit hilft dir bei Stimmungsschwankungen in der Schwangerschaft. Er regt dazu an, das eigene Leben in die Hand zu nehmen. Er wirkt regulierend auf den Stoffwechsel und nervenstärkend. Er harmonisiert Intuition und Verstand und ist ein guter Geburtshelfer.

Pflege: mit Wasser reinigen; mit Hämatit entladen; in der Morgensonne aufladen

Amethyst – Beruhigung, Konzentration und Heilung

Amethyst ist ein beliebter Heilstein für viele Anwendungen. Er beruhigt den Geist und fördert die Konzentration und ist deshalb sehr gut für die Meditation geeignet. Er hilft zu entspannen und schützt dich vor fremden Energien und Einflüssen. Er wirkt beruhigend, z. B. bei Ärger, Streß, seelischen Belastungen und hilft bei Kopfschmerzen, Migräne, Krampfadern und Unruhe.

Pflege: im Wasser reinigen; mit Hämatit entladen; mit Amethystkristallen aufladen (nie in der Sonne)

Aprikosenachat – Schutzstein Schwangerschaft und Geburt

Aprikosenachat ist ein sehr bekannter Schutzstein für Mutter und Kind während der Schwangerschaft. Er unterstützt dich während der Geburt bei der Verarbeitung der Wehen und wirkt schmerzlindernd. Er ist ein Symbol für Glück und Reichtum und stärkt den Willen des Trägers.

Pflege: mit Wasser reinigen; mit Hämatitsteinchen entladen; aufladen mit Bergkristall, Sonne oder Vollmondlicht

Bergkristall – Schutz & Energiestein

Der Bergkristall wurde bereits bei den Indianern zum Schutz der Neugeborenen in ihre Nähe gelegt. Er ist ein kraftvoller Energiespender und läßt sich universell einsetzen, da er dem Körper genau das gibt, was dieser benötigt. Er verstärkt die Wirkung anderer Heilsteine und wird als Schutz und Rückverbindung zur Mutter Erde am besten Tag und Nacht um den Hals getragen. Es reicht bereits, wenn Erwachsene und Kinder ein kleines Stückchen Bergkristall tragen, um sich dadurch mit allen anderen Bergkristallen auf der Erde und ihrem kostbaren, gespeicherten Wissen zu verbinden.

Pflege: mit Wasser reinigen; mit Hämatitsteinchen entladen; aufladen mit Bergkristallgruppe, Sonnenlicht.

Biotit-Linse – Entspannung und Geburtshelfer

Biotit-Linsen werden von den Portugiesen auch »gebärende Steine« (Petra padeira) genannt, da größere Stücke bei Hitze in zahlreiche Biotit-Linsen zerspringen, als ob der Stein junge Steine gebären würde. Er wird deshalb als Geburtshelfer eingesetzt und soll die Wehentätigkeit anregen.

Er hilft dir bei Geburtsschmerzen, dich zu entspannen. Er schützt dich vor äußeren Einflüssen und Fremdbestimmung und läßt dich leichter innere Bilder visualisieren.

Pflege: vorsichtig im Wasser reinigen und entladen; in der Sonne aufladen

Chalcedon – Stillen und Milchbildung

Der Chalcedon wird in manchen Ländern auch »Milchstein« genannt. Er fördert die Milchproduktion während der Stillzeit.

Pflege: im Wasser reinigen; auf Amethystdruse aufladen

Grüne Jade – Ausgeglichenheit

Grüne Jade gibt dir Ausgeglichenheit und Zufriedenheit. Sie regt die Nierenfunktion an und wirkt sich positiv auf den Wasserhaushalt und das Säure-Basen-Gleichgewicht aus. Sie verstärkt die Fruchtbarkeit und hat eine blutstillende Wirkung, weshalb sie gerne bei der Geburt eingesetzt wird.

Pflege: im Wasser reinigen; mit Hämatit entladen; auf Amethystdruse aufladen

Karneol – Nährstoffe und Geburtshelfer

Der Karneol regt die Aufnahme von Mineral- und Nährstoffen im Dünndarm an, läßt Wunden schneller heilen und wirkt schmerzlindernd bei Prellungen und Rückenschmerzen. Er ist hilfreich bei Ängsten und vermittelt dir ein gesundes Selbstvertrauen und Standfestigkeit. Er fördert den Zusammenhalt deiner Familie.

Pflege: im Wasser reinigen und entladen; aufladen mit Amethyststeinen oder in der Sonne

Malachit – Hebammenstein und Geburtshelfer

Der Malachit wird auch als »Hebammenstein« bezeichnet. Seine wellenförmigen Schwingungen helfen dir, die Wellen (Wehen) der Geburt gut zu verarbeiten. Deshalb wird er sehr oft bei der Geburt verwendet. Er ist der wichtigste Frauenheilstein und wirkt unterstützend bei Unfruchtbarkeit oder Menstruationsbeschwerden und stärkt deine Geschlechtsorgane. Er stärkt deine Vorstellungskraft und Entscheidungsfähigkeit.

Pflege: im Wasser reinigen; mit Hämatitsteinen entladen; auf Bergkristall aufladen

Mondstein – Hormone und Geburtshelfer

Mondstein wirkt sich positiv auf alle weiblichen Aspekte aus. Er ist harmonisierend bei hormonellen Veränderungen wie Menstruation, Pubertät, Wechseljahre, Schwangerschaft und Geburt. Er fördert den Zugang zu deinem Unterbewußtsein und Einfühlungsvermögen sowie deiner Intuition und Kreativität.

Pflege: im Wasser reinigen; mit Hämatitsteinen entladen; im Mondlicht aufladen

Rosenquarz – Stein der Liebe

Rosenquarz ist der Stein der Liebe und des Herzens. Er fördert Selbstvertrauen und vertreibt Ängste und depressive Gedanken. Dein Sinn für das Schöne und ein harmonisches Zusammenleben werden gestärkt. Er ist belebend für dein Herz-Kreislauf-System und fördert die Durchblutung.

Pflege: im Wasser reinigen; auf Hämatitsteinen entladen; auf Amethyst oder Bergkristall aufladen

Roter Jaspis – Vitalität, Willenskraft und Geburtshelfer

Roter Jaspis stärkt Selbstvertrauen, Willenskraft und Durchhaltevermögen. Er macht dich frei von fremden Blockaden und Einflüssen. Er hilft dir während Schwangerschaft bei Übelkeit und Erbrechen, Krampfadern, Wasseransammlungen und Kreuzschmerzen. Er harmonisiert dein Nervensystem und aktiviert das Immunsystem. Er unterstützt und fördert eine einfache Geburt.

Pflege: im Wasser reinigen; mit Hämatitsteinen entladen; in der Sonne oder auf Bergkristall aufladen

Wasserachat – Schutzstein und Selbstvertrauen

Der Wasserachat galt schon in der Antike als Schutz- und Heilstein. Das eingeschlossene Wasser in der Geode ist ein Symbol für die Fruchtblase in der Gebärmutter. Er lindert Rückenschmerzen und stabilisiert deine Emotionen. Er schützt dich vor negativen Energien und vermittelt ein Gefühl von Geborgenheit, innerer Stärke und Lebensfreude.

Pflege: im Wasser reinigen; mit Hämatitsteinen entladen; auf Bergkristall aufladen

Klinoptilolith (Zeolith) – Entgiftung und Mineralstoffe

Dieser Stein nimmt eine Sonderstellung ein, denn es ist kein Heilstein zur äußerlichen Verwendung, sondern ein Mineral, das in vermahlener Form eingenommen wird. Es hat einen einzigartigen wabenähnlichen Kristallaufbau, welche ihm die Ionenaustauschfähigkeit verleiht. Es ist in der Lage, wichtige Spurenelemente zuzuführen und an entsprechenden Stellen freizusetzen. An den freien Bindungsstellen werden im Gegenzug Schwermetalle und Giftstoffe abgeführt. z.B. Blei, Cadmium, Quecksilber, aber auch radioaktive Substanzen, Farbstoffe und Konservierungsmittel.

Gerade in der heutigen Zeit der hohen Umweltverschmutzung und Belastungen durch verschiedene Schadstoffe, insbesondere Schwermetall, ist es enorm wichtig, sich auf natürliche Weise davon entgiften zu können. Es gibt verschiedene Qualitäten beim Kauf, deshalb ist es ratsam, möglichst reines Zeolithpulver zu verwenden. Dies ist auch für Schwangere, Stillende und Kinder geeignet. Halte dich dazu genau an die Gebrauchsanweisung.

Schwangerschaftsöl und Schwangerschaftsstreifen

Verwende für die Hautpflege während der Schwangerschaft wie bei der Babymassage auch für dich selber naturbelassene, kaltgepreßte Öle aus biologischem Anbau (Mandelöl, Arganöl, Olivenöl, Sesamöl, Zedernöl, Moringaöl, Weizenkeimöl, Aprikosenkernöl, Jojobaöl, Traubenkernöl und dergleichen). Die Haut wird elastisch und angenehm weich.

Es gibt auch fertige Mischungen in Drogerien, Bioläden und Reformhäusern zu kaufen. Achte auch bei einer Mischung darauf, daß sie naturbelassen und kaltgepreßt ist. Diese Öle sind auch dazu gedacht, um Schwangerschaftsstreifen vorzubeugen.

In erster Linie hängen die Schwangerschaftsstreifen von Eigenschaften deines Gewebes ab. Wenn jedoch deine weiblichen Verwandten, insbesondere die Mutter Streifen bekommen hat, muß das noch lange nicht heißen, daß du sie ebenfalls bekommst. Meine Mutter hatte sehr viele Streifen im Bauchbereich, bei mir ist jedoch kaum etwas zu sehen, dafür fällt die Narbe des sinnlosen Bauchpiercings auf, welches ich nicht vertragen habe.

Ich habe immer nach dem Duschen ein Öl verwendet für den Bauch. Cremes sind weniger geeignet, da sie nie so tief eindringen, wie es ein Öl kann. Gegen Ende der Schwangerschaft habe ich auch mehrmals am Tag eingeölt, damit die Haut nicht so spannt, da ich zu trockener Haut und Ausschlägen neige. Offensichtlich hat die Verwendung des Öls bei mir seine positive Auswirkung gezeigt.

Basis: Jojoba-, Mandel-, Avocado-, Nachtkerzenöl; ätherische Öle: Rosenholz, Rose.

Dammöl

Für die Dammmassage gibt es spezielle Mischungen, die du verwenden kannst, um dich auf die Geburt vorzubereiten und die Elastizität des Gewebes zu verbessern. Basis: Johanniskraut-, Weizenkeimöl; ätherische Öle: Muskatellersalbei, Rose.

Geburtsöl

Für die Geburt kannst du ein Geburtsöl verwenden, welches dir die Wehenarbeit erleichtert, indem du besser mit dem Schmerz umgehen kannst und die Düfte wie bei der Aromatherapie ihre positive, stärkende Wirkung zeigen.

Rieche unbedingt schon vor der Geburt an dem Öl und suche dir eines aus, daß für dich stimmig ist. Unter der Geburt mit unangenehmen Gerüchen konfrontiert zu werden, ist nicht gerade förderlich. Jede Frau hat ihre ganz eigenen Vorlieben und spürt, welche Düfte sie mag und ihr guttun.

Basis: Jojobaöl; ätherische Öle: Rose, Lavendel, Mukatellersalbei, Ylang-Ylang, Mandarine, Lemongrass.

Nachwehenöl

Das Nachwehenöl ist eine wunderbare Hilfe im Wochenbett, um starke Nachwehen zu besänftigen und sie erträglicher zu machen. Ich habe diese fertige Mischung sehr oft verwendet.

Besänftigt starke Nachwehen. Basis: Olivenöl; ätherische Öle: Majoran, Lavendel, Rosenholz.

Rückbildungsöl

Zur Förderung der Rückbildung gibt es Öle, welche die Straffung der Bauchhaut und Bauchmuskulatur unterstützen und den Entschlackungsvorgang anregen. Du kannst damit auch während der Zeit des Wochenbettes deinen Bauch regelmäßig einreiben.

Basis: Weizenkeim-, Jojobaöl; ätherische Öle: Clementine, Geranie, Schafgarbe, Zypresse, Wacholder.

Milchbildungsöl

Zur Anregung der Milchbildung gibt es ebenfalls bereits fertige Öl-Mischungen. Ich hatte mir ein solches gekauft, jedoch kaum benützt, da ich immer genügend Milch hatte oder einfach mein Baby vermehrt anlegte, was automatisch die Milchmenge ankurbelt.

Basis: Ringelblumenöl; ätherische Öle: Anis, Kreuzkümmel, Fenchel, Karotte, Lavendel.

Geburtseinleitungsöl

Als Unterstützung bei der natürlichen Geburtseinleitung ist diese Öl-Mischung zu verwenden, welche die Wehentätigkeit anregen kann.

Basis: Mandelöl; ätherische Öle: Ingwer, Zimt, Eisenkraut, Nelke.

Beinöl

Das Beinöl wirkt unterstützend bei der Behandlung von Krampfadern und schmerzenden Beinen.

Basis: Ringelblumenöl; ätherische Öle: Lemongrass, Myrte, Schafgarbe, Wacholder, Zypresse.

Kreuzbeinöl
Verwende das Kreuzbeinöl als Unterstützung bei der Behandlung von Kreuzbeinschmerzen.

Basis: Olivenöl; ätherische Öle: Jasmin, Mandarine, Rosmarin, Wacholder.

Hämorrhoidenöl
Diese Öl-Mischung hilft dir bei der Behandlung von Hämorrhoiden.

Basis: Johanniskrautöl; ätherische Öle: Zypresse, Lavendula hybrida, Schafgarbe.

Pilzöl
Für die Behandlung von Scheidenpilzkrankheiten kannst du folgende Mischung verwenden.

Basis: Johanniskraut-, Mandelöl; ätherische Öle: Kamille, Thymian, Teebaum.

Alle genannten Produkte sind bereits fertig gemischt erhältlich bei http://www.bettinabreitenmoser.ch/

Entbindungsduft
Beruhigende Mischung für die Geburtsvorbereitung und während der Geburt.

Ein schöner, harmonisierender, sinnlicher Duft.

Aura Soma

Was ist Aura Soma?

Aura-Soma ist ein System, das von Vicky Wall entwickelt wurde. Es ist die erste Therapie, welche die lebendige Energie der Farben auf pflanzlicher Basis mit essentiellen Ölen und Kristallenergie kombiniert. Die zweifarbigen Equilibrium-Flaschen sind voll dynamischer und lebendiger Energie.

Die Farbe ist der Schlüssel zur Verbindung dieser Schwingungsenergien. Durch die intuitive Wahl deiner persönlichen Farben wirst du entdecken, daß Aura-Soma ein Spiegel deiner Seele ist. Es hilft, die Tür zu innerer Ausgeglichenheit und zum eigenen Bewußtsein aufzustoßen.

Ich liebe diese farbigen Öle! Es gibt immer wieder Phasen, in denen ich sie sehr intensiv anwende, da ich wohl innerlich gerade ein Thema bearbeite, wo sie mich unterstützen können. Dann gibt es Zeiten, wo ich sie fast vergesse.

Doch während der Schwangerschaft, Geburt, Wochenbettzeit sowie für das Baby habe ich sie bei jedem Kind oft angewandt. Sie waren meine Begleiter und halfen mir auch bei Stimmungsschwankungen, in meine Mitte zurückzugelangen.

Alle unsere Kinder mochten die bunten Flaschen schon als Babys. Leonie und Elyah benützen sie auch phasenweise. Es stehen immer welche im Badezimmer, aber meist werden sie nicht groß beachtet, bis vermutlich wieder ein Entwicklungsschritt ansteht, und dann bitten Leonie oder Elyah um eine neue Flasche und suchen sich diese anhand der Farbtafeln im Buch selber aus.

Auch Anael mag sie sehr. Als Baby habe ich die Flaschen passend zu den folgenden Beschreibungen ausgesucht. Inzwischen darf er sich aber auch selber eine aussuchen. Einmal hat er aus Versehen die von Patrick erwischt und sie gänzlich geleert. Tja, es schien ihm zu gefallen und er duftete noch den ganzen Tag nach dem Öl.

Equilibrium Flaschen

Anwendung:

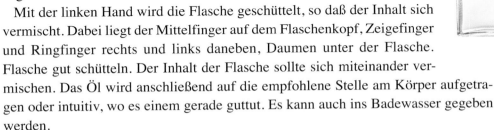

Es ist wichtig, daß diese Flaschen immer nur von dir selbst benutzt und angefaßt werden!

Mit der linken Hand wird die Flasche geschüttelt, so daß der Inhalt sich vermischt. Dabei liegt der Mittelfinger auf dem Flaschenkopf, Zeigefinger und Ringfinger rechts und links daneben, Daumen unter der Flasche. Flasche gut schütteln. Der Inhalt der Flasche sollte sich miteinander vermischen. Das Öl wird anschließend auf die empfohlene Stelle am Körper aufgetragen oder intuitiv, wo es einem gerade guttut. Es kann auch ins Badewasser gegeben werden.

Je mehr sich die Flasche leert, desto stärker entfaltet sie ihre Wirkung.

Die Flasche sollte komplett aufgebraucht werden.

Die Wahl von vier Farbkombinationen steht für:

1. Flasche: zeigt das Potential eines Menschen.
2. Flasche: zeigt das größte Hindernis, das einer Verwirklichung des Potentials entgegensteht. Ist das Problem gelöst, zeigt diese Flasche die größte Gabe des Menschen.
3. Flasche: steht für das »Hier und Jetzt« in der Beziehung zum Potential.
4. Flasche: zeigt die Energie, die aus der Zukunft in das »Hier und Jetzt« hereinkommt.

Pomander

Die Pomander bestehen aus einer Kombination von 49 Kräuterextrakten und Aroma-Essenzen. Sie werden durch Einfächeln direkt in die Aura eingebracht und bieten eine wunderbare Möglichkeit, je nach Farbe, den Anteil im Menschen zu stärken, der im Einklang schwingt, und so Unwohlsein auf sanfte Art zu lösen. Sie üben zudem eine wirksame Schutzfunktion aus.

Equilibrium Rescue

Diese einzelnen Pocket Rescue Bottles (Erste-Hilfe-Öle) lassen sich einfach in der Tasche mitnehmen und sind somit jederzeit in Notsituationen verwendbar. Im Gegensatz zu den normalen Equilibrium-Ölen können sie auch von anderen Personen angewendet werden.

Das Fläschchen wird geschüttelt und durch Einreiben und Massieren direkt auf den Körper aufgetragen.

Aura-Soma Pocket-Rescue ist dafür gedacht, schnelle und einfache Hilfe zu bringen:

Nr. 001 Physical Rescue – **Körperliches »Erste-Hilfe-Öl«.**
Gehört zum Chakra-Set, Verbindung zum Kronen-Chakra
Bringt Spiritualität in den Alltag, Flasche des Heilers.

Nr. 003 Heart Rescue – **Kommunikation des Herzens.**
Gehört zum Chakra-Set, Verbindung zum Herz-Chakra
Auch hilfreich bei der Arbeit mit Tieren.

Nr. 004 Sunlight – **Wissen und Weisheit.**
Gehört zum Chakra-Set, Verbindung zum Solarplexus-Chakra

Nr. 011 Love Rescue (Essenerflasche) – **Bedingungslose Liebe und Selbstliebe.**
Gehört zum Kinder-Set. Sehr gut geeignet für Schwangerschaft und zur Babymassage während der ersten Monate nach der Geburt.

Nr. 020 Star Child – **Kinder«Erste-Hilfe«.**
Gehört zum Kinder-Set. Hilft Kindern auf allen Gebieten. Sehr gut geeignet für Schwangerschaft, Geburt und danach für Mutter und Kind.
Auch gut für Kinder bei kleineren Verletzungen und Wehwehchen.

Nr. 026 Etheric Rescue – **Schockflasche, ätherische »Erste-Hilfe«.**
Gehört zum Chakra-Set, Verbindung zum Sakral-Chakra

Nr. 087 Coral Rescue – **Weisheit auf allen Ebenen, Liebe.**
Hilft beim Gefühl der unerwiderten Liebe.

Nr. 089 Energy Rescue – **Energie »Erste-Hilfe«.**
Hilft bei extremer Erschöpfung und gibt wieder Kraft.

Nr. 100 Metatron – **Licht in der Dunkelheit.**
Erhellt den Schatten, geeignet bei Therapiearbeit.

Schlußwort

Das Entstehen dieses Buches ist für mich wie Schwangerschaft und Geburt. Wie sich der kleine Körper eines Babys im Bauch in seiner eigenen Vollkommenheit entwickelt, so entstand das Buch in Hunderten einzelner kleiner Schrittchen. Ich habe versucht, das wiederzugeben, was wir uns in den letzten Jahren als Familie erarbeitet haben. Es ist der Lebens- und Lernprozeß, der sich wie ein Mosaik aus Fragmenten unzähliger Erfahrungen zusammensetzt. Zusammengefügt ergibt sich ein Bild, welches sich mit neuen Erfahrungen immer wieder ändert und immer mehr an Farbe und Leuchtkraft erhält.

Jede Familie erschafft sich ihr ganz eigenes Lebensbild. Jedes einzelne Mosaiksteinchen hat seine eigene Form, Farbe, Aussagekraft und Berechtigung im Hinblick auf das Gesamtbild. Ein Bild gewinnt an Tiefe durch Licht und Schatten. Genauso sind Erfahrungen, als einzelnes Steinchen betrachtet, manchmal leuchtend hell, manchmal dunkel oder eine Mischung von beidem. So erleben wir Situationen, wenn wir mittendrinstecken und das Gesamtbild aus den Augen verloren haben.

In solchen Momenten tut es gut, einfach einmal innezuhalten und sein Leben aus der Vogelperspektive zu betrachten, zurückzufinden zu einer Ansicht über das Leben als Gesamtes. Dann werden wir sehen, wie jedes einzelne Mosaikstückchen an Erfahrung absolut perfekt sitzt. Genau diese Form und diese Farbe hat es benötigt, um das Lebensbild komplett zu machen.

Licht und Schatten bringen Tiefe ins Bild, Glückseligkeit und Trauer bringen Tiefe ins Leben. Liebe durchflutet alle Erfahrungen und läßt sie als wundervoller innerer Reichtum erstrahlen.

Sieh dir dein Leben als Gesamtbild an, siehe seine Vollkommenheit. Füge weitere Erfahrungssteinchen hinzu und schaue, wie sich dieses Bild auf wundersame Weise verändert. Durchflute jedes Steinchen mit der Kraft deiner Liebe und sieh, wie es im Glanze erstrahlt und seine Leuchtkraft das größere Mosaik des gesamten Universums erhellt.

Wunderbarer Lichtfunke am Nachthimmel, der du bist,
sei geliebt und gesegnet auf deinem Weg.

NADINE

Die Autorin

Nadine Wenger ist Pionierin einer neuen Generation von Eltern, die sich mit allen Facetten befaßt, welche zusammen die Basis einer glücklichen, harmonischen Familie bilden. Ihre Erfahrungen umfassen die gesamte Spannbreite von natürlichen Schwangerschaften und Geburten, Alleingeburten, Lotusgeburten, Hypnobirthing, Langzeitstillen, Tragen, Windelfrei, Continuum Concept, des Attachement Parenting u.v.m.

Sie ist vierfache Mutter, spirituelle Doula, Tanzlehrerin und bietet ganzheitliche Kurse in natürlicher Schwangerschaft, Geburtsvorbereitung, windelfreier Babypflege und Tanzen für Schwangere an. Ihr umfangreiches Wissen beruht auf den eigenen jahrelangen Erfahrungen, die sie mit diesem Buch werdenden Eltern und allen Menschen weitergibt, die nach einem neuen, ganzheitlichen Weg als Familie suchen.

Abbildungsnachweis

Alle Bilder außer den nachstehend genannten sind von Nadine und Patrick Wenger.

Seite 3, 5, 14, 17, 24, 26, 31, 45 o., 55 u., 74 o.r., 80, 98, 99, 102, 105: Nadine Güntert, popa.ch; 6, 7, 52, 53 o.l., 198, 224, 300, 344, 349, 361: Kent Aldrich, kids photo graphy.ch 8: Katusha/shutterstock.com; 10: saiko3p/shutterstock .com; 16, 73 o. und 166 u., 275 o.: Sonja Ariel von Staden, sonjas-engelwelt.de; 19: carmelo agovino fotografie; 27, 36, 286 o.r.: Ahmet Uyarli, das-foto studio.ch; 74 u.r.: Atelier Stolzenburg, bellydeluxe.de; 67 u.M: Pino Gomes, pinogomes.com; 78 o.M.: Tecsana GmbH, epino.de; 115: Elena Heatherwick; 149: Hugh Zindello; 152: Janet Kaplan Bucciarelli; 188: MeLuna, meluna.eu; 195 o.: Christian Wolf; 213 o.: Weleda, wele da.ch; 228 o.r.: Paul-Émile McMillan; 231: Danika Photography; 232 l.: Gregory McMillan; 232 r., 284: Hugh Zindello; 271 u., 272: Patrik Schmid; 282: Simon Kneubühl; 213 u.M., 362 und 363: Phytodor, phytodor.ch; 294: Harald Toepfer/shutterstock.com; 330 - 333: Masaru Emoto, masaru-emoto.net; 335 u.l.: M.R. Swadzba/fotolia.com; 335 u.M.: a.s.kehrein/fotolia.com; 364 - 366: Ines Blersch, außer 366 Malachit: Maulwurf GmbH; 368: Bettina Breitenmoser, bettinabreitenmoser.ch; 374 u.: joda/fotolia.com.

Linktips

Stillen

www.stillberatung.ch
www.stillen.ch
www.stillberaterin.ch
www.stillen.at
www.lalecheliga.de
www.stillkinder.de
www.kathydettwyler.org
www.uebersstillen.org
www.rabeneltern.org
www.stillenbeispalte.org/
www.tandemstillen.de

Windelfrei

www.topffit.de
http://windelfrei.unerzogen.de
www.diaperfreebaby.org
www.pottywhispering.net
www.www.rita-messmer.ch
www.windelfrei.at
www.topffit-babyshop.ch
www.mokoshop.eu
www.abhala.de
www.ohne-windeln.de
www.babygerecht.de
www.vegaya.ch
www.splitpants.net
www.superfinkli.ch
www.babylegs.com
www.landing-angels.com
www.sonnenkind.ch
www.vallemonte.ch
www.hessnatur.com

Tragen

www.stillen-und-tragen.de
www.clauwi.de
www.trageschule-dresden.de
www.trage-tuch.de
www.trageberaterinnen.ch
www.babytragen.org
www.sonnenkind.ch
www.vallemonte.ch

Continuum Concept

www.continuum-concept.de
www.continuum-concept.org

Babyzeichen

www.babyzeichensprache.com

Schlafen

www.kindernächte.ch
www.ferbern.de
www.das-kind-muss-ins-bett.de
www.rabeneltern.org
www.continuum-concept.de

Ernährung

www.vegetarismus.ch
www.urshochstrasser.ch
www.masaru-emoto.net
www.soyana.ch
www.provamel.co.uk
www.puravita.de

Gesundheit & Wellness

www.plazentanosoden.de
www.schutznosoden.de
www.meluna.eu
www.mooncup.co.uk
www.impfkritik.de
www.phytodor.ch
www.aura-soma-world.com
www.bettinabreitenmoser.ch
www.starcon.ch
www.sai-sanjeevini.ch
www.pranahaus.ch
www.narayana-verlag.de

Sonstiges

www.silkeschaefer.com
www.kidsphotography.ch
www.popa.ch
www.ahmetuyarli.com
www.sameheartdesigns.etsy.com
www.pinogomes.com

Weiterführende Literatur

Aragon Castro, Nuria, *Sibila – Ein Leben in Natur und Freiheit*, Vega Verlag, Frankeneck 2005

Auer, Ingrid, *Engel begleiten durch Schwangerschaft und Geburt*, Ekonja Verlag, Amstetten 2006

Baader, Birgit, *Geburt – Die Wiederentdeckung des weiblichen Weges*, AT, München 2005

Barbira-Freedman, Françoise, *Yoga in der Schwangerschaft*, Dorling Kindersley Verlag, Starnberg 2004

Bauer, Ingrid, *Es geht auch ohne Windeln*, Kösel Verlag, München 2004

Bensel, Joachim, *Was sagt mir mein Baby, wenn es schreit?*, Oberstebrink Verlag, Ratingen 2003

Board, Teresa, *Das Stillen eines Babys mit Down-Syndrom*, La Leche-Liga Deutschland, München 2000

Boot, Mike, *Das Aura-Soma Handbuch*, Aquamarin, Grafing 2000

Buchwald, Gerhard, *Impfen – das Geschäft mit der Angst*, Emu Verlag, Lahnstein 2008

Buckley, Sarah, *Gentle Birth, Gentle Mothering*, Celestial Arts 2008

Bumgarner, Norma Jane, *Wir stillen noch*, La Leche-Liga Deutschland, München 1996

Chopra, Deepak & Simon, David & Abrams Vicki, *Die Reise ins Leben*, Knaur, München 2005

Dibbern, Julia, *Geborgene Babys*, Anahita Verlag, Königslutter 2004

Dunham, Caroll, *Mamatoto – Geheimnis Geburt*, Body Shop International, Köln 1992

Egeling, Petra & Hans-Werner, *Hypnose – Konzepte für Schwangerschaft und Geburt*, Books on Demand, Norderstedt 2009

Eirich, Martina & Oblasser, Caroline, *Luxus Privatgeburt*, Ed. Riedenburg Verlag, Salzburg 2009

Emoto, Masaru, *Die Botschaft des Wassers*, Koha Verlag, Burgrain 2002

Emoto, Masaru, *Liebe und Dankbarkeit – der universelle Lebenscode*, Kamphausen, Bielefeld 2010

England, Pam, *Labyrinth of Birth*, Birthing from Within Books 2010

Gaskin, Ina May, *Die selbstbestimmte Geburt*, Kösel, München 2004

Gentner, Angela &, Hohenberger, Günter, *Gesundheits-Heilstein-Lexikon*, Schirner, Darmstadt 2008

Goetze, Kerstin, *Kinder brauchen Mütter – Die Risiken der Krippenbetreuung*, Ares Verlag, Graz 2011

Goldmann, Jonathan, Klangheilung – Die Schöpferkraft des Obertongesangs, AMRA Verlag, Hanau 2008

Gotsch, Gwen, *Stillen von Frühgeborenen*, La Leche-Liga Deutschland, München 1993

Graf, Friedrich P., *Kritik der Arzneiroutine bei Schwangeren und Kleinkindern*, Sprangsrade Verlag, Ascheberg 2010

Graf, Friedrich P., *Nicht Impfen – was dann?*, Sprangsrade Verlag, Ascheberg 2008

Griscom, Chris, *Meergeboren*, Goldmann, München 1989

Hochstrasser, Urs, *Kinderernährung, lebendig und schmackhaft*, Nietsch, Waldfeucht 1995

Hormann, Elizabeth, *Stillen eines Adoptivkindes und Relaktation*, La Leche-Liga Deutschland, München 1998

Horni-Dereani, Petra, *Geboren im Schutz der großen Göttin*, Druids Equipment Verlag, Bad Bleiberg 2008

Jorda, Beate & Schwägerl, Ilona Kirkilionis, *Geburt in Geborgenheit und Würde*, Hugendubel, München, Kreuzlingen 1999

Kirkilionis, Evelin, *Ein Baby will getragen sein*, Kösel, München 1999

König, Vivian, *Das große Buch der Babyzeichen,* Kestner Verlag, Guxhagen 2007

Leboyer, Frédérick, *Geburt ohne Gewalt*, Desch Verlag, München 1974

Leboyer, Frédérick, *Sanfte Hände*, Kösel, München 1979

Liedloff, Jean, *Auf der Suche nach dem verlorenen Glück*, Beck, München 1989

Lothrop, Hannah, *Das Stillbuch*, Kösel, München 1980

Lüpold, Sibylle, *Ich will bei Euch schlafen!*, Urania, Stuttgart 2009

Megre, Wladimir, *Anastasia – Tochter der Taiga*, Gowinda Verlag, Neuhausen 2003

Mendelsohn, Robert S., *Wie Ihr Kind gesund aufwachsen kann… auch ohne Doktor*, Mahajiva Verlag, Holthausen 1990

Messmer, Rita, *Ihr Baby kann's!*, Kreuz Verlag, Zürich 1997

Meurois-Givaudan, Anne & Daniel, *Die neun Schritte ins Leben*, Hugendubel, München 2007

Mongan, Marie F., *Hypnobirthing*, Mankau Verlag 2008

Nah Kin, *Lebe die Göttin in dir*, Koha Verlag, Burgrain 2009

Neufeld, Gordon & Maté, Gabor, *Unsere Kinder brauchen uns!*, Genius Verlag, Bremen 2006

Newman, Robert, *Calm Birth*, North Atlantik Books 2005

Nilsson, Lennart, *Ein Kind entsteht*, Bertelsmann, Gütersloh 1967

Odent, Michel, *Im Einklang mit der Natur*, Walter, Düsseldorf/Zürich 2004

Odent, Michel, *Es ist nicht egal, wie wir geboren werden. Risiko Kaiserschnitt*, Walter, Düsseldorf/Zürich 2005

Roberts, Jane, *Gespräche mit Set – Von der ewigen Gültigkeit der Seele*, Goldmann, München 1989

Rockenschaub, Alfred, *Gebären ohne Aberglaube*, Aleanor Verlag, Lauter 1998

Shanley Kaplan, Laura, *Unassisted Childbirth*, Bergin & Garvey, 1993

Shivam, Rachana, *Lotusbirth*, Greenwood Press, 2000

Stadelmann, Ingeborg, *Die Hebammensprechstunde*, Stadelmann Verlag, Ermengerst 1995

Stäheli, Heidi, *Gebären in Liebe und Bewusstsein*, H. Stäheli Oosterveer Verlag, Liebefeld 2006

Tomatis, Alfred, *Der Klang des Lebens – Vorgeburtliche Kommunikation*, Rowohlt, Reinbek bei Hamburg 1987

Tornetta, Giuditta, *Painless Childbirth*, Sourcebook Inc. 2008

Wiesenauer, Markus & Kerckhoff, Annette, *Homöopathie für die ganze Familie*, Hirzel Verlag, Stuttgart, Leipzig 2000

Zimmerli, Edwin & Caroline, *Sternenlicht*, Ansata, München 2012

Entspannungsmusik

für Schwangerschaft, Geburt, Babyzeit und danach

Obertöne, Klangschalen und Hemi Sync

Bardo, Space of Voice, Polyglobe Music, 2003

Goldman, Jonathan, Frequencies, Spirit Music, 2005

Goldman, Jonathan, Chakra Chants, Spirit Music, 2000

Goldman, Jonathan, Crystal Bowls Chakra Chants, Spirit Music, 2009

Halpern Steven, Crystal Bowl Healing, Harmonia Mundi, 2007

Hemi Sync, Ascencion, Hemi-Sync

Hemi Sync, Engelparadies, Hemi-Sync, 2008

Hemi Sync, Lullaby, Hemi-Sync

Hemi Sync, Star Spirits, Hemi-Sync, 2007

Kenyon, Tom, BA RA SHEM KA, AMRA Verlag, 2011

Sandelan, Spiritual Healing, Aquamarin, 2006

Sayama, Crystal Bowl Healing, Harmonia Mundi, 2007

Tillmann, Rainer, Crystal & Sound, Binkey Kok, 2004 (inkl. Buch)

Winther, Jane, Soulbells and Voices, Unisound, 2005

Planeten- und Urtöne

Chantal Füssler Project, Planet Healing Voices, Polyglobe Music, 2011

Delphin- und Walgesänge

Aeoliah, Dolphin Serenade, Oreade Music, 2004

Goldman, Jonathan, Dolphin Dreams, Oreade Music, 2000

Kamal, Reiki Whale Song, New Earth Records, 2001

Mandera, Steve, Migaloo's fantastic journey, Wellness Music, 2009

Michell, Chris, Dolphin Love, Oreade Music, 2001

Sounds of the Earth, Sea & Dolphins, Oreade Music, 2007

Entspannung

Aeoliah, Angel Love, Lotus, 2001

Berglund, Erik, Harp Music for Children, Oreade Music, 2003

Deuter, Eternity, New Earth Records, 2001

Deuter, Wind & Mountain, New Earth Records, 2009

Pépé, Michel, L'Eveil du Lotus, Mp. Productions, 2009

Raye, Marina, Beauty Everywhere, Native Heart Music, 2010

Raye, Marina, Liquid Silk, Native Heart Music, 2000

Raye, Marina, Woman Spirit, Native Heart Music, 2000

Schwangerschaft und Herzschlag

Auer, Ingrid, Engel begleiten durch Schwangerschaft und Geburt, Silberschnur, 2004

Cooper, Simon, Music of the Womb, Oreade Music, 2001

Cooper, Simon, Nature Baby, Allegro Oreade Music, 2003

Ritz-Valentin, Marion, Lieder und Heilgesänge für Schwangerschaft und Babys, www.heilkonzerte.de

Stern, Arnd, Entspannte Schwangerschaft, VTM, 1997

Sellge, Svea H. & Zapp, Wilfried M., Songs for Jaya, Oilios Music, 2001

Geburtsvorbereitung, Tiefenentspannung & Selbsthypnose
Umfassende Sammlung verschiedener CDs zur Tiefenentspannung und Selbsthypnose für Schwangerschaft und Geburt:
http://www.eltern-bewusstsein.com

Mongan, Marie F., Hypnobirthing, Health Communications, 2008 (englische Version mit Buch)

Entspannungsmusik mit positiven Suggestionen (Subliminals)
Entspannungsmusik mit positiven Suggestionen für Schwangerschaft und Geburt:
http://www.eltern-bewusstsein.com

Natur und Musik
Santec Music Orchestra, Abendstimmung, Santec Music, 2005
Santec Music Orchestra, Momente der Stille, Santec Music, 2003
Santec Music Orchestra, Morgenstimmung, Santec Music, 2005
Santec Music Orchestra, Natursinfonie im Wald, Santec Music, 2011

Naturgeräusche ohne Musik
Atina Audio, Waldstimmung, Atina Music, 2010
Santec Music Orchestra, Natur pur, Santec Music, 2008
Sounds of the Earth, Dusk, Oreade Music, 2010

Sounds of the Earth, Garden, Oreade, 2007
Sounds of the Earth, Windchimes 1, Oreade Music, 2010

Mozart und Klassik
Argerich, Martha & Maisky, Mischa, Mein Baby-Klassik für Mutter und Kind, Deutsche Grammophon, 2008
Don Campbell, The Mozart effect, Childrens Book Store Disb., 2006
Mozart, Mozart for mothers-to-be, Philips, 2002
Mozart, Mozart for my baby, Century Media, 2006
Mozart, Mozart – Wohlfühlen in der Schwangerschaft, Delta Music, 2010
Beruhigendes für's Baby, Sony Classical, 2007
Hör mal, mein Baby, Sony Classical, 2001
Sanfte Klassik für mein Baby, Brilliant Classics, 2008

Chants und Mantras
Berendt, Joachim-Ernst, Stimmen - Voices, JARO Medien, 1998
De Moor, Maneesh, OM Deeksha, Soundstrue, 2007
Kamal, Zen Mama, New Earth Records, 2010
Kaur, Snatam, Divin Birth, Spirit Voyage Music, 2010
Shri Balaji Tambe, Mantras for pregnancy, Oreade Music, 2004
Ritz-Valentin, Marion, Liebevolle Mantren & Heilgesänge, www.heilkonzerte.de
Turner, Tina & Shak-Dagsay, Dechen & Curti, Regula, Beyond, Decca, 2009

Schlaflieder
Midori, Sleepy Time, Mg Music, 2011
Stadler, Gary, Fairy Lullabies, Sequoia, 2007
African Dreams, Ellipsis Arts, 2011
Celtic Lullaby, Ellipsis Arts, 2004

Volkstümliche Musik für Kreistänze
Zu jeder CD gibt es auch passende Bücher mit Tanzanleitungen.
Führe, Uli, Tanzhaus, Fidula, 2004
Hepp, Hannes & Michael, Mitmachtänze 1, Fidula, 1997
Hepp, Michael, Tänze im Kreis Tl. 1, Fidula, 1999
Weiser, Bernhard, Tänze für die Gruppe, Ökotopia, 1995

Filme

für die Schwangerschaft, Geburt, & Babyzeit

Birth into Being, Birth as we know it, 2006

Birth into Being, Birth into Being, 2007

De Maistre, Gilles, Der erste Schrei, Studio-canal, 2006

Hansmann, Anja, Lichtblicke – Auf den Spuren der Geburt, A. Hansmann, 2009

Lipton, Bruce, Wie wir werden was wir sind, Koha, 2009

Mander, Julia, Yoga für werdende Mütter, Koch Media GmbH, 2007

Nilsson, Lennart, Das Wunder des Lebens, Komplett Video, 2006

Ochsner, Susanne & Brühl, Monika, Bewußte Geburtsvorbereitung – Qi Gong & Meditation in der Schwangerschaft, Aurum in J. Kamphausen Mediengruppe, 2009

Pascali-Bonaro, Debra, Orgasmic Birth – The best kept secret, Seedsman Group, 2009

Thielemann, Patricia, Prenatal Yoga – Yoga für Schwangere, Rough Trade Distribution, 2011

Thielemann, Patricia, Postnatal Yoga – Yoga für Mütter, Rough Trade Distribution, 2011

Ulrich, Isabella, Die Alchemie der Geburt, Natural Birth Movement, 2011

Kinder, auf in den Wald! *Baum-Welt* lädt ein in die Welt der Bäume und läßt uns über die vielfältigen Gaben staunen, welche die Bäume für alle Lebewesen bereit halten. *Baum-Welt* beantwortet alle Fragen zu Bäumen und steckt voller Ideen, die Welt der Bäume selbst forschend, spielend und meditierend zu entdecken. Lexikon-artig werden zudem 38 Bäume aus unserem Lebensumfeld vorgestellt. *Baum-Welt* ist aus der Zusammenarbeit von kleinen und großen Baum-Freunden erwachsen und möchte dazu beitragen, die Freundschaft zwischen Menschen und Bäumen zu vertiefen.

Fred Hageneder, Maria Trendelkamp
Baum-Welt
Eine Reise durch die Welt der Bäume
Klappenbroschur, 208 Seiten, durchgehend mit farbigen Fotos
ISBN 978-3-89060-569-2

Die Autorin beschreibt nicht nur die Grundzüge der Mineralogie, den Umgang und die Heilkräfte von Steinen kinderleicht, sondern liefert auch zahlreiche Anregungen für Spiele mit Steinen. So werden die Jüngsten auch praktisch mit den Steinen vertraut und können aktiv werden. Zusätzlich werden lexikonartig sechzig häufig vorkommende Steine vorgestellt. Als kleiner »Leckerbissen« finden sich außerdem sechs Märchen über »Zaubersteine« im Buch verstreut. Ein Buch, das nicht nur Kinder begeistert!

Maria Trendelkamp
Stein-Reich
Eine Reise in das Reich der Steine
Paperback, 176 Seiten, durchgehend farbig
ISBN 978-3-89060-265-3

In diesem Buch erzählen die Steine in Ich-Form von ihrer Entstehung und ihren Wirkungsweisen. Auf kindgerechte Weise wird das fundierte Wissen über 40 Heilsteine vermittelt, dafür bürgt der Herausgeber Michael Gienger. Und die ganzseitigen Bilder tragen das ihre dazu bei, daß auch bei den Kleinen schon das Interesse an der großartigen Welt der Mineralien geweckt wird.
Für Kinder von 8 bis 12 Jahren.

Ursula Dombrowsky
Wenn Steine erzählen
Begegnungen mit Heilsteinen für kleine und große Kinder
Paperback, 112 Seiten, 40 Farbfotos
ISBN 978-3-89060-061-1

»Blumen und Bäume können nicht sprechen, aber sie haben Herzen und Seelen genau wie du. Sie können deine Liebe fühlen, die Botschaft deines Herzens hören...« so spricht Altim Elut, der Häuptling der Erdgeister zu Kleines Mädchen. Doch die Naturgeister ziehen sich immer mehr zurück aus unserer Welt. Kann Kleines Mädchen mit seiner Gebetsflöte die Naturgeister zurückrufen?

Dieses wahre Märchen ist eine Freude für alle »Kinder« von 7 bis 90. Es ist ein Lied, das einem menschlichen Herzen entspringt, ein Lied, das von Liebe und Zuversicht erfüllt ist.

Tony Shearer
Die Gebetsflöte
Das Lied der Mutter Erde
Paperback, 96 Seiten
ISBN 978-3-89060-139-7

»Vielleicht müßte es andere Schulen geben...« – Das ist der Gedanke zweier Klassenkameraden während einer selbstgewährten Freistunde im Wald. Gelangweilt vom herkömmlichen Unterricht sehnen sich die beiden nach einem Ort, der allumfassende Entfaltung und Entwicklung ermöglicht, nach einem Refugium für junge Wanderer, die auf der Suche nach Freiheit und Neuland im Geist und in der Welt sind. Und tatsächlich treffen die beiden Freunde im Wald einen alten Mann, der sie zu einem geheimen Platz führt: der Eichenbund-Schule. Es folgt ein ausgedehnter Aufenthalt und alles, was die zwei dort sehen, erleben und erklärt bekommen, halten sie in Wort und Bild fest, um es hernach überliefern zu können.

Hans Hansmann, Matthyas Bock
Das Eichenbund-Buch
bibliophiles Hardcover, 208 Seiten, mit 30 Zeichnungen
ISBN 978-3-89060-594-4

Unscheinbar und schmutzig lag es am Wegesrand, das Kleinod. Nur wenige erkannten seinen Zauber, hoben es auf und lasen es. Jetzt, in der neuen Übersetzung, erstrahlt die Geschichte im vollen Glanz, für alle sichtbar! Bei Golden Bear lernt Little Ed nicht nur, einen Totempfahl zu schnitzen, sondern er lernt auch die Helfertiere kennen, die in ihm selbst wohnen. In dieser anrührenden Erzählung von Wandlung und Weisheit finden wir uns selbst.

Stephen Eligio Gallegos
Little Ed und seine Reise zu den Tieren der Kraft
Eine indianische Einweihung
Paperback, 144 Seiten
ISBN 978-3-89060-132-8

Die Vorstellung vom Menschen als dem denkenden Wesen und vom Rest der Welt als der unbewußten Biosphäre ist noch relativ jung – und völlig falsch. In ihrer Rückschau in die Menschheitsgeschichte, durch ihre Fragen, was Geist, Gehirn und Denken eigentlich sind, und in ihrer Betrachtung der Lebensstufen des Menschen legt Dolores LaChapelle überzeugend dar, daß nur-menschliches Wissen allein nicht ausreicht, um ein globales ökologisches Gleichgewicht zu erreichen. Vielmehr muß sich unser menschlicher Geist wieder dem Geist-im-Großen, der Weisheit der Erde anschließen.

Dolores LaChapelle
Weisheit der Erde
Von der Erde lernen heißt leben lernen
Paperback, 352 Seiten, 170 x 240 mm, mit 50 s/w-Fotos
ISBN 978-3-89060-610-1

Was ist eine ursprüngliche Sexualität? Wie tief kann Sexualität zwei Menschen berühren und sie auch mit der Erde und allem Sein verbinden? Und was hat Sexualität mit Ökologie zu tun? Welche Rolle spielt sie bei unserer Suche danach, wieder im Einklang mit der Natur zu leben? Ohne ein Feigenblatt vor den Mund zu nehmen, geht die Autorin in ungewöhnlicher Konsequenz diesen Fragen nach. Dabei eröffnet sie uns unvoreingenommene Blicke ins Tierreich, in die alten Hochkulturen und das Leben gegenwärtiger Stammesvölker. Ergänzt wird dieser Essay durch Ansatzpunkte, wie dieses uralte Wissen unser heutiges (Sex-) Leben bereichern kann.

Dolores LaChapelle, Hrsg. Andreas Lentz
Sexualität –
Der vergessene Schlüssel zur Versöhnung von Mensch und Erde
Paperback, 128 Seiten
ISBN 978-3-89060-587-6

Bücher von NEUE ERDE im Buchhandel

Im deutschen Buchhandel gibt es mancherorts Lieferschwierigkeiten bei den Büchern von NEUE ERDE. Dann wird Ihnen gesagt, dieses oder jenes Buch sei vergriffen. Oft ist das gar nicht der Fall, sondern in der Buchhandlung wird nur im Katalog des Großhändlers nachgeschaut. Der führt aber allenfalls 50% aller lieferbaren Bücher. Deshalb: Lassen Sie immer im VLB (Verzeichnis lieferbarer Bücher) nachsehen, im Internet unter **www.buchhandel.de**

    Alle lieferbaren Titel des Verlags sind für den Buchhandel verfügbar.

Sie finden unsere Bücher in Ihrer Buchhandlung oder im Internet unter **www.neue-erde.de**

    Bücher suchen unter: **www.buchhandel.de**. (Hier finden Sie alle lieferbaren Bücher und eine Bestellmöglichkeit über eine Buchhandlung Ihrer Wahl.)

    Bitte fordern Sie unser Gesamtverzeichnis an unter

NEUE ERDE GmbH

Cecilienstr. 29 · 66111 Saarbrücken

Fax: 0681 390 41 02 · info@neue-erde.de